佛陀相佑

造 像 记
所见北朝民众信仰

侯旭东　　著

社会科学文献出版社
SOCIAL SCIENCES ACADEMIC PRESS (CHINA)

菩萨五尊像（北齐）

东京国立博物馆藏
侯旭东 / 摄

菩薩主宁元尚等造像（493）

京都大学人文科学研究所惠允使用

太和九年十一月使持節司空公長樂
王丘穆陵亮夫人尉遲為亡息牛橛請工
鏤石造此弥勒像一區頓牛橛捨於
之鄉騰遊無礙之境若存託生生於天上
諸佛之所若生世界妙樂自在之處若有
苦累即令解脱三塗惡道永絶因趣一切
眾生咸蒙斯福

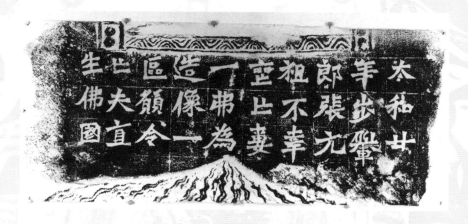

一弗为步舆郎张元祖造像记（496）

比丘法生造像记（503）

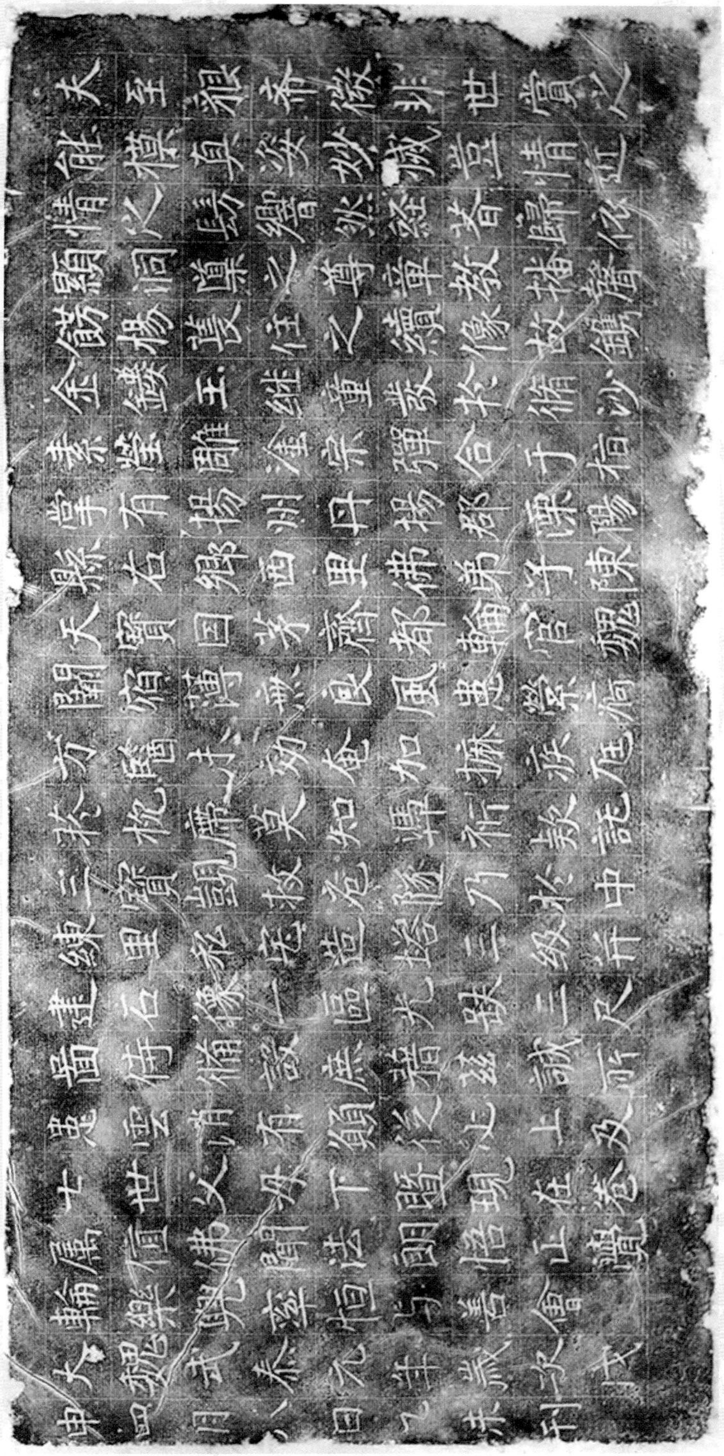

北魏陈天宝造塔造像记（528）

京都大学人文科学研究所惠允使用

司马解伯达造释迦立像（539）

日本静冈县修善寺藏
侯旭东 / 摄

东魏定州刺史高归彦造白玉释迦像记（543）

魏蛮造石菩萨立像（552）

东京国立博物馆藏
侯旭东 / 摄

序

何兹全

　　我很高兴看到侯旭东同志《五六世纪北方民众佛教信仰——以造像记为中心的考察》这部书稿的出版。这本书是在他的博士论文的基础上修改补充而成的。

　　南北朝隋唐时期，是中国佛教鼎盛的时期。僧尼人数，北魏末年有 200 万，北齐时有 300 万。全国佛寺，北魏末年有 3 万所，北齐有 4 万所。这数字是惊人的。当时全国在籍人口也只有两三千万。僧尼人数占户口人数的1/10 左右。10 个人里面，就有一个和尚或尼姑。此外还有数量庞大的善男信女膜拜在寺院周围。

　　五六世纪（南北朝后期），每一个寺院都是它所在地区经济、社会、文化活动的中心。它们大都占有广大田园，有丰饶的财产、人力、物力，经常参与社会救济活动。北魏曾特划一部分州郡编户为僧祇户，每户收 60 斛粟，归寺院掌管，灾害年赈济饥民（《魏书·释老志》）。唐代寺院还有悲田坊、养病坊之设，以赈济和收留贫穷废疾之人（《唐会要》卷四九）。佛教又以教化人民为统治者服务。皇帝也大力扶助和推动佛教在民间的教化活动。《隋书·经籍志》曾记载说当时"民间佛经，多于六经数十百倍"。民间收藏的佛经，多于儒家六经数十百倍，可见佛教在民间社会的地位和它在民间社会可能发挥的影响。五六世纪民间社会是佛教的天下。

　　由此可见，佛教不仅在宗教史上占有重要的地位，在社会史、民间信仰和心态史上也占有重要的地位；不仅在宗教史研究上占有重要地位，在社会史研究、民间信仰和心态史研究上也应占有重要位置。

　　历代以来对佛教史的研究，重在教义和宗派，很少涉及其他方面。

1934年我写了《中古时代之中国佛教寺院》，发表在这年9月出版的《中国经济》第2卷第9期上。1935年又写了《中古大族寺院领户研究》，发表在1936年1月出版的《食货》半月刊第3卷第1期上。

这两篇文章内容是不成熟的、粗糙的。但它从中国社会史、经济史的角度，为中国佛教研究开辟了一个新的领域。

侯旭东同志这部《五六世纪北方民众佛教信仰——以造像记为中心的考察》又为中国佛教史研究开辟了一个新的领域，以造像记的材料研究探索五六世纪北方人民大众的心态和对佛教的信仰。

在建寺活动中，皇帝建最大的庙，大官大富建大庙，小官小富建中等庙或小庙。一般人民群众建不起大庙就建小庙，就造像。不能说达官大富不造像，但从造像所留下的材料看，造像常常是群体活动，许多人造一个像，一村一邑造一个像，几百人、几千人同造一个像。这里面有一代社会风气和宗教的因素，但不能否认这和造像者的经济条件有关系，甚或可以说"穷"是主要原因。

因此，我们可以说，造像记里所反映的是一代人民群众的思想意识、宗教信仰和心态。它有同于大人先生们的地方，也就有异于达官贵人的地方。

因此，研究佛教，应从思想、宗教教义、宗派流变等方面研究它，也应该从社会史角度，从佛教寺院在历史上的存在、活动和影响等方面研究它；不仅从社会上层，更应该从社会下层，从人民群众的心态、信仰等方面来研究它。

对造像记的研究和使用造像记材料来研究佛教思想活动，前人已有所尝试。日本学者在这方面做了不少工作，欧美学者几十年来也一直希望研究这一时期的民间宗教。但或因资料不够，或因方法有偏差，成果受到限制。可以说侯旭东同志此书是迄今为止对中国五六世纪北方民众佛教信仰的最新、最系统全面的研究成果，对于佛教思想研究由偏重精英向精英与社会思想、民众思想并重的转化，开辟了新途径、新领域。

因此，我高兴写这篇短序。

1998 年 1 月 31 日

目　录

绪　论

缘　起

汉唐四百年间,经学式微,玄风肇扇,道教方兴,加之佛教东来,中外文化碰撞交融,思想领域异彩纷呈,实为中国思想发展史上一关键时期。探讨此期之思想史遂成经久不衰的课题。

众所周知,一个社会的思想存在不同层面。既有官方的意识形态,又有哲人学者精致、系统的思想理论,同时芸芸众生头脑中亦充满各种各样的想法与观念。针对不同对象,思想史可探讨不同的问题,研究魏晋南北朝时期佛教思想史亦如是。虽然此间佛教不曾成为主流的意识形态,但仍可或专注于教理教义的发展、名僧大德与知识阶层信徒的思想,发赜阐幽,或致力于一般民众的信仰与观念,剖析他们的心灵世界。

本书主要通过探究一般信众的信仰,包括他们对佛教教义的认识与理解,他们的愿望与追求,他们信仰活动的内容、特点以及社会影响等,来把握这一激变时代的思想脉搏。

近年来国内学界社会史、民众信仰史领域大兴,成果喜人,不过涉及的时代多为宋以后,特别是明清与近代。宋以前情况不平衡,论及两汉时期这方面的文章有一些,但缺乏系统检讨,魏晋南北朝时期则仅有个别学者涉及。[①] 三国两晋南北朝佛教史的研究,仍主要集中在名僧劭德、教理教义、

---

① 　如梁满仓《论六朝时期的民间祭祀》(《中国史研究》1991 年第 3 期)等系列研究。

知识阶层的佛教活动与制度仪轨等方面，[1] 对一般信众关注不够；致力于研讨佛教信仰的论文并不多见，已有的研究多集中在弥勒信仰与观音信仰上，涉足其他方面的屈指可数。[2]

日本学者在中国民众信仰研究方面起步早，成果相当丰富，[3] 但对六朝时期的相关研究仍显薄弱，除对观音信仰、弥勒信仰、西方净土信仰、疑伪经方面着力较多，个别人的信仰做过专门研究外，[4] 民众信仰的综合研究虽有塚本善隆倡导践行于前，[5] 但应者寥寥，成果无多。[6]

与中、日学界相比，欧美学界在中国宗教研究上起步虽晚，但进展迅速。近年来中国民间宗教颇受他们重视，成果频出，不过亦以宋以后朝代的相关研究成果居多，于北朝时期民众信仰研究上至今未取得实质性成果。[7]欧美学人很早就希望从事三国两晋南北朝时期民间信仰的研究，但一直苦于资料贫乏，无法开展。马伯乐（Henri Maspero）早就注意到这一时期的民间宗教，认为它从三教中汲取了思想但又有别于三教，是独立的体系。[8] 谢和

---

① 不但国内如此，西方情况也近似，太史文（Stephen F. Teiser）在 "The Spirits of Chinese Religion" 中指出过这一点，参见 Donald S. Lopez ed. , *Religions of China in Practice*. Princeton University Press，1996，p. 17。

② 如唐长孺《北朝的弥勒信仰及其衰落》，《魏晋南北朝史论拾遗》，中华书局，1983；杨曾文《弥勒信仰的传入及其在民间的流行》，《中原文物》1985 年特刊；张继昊《北魏的弥勒信仰与大乘之乱》，《食货》（复刊）第 16 卷第 3、4 期合刊，1986；陈华《王政与佛法——北朝至隋代帝王统治与弥勒信仰》，《东方宗教研究》第 2 期，1988；任继愈主编《中国佛教史》第 3 卷第 5 章，中国社会科学出版社，1988；宿白《南朝龛像遗迹初探》，《考古学报》1989 年第 3 期；周绍良《隋唐以前之弥勒信仰》，《中国宗教：过去与现在》，北京大学出版社，1992；刘凤君《山东省北朝观世音和弥勒造像考》，《文史哲》1994 年第 2 期；孙昌武《中国汉地观音信仰与文学中的观音》，《传统文化与现代化》1995 年第 3 期等。

③ 木村英一『中国民衆の思想と文化』弘文堂書房、1947；吉冈义丰：《中国民间宗教概论》，华宇出版社，1985。塚本善隆等对宋以后中国民间宗教的研究成果相当多。

④ 如小林太郎对晋唐观音的研究，牧田谛亮对六朝人观音信仰、疑伪经的研究，望月信亨、塚本善隆、道端良秀对净土教的研究等。

⑤ 塚本善隆「竜門石窟に現れたる北魏仏教」『支那仏教史研究・北魏篇』弘文堂書房、1942。

⑥ 相田洋的著作《中国中世的民众文化——咒术、规范、反乱》（中国书店，1994）汇集了他在这方面的研究成果，类似的研究并不多。

⑦ D. L. Overmyer, et. al. "Chinese Religion: The State of the Field. Part 2," *Journal of Asian Studies* 54. 2（May 1995），pp. 379 – 380。

⑧ Henri Maspero, *Taoism and Chinese Religion*, trans. by Frank A. Kierman. The University of Massachusetts Press，1981，p. 78。

耐（Jacques Gernet）曾敏锐地注意到从五世纪起中国民间佛教的发展问题，但他所举材料以唐代为主，北朝时期的情况涉猎不多。① 许理和（Erik Zürcher）虽主要研究四世纪及五世纪初佛教在中国南方上层社会的传播与接受问题，但仍然认为研究当时不同地区之民间佛教与民间信仰崇拜同样重要，不过囿于资料无法展开研究。他调侃道，除非再有一次类似敦煌遗书的发现，研究才能展开。② 陈观胜以佛教中国化为研究核心，重点在唐代，对于佛教与中土思想的适应只考察了佛法对"孝"的认同问题。③ 谢和耐在他的《中国文明史》中再次提出需要研究民间佛教，他认为："五世纪末以降中土社会感受到强烈的宗教狂热，其成因无论用哲学及教义之借鉴抑或华北半野蛮的诸专制君主之敬畏神僧都不足以解释。简言之，它们无法解释佛教在中国发展成一影响深远的宗教的原因，这一不易察觉的运动发生在地域性信仰与区域社会的层次上，至今仍知之甚少。"④ 他强调了民间信仰对佛教接受之重要性，不过只是提出了问题，未能加以具体研究。备受赞誉的太史文从剖析盂兰盆节入手，分析日常生活中佛教如何与中土固有的习俗、观念相融合，在研究民间信仰方面迈出了实质性的一步。不过，他研究的重点仍是唐代。其考察十王信仰的大作亦属唐宋时期。⑤ 直至 1990 年代中期，美国学者仍然强调宋代以前的民间宗教问题，但限于资料，难见其面貌。⑥ 尽管如此，美国学者另辟蹊径，在六朝隋唐时期的本土经典（indigenous scriptures，即一般所谓之

① 谢和耐：《中国五—十世纪的寺院经济》，耿昇译，甘肃人民出版社，1987，第 299 页以下。
② Erik Zürcher, *The Buddhist Conquest of China, the Spread and Adaption of Buddhism in Early Medieval China*. E. J. Brill, 1959, pp. 2 – 3.
③ Kenneth K. S. Chen, *The Chinese Transformation of Buddhism*. Princeton University Press, 1973.
④ Jacques Gernet, *A History of Chinese Civilization*, trans. by J. R. Foster. Cambridge University Press, 1982（1985），p. 215.
⑤ Stephen F. Teiser, *The Ghost Festival in Medieval China*, Princeton University Press. 1988. *The Scripture on the Ten Kings and the Making of Purgatory in Medieval Chinese Buddhism*, University of Hawaii Press, 1994.
⑥ 太史文语见 "Chinese Religion: The State of the Field. Part 2," *Journal of Asian Studies* 54. 2（May 1995），pp. 379 – 380。

疑伪经）研究上下功夫，成果显著。① 本土经典中包含很多中土观念、信仰，但它们多少都经过僧侣加工改造，并不是民众信仰的原貌。

因此，说魏晋南北朝时期民众思想研究，包括佛教信仰史研究基本属于空白，并非妄语。学者或为研究思路所限，或囿于资料难以开展。确切地讲，反映这一时期民众精神世界的资料实非空白。当时人们刻在各种类型的佛教（含少量道教）造像上的铭文，即造像记，至今仍保存不少，这些造像记就是反映他们心声的珍贵资料。

按照佛经的说法，造像是一种可为造像者带来福报的功德，因此佛徒或以个人名义，或以家庭、寺院为单位，或聚集若干信众组成义邑、法义来造像兴福。他们出资雇匠雕造或购买制成之作品。或就石崖开窟，或制作单体塔、像、碑；佛像小者盈寸，大者丈余，材质或石，或铜，或陶，或木（图1～图3）。佛像雕讫、购入后，出资者多刻长短不等文字于像座、像背或龛侧，述兴造缘由、时间、誓愿，并镌出资者姓名，是为造像记（图4～图9）。

图1　宁夏固原须弥山石窟的摩崖造像

资料来源：侯旭东摄。

---

① 如黎惠伦（Whalen W. Lai）对《提谓波利经》的研究，参见 David W. Chappell, ed., *Buddhist and Taoist Practice in Medieval Chinese Society*. University of Hawaii Press. 1987；Robert E. Buswell ed., *Chinese Buddhist Apocrypha*. University of Hawaii Press. 1990. 加州大学伯克利分校德野京子（Kyoko Tokuno）的博士论文 Byways in Chinese Buddhism：The "Book of Trapusa" and Indigenous Scriptures（1994）亦是对疑伪经的专门研究。

图2 北魏正光二年（521）造像碑

说明：三面有题记。
资料来源：仓本尚德摄。

图3 东魏兴和二年（540）王市生铜造像

说明：像座上有题记。
资料来源：仓本尚德摄。

图 4 东魏兴和二年（540）程荣造像

资料来源：仓本尚德摄。

图 5 程荣造像像座上的题名

资料来源：仓本尚德摄。

图6　西魏大统十六年（550）九月一日岐法起造像

资料来源：仓本尚德摄。

图7　岐法起造像侧面之一

说明：有线刻供养人像及题名。

资料来源：仓本尚德摄。

图8　岐法起造像另一面

资料来源：仓本尚德摄。

图9　岐法起造像侧面之二

说明：有题记、供养人像及题名。

资料来源：仓本尚德摄。

造像记之所以珍贵，一是它的直接性。它是造像当事人主观心愿与认识的直接与真实吐露，[①] 非如文献记载要经过文人的过滤与转述，真实地向后人展示了人们信仰与思想的某些侧面。由不同年代、不同地区、不同背景的造像者的造像记中，又可以感触到信仰与思想的种种细部变化。尽管造像记反映的不是人们信仰与追求的全部，但至少为今人提供了领略当时民众心灵世界风貌的一个"窗口"，透过它，多少可以了解他们内心世界的部分情况。二是它的民众性。从造像记题名看，参与造像活动的人包括官吏、僧尼和一般民众。除个别官员、极少数僧人见于史传外，绝大部分的造像者名不见经传。迄今为止，史家恰恰对这些在文献中消失的众生知之甚少，但他们是帝王将相纵横驰骋的历史舞台的"台柱"。现存文献关注的多是王公贵游、显官权要，偶存论述民众活动的只言片语则打上了文人俯视及过滤的印迹，无法据以再现民众的心灵世界。造像记资料的发掘与利用，为我们提供了一个宝贵的契机。

魏晋南北朝造像记资料，地域上基本出自秦岭、淮河以北，故研讨的区域范围限于北方；时间上主要集中在十六国北朝时期，即 400～580 年，约略言之为五六世纪。由于信仰发展的轨迹与政权兴衰更迭多非同步，故研究时限采用公历绝对年代。造像记题名中出现的官吏、僧尼与庶民，乃是当时社会中除名僧大德、知识阶层佛徒以外佛教信众的主体，他们构成了本书所说的"民众"。

通过分析造像记，揭示民众的佛教信仰对于全面认识五六世纪的中国佛教发展史具有重要意义。以往佛教史研究在名僧大德的思想与活动、教理经义的发展、佛教在上层社会的传播影响、重要的制度仪轨等方面积累了不少成果。这些只是整个佛教史中浮出水面的"冰山一角"，水线以下冰山躯体鲜有论及。本书的研究多少有助于揭开水面之下冰山躯体的面貌，于全面、整体地认识这一时期的佛教史不无裨益，这是其一。

其二，对于正确认识这一时期佛教思想的演变以及高僧大德的作用亦会起到积极的作用。信仰乃佛教存在发展之基础，民众构成信徒的主体，民众

---

① 卢建荣：《从造像铭记论五至六世纪北朝乡民社会意识》，（台湾师范大学）《历史学报》第23 期，1995 年 8 月，第 115、120 页。

信仰有中蕴含着许多教义流行的民众基础与思想源头，考察民众信仰有利于从另一个角度理解佛教教义的演进。

其三，有助于从一个被忽视的层面认识外来文化移植中土的具体历程。作为外来文化，佛教与本土文化冲突融合的历史，在知识阶层以及儒学、道教的层面已有不少研究，但就一般信徒的层面来认识这一问题似未尝见。展示这一层面的文化交流，对全面、深入地把握当时的中外关系不无助益。同时能为今天探究外来文化与固有文化的关系提供历史的镜鉴。

其四，揭示五六世纪北方民众思想有益于把握隋唐以降民众思想脉络。魏晋南北朝时期是中国思想发展史上承前启后、继往开来的重要时期，民众思想史亦如是。后代流行民间的许多观念均可溯源于此，了解此期民众信仰对于理解后代思想演变有所助益。

回　顾

对造像记的著录与研究源远流长，自欧阳修、赵明诚以下不乏其人，成果累累。但真正意识到造像记之独特价值不过是半个多世纪以前的事，大规模研究更是近二三十年的事情，而凭借其探求民众信仰与心态，迄今尚无专门成果。①

自宋代以来中国学者的研究主要包括两方面，一是搜集整理造像记拓片，编制各种目录与著录全文。

造像记目录的编纂发轫于欧阳修、赵明诚。《集古录》《金石录》中收有许多造像记目录，开启先河。随着书法风气的变化，清代以后著录造像颇为流行。不同类型的金石目录层出不穷，虽未有专收造像记者，但大都少不了造像记。孙星衍《寰宇访碑录》收录大量造像记目录，以时间先后相系，地点清楚的则注地点。吴式芬《金石汇目分编》则以碑铭分地条系于州县，这是全国性的目录。专收一地之《中州金石目》《关中金石记》等亦分列各

---

① 暴鸿昌《清代金石学及其史学价值》（《中国社会科学》1992 年第 5 期）回顾了清代金石学的发展，概括了其学术贡献，特别是资经史考据可参看（第 214、216 页），但未言及其不足，故本文需以造像记为例稍做申述。赵超《中国古代的石刻著录情况》（《中国典籍与文化》1995 年第 2 期）中论及造像的著录情况可参看，但未及研究状况。

地之造像目录。《山左南北朝石刻存目》只收山东地区南北朝之石刻，含不少造像记。《海外贞珉录》则列出了不少流失海外的造像目录，而《潜研堂金石文字目录》《捃古录》《艺风堂金石文字目》等个人所藏或所见的拓片目录亦网罗不少造像记。杨殿珣所编的《石刻题跋索引》堪称集大成者，书中专辟造像一目，胪列宋至民国各种金石书中所录的造像记之目录，举一书而几遍览无遗。孙贯文所编《北京大学图书馆藏金石拓片草目》，造像记亦收集宏富。另外，《考古学年鉴》内附当年出土的铭刻目录，造像亦列其中。不过迄今为止尚未编出专门的较完整的造像记目录。

最早著录造像记的或是宋齐时人陆澄之子陆少玄，他撰有《佛像杂铭》13 卷，可惜书早亡佚。① 现存最早的或是元陶宗仪《古刻丛钞》，② 大规模录文则始于清代。王昶《金石萃编》、陆增祥《八琼室金石补正》（以下分别称《萃》《琼》）为金石通纂巨帙，都收有数量不等的造像记全文。王书"甄录全文，详载行款，缀附题跋"，③ 开创金石书之新体例，但造像记著录不过近百种；陆书收录量则大过之，考订亦更精审，订正了王书不少误录、误断之处，并在录文中依拓片加以分行标记，更近原貌。此外，各种金石书纷纷载录造像记文。补王书之缺者如《金石续编》自不必说。内容系于一地之《常山贞石志》《益都金石记》《关中石刻文字新编》《山右石刻丛编》，著录个人藏拓的《陶斋藏石记》等均收录不少造像。民国初年鲁迅先生亦过录了不少造像记，手稿已经出版。④ 各种地方志或收有当地发现之造像，有些以《金石志》形式单独出版，如《济南金石志》《历城金石志》《潍县金石志》《安阳县金石志》《陕西金石志》等。台湾出版《石刻史料新编》三辑 90 巨册，汇集了不少有关地方志中的金石志、艺文志，甚便使用。1949 年以后著录工作仍在继续，但未见专书，有关录文散见于文物考

① 参见《隋书》卷三五《经籍志四》，中华书局，1973，第 1085 页。少玄为澄子，参见《南史》卷三一《张率传》，中华书局，1975，第 815 页。
② 该书第 86 页（《丛书集成初编》第 1582 册，中华书局，1985）所收"石佛识"即是一造像记。
③ 顾燮光：《梦碧簃石言》卷六，"金石萃编系不全本"条，王其祎校点，辽宁教育出版社，2001，第 179 页。
④ 北京鲁迅博物馆、上海鲁迅纪念馆编《鲁迅辑校石刻手稿》三函，上海书画出版社，1987。

古杂志中。需要特别指出的是，1989 年出版的《北京图书馆藏中国历代石刻拓本汇编》百册，影印了上千种造像记拓片，使今人第一次大量获睹原石拓片，对造像记了解更真切、更准确，亦便于核对录文之正误，为造像记研究的发展奠定了坚实的基础。不过书中偶有误处。①

除编制目录著录全文之外，中国学者亦利用造像记从事研究，此为第二方面。朱剑心尝指出金石资料之价值在于"可以证经典之同异，正诸史之谬误，补载籍之缺佚，考文字之变迁"。② 具体到造像记，主要是审核真伪、考订年代、辨别字体与印证史实四个方面。③ 前三个方面均属对造像记自身的研究，印证史实则是用以研究历史。成果表达，自欧阳修《六一题跋》开跋语形式研究碑铭之风以来，沿而不衰，历代学者基本上都以跋语形式阐述研究心得，造像记研究亦不例外。

审核真伪上，陆增祥专门著有《金石祛伪》，收录了他考订为伪作的造像记。柯昌泗《语石异同评》亦指出过诸多伪记。1980 年代则有黄永年对马天祥像真伪之考证。④ 考订年代者更比比皆是，兹不赘述。辨别字体是造像记本身研究的一项基本内容。六朝别字之多，历史罕见。异体之正字不定，就谈不上正确著录与准确理解。前贤在这方面付出了大量心血，其成果大部分汇集在《六朝别字记》《碑别字》《碑别字新编》等书中，极便学人。《萃》、《琼》、鲁迅手稿等录文末尾汇集的有关跋语亦多有论及异字，扫清了利用造像记的许多障碍。辨别字体的意义不仅于此，学者还根据不同时代碑铭字体的演变来了解中国文字的发展演变，毛凤枝曾做过专门的论述。⑤

---

① 参见侯旭东《〈北京图书馆藏中国历代石刻拓本汇编〉北朝造像记部分补正》，《北朝研究》1997 年第 2 期，第 38～41 页。除文中所列 40 余处外，《拓》3.83 翟普林造像记亦是伪刻；《拓》4.55 杜迁等二十三人造像记与《拓》4.56 于迁等八人造像记实为一记，后者盖据前者翻刻而成；《拓》4.64 杜永安造像记，说明云四月五日造，误，应为"廿五"日造，"廿"字甚清楚；《拓》4.59 敬羽高衡造像，据王培真先生告知，亦是赝品。
② 朱剑心：《金石学》，文物出版社，1981，第 4 页。
③ 尚有以之研究书法者，与本书关系不大，兹不赘述。
④ 黄永年：《记听雨楼旧藏〈马天祥造像记〉》，《文史》第 29 辑，中华书局，1981，第 423 页。
⑤ 毛凤枝《石刻书法源流考》一卷，附于《关中金石文字存逸考》卷一二后，刻本，1901，第 32～42 页，收入《石刻史料新编》第 2 辑第 14 册，新文丰出版公司，1979，第 10652 页下～10657 页下。

最后也是最重要的一方面即是印证史实，这方面以清代成果最丰富。朱剑心云："凡清人之言金石者，几莫不以证经订史为能事。"① 庶几中之。《关中金石记》钱大昕序云："金石之学，与经史相表里……欧赵洪诸家，涉猎正史，是正尤多。盖以竹帛之文，久而易坏，手钞板刻，展转失真，独金石铭勒，出于千百载以前，犹见古人真面目，其文其事，信而有征，故可宝也。"《潜研堂金石文跋尾》王鸣盛序则认为："且夫金石之学，青主虽并称有益经史，实惟考史为要。"《平津读碑记》翁方纲序亦云："夫金石之足证经史……证史则处处有之。"洪颐煊自序云："夫世之所贵乎金石者，以其足取证经史也"，"此其学所以日积而日昌也"。

　　具体到造像记，证经自然谈不上。在清儒看来其价值一在考订六书，一在证史。证史主要包括三方面的内容：一是利用传世文献考证造像记内容，如洪颐煊考证荥阳太守元宁造像记中二圣的所指。二是利用造像记中出现的地名、官名，与史籍有关记载相印证，纠谬补缺。李和之造像题名有冯翊王国典祠令之官衔，洪氏据《魏书·官氏志》指出，史载魏制有皇子典祠令，王国无，据此可补志之缺；另外洪氏据赵桃□妻造像记题名戎昭将军伊阳城骑兵参军，指出其时（武平三年，572）伊阳郡已废，可补《地形志》之缺；另据兖州高平县石里村仲思那等造桥碑考证出隋开皇初年高平县属兖州，不属泗州；② 等等。三是根据造像记中提供的造像者信息补充或订正传世文献中相关的记载。钱大昕据杨大眼造像记认为，史载大眼封安成县开国子，误，应据铭改为"安戎"；他还据齐郡王祐造像记指出史书漏载其所任之征虏将军一职。洪氏据临淮王像碑补充娄定远本传载之勋阶食封之缺，以平等寺碑补《洛阳伽蓝记》平等寺条所不及。范鼎卿则以北魏南石窟寺碑考证奚康生履历、任职年月、补史之缺。③

---

① 朱剑心：《金石学》，第35页。
② 洪颐煊：《平津读碑记》卷二，吴县朱氏家塾校刊本，1886，第17页下、17页下～18页上；卷三，第10页上～下、10页下～11页上、16页上。
③ 洪颐煊：《平津读碑记》卷三，第9页下～10页上；范寿铭：《循园金石文字跋尾》卷上，石印本，1923，第16页。

至于造像记中佛教方面的内容，诸家基本未加涉猎。叶昌炽云："金石家不必能通内典，故经幢著录，最易舛讹，虽孙王诸家亦不免。"① 著录尚且如此，更谈不上分析其内容、考察其渊源变化了。

有学者指出，清代金石学的主要成就乃是以碑刻文字校勘经史典籍，② 换言之，清代金石学乃是当时经史之学的附庸。造像记的研究亦如此，为依附于史传的考证之学。以造像记来考证史事，关键是造像记内容与史书某处记载，或人名、地名、官职等的关联，有则可考，无则否。据此思路，与史载有联系的造像记便是有价值的，反之则否。而史书以帝王将相、军国大事为主，鲜有关涉普通民众者，能与之相连的，多是官吏主建或参与的造像。钱大昕、洪颐煊利用考证史实的造像记基本不出官吏造像的范围。至于数量更多的僧尼、民众造像，除少数有异字或地名可与史书相印证或书法尤异而稍有涉及外，大部分在金石学家的视野之外。这一思路在清代金石学家中是很普遍的。这种思路的出发点与归宿均在史书，造像记的价值是依附于史书而存在的，自身并无独立价值，这可以称为造像记研究的"补史"模式。

"补史"模式取得过丰富的成果，而且现在也有必要继续存在下去。但是这种研究把目光局限在文献记载范围内，只关心造像记与史书的联系，忽视造像记本身的价值，难以对造像记进行综合研究，使得造像记研究长期徘徊不前，难以有所突破。③

20 世纪初，金石学经过数百年的积累开始走上总结、综合的道路，出现了被誉为"精博详瞻，体例完善，实为金石书中空前绝后之作"④ 的《语石》，以及马衡《中国金石学稿》（收入《凡将斋金石丛稿》）、陆和九《中国金石学》、朱剑心《金石学》、柯昌泗《语石异同评》等书。诸书均辟有章节论述造像及造像记。

不过，最早对造像进行概括的当属王昶。他在《金石萃编》卷三九写有《北朝造像诸碑总论》，扼要叙述了造像之风流行时间、题材变化、兴起原

---

① 柯昌泗：《语石》卷四，"经幢"条，参见柯昌泗《语石异同评》，陈公柔、张明善点校，中华书局，1994，第 273 页。
② 暴鸿昌：《清代金石学及其史学价值》，《中国社会科学》1992 年第 5 期，第 216 页。
③ 这种模式实为利用金石材料从事研究的一种十分普遍的现象，并不限于造像记。碑、墓志乃至青铜器的研究中常可见到这方面的例子。
④ 顾燮光：《梦碧簃石言》卷五《叶鞠裳之金石学》，第 144～145 页。

因、祈祷之词的内容、种种不同称谓及其含义等。王氏所论殆成经典，成为后人研究的基石。《语石》、《梦碧簃石言》、《中国金石学》、《汉魏两晋南北朝佛教史》及《洛阳伽蓝记校注》卷二、《中国历代纪年佛像图典》等均移录了王氏总论。其余诸家基本是沿袭王氏路数添益例证而已，即便是《语石》也未超出王昶多远。但王昶及以后诸家（除汤用彤先生以外）续论，只停留在概括、罗列造像记中出现的各种现象，虽较"补史"模式有所前进，但仍未能更进一步探究诸现象间的关系。

　　造成这种状况的原因，一方面是"补史"模式的羁绊，另一方面则在于学者每每对造像记反映的祈愿持蔑视态度，早在欧阳修的《六一题跋》中就流露出这一态度。该书卷四"齐镇国大铭像碑"条云："铭像文辞固无足取。"《后魏神龟造碑像记》条云："其文辞鄙浅。"《魏九级塔像铭》条曰："碑文浅陋，盖鄙俚之人所为。"武亿《授堂金石跋》一跋卷三《魏灵藏造像记》条云："记所言盖灵藏法绍二人自为祝釐之词，皆诞妄无稽，不自悲其愚也。"王昶也说："综观造像诸记，其祈祷之词，上及国家，下及父子，以至来生，愿望甚赊。其余鄙俚不经，为吾儒所必斥。"叶奕苞《金石录补》卷八《东魏比邱尼法妃等造佛像记》跋称："其词俚鄙，其意浮伪，古今习俗然也。"武树善《陕西金石志》卷六论北魏造像云："固属无聊之迷信"，"惟文字率欠雅驯"。至今犹有学者认为："考其文辞，大都为祈福求报之语，了无深意。"① 对造像记反映的观念多少持有鄙夷的态度，妨碍学人进一步探索、理解造像记的思想内涵，导致难以深入其中，挖掘更多的信息。

　　这种心理甚至影响到对造像记的著录。赵绍祖《金石文钞》凡例便说："凿佛造像语言鄙俚者，如北魏龙门、唐岱岳观之类……皆不刻。……自隋以前古碑甚少，有则登之，更不差别，其所弃者，造像诸记。"不少造像记因被视作俚俗而不载，或只存其目，实在可惜。

　　最早摆脱鄙夷心理，意识到造像记之独特价值的是汤用彤先生。汤先生在《汉魏两晋南北朝佛教史》北朝造像一节中指出：

----

① 杨衒之撰《洛阳伽蓝记校注》卷二，范祥雍校注，上海古籍出版社，1978，第84～85页注9。

若能搜齐其文，研求其造像之性质（如弥勒弥陀等崇拜，年代上及地域上之分布等）则于北朝宗教之了解所得必不小也。①

可惜汤先生未能竟乎是业。近几十年来造像记研究的思路有所突破，取得了令人瞩目的成绩。开一代新风的属马长寿先生。他利用碑铭，主要是造像记的题名，结合文献，探讨了前秦至隋关中地区少数民族分布问题。② 这一问题仅靠史书的零散记载是完全解决不了的。马先生创造性地利用造像记中的大量少数民族题名，考订其族属，核定分布区域，推定时间，使问题迎刃而解，揭示出史书不载的历史现象，突出了造像记的独立价值，开辟了造像记研究的新方向。

之后郝春文与刘淑芬又分别依据造像记及题名对东晋南北朝时期民间佛教结社的构成、演变和乡村宗教活动与仪式进行了详细的考察，③ 别开生面。林保尧则结合文献，从考古学、佛学等角度针对武定元年（543）骆子宽造像进行了十分深入细致的研究。④ 这些研究均认识到造像记本身的价值，利用它们去揭示某些未必见于史书的历史现象，不再单纯证史、补史，比金石学家的见识大大前进了一步。不过，学者运用的多是造像题名，记文其他部分尚未得到详尽、切实有据的分析。林保尧的研究又未顾及信仰的层次问题。1994 年吴杏全等撰文研究了河北省博物院藏造像拓片，⑤ 但因资料所限，分析亦欠深入，未能提供多少新的结论。卢建荣则利用造像记考察五六世纪民众的社会意识，⑥ 角度新颖，发前人所未发，但仅限于个案例证剖

---

① 汤用彤：《汉魏两晋南北朝佛教史》下册，中华书局，1983，第 356～357 页。
② 马长寿：《碑铭所见前秦至隋初的关中部族》，中华书局，1985。
③ 郝春文：《东晋南北朝时期的佛教结社》，《历史研究》1992 年第 1 期；刘淑芬：《五至六世纪华北乡村的佛教信仰》，《中央研究院历史语言研究所集刊》（以下简称《史语所集刊》）第 63 本第 3 分，1993 年 7 月。
④ 林保尧以《东魏武定元年铭石造释迦五尊立像略考》为主标题，另附前标题：《释迦五尊与左右二相的图像构成及其成立基础之一》，《艺术学》第 1 期，1987 年 3 月；《基础之二》，《艺术学》第 2 期，1988 年 3 月；《造像记文的造像像主与造像对象试析》，《东方宗教研究》新 1 期，1990 年 10 月；《造像题名与像主尊像的构成体式及其图式试析》，《艺术评论》第 2 期，1990 年 12 月等。
⑤ 吴杏全等：《馆藏佛教造像铭文研究》，《文物春秋》1994 年第 1 期。
⑥ 卢建荣：《从造像铭记论五至六世纪北朝乡民社会意识》，《历史学报》第 23 期，1995 年 6 月。

析，加之材料引用、解说间有误处，削弱了文章的说服力。

国外对造像记的研究主要集中在日本。日本学者自 20 世纪初就开始造像记的搜集整理工作。常盘大定等编《支那佛教史迹详解》《支那文化史迹》图版及解说中就收有不少造像记。① 大村西崖《支那美术史·雕塑篇》更可谓集大成者，所收造像记之丰富，超过当时中国学者的著作，是书出版已百年，至今仍为国内外造像记研究者所倚重。他不仅搜集造像记，亦按时代归纳了不同时期造像的特点。

1940 年塚本善隆发表《龙门石窟所见北魏佛教》一文，标志着整个造像记研究新时代的到来。该文对造像记的认识较前人深刻得多，认为它们是民众信仰的反映，对于了解民众信仰有重要价值。该文有三方面推进：方法上突破了以往简单概括描述式的研究，结合考古学、内外典综合考察龙门石窟造像及造像记；依据造像者的身份划分出不同的类型加以把握；分析对象亦开始涉及造像记的内容。② 他所提出的一系列观点至今犹受到各国学者的推重，③ 堪称经典之作。不过塚本善隆的研究并非完美无缺。研究信仰嬗变时他仅考察了造像题材这一个因素，未综合造像记其他内容；且只研究了龙门石窟一处的造像，不足以反映北魏乃至北朝造像记的全貌，虽收管中窥豹之效，难免有以偏概全之嫌。该文利用佛经阐发造像记的内容，资料时间虽同，但未考虑现实中佛经是否对民众信仰有直接影响。

1941 年水野清一、长广敏雄合著的《龙门石窟研究》出版。该书所附《龙门石刻录》是迄今所见最完整、最系统的龙门石刻（主要是造像记）的录文，书末还附有造像记中异字的汇编、造像题材统计等多种资料，甚便使用。④ 1951 年藤堂恭俊发表《关于北魏时代净土教的接受及其形成——以与

① 常盤大定；常盤大定、関野貞『支那文化史蹟』法蔵館、1939。
② 塚本善隆『支那仏教史研究・北魏篇』、357～609 頁。
③ 中国学者唐长孺、杨曾文、刘凤君均引其说；美国学者陈观胜（Kenneth K. S. Chen, *Buddhism in China*, *a historical survey*. Princeton University Press. 1964, pp. 164 – 177）；夏普德（David. W. Chappell, "Chinese Buddhist Interpretations of the Pure Lands," Michael Saso and David W. Chappell, eds., *Buddhist and Taoist Studies I*. University Press of Hawaii. 1977, p. 24）均引其说，日本学者引其观点者更多。
④ 水野清一、長広敏雄『竜門石窟の研究』座右宝刊行会、1941。

造像铭的关联为主》，① 亦是一篇重要论文。但该文存在所用资料层次上不衔接的问题，同时某些结论也难以令人信服。1977 年佐藤智水发表《北朝造像铭考》一文。② 该文资料收集达 1360 种，在当时是最丰富的，在对造像记的分类、结构划分等方面超越前人，同时编制了各种表格，用力甚勤。值得注意的是，该文对造像记具体内容的分析则显单薄，常常只是点到为止，未及展开，亦没有综合文献与佛典，仅限于考察造像铭本身。此外，日本学者也很注意利用造像记进行各种问题的研究，这方面的例子颇多，兹不备述。③

欧美学界最早涉足造像记著录与研究的或是法国汉学家沙畹（Edouard Chavannes），随后比较出名的则是瑞典艺术史家喜龙仁（Osvald Sirén）。④ 陈观胜专门论述过北朝造像记，⑤ 不过基本上是依据塚本善隆之研究，自己的心得不多。冯方天（Jan Fontein）撰文对五六世纪道教造像记进行了研究，考察了造像题材、道教兴衰与朝廷道教政策的关系及其与佛教造像兴衰的关系，提出不少有价值的看法，惜论述过于简单。⑥ 另有一些学者提到造像记之重要价值，⑦ 但尚未见到专门研究。

1996 年以来，中古佛教造像与造像记的研究步入快车道，就自己所知，择其要者，略述如下。资料的发现方面，零星的发现与披露之外，最重要的有两桩：一是 1996 年 10 月，山东青州古龙兴寺遗址造像窖藏的发现，计有

---

① 藤堂恭俊「北魏時代に於ける浄土教の受容とその形成—主として造像銘との関連に於て」『仏教文化研究』（通号 1）京都、浄土宗教學院、1951。

② 此文后被译为中文，刊于刘俊文主编之《日本中青年学者论中国史·六朝隋唐卷》（上海古籍出版社，1995）。

③ 如望月信亨《中国净土教理史》，华宇出版社，1987，第 43~45 页；山崎宏『支那中世仏教の展開』清水書店、1942；牧田諦亮『中国仏教史研究』（一）、大東出版社、1981；佐藤成順『中国仏教思想史の研究』山喜房仏書林、1985。

④ Edouard Chavannes, *Mission archélogique dans La Chine Septentrionale, Deuxième Partie. La Sculpture bounddhique.* Eruest Leroux, 1915. Osvald Sirén, *Chinese Sculpture from the Fifth to the Fourteenth Century; over 900 Specimens in Stone, Bronze, Lacquer and Wood, Principally from Northern China.* E. Benn limited, 1925.

⑤ Kenneth K. S. Chen, *Buddhism in China, A Historical Survey*, pp. 164 – 177.

⑥ Jan Fontein, "Inscriptions on Taoist Statues", 《中央研究院国际汉学会议论文集·艺术史组》，1982。

⑦ 如 Arthur F. Wright, Robert M. Somers, eds., *Studies in Chinese Buddhism.* Yale University Press, 1990, p. 18。

200 余尊，纪年从北魏永安二年（529 年）到北宋天圣四年（1026 年），绵延五百余年；① 二是 2012 年 1 月，河北临漳县习文乡北吴庄（东魏北齐的首都邺南城内）发现的迄今数量最多的佛教造像窖藏坑，出土佛像 2895 块，有纪年者约 1/10，从北魏到隋唐，东魏、北齐最多。② 此外，1953 年河北曲阳修德寺发现的佛像窖藏，其中的纪年造像 271 件，冯贺军进行了系统整理与研究。③

　　编目与著录方面，中研院史语所 2002 年出版了《中央研究院历史语言研究所藏北魏纪年佛教石刻拓本目录》，收录了 254 种史语所藏的拓片。此外，该所还建立了网上"佛教石刻造像拓本"资料库，④ 共收 4554 笔，可根据题名、原刻年代、公元纪年、原刻地点、出土地、全文、收藏地等项进行检索。2008 年，该所还从中选取了北朝佛教石刻百种，集拓片、照片与录文于一册，结集出版。⑤ 大陆方面，同年毛远明主编的《汉魏六朝碑刻校注》11 册（线装书局），亦包含了不少佛教造像拓片、录文与注释。此前，刘景龙、李玉昆主编出版了《龙门石窟碑刻题记汇录》⑥ 是河南洛阳龙门石窟造像记最为详备的著录。该汇录按照洞窟编号编排，除了原石行款的录文之外，还提供了很多题记的拓片。此外，比较集中的著录还见于韩理洲等辑校编年的《全北齐北周文补遗》⑦、《全北魏东魏西魏文补遗》⑧ 以及邵正坤编写的《北朝纪年造像记汇编》⑨、魏宏利的《北朝关中地区造像记整理与研究》⑩，各有优长。

　　研究方面，单纯考察造像记的论著已较二十年前增加了许多，相关

①　山东省青州市博物馆：《青州龙兴寺佛教造像窖藏清理简报》，《文物》1998 年第 2 期。
②　参见中国社会科学院考古研究所、河北省文物研究所邺城考古队：《河北临漳县邺城遗址北吴庄佛教造像埋藏坑的发现与发掘》，《考古》2012 年第 4 期；中国社会科学院考古研究所、河北省文物研究所邺城考古队：《河北邺城遗址赵彭城北朝佛寺与北吴庄佛教造像埋藏坑》，《考古》2013 年第 7 期。
③　冯贺军：《曲阳白石造像研究》，紫禁城出版社，2005。
④　http：//rub. ihp. sinica. edu. tw/ ~ buddhism/main01. htm.
⑤　颜娟英主编《北朝佛教石刻拓片百品》，中研院史语所，2008。
⑥　中国大百科全书出版社，1998。
⑦　三秦出版社，2008。
⑧　三秦出版社，2010。
⑨　吉林人民出版社，2014。
⑩　中国社会科学出版社，2017。

的硕博士学位论文亦有多篇，角度日益多样化。信仰之外，或关注性别、家庭，或民间结社，或书法，或文字、词语、文体。集大成的研究莫过于仓本尚德的《北朝佛教造像铭研究》①，收集的纪年造像多达 2200 余种，分析亦更为细密深入。此外，还有相当的研究则专注于某种特定的佛或菩萨②或某个区域，将造像风格的演变与造像记内容分析相结合，对关中地区的研究尤为丰富。③此外，侧重艺术史与佛教考古方面的研究，同样不少。④

综观古今中外之研究，汤用彤先生所倡导的利用造像记研究诸信仰的问题迄今尚未得到全面的探讨，拙作希望在这方面做一些努力。

思　路

本书研究遵循如下思路。

第一，以理解之态度来看待古人之信仰与观念，不简单地斥之为迷信。古人之信念，别于今人之处颇多，有些依今人之见，近乎迷信，但在古人看来却是合理的、有意义的。如果简单地采取以今度古的态度，无异于堵死了准确理解古人思想观念的门径，故为笔者所不采。更可取的当如陈寅恪先生所言：

必须备艺术家欣赏古代绘画雕刻之眼光及精神，然后古人立说之用意与对象，始可以真了解。所谓真了解者，必神游冥想，与立说之古

---

① 　倉本尚德『北朝仏教造像銘研究』法藏館、2016。
② 　如李玉珉《南北朝观世音造像考》、颜娟英《北朝华严经造像的省思》，均收入邢义田主编《中世纪以前的地域文化、宗教与艺术》，第三届国际汉学会议论文集，中研院史语所，2002。
③ 　如李淞《长安艺术与宗教文明》，中华书局，2002；罗宏才《中国佛道教造像碑研究——以关中地区为考察中心》，上海大学出版社，2009；王敏庆《北周佛教美术研究：以长安造像为中心》，社会科学文献出版社，2013 等。
④ 　如 Stanley K. Abe, *Ordinary Images*. Chicago：University of Chicago Press，2002；Dorothy C. Wang, *Chinese Steles：Pre – Buddhist and Buddhist Use of a Symbolic Form*. Honolulu：University of Hawaii Press，2004；李正晓《中国早期佛教造像研究》，文物出版社，2005；石松日奈子『北魏仏教造像史の研究』ブリュッケ、2005。

人，处于同一境界，而对于其持论所以不得不如是之苦心孤诣，表一种之同情，始能批评其学说之是非得失，而无隔阂肤廓之论。[①]

唯如此，方可入乎其内，游心其间，超乎其上，获其真解。本书对民众信仰考察亦持此态度。这种态度或可称为"内部观察"。[②]

第二，具体研究则以民众信仰观念为出发点与立足点，避免以古之哲人思想或教理教义推测古之庶民观念，以及"自上而下"研究取向的弊病。

众所周知，一个时代中思想家的思想与普通人的思想观念存在相当的差异。佛教信众中，高僧大德与普通信众的见解亦判然有别，他们的理解又未必与经典教义之说完全吻合。以高僧大德的认识及经典教义为准绳衡量普通信众的思想易萌生蔑视之态度，也难免会曲解后者，并遮蔽诸多重要现象。这种做法实不可取。

民众信仰研究中另一颇有影响的思路是做"自上而下"的考察，重在分析信仰如何由上层传播灌输到下层。追根溯源，这一思路与古代政治观念及实际运作颇有牵连。孔子曾云："君子之德风，小人之德草，草上之风，必偃。"以为"小人"之风尚举止会因君子之动而变，完全把民众视为受动者，忽视其主动性与创造性，夸大朝廷教化的作用。实际政治运作中虽常有大使观风察俗之举，官府仍然迷信官吏移风易俗之教化作用，视民众为牵线木偶，毫无主动性、创造性。官吏整齐风俗之举表面有一时之效，实际往往无功而返（禁绝城阳景王祠即是一例）。学术研究中受此影响则是重视传播甚于接受及接受中的改造，以及改造后的思想对上层的影响，把民众简单理解为受动者，故常有"上行下效"之说，夸大了上对下的影响，难以跨出上层文化的藩篱，贴近民众理解他们的内心世界与活动及上、下层的关系。

本书则以民众信仰为研究的核心，立足于斯，力求揭示造像记反映的信

---

① 陈寅恪：《冯友兰中国哲学史上册审查报告》，《金明馆丛稿二编》，上海古籍出版社，1980，第 247 页。

② 梁治平称这种思路为"内部立场"或"内部观察"，用语稍异，取义殆同，见其所著《清代习惯法：社会与国家》，中国政法大学出版社，1996，"导言"，第 21 页以下。西方学者最近也开始反思使用标准西方基督教观念研究非西方宗教问题，趋向"内部观察"，参见 Jordan Paper, *The Spirits are Drunk: Comparative Approaches to Chinese Religion.* State University of New York Press, 1995, chap. 1。

仰内涵以及信仰活动的特点。在此基础上采取"自下而上"的视角，注意民众信仰与高僧间的互动，考察民众信仰与佛教教义、中土佛教思想的关系。

第三，采取历时性分析与共时性分析相结合的方法探讨一般信徒的信仰与活动。以往论史多偏重于追根溯源式的历时性发生学研究，这种方法对于阐述历史现象产生的原因、考察其来龙去脉均有重要价值，本书很多部分亦运用了这一方法。不过，单纯的历时性追寻往往对共时性现象间的关联重视不够，难以对同一时期不同现象间的相互关系展开研究。这自然不利于深入认识现象本身，故应将历时性分析与共时性分析结合起来。

具体到本书，一方面，近两百年间的民众信仰并非静止不变，历时性的考察能使我们看清变化的轨辙，了解不同时期信仰的情形，分析原委解释出变迁的背景。另一方面，造像活动的参与者又涉及当时社会的多个阶层，不同背景的造像者生活经历、社会地位、文化背景互有差异，这些自然会带到造像活动中而产生种种不同。因此，在历时性分析的同时，亦需进一步比较不同背景的信徒信仰的异同，唯此才有可能更为全面、深入地展示当时民众信仰的面貌。此外，参与造像活动的一般信徒与高僧大德亦生活在同一社会中，两者的信仰与追求有不同，但并非泾渭分明，亦存在多种多样的互动关系。对此，书中虽未展开讨论，亦多有涉及。这也是共时性考察的题中之意。

西方学界宗教研究中流行的分析框架是大传统（Great Tradition）、小传统（Little Tradition）及民间宗教（Popular Religion）之说。① 这一框架的理论预设存在不少问题，不断有学者加以反思和质疑，② 本书不使用"民间宗教"这一充满歧义的术语。西方学者又进一步提出"共同宗教"（common religion）的概念，强调诸多阶层共享的宗教信仰与活动，用以矫

---

① 余英时：《士与中国文化》，上海人民出版社，1987，第130页；王铭铭：《中国民间宗教：国外人类学研究综述》，《世界宗教研究》1996年第2期；王铭铭：《社会人类学与中国研究》，三联书店，1997，第149~185页。

② Stephen Teiser, *The Ghost Festival in Medieval China*, pp. 215 – 217; Catherine Bell, "Religion and Chinese Cultural: Toward an Assessment of 'Popular Religion'," *History of Religion* 29. 1 (Aug. 1989), pp. 35 – 57.

正以往大小传统及民间宗教框架过分夸大信仰差异的问题。① 本书研究所及大致可以包括在"共同宗教"范围内。这些概念对于那些对中国文化缺乏实际感受的西方学者认识理解中国宗教是有裨益的，于中国学者也有一定的启发性，不过一旦进入具体研究，这种概念也就显得大而无当了。

第四，本书研究依据主要是造像记，基本不涉及造像本身的造型、风格等。这种处理基于如下考虑，首先，直接展现民众信仰的是造像记，而非造像。像多延请工匠完成或购买现成之作，其形制特点主要受工匠自身承袭的风格、观念左右，与雕刻艺术的发展关系密切，而与造像者的信仰缺乏直接联系。且具体造像题材的认定往往要依据铭文，仅从造像本身有时难以辨别出佛、菩萨间的区别。其次，笔者于佛教考古素无修养，学力不逮，难以综合铭文与造像进行分析。最后，造像散布世界各地，欲一睹其原貌自然不可能，即便获得全部造像之清晰完整照片，目前亦属不易，能够搜集到的往往只是铭文拓片与录文。综合分析造像与铭文，只好俟之来日了。

第五，本书力图对造像记做整体分析，除例证方法之外，较多地使用了统计分析的方法。由于研究对象为群体，时间跨度近两个世纪，涉及材料1600 种，需做统计。传统的例证方法在个别人物、事件的个案研究中可大显身手，但在群体研究中仅靠个别典型例证则会但见树木不见森林，也无法显现文字之外的历史信息，特别是考察民众崇奉对象流行情况一类的问题时非借助统计分析不可。造像记格式相对固定，亦有便于统计之处。不过，较多地依靠统计方法，书中难免图表迭出，数字频见，于览者颇有不便，此举实迫于研究对象与资料性质所致，祈请读者雅谅。

第六，欲揭示造像记所蕴含的时代信息，除统计分析之外，亦需结合一般历史文献与佛教文献。具体来说，造像记记述的是大的时代风尚下个人或群体的信仰与信仰活动，是社会中个人思想活动具体而微的展现，众多造像记则拼合出这一时期民众思想与行为的缩影。但它们只能说明是什么，要全

---

① Danjel L. Overmyer, et al., "Chinese religions—The State of the Field". Part I, *Journal of Asian Studies* 54. 1 (Feb. 1995), pp. 156 - 157; Julian F. Pas (包如廉), "Chinese Beliefs in the 'Soul': Problems and Contradictions in the Popular Tradition," 《汉学研究》15 卷 1 期，1997 年 6 月，第 312 ~ 313 页注 29。

面把握民众信仰，须将其置入整个社会、思想背景中，仅凭造像记无法廓清。一般文献中对民众的直接描述虽少，但保存了社会生活其他方面的重要内容；佛教文献则提供了民众信仰的来源与背景，只有综合三者才能全面、准确地认识民众的信仰。

处理造像记与两类文献关系时，应重视的是它们之间存在的现实的、整体上的关联，而非个别事象间的具体联系。以往论者多注重个别造像记与文献某处记载间的联系，实际上它们之间的关系并不仅仅表现在某个造像记可补充或订正史书中某些具体记载，还在于它们乃是该时期同一现象的不同侧面或密切相关的不同现象的反映。这种联系不可化约为某个具体人物或事件或地名上的偶合，而是整体上呼应的关系。这种关系又是历史现实中真实存在的，不是逻辑上的关联。这一点对于把握佛教文献与民众信仰的关系十分重要。外来之佛教能于中土广收信徒，经典当然起了根本性的作用，但具体到一般民众佛教信仰的接受问题，不能过高估计经典，特别是宏经巨论的实际作用。佛教极重视方便传化，弘法方式不拘一格，唱经讲论之外亦有多种通俗手段。一般民众皈依空门，方便法门的影响可能更大（书中辟专节讨论这一问题）。经典之于信仰，时代虽同，却未必存在直接、现实关系，论造像记及民众信仰引经典参证须慎重。

第七，在考察佛教流传与本土文化关系时，本文试图由社会一般信仰切入，揭示中土固有之观念如何在佛教影响下嬗变，以及佛教是如何在本土观念的背景下被接受的。[①] 以往论及这一问题时，讨论的多是佛教与儒学、道教之关系。释与儒、道之冲突融合的确自佛教初入以来一直存在，但是至少在五六世纪，释与儒、道之争基本限于庙堂之中，影响所及大致不出知识阶层。乡里鄙野中儒、道的影响尚小，佛教广泛传播所遇到的主要对手非儒非道，而是我们笼统称为的"民间信仰"。

依社会影响衡量，儒学自西汉以来经历了由野至朝，再由朝至野的发

---

① 笔者所知，仅日本学者安居香山就佛教与图谶关系做过研究（「漢魏六朝時代に於ける圖讖と佛教—特に僧傳を中心として」『仏教史学論集：塚本博士頌寿記念』、1961）。美国学者注意到从战国秦汉大众信仰中找寻接受佛教之宗教心理的前提，但未有成果问世。"Chinese Religion：The State of the Field. Part 1，" *Journal of Asian Studies* 54. 1 （Feb. 1995），p. 157.

展过程，势力不断扩大。西汉初年，儒学可说主要是鲁地儒生世传之学问，于朝廷、于整个社会无足轻重。后经叔孙通、董仲舒等之努力，渐为当朝者所纳，由野入朝，但最终成为统治者之意识形态，大抵要到西汉元成时期。儒学在朝廷站稳脚跟，便开始由朝推广至野，推行其说，彰表忠孝节义，鼓励孝悌力田，荐举孝廉、方正等均含有此用意。但是儒学之于民间，纵有朝廷之奖掖，循吏之传播，① 终因境界高远，难以践行，不易取代民众固有之观念，朝廷不得不以 "利" 相诱，直至北朝仍不断以 "复除赋役" 诱人践行孝道，② 足见儒学之于乡野扎根之不易。道教的影响更是微弱。据唐长孺先生研究，魏晋时期天师道于北方影响甚微，③ 十六国北朝间，除太武帝朝道教昙花一现地繁荣过外，其他时期道教于朝廷可谓微不足道，其于民间仅关中一带较活跃，其他地区难见道教的影子。④

　　盛行于民间的是不属于儒，虽为道教生长之基础，但并不能算是道教的信仰与观念，姑且名之为民间信仰。不过，其影响并不限于村野之人，知识阶层中不难觅其踪迹。这种信仰的概貌由《论衡》之《讥日》《难岁》《辨祟》《卜筮》《祀义》诸篇、《风俗通义·怪神》以及《颜氏家训》部分记载可见一斑。佛教深入中土社会时遇到的主要对手是它们，不少释徒也有过明确的表述。⑤ 因此，本书主要考察佛教与以民间信仰为代表的本土观念之关系。

　　另外，造像出自各地，不同地区的造像者信仰与观念未必一律。汉代就有 "百里不同风，千里不同俗" 之说。按造像出土地，如当时之定州、青州、洛阳、雍州等地进行细致的区域性分析与比较是进一步揭示民众思想世界的重要内容。遗憾的是现存不少造像记出土地不明，开展区域研究的条件

---

① 参见余英时《汉代循吏与文化传播》，《士与中国文化》，第 129~216 页。
② 参见《北史》卷八四《孝行传》阎元明、吴悉达、王续生传，中华书局，1974，第 2829、2830 页。
③ 唐长孺：《魏晋期间北方天师道的传播》，《魏晋南北朝史论拾遗》，第 218~232 页。
④ 造像记中道教造像基本集中在陕西及山西西南端。北朝中后期之楼观派亦源于关中，其他地区则未见。
⑤ 竺道爽有《檄太山文》之作，见《弘明集》卷一四，《大正藏》卷五二，第 91 页中~92 页上。本土经典中也多有抨击本土信仰者，如《普贤菩萨说证明经》（《大正藏》卷八五，第 1368 页中）称："信诸妖邪（倒）见之师，卜问觅祸，杀猪狗牛羊祭祀鬼神长有憎恶，终无利益。"

尚不成熟。本书主要从时间维度认识其流变，可能的情况下兼顾地域性的考察，但这种分析可能不全面、不准确，请读者留意。

本书研究对象为群体，众人信仰各异，呈现在造像记中亦多姿多彩。笔者只能考察其荦荦大者，这亦使行文多有繁碎处，与今人习见之简洁明快之历史颇不相类。然无论历史与现实，本身就是复杂、多样的，愈化约愈远离事实。这一点也请读者留意。

葛兆光曾撰文对中国宗教史研究进行了回顾与展望，提出了很多有价值的、引人深思的问题。他感到目前面临重写宗教史的课题，但今天的宗教史研究似乎已经走到了一个难以取得大进展的时候，无法提出一个完整的理论思路。① 也许他的看法有些悲观，现在要提出完整的理论体系或是奢望，但并非没有新的取向，由民众信仰与活动入手似乎就是一个可供选择的思路。

笔者多方搜集，共得五六世纪北方之纪年造像记1600种，尚非目前存世之全部，② 但已包罗大部分似可无疑。资料来源有三：一是北京图书馆、北京大学图书馆及中国社会科学院历史所图书馆（个别）所藏拓片资料；二是各种金石著作中著录的造像记，包括清代民国金石学专著、地方志中的金石志和艺文志、现当代中国有关著作（包括个别著作的打印稿）以及日本学者的有关著作；三是1949年以来考古发掘所得见诸刊物的资料（收至1997年底）。

现存造像较当时之造像数目，殆千不能一，且这些遗珍传世多属偶然，时间与地域上的分布也不均衡。资料性质大概相当于统计学所谓非随机抽样，不可能像分层随机抽样那样准确地反映整体的情况。要使造像记资料分布均匀，有充分的代表性，是无法做到的，鉴于此，只得退而求其次，就事论事，揭示现存造像记所包含的信息，并假定这些信息反映了当时的社会现

---

① 葛兆光：《文献、理论及研究者——关于中国宗教史研究》，《中国史研究》1995年第2期。
② 笔者所知，北京大学图书馆所藏造像拓片未见他处者有百余种，但云尚未整理完毕，笔者仅过录了其中20余种。中国科学院图书馆、鲁迅博物馆亦收藏部分罕见造像拓片，但均未经整理，无法借阅。据李静杰先生见告，河北省博物馆藏有1954年河北曲阳出土的部分有铭文造像，但实物尚封于箱内，置于地下室中，无法查看。此外，陕西省博物馆、西安碑林、耀县药王山博物馆、临潼县博物馆、河南省博物馆亦收有若干造像，资料未发表，限于时间，笔者未能亲往查阅。再者，国内外公私收藏拓片、实物中可能还有一些未发表过的遗珠。保守估计，现存五六世纪北方之纪年造像记应在1800种以上。

象。由于今人无法了解当时社会的全貌，这些信息在多大程度上展示了历史现实，实在难以回答。加之仅凭造像记这样一种特定的资料，虽可展示民众内心世界的某个侧面，但缺乏相应的其他角度资料的比较参照，难逃管窥蠡测之嫌。故本书得出的结论只是对当时历史某一方面的"重构"，这种重构会随着材料的积累、认识角度方法的变化而被取代。

全书除绪论与结论外分为三篇。上篇主要利用文献资料分析佛教流行北方社会的一般历史背景，主要探讨佛教传扬民间的途径是什么，传教时常用的手段及进入民众内心世界的突破口是什么，以及如何植入等问题。这亦是北方造像活动兴起的一般历史背景。借助本篇的考察，亦可再现民众思想层面上，外来文化潜移默化融入本土的具体细节。

中篇集中考察民众信仰。涉及下列问题：民众佛教崇奉对象主要有哪些，各自被崇奉情况如何，是否存在地域、信仰者背景上的差异，崇奉对象兴衰的原因是什么，民众所信纳的佛教教义主要包含哪些，这些教义在何时、何区域内为何种信徒所接受，民众对这些教义有什么具体认识，是否存在不同的层次性，其中又反映出他们怎样的愿望与追求，接受佛教教义的思想背景是什么，信奉佛教后民众内心世界产生什么样的变化，崇奉对象与他们信奉教义间的关系如何，民众的佛教信仰与佛教教义发展存在什么样的关系等。

下篇由对信仰内涵的省察转向分析表达信仰的活动。围绕如下问题展开：造像供养活动包括哪些内容，教义、高僧对此有何要求，信徒实践中对要求有何种反应，反应的成因是什么，造像供养活动流行的实质是什么，意义何在，佛教信仰、造像供养活动的流行产生了哪些社会后果等。

上 篇

佛教流行北方的历史背景

　　五六世纪造像之风弥漫北方，是北朝佛教的特征，亦是佛教渗透中国朝野的重要表现。关于佛教如何融入中土社会，前贤论述虽多，但对于佛教在知识阶层以外的民众中盛行的具体原委甚少留意，尚有余义，本篇侧重于此，追寻佛教昌明的因缘。

　　佛教自两汉之际传入以来，开启了与中国本土文化交流融合的漫长过程。这一过程的节奏并非均匀一致，初期相对缓慢，时至西晋末年，佛教的影响仍是极其有限的。

　　据僧传记载与后人追述，汉至西晋间僧侣几乎都是西域胡人，政府禁止汉人出家，《冥祥记》"抵世常"条云：太康中，禁晋人作沙门；[①] 《高僧传·佛图澄传》亦提到汉魏有禁。所以东晋末年桓玄言："曩者晋人略无奉佛，沙门徒众皆是诸胡。"[②] 汉人奉佛，基本上只可为居士，自然于佛法在中土弘传不利。这一禁令的废除，南方要到东晋太宁年间，北方则是十六国后赵建武元年（335）。[③] 从僧侣活动中心——寺院的分布看，最初出现在黄河流域的主要城市，且全部分布在丝绸之路黄河与鸿沟水系的交通干线

---

① 鲁迅：《古小说钩沉》，《鲁迅全集》第 8 卷，人民出版社，1973，第 574 页。
② 《弘明集》卷一二，《大正藏》卷五二，第 81 页中。又见《中国佛教思想资料选编》第 1 卷，中华书局，1981，第 106 页。
③ 内山晋乡「汉人の出家公许について」镰田茂雄《中国佛教通史》第 1 卷，关世谦译，佛光出版社，1990，第 321、325 页。

上，后逐步沿交通干线扩展。晚至西晋，见于史籍的寺院有 26 所，主要分布在沟通黄河、长江的交通干道上的城市，仅有一所位于洛阳附近山林中。① 值得注意的是，佛寺绝大部分仍分布于城市，而且是交通线上的城市，广大腹地，包括更广袤的乡村尚见不到寺庙踪迹。这种状况限制了佛教的社会影响。西晋时已有在家佛徒，他们设斋会、摄养僧众、私宅建精舍等，并参与、协助西域僧人的译经事业，但信徒只限于少数知识分子或官吏，嵇康、阮籍、王弼、何晏以及西晋其他重要思想家的传世文献尚未发现受过佛教的影响，佛教更未普遍渗透至一般民众中。②

汉至西晋间佛教的社会影响虽然不彰，译经事业却在寺院中蓬勃开展，出现了众多早期翻译家，移译了大量的经典戒律，为东晋十六国以降佛教的发展提供了理论上的准备。无怪乎芮沃寿（Arthur F. Wright）将65 年至 317 年佛教的发展称为"准备时期"，方立天称为"初步流传阶段"。③ 典午渡江，玄风南移，佛教与之相附和，其影响于南方始趋扩大。④北方则是进入十六国以后方渐变为大宗。⑤ 所以本书主要考察东晋十六国以后的情况。

书中主要考察北方情况，但因资料有限，更为重要的是其时政治上虽南北对峙，但双方佛界往来交流频繁，共同之处颇多，可相互阐发，故某些论述亦兼引南方资料。

一　游方弘法

佛教作为外来宗教，由西晋末年影响甚微到北魏末年天下寺院三万有

① 颜尚文：《后汉三国西晋时代佛教寺院之分布》，《历史学报》第 13 期，1985，第 35～37 页。
② 镰田茂雄：《中国佛教通史》第 1 卷，第 254～259 页；任继愈：《中国佛教史》第 1 卷，中国社会科学出版社，1981，第 8 页。
③ Arthur F. Wright, "Interaction of Buddhism and Chinese Culture," in *Studies in Chinese Buddhism*, p. 4；方立天：《魏晋南北朝佛教的演变》，《中原文物》特刊，1985，第 1 页。
④ 参见 E. Zürcher, *The Buddhist Conquest of China*.
⑤ 参见 Arthur F. Wright, "Fo‐T'u‐Teng. A Biography," in *Studies in Chinese Buddhism*；方立天《魏晋南北朝佛教的演变》，第 1～2 页；镰田茂雄《中国佛教通史》第 1 卷，第 319～330 页。

余、僧尼二百万, 北齐、北周僧尼则增至三百万, 释风深透北土。这中间少不了朝廷的支持、官吏的襄助, 但更主要、更直接靠的是僧人不懈的弘法宣化。僧人弘法中重要的一途就是游方弘化。

《弘明集》卷一二《与桓太尉论州符求沙门名籍书》云: "然沙门之于世也, 犹虚舟之寄大壑耳, 其来不以事, 退亦乘间, 四海之内, 竟自无宅。"① 道出了僧侣四海云游的特点。这种风气的出现, 既有现实必然性, 又有历史传统。据颜尚文研究, 至西晋末, 僧侣栖身的寺庙仍主要集中在交通干线附近的若干城市, 广大腹地未见有寺院的记载。② 要扩大佛教影响, 僧人就须迈出庙门, 传教四方。即使到了北朝中后期, 寺院精舍日见其多, 亦不可能村村设寺, 处处置庙, 游方宣化仍是传法的重要手段。游方弘法对于推动佛教的传播、带动僧伽自身的发展都发挥了不小的作用。对此, 塚本善隆、谢和耐、道端良秀和刘淑芬分别做过论述,③ 不过, 塚本善隆与刘淑芬是从造像之风发展角度着眼, 未及展开, 谢和耐与道端良秀亦语焉不详, 故此处稍做阐述, 以见其详。

追根溯源, 游化之风, 启于西壤。佛教传入中土, 实获益于西域僧人的游化。东来高僧基本上都是抱着弘化诸国、解救众生的志向, 历尽艰辛, 不远万里抵达中夏的。安世高"游方弘化, 遍历诸国, 以汉桓之初, 始到中夏"。④ 支楼迦谶"讽诵群经, 志存宣法, 汉灵帝时游于洛阳"。⑤ 昙柯迦罗"常贵游化, 不乐专守", 曹魏时抵洛阳。⑥ 竺法护"志弘大道, 遂随师至西域, 游历诸国", 通各国方言, "大赍梵经, 还归中夏"。⑦ 僧伽跋澄"常浪志游方, 观风弘化, 苻坚建元十七年来入关中"。⑧ 昙摩难提"常谓弘法之

---

① 《大正藏》卷五二, 第85页下; 《中国佛教思想资料选编》第1卷, 第65页。前者载此文标题有"支道林"云云, 后者亦系于支道林名下, 均误。其时道林已死。

② 颜尚文: 《后汉三国西晋时代佛教寺院之分布》, 《历史学报》第13期。

③ 塚本善隆『支那仏教史研究·北魏篇』、493~498頁; 道端良秀『中国仏教思想史の研究: 中国民衆の仏教受容』平楽寺书店、1979、18~26頁; 刘淑芬: 《五至六世纪华北乡村的佛教信仰》, 《史语所集刊》第63本第3分, 第509~513页。

④ 《高僧传》卷一, 汤用彤校注, 中华书局, 1992, 第4页。

⑤ 《高僧传》卷一, 第10页。

⑥ 《高僧传》卷一, 第13页。

⑦ 《高僧传》卷一, 第23页。

⑧ 《高僧传》卷一, 第33页。

体，宜宣布未闻，故远冒流沙，怀宝东入"。① 佛驮陀罗则是"志在游化，居无求安"。② 求那跋摩"以圣化宜广，不惮游方"。③ 昙摩蜜多"少好游方，誓志宣化，周历诸国"，后到敦煌。④ 菩提流支"志在弘法，广流视听，遂挟道宵征远莅葱左，以魏永平之初，来游东夏"。⑤ 没有一代代有道高僧"协策孤征，艰苦必达，傍峻壁而临深，蹑飞絙而渡险，遗身为物，处难能夷"，也就不会有"传法宣经，初化东土"⑥ 局面的出现。此风传至中土，加之两汉以来固有之儒生游学访师问道的传统，⑦ 促成了僧侣游化之风的盛行。

广言之，僧人游方不仅包括游方宣化，亦包括游学与"邦乱则振锡孤游"式的避难逃亡，后者也带有一定的宣化成分，三种形式均对佛教的传播发展起到了推动作用。

游化与游学往往是分不开的。十六国初期，出家修行的程式便大体成型，即先离俗出家为沙弥，至二十岁（年龄已过二十者则是数年后）受具足戒成为沙门，随后便离寺游学，数年后学有心得便可当众开讲诸经。道安出家便经历了这样一个过程。

道安本常山扶柳人，十二岁出家，所居寺院应距扶柳不远。受具足戒后"恣其游学，至邺，入中寺，遇佛图澄"，"澄讲，安每复述""于时学者多守闻见……（安）于是游方问道，备访经律"，这一时期应是道安游学时期。后"于太行山、恒山创立寺塔，改服从化者中分河北"，"至年四十五，复还冀部"，当时已是"徒众数百，常宣法化"，⑧ 这是道安游化时期。后又因动乱，南投襄阳，经历了避难逃亡。此后，许多僧人修行都是

① 《高僧传》卷一，第 34 页。
② 《高僧传》卷二，第 72 页。
③ 《高僧传》卷三，第 107 页
④ 《高僧传》卷三，第 121 页。
⑤ 《续高僧传》卷一，《大正藏》卷五〇，第 428 页上。
⑥ 《高僧传》卷三《译经论》，第 141 页。
⑦ 程舜英《两汉教育制度史资料》（北京师范大学出版社，1992，第 151 ~ 168 页）述东汉儒生游学情况甚详。另可参阅王子今《秦汉交通史稿》，中共中央党校出版社，1994，第 434 ~ 437 页。
⑧ 《高僧传》卷五，第 177 ~ 178 页。

循此步骤。①

当时政权南北分治，但游学往往可以跨越疆界，汇聚到高僧门下。后秦时，什公入关，南北游学达到一个高潮，长安成为游学僧的目的地。史称"四方义士，万里必集，盛业久大"，②"于是四方义学沙门，不远万里"。③据汤用彤先生研究，什公门下有原在关中者，有从北方来者，有从庐山、江左来者等。④ 四方义学，济济一堂，译经宣讲。既促进了佛典翻译，又提高了学僧对佛教义理的掌握。此外，慧安于庐山凌云寺讲经，"学徒云聚，千里从风"。⑤ 道融在彭城"常讲说相续，问道至者千有余人"。⑥ 东阿慧静"每法轮一转，辄负帙千人，海内学宾，无不必集"。⑦ 昙斌于樊邓"开筵讲说，四远名宾，负帙皆至"。⑧ 慧亮立寺于临淄，讲《法华》《大小品》《十地》等，"学徒云聚，千里命驾"。⑨ 慧集"于《毗昙》一部，擅步当时，凡硕难坚疑，并为披释，海内学宾，无不必至，每一开讲，负帙千人"。⑩

南北方都城，寺院林立，讲席盛张，高僧群集，更是四方游学僧人向往景慕之区，不乏不远万里来游者。敦煌僧超辩，"闻京师盛于佛法，乃越自西河，路由巴楚，达于建业"。⑪ 宝海，"巴西阆中人，少出家有远志，承杨都佛法崇盛，便决誓下峡"。⑫ 齐竟陵王，"大开禅律，盛张讲肆"。交趾僧释道禅，"思参胜集，篚奉真诠，乃以永明之初，游历京室"。⑬ 释僧范，邺

---

① 如《高僧传》卷五载竺僧朗，"少而游方问道，长还关中，专当讲说"（第 190 页）；竺法旷受具戒，"后辞师远游，广寻经要，还止于潜青山石室……有众则讲，独处则诵"（第 205 页）。又见卷六"僧䂮传"，卷七"竺道生传""慧观传""昙无成传""梵敏传""僧镜传""道猛传""超进传""法瑶传"，卷八"昙度传"等。
② 《高僧传》卷二，第 52～53 页。
③ 《出三藏记集》卷一四，《大正藏》卷五五，第 101 页下。
④ 汤用彤：《汉魏两晋南北朝佛教史》上册，第 209 页。
⑤ 《高僧传》卷七，第 274 页。
⑥ 《高僧传》卷六，第 242 页。
⑦ 《高僧传》卷七，第 270 页。
⑧ 《高僧传》卷七，第 290 页。
⑨ 《高僧传》卷七，第 292 页。
⑩ 《高僧传》卷八，第 341 页。
⑪ 《高僧传》卷一二，第 471 页。
⑫ 《续高僧传》卷九，《大正藏》卷五〇，第 492 页中。
⑬ 《续高僧传》卷二一，《大正藏》卷五〇，第 607 页中。

城出家，后复向洛下从献公听《法华》《华严》。① 幽州僧释宝儒，"游博诸讲，居无常准，惟道是务，后至邺下"。②

僧人游学往往要履及很多地方。《续高僧传》卷九载陈留僧释僧粲：

> 幼年尚道，游学为务，河北、江南、东西关陇，触地皆履，靡不通经，故涉历三国，备齐、陈、周，诸有法肆，无有虚践。

这种遍历各地的情况可能不太多，但游学履经南北在当时是很常见的。由南至北游学的例子，如僧镜出家后住吴县华山寺，后入关陇，寻师受法，累载方还。③江陵僧人昙度"游学京师（建康——引者注），……因以脚疾西游，乃造徐州，从僧渊法师更受《成实论》"，后受孝文帝之邀，抵平城开讲。④ 释智脱，江都郡人，"七岁出家，为邺下颖法师帝（弟）子"，后适建康，驰誉两都。⑤ 慧布，广陵人，入建康学《成实论》，"末游北邺，更涉未闻"。⑥ 安廪，寓居江阴之利成县，后出家，乃游方寻道，北诣魏国，于司州光融寺容公所习经论，并听嵩山少林寺光公《十地》"在魏十有二年"。⑦

由北方游学南方的例子，如释梵敏，河东人，"少游学关陇，长历彭泗，内外经书，皆暗游心曲，晚憩丹阳"。⑧ 道温，安定朝那人，年十六入庐山，依远公受学，后游长安，复师童寿，元嘉中还止襄阳檀溪寺。⑨ 慧义，北地人，出家后初游学于彭、宋之间，后至建康。⑩ 法度，黄龙人，少出家，游学北土，备综众经，宋末游于京师。⑪ 魏郡汤阴僧释昙准，亦于南

---

① 《续高僧传》卷八，《大正藏》卷五〇，第 483 页中～下。
② 《续高僧传》卷一〇，《大正藏》卷五〇，第 507 页上。
③ 《高僧传》卷七，第 293 页。
④ 《高僧传》卷八，第 304 页。
⑤ 《续高僧传》卷九，《大正藏》卷五〇，第 498 页下。
⑥ 《续高僧传》卷七，《大正藏》卷五〇，第 480 页下。
⑦ 《续高僧传》卷七，《大正藏》卷五〇，第 480 页中。
⑧ 《高僧传》卷七，第 287 页。
⑨ 《高僧传》卷七，第 287 页。
⑩ 《高僧传》卷七，第 266 页。
⑪ 《高僧传》卷八，第 331 页。

齐时渡江止湘宫寺，处处采听，随席谈论。① 另外像昙鸾渡江求道，更是学者熟知的例子。

游学主要目的是寻师问道，深化对教义的理解，其间亦可能随时弘法宣化。不过，更直接发挥作用的是游方宣化。后秦时昙摩流支对慧观云："彼土有人有法，足以利世，吾当更行无律教处。"② 道出了"游化"者的使命。道安在太行恒山"创立寺塔，改服从化者中分河北"，后还冀部，亦"常宣法化"。十六国后期，关中僧人昙始"赍经律数十部，往辽东宣化，显授三乘，立以归戒"，"义熙初，复还关中，开导三辅"。③ 据《净悟浮图记》云："净悟法师，远公师之法脉也，初落发于天台，后渡江，远流关陇，遂□□□太乙山之云岩寺，品行高□，广建道场，众擅（檀）越大会。"④ 亦是自南而北宣化。南齐初年又有僧昙超由南方"被敕往辽东，弘赞禅道，停彼二年，大行法化"。⑤ 又如慧观，罗什亡后，南适荆州，"使夫荆楚之民回邪归正者，十有其半"。⑥ 僧弼"南居楚郢，十有余年，训诱经戒，大化江表"。⑦ 道猛在寿春"大化江西，学人成列"。⑧ 北魏崔光之弟释慧顺，"年将知命，欲以大法弘利本乡，即传归戒，情无不惬，随有讲会，众必千余，精诚之响，广流东夏，故齐、赵、瀛、冀，有奉信者，咸禀其风"。⑨ 魏末齐初僧范"出游开化，利安齐魏，每法筵一举，听众千余"。⑩ 宝象于涪川"开化道俗，外典佛经，相续训导，引邪归正，十室而九"。⑪ 灵询于东魏初"游历燕、赵，化沾四众，邪正分焉"。⑫ 道凭则"通法弘化，赵魏

---

① 《续高僧传》卷六，《大正藏》卷五〇，第 472 页上。
② 《高僧传》卷二，第 62 页。
③ 《高僧传》卷一〇，第 385 页。
④ 《北京图书馆藏中国历代石刻拓本汇编》（以下简称《拓》）第 3 册，中州古籍出版社，1989，第 1 页。
⑤ 《高僧传》卷一一，第 424 页。
⑥ 《高僧传》卷七，第 264 页。
⑦ 《高僧传》卷七，第 270 页。
⑧ 《高僧传》卷七，第 296 页。
⑨ 《续高僧传》卷八，《大正藏》卷五〇，第 484 页中。
⑩ 《续高僧传》卷八，《大正藏》卷五〇，第 483 页下。
⑪ 《续高僧传》卷八，《大正藏》卷五〇，第 486 页下。
⑫ 《续高僧传》卷八，《大正藏》卷五〇，第 484 页下。

传灯之美，罕有斯焉"。① 北周时智梵"二十有三，躬当师导，后策锡崤函，通化京壤，绵历二纪，利益弘多，结众法筵，星罗帝里"。② 关于游化最详细的记述莫过于《续高僧传》卷三〇《道纪传》了。道纪，高齐时人，在邺为彼士俗而行开化，先撰集《金藏论》，"寺塔幡灯之由，经像归戒之本，具罗一化，大启福门"，书成后，与同行七人出邺郊东七里而顿，"周匝七里士女通集，为讲斯论，七日一遍"，毕移他处，"所期既了，又转至前，还依上事，周历行化，数年之间，绕邺林郊，奉其教者，十室而九"。这样的情况并非仅此一例，③ 当时可能是很普遍的。

僧人游方宣化包括了不同层次，一是针对不信佛者，初扬佛法，促其归奉，昙始、僧弼、慧观、宝象、道纪所做属于这一类；一是针对信徒阐扬经典要义，如僧范、灵询、道凭、智梵等。两者宣讲对象不同，讲述内容与层次有别，但均为拓展佛法影响之重要途径。

游化的第三种是被迫避难逃亡。十六国末赫连勃勃攻破长安之后、北魏太武帝灭法与北周武帝法难，均有不少北方名僧大德南渡，北僧南渡于南北佛学交融作用不小，前贤已有详述，兹不赘。④

僧人游方问道与宣化，对于促进各地僧侣的交往，带动各地佛教的发展以及不同地区间信息的沟通交流都发挥了重要作用。

游方问道的僧人往往都已粗通经论，有的甚至已精通佛典，什公门下八百义学中，许多人入关中前就已具备相当的佛法造诣。竺道生在"万里随法，不惮疲苦"之前已是"年在志学，便登讲座，吐纳问辩，辞清珠玉，虽宿望学僧，当世名士，皆虑挫词穷，莫敢酬抗"。⑤ 慧严受学什公前已是"精炼佛理，迄甫立年，学洞群籍，风声四远，化洽殊邦"。⑥ 昙无成"未及具戒，便精往复"。⑦ 加之游学僧人在听讲过程中，不仅仅是在被动地听，还积极地与讲经者讨论。所谓"处处采听，随席谈论"，通过"问难论辩"的方

① 《续高僧传》卷八，《大正藏》卷五〇，第 484 页下。
② 《续高僧传》卷一一，《大正藏》卷五〇，第 511 页中。
③ 参见《续高僧传》卷二八"益州僧释宝琼传"，《大正藏》卷五〇，第 688 页上。
④ 汤用彤：《汉魏两晋南北朝佛教史》上册，第 240～241 页；下册，第 393～394 页。
⑤ 《高僧传》卷七，第 255 页。
⑥ 《高僧传》卷七，第 260 页。
⑦ 《高僧传》卷七，第 275 页。

式，听众可即席提问发难，与讲者往复讨论，强化了讲、听双方的思想交流。听者、讲者往往来自不同地区，所习经典未必一致，对教理经义的理解也不尽相同，通过反复论辩，各种不同的理解相互冲撞融合，从而形成"融冶百家，陶贯诸部""融冶异说"① 的局面，带动了佛教义理掌握水平的提高。

僧人游化不仅限于各自国内，亦多有往来南北者。不但于佛学名理之发展干系甚大，② 亦促进了经典的流通。③ 东晋以降，南北对峙，译经亦出多途，所出经典多有不同。僧人南北游化，于各地经典的互通有无实多裨益。《放光经》之传于南土，有赖于慧常等将赴天竺，路经凉州抄写，辗转秦雍，至晋泰元元年五月二十四日才达襄阳。④ 慧远于庐山得见读罗什新译之《大智度论》，并为之作序，亦仰仗当时庐山与长安间频繁的僧侣往还。⑤ 僧祐撰《出三藏记集》能将北土译经乃至伪经收入其中，实亦依靠僧人之往来南北。敦煌发现的佛经写卷中，据题记有一些是写于南朝的，能见之于西北边陲，自然包含僧人流通法宝的功绩。⑥ 另外，像隋初荆州龙泉寺释罗云"以三论奥义，未被荆南，二障多阻，誓当弘演"，⑦ 使三论传于荆州。隋时，关内素奉僧祇，"习俗生常恶闻异学，乍讲四分，人听全稀"，到唐以后僧祇绝唱，全仰仗释洪遵等僧人的努力。⑧

另外，不同地区，特别是南北僧人游化往来亦增进了各地区间的信息交流。以传闻传播为例，僧人的往来活动使不同地区的传闻相互交流。王琰《冥祥记》、三种《观世音应验记》中都收录了若干条发生在北方的传闻。如《冥祥记》第 51 则刘度事，第 57 则石长和事，第 58 则单道开事、徐义

---

① 《高僧传》卷七，第 290 页；卷八，第 341 页。
② 汤用彤：《汉魏两晋南北朝佛教史》下册，第 378 页。
③ 参见周健《南北朝时期南北佛教界的交往》，《许昌师专学报》1995 年第 4 期，第 23 ~ 25 页。
④ 参见《出三藏记集》卷七，《大正藏》卷五五，第 48 页上；《中国佛教思想资料选编》第 1 卷，第 42 页。
⑤ 《高僧传》卷六"昙邕传"，第 236 ~ 237 页。
⑥ 如 P2196 题记梁天监十八年（519），P2965 题记陈太建八年（576），参见池田温编『中国古代写本識語集録』東京大学東洋文化研究所、1990、107、138 页。另外，南北聘使亦是经典传播者，参见《北齐书》卷三〇《崔暹传》，中华书局，1972，第 405 页；攻城略地亦可获对方典籍，参见《北齐书》卷三八《辛术传》，第 503 页。
⑦ 《续高僧传》卷九，《大正藏》卷五〇，第 493 页上。
⑧ 《续高僧传》卷二一，《大正藏》卷五〇，第 611 页下。

事、毕览事等。第100则王胡游冥间事本发生于长安，"元嘉末有长安僧释昙爽来游江南，具说如此也"。① 可证此类传闻见录于南方，必与南游僧人有关，北往僧人亦会将南方之传闻带到北方，传闻之南北交流，颇有助于佛法之传播（详后）。南北僧人往来是当时南北交流的一部分，张承宗有文对此仅稍加涉及，未加评论，故述于上。②

僧人游化，整个东晋南朝间除东晋末桓玄尝加约束，旋遭僧伽反对，不了了之外，③ 朝廷基本未加干预。北方十六国时期情况未见记载，北魏孝文帝初年诏令限制僧人游化，游化者须持官府文牒。④ 是制东魏、北齐时犹在执行，故释法懔从岱宗路出徐州，遇一县令，问懔有无公验，行文。⑤ 此制推行，意在对游化僧加强管理而非禁断。据记载，孝文以后游化之事还是相当多的。

佛、道、儒三者在推广其说上，佛教最为成功，其中僧侣游方宣化之功实不可没。游方宣化乃是佛教独有的传教方式。道教在十六国北朝时势力本微，它在传授上又呈现自我封闭的态势。它重视秘传，认为传授中最大的过失是传给不该传的人，这是唐以前道教的主要特点。⑥ 这一特点亦是道教影响不彰的一个重要原因。儒家伦理纲常有朝廷为后盾加以推行，主要通过各级官吏教化来实现，但儒学思想未必真能成为官吏奉行的指导思想，很多人为官或以聚财敛物、敲剥百姓为目的，或优游无事，热心教化的循吏总是少数，故官吏能否不折不扣地推行儒家教化首先就是问题。其次，儒家思想即使达于民间，其过于抽象、高远的教条能否获得百姓的认同亦存疑问。女不再嫁，三国时就已提倡，可贞女节妇直至清代犹在不断表彰，说明此举尚未根植民心，蔚为风气，即是一例。

与道、儒相异，佛教则有一大批立志献身的僧侣，基于信仰，积极奔走

---

① 鲁迅：《古小说钩沉》，第631页。
② 张承宗：《魏晋南北朝时期的南北交往》，《中国史研究》1994年第3期。
③ 参见《弘明集》卷一二，《大正藏》卷五二，第85页上；《中国佛教思想资料选编》第1卷，第65页。
④ 《魏书》卷一一四《释老志》，第3038页。
⑤ 《续高僧传》卷一六，《大正藏》卷五〇，第556页下。
⑥ 傅勤家：《中国道教史》，上海书店出版社1990年影印本，第142～144页；福井康顺等：《道教》第2卷，朱越利等译，上海古籍出版社，1992，第95～96页。

民间以救济众生为己任，广招徒众，热心传化，切入点又与民众心理相合（详下），故十六国北朝时出现一枝独秀的局面并非偶然。

二　传教利器："释氏辅教之书"

游化是僧人传教的重要方式，传教的内容自然包括佛法要义，此外还有各种关于佛法的"传闻"。"传闻"即通常所说的"释氏辅教之书"的内容，它们为佛教的推广发挥了重要作用。

《观世音应验记》《宣验记》《冥祥记》一类"记经像之显效，明应验之实有"的作品，自鲁迅先生初步研究并定名为"释氏辅教之书"以来，[①]研究者不少，提出了许多新见解，不过至今尚有若干问题犹须做进一步的阐述。

关于"释氏辅教之书"作者的写作动机，写实说与创作说并峙。一部分学者认为作者是以记述事实的动机来编撰的；[②]另一部分学者则强调是文学创作的产物。[③]这类书的性质亦存在不同说法。很多学者着眼其文学性，视之为小说，不少认定书的作者为记述事实的学者亦赞同是说。[④]另有部分学者否

① 鲁迅：《中国小说史略》，《鲁迅全集》第 8 卷，第 40 页。
② 鲁迅：《中国小说的历史的变迁》，《鲁迅全集》第 8 卷，第 323 页；Donald E. Gjertson，"The Early Chinese Buddhist Miracle Tale：A Preliminary Study," *Journal of the American Oriental Society* 101.3（1981），p. 299；Donald E. Gjertson，*Miraculous Retribution：A Study and Translation of T'ang Lin's Ming pao chi*. University of California Press，1989，chap. 1；袁珂：《中国神话史》，上海文艺出版社，1988，第 170 页；李昌集：《中国早期小说观的历史衍变》，《文学遗产》1988 年第 3 期，第 2~4 页；孙昌武：《关于王琰〈冥祥记〉的补充意见》，《文学遗产》1992 年第 5 期，第 117 页；石昌渝：《中国小说源流论》，三联书店，1994，第 121 页。
③ 王启忠：《试论六朝小说创作的自觉意识》，《社会科学辑刊》1988 年第 3 期，第 117 页；张先堂：《佛教义理与小说艺术联姻的产儿——论敦煌写本佛教灵验记》，《社会科学》（甘）1990 年第 5 期，第 84 页；郑欣：《魏晋南北朝时期的宣佛小说》，《文史哲》1992 年第 2 期，第 77 页。
④ 内田道夫主编《中国小说世界》，上海古籍出版社，1992，第 25 页；小南一郎「六朝隋唐小説史の展開と仏教信仰」福永光司編『中国中世の宗教と文化』京都大学人文科学研究所、1983、446 頁；孙昌武：《关于王琰〈冥祥记〉的补充意见》，《文化遗产》1992 年第 5 期，第 117 页；石昌渝：《中国小说源流论》，第 121~123 页。

认其小说性质，认为是佛教通俗宣传作品。① 不少学者注意到"释氏辅教之书"与佛教宣传及中下层民众皈依佛教的关系，② 还有学者进一步探究其具体传播途径与方式，③ 进展不少，但犹有一些问题值得进一步研究。

此外，日本学者与苏联学者都注意到"释氏辅教之书"的文献传承与口头传承及各自的作用。④ 不过他们的出发点均是视其为文学作品，需要在重新审视其性质的前提下认识口头传承的意义。

小南一郎尝比较《冥祥记》与《系观世音应验记》中"张崇"条写法的异同，指出前者用词更文雅，后者接近口语，作为他对"释氏辅教之书"进一步分类的依据。⑤ 细较两条的行文，看不出小南氏所说的分别，因此也不必把"释氏辅教之书"再分为应验记与接近志怪的作品，故本文依旧把现存"释氏辅教之书"视为一类。

1 "小说"还是"传闻"？

从写作者主观来看，他们确不是意在创作，而是在记述供传信的事实。故作者常常在叙述某事经过后还要特别注明该事的来源，以示其非杜撰。《光世音应验记》（傅亮撰，以下简称傅书）第 3 条邺西寺三胡道人条末云："道壹在邺亲所闻见。"第 5 条吕竦事末云"竦后与郗嘉宾周旋，郗口所

---

① 刘叶秋：《魏晋南北朝小说》，上海古籍出版社，1978，第 54 页；楼宇烈：《东晋南朝"志怪小说"中的观世音灵验故事杂谈》，《中原文物》特刊，1985，第 100 页；李剑国：《论南北朝的"释氏辅教之书"》，《天津师大学报》1985 年第 3 期，第 62、65～66 页；小南一郎：《观世音应验记排印本跋》，孙昌武点校《观世音应验记（三种）》，中华书局，1994，第 83 页。

② Donald E. Gjertson, "The Early Chinese Buddhist Miracle Tale: A Preliminary Study," *Journal of the American Oriental Society* 101. 3（1981），pp. 299 – 301；王国良：《魏晋南北朝志怪小说研究》，文史哲出版社，1984，第 43、282 页；楼宇烈：《东晋南朝"志怪小说"中的观世音灵验故事杂谈》，第 100、101 页；李剑国：《论南北朝的"释氏辅教之书"》，第 65～66 页；吴维中：《志怪与魏晋南北朝宗教》，《兰州大学学报》1990 年第 2 期，第 111～116 页；张先堂：《佛教义理与小说艺术联姻的产儿——论敦煌写本佛教灵验记》，第 85～87 页；叶马克：《论王琰的〈冥祥记〉和佛教短篇小说》，《世界宗教研究》1991 年第 3 期，第 95、97 页；郑欣：《魏晋南北朝时期的宣佛小说》，《文史哲》1992 年第 2 期，第 73～77 页。

③ 曹道衡：《论王琰和他的〈冥祥记〉》，《文学遗产》1992 年第 1 期，第 30 页；孙昌武：《关于王琰〈冥祥记〉的补充意见》，《文化遗产》1992 年第 5 期，第 125 页。

④ 内田道夫主编《中国小说世界》，第 25 页；叶马克：《论王琰的〈冥祥记〉和佛教短篇小说》，第 95 页。

⑤ 小南一郎「六朝隋唐小説史の展開と仏教信仰」福永光司編『中国中世の宗教と文化』京都大学人文科学研究所、1983、446～449 頁。

说"，第 6 条徐荣事末记载更细，"荣后为会稽府都护，谢庆绪闻其自说如此，与荣同舟者，有沙门支道蕴，谨笃士也，具见其事。后为余说之，与荣同说"。① 显然，作者是经过不同渠道印证此事之真伪后才记录下来的，并非有闻必录。

《续光世音应验记》（张演撰，以下简称张书）中十事有二事记载了来源。徐义条末云："义走归邺寺投众僧，具为惠严法师说其事。"义熙中士人事后曰："祖为法宋（宗）法师说其事。"②《冥祥记》中亦有多条注明消息来源，以示有根有据。据小南一郎研究，原本《冥祥记》每条后都有注明其来源，类书引用时脱落不少，只有部分传承经过流传至今。③

《系观世音应验记》（陆杲撰，以下简称陆书）中亦有多条末尾记述了消息来源。此外，该书第 8、9、17、44、55 条末尾有：《宣验记》又载某某事，杲谓事不及此，故不取一类的话。据小南一郎分析，其意指陆杲认为《宣验记》中收的同类事情不如他所收集的，故不加采录。不及的原因在于陆杲认为《宣验记》的内容可靠性不够。④ 这也说明陆杲记事并非凡闻必录，而要以他的标准加以审核取舍。所谓可靠就是指要有能够相信的人向他保证事情的真实无妄。⑤ 依此看来，陆书所收 69 条都是经过鉴别，确定其可靠后才收的，作者主观上显然并非在进行创作。

另外，书中所录不少事情的主人、目击者或知情人，根据现存史料看，都是确有其人。傅书第 2 条事主帛法桥，第 7 条竺法义均见于《高僧传》；张书第 8 条事主毛德祖传见《宋书》；陆书第 40 条彭子乔事引王琰为证，第 38 条引张融、张绪为证，均实有其人。另外，第 23 条王球事，第 32 条朱龄石事，事主均为当时之人，《宋书》中分别有传。张书徐义事末提到的惠严法师也实有其人，为冀州僧人昙鉴的弟子。什公入关前昙鉴一直在冀

---

① 董志翘：《〈观世音应验记三种〉译注》，江苏古籍出版社，2002，第 12、19、22 页。
② 董志翘：《〈观世音应验记三种〉译注》，第 30、53 页。
③ 小南一郎「六朝隋唐小説史の展開と仏教信仰」福永光司編『中国中世の宗教と文化』京都大学人文科学研究所、1983、446–449 頁。
④ 小南一郎：《观世音应验记排印本跋》，孙昌武点校《观世音应验记（三种）》，第 78～79 页。
⑤ 小南一郎：《观世音应验记排印本跋》，孙昌武点校《观世音应验记（三种）》，第 78 页。

州，当时年岁应已不小，① 慧严当已入为弟子，故得于苻坚败后在邺城听说徐义事。陆书第 49 条张崇事末云："智生道人自所亲见。"查《高僧传》，晋长沙寺释昙戒弟子有智生，昙戒"伏事安公为师"，死后又"葬安公墓右"，② 当亦随安公入关中，智生又侍疾昙戒，自然其时亦在关中。该事发生于苻坚败后的关中，此刻智生恰在关中，两书所记智生应是一人，陆书所云当非臆造。第 51 条法智道人或是《高僧传》卷七慧严传中提到的弟子法智。第 53 条释道任法师事，道任实有其人，见《高僧传》卷七。

这些人多与诸书作者生活在同一时期，有的还与作者本人熟识，且这些书写成之后也非秘不示人，而要"以悦同信之士""传诸同好""使览者并见"。③ 如果著者假借事主或目击者、知情人的名义编造故事的话，极易被揭穿，这岂不正中反佛者的下怀，傅亮、王琰辈自然不会冒如此风险去干这样的蠢事。他们敢于注明消息来源，就相信其真实可靠。至于诸书出现的许多人物查无对证，恐怕并非子虚乌有，而是现存史籍所载有限而致。明乎此，曹道衡所说的《冥祥记》中涉及历史事件的时代，往往记载得比较精确，④ 以及其他学者所言"信"的写作原则，史传式的文体与体证式的笔调、用史家审慎的笔墨来记叙鬼的传说，⑤ 就不难理解了。

此外，现存各种"释氏辅教之书"之间及其与僧传间每有内容相同之条目，通过比较不同著作对同一事情的记载，亦可以看出辅教之书编撰者的写作态度。关于《冥祥记》（王书）与三种《观世音应验记》记载相合的情况，小南一郎做过认真的核对，并列出了相同条目的名单。据他研究，现存《冥祥记》中与傅书同者 5 条、与张书同者 2 条、与陆书同者 17 条。⑥ 四书成书时间依次为傅书、张书、王书、陆书。比较傅书与王书相同的 5 条，除竺长舒条因《冥祥记》有 2 条，傅书条文句与王书前条基本一致，

---

① 《高僧传》卷五，第 204 页。

② 《高僧传》卷七，第 273 ~ 274 页。

③ 董志翘：《〈观世音应验记三种〉译注》，第 1、19、59 页。

④ 曹道衡：《论王琰和他的〈冥祥记〉》，《文学遗产》1992 年第 1 期，第 31 页。

⑤ 林丽真：《从魏晋南北朝志怪小说看"形神生灭离合问题"》，《魏晋南北朝文学与思想研讨会论集》，文史哲出版社，1991，第 90 页；石昌渝：《中国小说源流论》，第 121 页。

⑥ 小南一郎「六朝隋唐小説史の展開と仏教信仰」福永光司編『中国中世の宗教と文化』京都大学人文科学研究所、1983、446 ~ 448 頁。

与后条有一定差异外，其余 4 条两书叙述基本一致，字句出入处甚少。唯王书竺法义条文首多数句，算得上全文照抄。《冥祥记》竺法义条末云："自竺长舒至义六事，并宋尚书令傅亮所撰。"[1] 的确如此，王琰并没有在抄录中附益渲染，基本是实录。张书与王书相同的两条亦是梗概一致，文字表述不尽相同，两人或录自不同。

王书与陆书内容相同的 17 条中，表述大体一致，仅个别字词有出入者6 条，即张崇、刘度、毕览、伏万寿、韩徽、彭子乔条。余下 11 条中陆书详于王书者 5 条，即道秀、栾荀、南宫公子敷、郭宣之、僧洪；王书详者 1条，慧和；细节上互有差异的有法崇、开达（小南表误作道达）2 条；王球、邢怀明条则二书详略处不一。法智条，陆书分为 2 条，陆书 2 条相当于王书前半，51 条相当于后半。两书不同各条，基本情节并无不同，只是细节描述与背景记述上有异。王书成于前，王琰且与陆杲有旧，[2] 但两书间是否有传承关系，除彭子乔条所云与 6 条记载基本一致者外，并无太多的资料可证明。有确证的是陆杲读过《宣验记》并汲取了某些资料，陆书郭宣之条虽与王书差别较大，但与《宣验记》叙述相合，可能王、陆二书内容又各有来源。从两书 6 条记载雷同者看，或陆书抄自王书，若此，可证陆杲亦是如实抄录，未尝添益；或两人均录自所闻，若此，则说明两人均做实录。其余 11 条，陆书或许抄自他书如《宣验记》，或别有所闻，但与王书情节相同，仅枝节小异，亦足见陆氏著述之态度。

"释氏辅教之书"作者大都为佛徒，[3] 自然不怀疑佛与菩萨之存在，对佛经宣扬的佛、菩萨之种种神异自然笃信不已。张演"获奉大法，每钦服灵异，用兼缅慨"，陆杲"见经中说光世音，尤生恭敬，又睹近世书牒及智识永传其言，威神诸事，盖不可数。益悟圣灵极近，但自感激"。[4] 王琰亦亲身经历了一次观音像显灵，"循复其事，有感深怀"，[5] 遂编撰了《冥祥

---

① 鲁迅：《古小说钩沉》，第 589 页。
② 董志翘《〈观世音应验记三种〉译注》第 142 页彭子乔条末云如此。
③ 参见王国良《魏晋南北朝志怪小说研究》，第 44～46 页。
④ 董志翘：《〈观世音应验记三种〉译注》，第 29、59 页。该书第 29 页"缅慨"原录作"绵慨"，据孙昌武《观世音应验记（三种）》所附《〈续光世音应验记〉书影》，当作"缅慨"，此处应是笔误。
⑤ 鲁迅：《古小说钩沉》，第 564 页。

记》。具备了这样的观念基础与经历，作者自然不怀疑此类事情的可靠性。

当时不仅他们相信这些事情的真实性，其他僧徒释子包括一些史家甚至个别抨击佛教者对此都笃信不疑。以"校其有无，取其同异"相标榜的《高僧传》大量采掇此类事情入传。① 宝唱《比丘尼传》亦收有观世音应验之事。② 《续高僧传》作者道宣云"观音之拔济，信而有征"，③ 笃信神异，故其书中收有许多神奇之事，特别是卷二五《感通》篇。此外，一般信徒亦多信以为真。宗炳尝言："有危迫者，一心称观世音，略无不蒙济。"④ 何尚之云："且观音大士所降近验，并即表身世，众目共睹，祈求之家，其事相继。"⑤ 相信观音的法力，自然于观音传闻信而不疑。北魏延兴二年（472），献文帝下诏："济州东平郡灵像发辉，变成金铜之色。殊常之事，绝于往古……有司与沙门统昙曜令州送像达都，使道俗咸睹实相之容，普告天下，皆使闻知。"⑥ 献文帝自然相信这是事实，而《魏书》作者魏收同样也无疑义，郑重其事，录入史书，传诸后世。同书还收录了若干佛教神异事，《灵征志》中"金沴"条载佛像流汗之事，其中关于平等寺条云："永安、普泰、永熙中，京师平等寺定光金像每流汗，国有事变，时咸畏异之。"⑦ 与杨衒之记述相吻合，诚非妄语。东魏杨衒之对寺院发展持抨击态度，以为寺宇壮丽、损费金碧、王公相竞、侵渔百姓，同时认为佛教虚诞，有为徒费，⑧ 但对佛教宣扬之神异亦不置疑词。《洛阳伽蓝记》中记述了近十件类似辅教之书内容的事情，如卷二崇真寺慧凝游冥界事、平等寺金像流汗事、殖货里屠夫杀猪见异得奉佛法事，卷四白马寺经函放光事、摩罗之法术、侯庆铜像事等。与其在序中所云洛阳中小寺院"取其祥异、世谛俗事，

① A. F. Wright, "Biography and Hagiography: Hui – Chiao's Lives of Eminent Monks," *Studies in Chinese Buddhism*, part 4.
② 《大正藏》卷五〇，第 935 页下，尼明感事。
③ 《续高僧传》卷二六，《大正藏》卷五〇，第 677 页上。
④ 《明佛论》，《弘明集》卷二，《大正藏》卷五二，第 16 页上；《中国佛教思想资料选编》第 1 卷，第 244 页。
⑤ 《答宋文帝赞扬佛教事》，《弘明集》卷一一，《大正藏》卷五二，第 70 页上；《中国佛教思想资料选编》第 1 卷，第 432 页。
⑥ 《魏书》卷一一四《释老志》，第 3083 页。
⑦ 《魏书》卷一一二《灵征志上》，第 2916 页。
⑧ 《广弘明集》卷六《辩惑篇·阳衡云》，《大正藏》卷五二，第 128 页中。参见汤用彤《汉魏两晋南北朝佛教史》下册，第 385 页。

因而出之"相呼应。这类怪异虽被称为俗事以示其不屑，但他不曾怀疑其真实性。另外，唐人所修《晋书·苻坚载记》中收徐义念观世音免死事、《北史》记卢景裕系狱念观世音得脱事等均是耳熟能详的例子，① 都显示了作者对神异的态度。

时人对佛、菩萨及经像显灵之事笃信不疑，记载这类事的书自然也不会被视为小说。南北朝人关于书籍分类的详情今已不可知，唐人编的《隋书·经籍志》把《宣验记》《应验记》《冥祥记》《旌异记》《舍利感应记》《冤魂志》等辅教之书与一大批志怪之书，如《搜神记》，置于史部·杂传类，与各种人物家传、类传并列，被目为"推其本原，盖亦史官之末事也"。②《旧唐书》亦沿而未改，洎乎北宋，王尧臣编《崇文总目》，欧阳修撰《新唐书·艺文志》诸书始阑入小说类。③ 唐代即便是讥《晋书》多采逸史之刘子玄，亦将"求其怪物，有广异闻"若祖台《志怪》、干宝《搜神》、刘义庆《幽明》、刘敬叔《异苑》列为杂记，与郡书、家史、别传、地理书、都邑簿等归为杂述，称为"史氏流别"。④

据以上情况，时人并不将佛法灵奇之事视为荒诞无稽，而是以为真实。纵然这类事情的叙述中有类似于今日文学创作描写之处，但时人亦不以为假，我们也不应依今人之概念名之为故事或小说。

以灵奇之事为"事实"现象的产生并非偶然，牵扯到古人对"事实"的认定方式及他们的世界观与思维方式。可以说古人几乎无一例外都是有神论者，即使王充、范缜也不能免。⑤ 一方面他们确信自然界中有各种神祇存在，神祇被认为威力很大，可以在很多方面影响人们的生活。人神交通被看作稀松平常的事（特别是通过种种祭祀），神鬼显现也是经常被祈望的。另一方

① 此类事见于史书者尚多，参见吕思勉《吕思勉读史札记》，"轮回"条，上海古籍出版社，1982，第 957 页；周一良《魏晋南北朝史札记》，"观世音经"条，中华书局，1985，第 114～115 页。

② 《隋书》卷三三《经籍志二》，第 980～982 页。

③ 鲁迅：《中国小说的历史的变迁》，第 323 页；王国良：《魏晋南北朝志怪小说研究》，第 5 页。

④ 《史通·内篇·杂述》（二），浦起龙通释，上海书店 1988 年影印本，第 80、81 页。

⑤ 1995 年 7 月 26 日何光沪于北京大学宗教与文化高级研讨班之讲演，认为王充之承认天神存在，见《论衡·道虚》。

面，他们又相信灵魂不灭。[1] 因此，在他们看来，出现神异之事是很正常的。刘叶秋语，本来古代的史书及诸子百家的著作常常把神话传说当作史实来记载，古代的神话传说和历史事实混在一起，[2] 正是这一情况的反映。具体到释子，他们首先要皈依三宝，入佛门自然不疑佛菩萨之实有，也会信服经典中所讲述的佛菩萨的种种神威，一旦听说此类事，只会当作已接受之佛法的印证，断不会加以怀疑。辅教之书的作者只不过比一般佛徒多了一使神奇之事文字化的工作而已。古今对照，不难发现"事实"的认定首先要透过观念才能完成，不同的世界观会影响人们对是否为"事实"的判断。今天无神论者眼中属无稽之谈者，在古代有神论者看来可能就是事实。

当然，在大部分反佛者看来佛教灵奇之事未必是事实，不过他们对于非佛教的神怪异事仍然津津乐道，这与本书无涉，不赘言。

2 "释氏辅教之书"的性质

张书序云："即撰所闻，继其篇末，传诸同好云。"陆书序亦云："此中详略，皆即所闻知。"[3] 唐初唐临《冥报记》序则曰："辄录所闻，集为此记，仍具陈所受及闻见由缘。"[4] 诸书叙述形式是：事情经过 + 消息来源。具体内容往往并非作者亲身经历，除部分转抄自前人同类著作外，大部分是编者听到的传闻，即序中所说的"所闻""所闻知"。这些传闻在编撰过程中往往经过编者的审核，可靠者方被采用。因此，辅教之书是对佛教传闻的筛选与记录，录自他书者往往最早也是口头流传的传闻。而编是书的目的是宣扬佛教，促人敦信。[5]

书中所收传闻细分起来主要宣传这样几方面的内容：佛法之神力；[6] 佛

---

[1] 藤堂恭俊云中国一向秉持形神同灭的传统观念，见氏著《中国佛教史》上册，华宇出版社，1985，第 20 页。此说大误。

[2] 刘叶秋：《魏晋南北朝小说》，第 20~21 页。

[3] 董志翘：《〈观世音应验记三种〉译注》，第 29、60 页。

[4] 《冥报记》，中华书局，1992，"序"，第 2 页。

[5] 参见鲁迅《中国小说史略》，第 40 页；楼宇烈《东晋南朝"志怪小说"中的观世音灵验故事杂谈》，第 100~101 页；李剑国《论南北朝的"释氏辅教之书"》，第 65 页；吴维中《志怪与魏晋南北朝宗教》，第 112 页；张先堂《佛教义理与小说艺术联姻的产儿——论敦煌写本佛教灵验记》，第 85、87 页。

[6] 如《冥祥记》第 23、74、87、88、106 条。

经之神力，如入火不焚、入水不濡类；① 僧人的神异法术；② 佛像之神威；③ 奉法而得到的神奇结局；④ 不奉法给人们带来的厄运，⑤ 其中一部分是通过游冥界的形式警示不信法之后果；⑥ 诵《观世音经》、念观世音名号、礼拜观世音像能消灾免祸。⑦

以上七方面内容构成辅教之书的主体。另有少部分是引导信徒信仰走向的，如《洛阳伽蓝记》载崇真寺慧凝游冥界事，旨在提倡禅定讽诵，反对讲经劝募造像以改变教团内部的风气。《旌异记》载亭湖神事则是宣扬大乘优于小乘，"诸人因此发心受持《般若》者众"。⑧ 北魏高祖时阉官诵《华严经》得复丈夫相状，"于是北代之国《华严》转盛"，⑨ 显然与北魏某些僧人倡导《华严经》有关。此外，该书中多条讲述北魏僧人诵《法华经》死后舌不坏，都含有提高《法华经》地位的用意。概言之，辅教之书内容不外乎宣扬佛法，促人皈依。

根据上述情况，《光世音应验记》《冥祥记》一类书确属佛教通俗宣传品。更准确地说，它们是佛教信徒为弘传佛法促人信奉而搜集、筛选、记录社会上流传的有关佛法应验传闻，或转录前人书中的类似内容而编成的小册子，可简称为佛教应验传闻集（以下简称传闻集）。

传闻集既然是对传闻的筛选与记录，正如内田道夫等所言，存在根据记录的"文献传承"和根据口述的"口头传承"两种形式，需要考察的就不只是文字化的传闻集，还应分析传闻的社会影响。

传闻是社会口头文化的一种，传闻集是其文字化。文字化使传闻获得超越时代的生命力，得以长久保存。不过正如小南一郎所言，传闻集往往流传

① 如《冥祥记》第3、19、（22）、34、35、（83）、126条。
② 如《冥祥记》第3、7、8、9、10、11、13、14、15、16、18、25、27、37、38、39、40、55、58、61、62、82、89、105条，《高僧传·神异》部分。
③ 如《冥祥记》第107、110、124、128、130条，《洛阳伽蓝记》卷二"城东·平等寺"条、卷四"城西·法云寺"侯庆事等（第104～105、205～206页）。
④ 如《冥祥记》第2、21、22、36、42、76、80、85、98、111、112、115、118条。
⑤ 如《冥祥记》第6、（43）、（44）、65、69、70、73、77、81、84、93、103、109、114、129条。
⑥ 如《冥祥记》第4、5、28、33、43、44、57、63、64、75、90、100、108、116、117、123条。
⑦ 如《观世音应验记》三种。
⑧ 鲁迅：《古小说钩沉》，第653页。
⑨ 鲁迅：《古小说钩沉》，第654页。

于知识阶层中，① 陆书序中亦云"敬撰此卷六十九条……使览者并见"，本意是使识字之人去览读。传闻本身并不会因文字化而消失，它们仍会在一定时期一定范围内继续存在。《冥报记》卷上梁武帝条末云："江东道俗至今传之。"北齐冀州人条末云："邑里犹传之矣。"换言之，这些传闻至唐临记录时犹于乡里流传。至于最终流传至何时，虽尚无资料可以说明，但可以推断，只要民众信仰与心态依旧，这类传闻就会在口头继续流行。社会上流传的关于佛教的应验传闻与其文字化的小册子平行发展，均对佛法弘传起了很大的作用，虽然我们只能凭借后者才能窥见前者。

3 传播渠道

学者重视佛法弘传的特点，但多未对传播渠道做进一步的考察。据传闻集所记传闻来源，不少传闻是经由僧人的传播而被记载下来的。

傅书徐荣条云："与荣同舟者，有沙门支道蕴，谨笃士也，具见其事，后为余说之。"《冥祥记》沙门仕行条末云："慧志道人先师相传，释公亦具载其事也。"抵世常条云："（法）兰（亲历此事）以语于弟子法阶，阶每说之，道俗多闻。"窦传条末云："（沙门支道山亲见此事）道山后过江，为谢居士敷具说其事。"张崇条云："智生道人目所亲见。"竺法义条云："（傅）亮自云：其先君与（法）义游处，义每说其事，辄懔然增肃焉。"陈安居条云："僧昊，襄阳人也，末居长沙，本与安居同里，闻其口说，安居之终，亦亲睹，果九十三焉。"王胡条云："元嘉末有长安僧释昙爽来游江南，具说如此也。"道志条云："此事在泰始末年，其寺好事者已具条记。"释慧严条云："尘外精舍释道俨具所谙闻也。"陆书北彭城有一人条云："德藏尼亲闻本师释慧期所记。"王葵条云："此是道聪所说。"唐永祖条云："鄞州僧统释僧显，尔时亲受其请，具知此事，为杲说之。"裴安起条云："蒋山上定林寺阿练道人释道仙在蜀识裴，恒闻其自序此事，为杲具说。"释道汪条云："上定林道仙道人即是汪公弟子，尔时正同行，为杲说之。"韩睦子条云："释道宝道人……为杲说此事，又众僧亦多言之。"

由此可知，传闻集中不少材料源于僧人。换言之，他们掌握很多佛法应验传闻。僧人掌握这类传闻是不是仅如小南一郎所言，是"为了宣传佛法

_____

① 小南一郎：《观世音应验记排印本跋》，孙昌武点校《观世音应验记（三种）》，第 82 页。

的威神力量而把这种原来在一般民众中传说的灵异故事收集起来，并向士人们讲说"① 呢？看来不是。《冥祥记》抵世常条云："（法）兰以语于弟子法阶，阶每说之，道俗多闻。"显然法阶不仅仅是在告诉别人传闻，而是在做主动的传播，也很难说听众只限于士人。这种情况当不在少数。上引陆书韩睦子条所云亦是一例。看来同一传闻不止一位僧人主动加以宣传。因而，视僧人为承担传播传闻的重要力量并不为过。至于其讲述对象也不限于士大夫，或曰更主要的不是士大夫。

僧人宣传传闻的主要途径或是"唱导"。曹道衡先生尝推测《冥祥记》的故事可能取材于"唱导"。② 曹先生注意到两者间的关系，诚为有识。不过这种关系不仅在于传闻集与唱导之间，亦在于传闻与唱导间：三者间的关系应是唱导以传闻和传闻集为素材。《高僧传》卷一三《唱导论》中针对不同对象采用不同方式唱导时云：

> 若为悠悠凡庶，则须指事造形，直谈闻见，若为山民野处，则须近局言辞，陈斥罪目。

所谓"闻见"应是前述应验传闻一类的东西，"近局言辞"亦不外乎此。《高僧传·译经·康僧会传》记孙吴时康僧会传道建康，"亟说正法，以（孙）皓性凶，不及妙义，唯叙报应近事，以开其心"。同书《神异·佛图澄传》载，石勒召澄问佛道有何灵验，"澄知勒不达深理，正可以道术为征，因而言曰：'至道虽远，亦可以近事为证。'即取应器盛水，烧香咒之，须臾生青莲花，光色曜目，勒由此信服"。据此，佛教报应灵验之事均属"近事"，且专为"不及妙义，不达深理"者所设，可叙可演，"近局言辞"所指当属此类。有道高僧，如佛图澄，擅长方术，可以通过演示开悟众心。大多数僧人无此方伎则通过讲述达到悟俗的目的，如康僧会所为（僧会并非不擅方伎，此处"叙"报应事，属特例）。所讲内容，或源自个人闻见，

---

① 小南一郎：《观世音应验记排印本跋》，孙昌武点校《观世音应验记（三种）》，第81~82页。
② 曹道衡：《论王琰和他的〈冥祥记〉》，第36页。

或摘自传闻集。①

实际上,不仅仅是开俗悟心的唱导讲述传闻,正式讲经中也常引传闻以为佐证,今日所见隋时期经疏常可见到这种情况,天台智顗《观音义疏》的结构是:贴文、约证、观释。每讲一段经文后即列约证,约证所引大部分是传闻集中有关观世音的应验传闻,如竺长舒诵观世音免火灾事,海盐溺水者称观世音免死事,以及刘澄、道冏、彭城人、盖护、慧达事,等等。② 隋僧吉藏撰《法华义疏》卷一二亦引用竺长舒诵念观世音免火灾事。③ 不过他们都是从《光世音应验记》《宣验记》《冥祥记》一类传闻集中摘取的,而非目见耳闻。经疏是僧人讲解经文用的讲稿或讲经时由旁人做的笔录(当时讲经有人专司"录义",④ 目的即在此)。据此,隋代讲经时当是经常引用应验传闻为佐证。隋以前的经疏几乎荡然无存,无法确知其详情,但隋代讲经形式当承自南北朝,可以推想,南北朝时期讲经亦引传闻。正式讲经主要针对僧人及具备一定教义基础的俗徒,这样看来,"传闻"在当时的影响面还是很大的。

上文曾提到,传闻集的内容不仅针对一般未奉法的民众,亦有针对信徒引导信仰的。这方面的内容,很可能就是与正式讲经相联系的。

此外,从敦煌出土佛经与感应记传闻集情况看,两者关系密切。各种感应记中叙抄写、诵持佛经得好报的传闻最多。这类传闻一般是针对某一具体佛经而编写的,往往被附抄在该经卷的前后,与佛经同时流传,特别在《阿弥陀经》《普贤菩萨说证明经》《金光明经》《金刚经》抄卷上很常见。⑤ 敦煌抄经多属隋唐五代,但抄经与感应记合璧当非首创于此时。南北朝时期或已发端,傅亮等人的《光世音应验记》或许其时便与《普门品》同抄一处了。由此亦不难看出,传闻与佛经流传以至佛教传播间不可分割的关系。

---

① 张弓《从经导到俗讲——中古释门声业述略》(《中国社会科学院研究生院学报》1995 年第 6 期,第 55 页)只言"事缘"未及这一点,似可补。

② 分别见《大正藏》卷三四,第 923 页下、924 页下、925 页下、926 页中、927 页下、928 页下、930 页下等。

③ 《大正藏》卷三四,第 626 页中。本书初稿写定后获读 *Miraculous Retribution: A Study and Translation of T'ang Lin's Ming pao chi*,知作者已先我检出上引两例。

④ 参见牟润孙《论儒释两家之讲经与义疏》,《注史斋丛稿》,中华书局,1987,第 240、248、252~254 页;周一良《魏晋南北朝史札记》,第 414~415 页。

⑤ 参见颜廷亮主编《敦煌文学概论》,甘肃人民出版社,1993,第 338~339 页。

　　传闻能够打动人心，除其内容与民众有神论的观念背景有契合之处外，还在于民众有认同传闻的传统。战国时便有三人成虎之说，两汉时期不少地方性信仰的兴起都借助了"传闻"的力量。东汉，河南一带鲍君神祀的出现，当地人们"转相告语"帮了大忙；山东城阳景王祠的广泛流行，"转相诳曜"也起了推波助澜的作用。① 南北朝时期仍然如此，《续高僧传》卷一四《释慧瑜传》载，瑜有法力，"于是四远闻风，往造供施委积"。释智藏诵《金刚般若》得长寿，遐迩闻风，此经遂大行于世。② 释慧觉"闻往生净土，园施为功，不远千里，青州取枣于并城开义寺种之，行列千株，供通五众"。③ 北齐人刘昼亦说"俗之弊者，不察名实，虚信传说，即似定真"，④ 颜之推尝言："凡人之信，唯耳与目，耳目之外，咸致疑焉。"⑤ 这些均道出了"传闻"风行于世的原委。

　　传闻借助唱导、讲经而推动佛教传播，在东晋南北朝时期已不限于南方。现存的"传闻"以发生在南方的居多，但亦有相当数量的出自北方。小南一郎指出南方人记载的北方故事"很可能是从北方地域逃亡来到荆州的人们自己所经历过的体验，或者是他们从北方带来的灵异故事"。⑥ 此说并不完全确切。上文指出当时南北方僧侣间相互往来频繁，并不限于逃亡南方一种，北往者亦不少，且僧人往往又是传闻的载体。南方记录的北方传闻不一定只是逃亡者的体验或由他们带入的，南来游学、游化的僧人同样会带入传闻，发生在北方的王胡游冥间事据说就是由元嘉末南游江南的释昙爽带来的。⑦ 同样，北往的僧人也会将南方传闻引入北方，虽然现存文献中尚无这方面的确证。南北传闻的交流、补充，促进了各自佛教的发展。南方发生的很多传闻反映的观念实际在北方均可以得到印证，就说明双方并不是各自孤立地发展的。同时，唱导也非南方专利。列入《高僧传》卷一三唱导科

---

①　《风俗通义》卷九《怪神》，王利器校注，中华书局，2010，第394页。
②　《续高僧传》卷五，《大正藏》卷五〇，第466页上~中。
③　《续高僧传》卷一二，《大正藏》卷五〇，第521页上。
④　《刘子》卷三《审名章》，傅亚庶校释，中华书局，1998，第156页。
⑤　《颜氏家训·归心》，王利器集解增补本，中华书局，1993，第379页。
⑥　小南一郎：《观世音应验记排印本跋》，孙昌武点校《观世音应验记（三种）》，第73~74页。
⑦　鲁迅：《古小说钩沉》，第631页。

的释慧芬就是豫州人，太武灭法后才逃至建康，此前"每赴斋会，常为大众说法，梁楚之间，悉奉其化"，慧皎于是将其列入唱导。显然他南渡以前所为亦属唱导，这是在北魏初期，或与明元帝以"沙门敷导民俗"政策的施行有关。① 孝文帝时又诏令僧人夏坐时任其数处讲说。② 当时北方民间讲经、唱导之类的活动一定很频繁，在这类活动中传闻宣讲也应是一项重要内容。

关于传闻在弘法中作用的具体表现及其与造像活动、造像记所见民众佛教信仰间的关系，详见后文。

传闻之外，僧人亦将佛碑像中佛本行、本生故事的片断场景，以及经变的图像作为传教讲经的辅助教材，对此刘淑芬已有详论，③ 兹不赘。

三　神奇灵验与皈依佛教

如果说僧侣的游化与传闻的创制、利用属于传教的途径与手段的话，这里及下文将讨论的神奇灵验与生死观则是佛教直接深入中土民众心灵的两个切入点。循此，佛教之佛菩萨崇拜渐兴，天堂地狱六道轮回之说亦日植人心。

清人赵翼论佛教时说：

> 盖一教之兴，能耸动天下后世者，其始亦必有异人异术，神奇灵验……能使人主信之，士大夫亦趋之，是以震耀遍天下，而流布于无穷，不然则何以起人皈依也。④

看到异术异人之重要作用是瓯北高明之处，不过他只意识到奇人异术会影响人主、士大夫，其所不察者，异人异术于民众耸动更大。据佛教史籍记载，东来

---

① 塚本善隆「北魏建国時代の仏教政策と河北の仏教」『支那仏教史研究・北魏篇』、79 页。
② 《广弘明集》卷二四，《大正藏》卷五二，第 272 页下。
③ 刘淑芬：《五至六世纪华北乡村的佛教信仰》，《史语所集刊》第 63 本第 3 分，第519 ~ 522 页。
④ 赵翼：《廿二史札记》卷一五，"诵经获报"条，王树民校证，中华书局，1984，第 325 页。

高僧都会一些方术。① 东晋时习凿齿致书谢安云，见释道安"无变化伎术，可以惑常人之耳目，无重威大势，可以整群小之参差，而师徒肃肃，自相尊敬，洋洋济济，乃是吾由来所未见"；② 梁僧旻亦自谓："生无左道卜筮，不妄罔惑凡人，又不假托奇怪，以诳近识。"③ 可见当时以变化奇怪之术诳惑近识当是习见之事，故二人有是语。

汤用彤先生云："佛教之传播民间，报应而外，必亦借方术以推进，此大法之所以兴起于魏晋，原因一也。"④ 任继愈先生亦云："佛教传入中国所以能被接受，首先不一定是他们那一套'安般守意'的禅法及般若学，看来他们的方术更能吸引一部分群众。"⑤ 所言极是。值得进一步探讨的是佛教的异人异术、神奇灵验何以能耸动人心，促生敬信。换言之，要考察的是中国人认同神奇灵验的心理基础是什么。这一历史背景不但与接受佛教有关，亦关涉佛法在中国社会数百年之发展轨迹。上述佛教应验传闻之所以能发挥效力，亦与此有关，不可不察。

对此目前研究尚寡。1987 年有学者指出，无论是历时性还是共时性意义上构成中国宗教性（religiosity）的普遍基础是什么，这一问题尚很少受到认真的关注。⑥ 之后，这一状况有所改观。韩森（Valerie Hassen）研究南宋神祇变迁时触及了这一问题，指出"灵验"对于神祇崇拜的意义，⑦ 此点并被视为中国民间宗教的一个重要特性。⑧ 不过对隋唐以前这方面的研究，据笔者所知论者甚少，故略加申述。

僧侣挟异人异术能够触动中土民众心灵，实源于他们固有之取舍信仰的标准。这一标准重视信仰对象之灵验程度，某一信仰之兴衰很大程度上取决

---

① 参见任继愈主编《中国佛教史》第 1 卷，第 126～127 页。《续高僧传》卷一《菩提流支传》（《大正藏》卷五〇，第 429 页上）引流支言，"外国共行此方（谓术法），不习谓为圣耳"亦可证。

② 《高僧传》卷五《道安传》，第 180 页。

③ 《续高僧传》卷五，《大正藏》卷五〇，第 463 页下。

④ 汤用彤：《汉魏两晋南北朝佛教史》上册，第 134 页。

⑤ 任继愈主编《中国佛教史》第 1 卷序，第 7 页。

⑥ Eliade Mircea, et al., eds., *The Encyclopedia of Religions*, Vol. 3, 1987, p. 322.

⑦ 包伟民：《韩森对南宋民间神祇变迁的探讨》，《中国史研究动态》1992 年第 5 期，第 18～20 页。

⑧ Danjel L. Overmyer, et al., "Chinese Religions: The State of the Field", Part Ⅱ, *Journal of Asian Studies* 54. 2 (May 1995), p. 315.

于信仰对象是否灵验有效，有效则信之，无效则否。此标准的出现大概可以上溯到商代。据研究，商代雨祭中有几位祖先特别灵验，所以总被祭祀。①东汉时期这一标准更是广泛存在，成为当时许多信仰活动的基石。

祭祀是古人日常生活中不可或缺的内容，亦是沟通人神的重要手段和信仰的突出表现。这一标准在祭祀对象的择定中得到充分的体现。

古人认为山能兴云致雨，遇旱常常要祭山神以祈雨。② 各地山岳常常不止一座，具体祭哪座，要看哪座山过去显示过这方面的灵验。东汉元初四年（117）立于河北元氏县的《祀三公山碑》云："以三公德广，其灵尤神，处幽道艰，存之者难，卜择吉□治东，就衡山起堂立坛。"希望"神熹其位，甘雨屡降，报如景响"，除了"德广"这一虚辞外，"其灵尤神"实际是立祀非常重要的原因。延熹八年（165）立于陕西华山之《华山碑》云："（建武时）使二千石以岁时往祠，其有风旱，祷请祈求，靡不报应。"百年以后，旧碑"文字摩灭，莫能存识"，弘农太守袁逢乃"修废起顿，闵其若兹，深达和民事神之义，精通诚至衿祭之福"，希望能"遏禳凶札，挚敛吉祥。岁其有年，民说无疆"。袁逢修废起顿与华山为西岳有关，但该山具有的灵验亦是一重要因素。光和六年（183）立于河北元氏县之《白石神君碑》亦云，"前后国县屡有祈请，指日刻期，应时有验"，但未求礼秩无有法食，"相县以白石神君道德灼然，乃具载本末上尚书……即见听许，于是遂开祐旧兆，改立殿堂，营宇既定，礼秩有常"。③碑文云白石山得法食是因其山神"道德灼然"，据上文实指其有求必应耳。依此三碑不难看出，祭祀者看重的是求后是否有应，唯有能应才会去求，才会被列为祭祀对象。所以碑文中反复出现"报如景响""靡不报应""应时有验"之类的话，以证明三山所具有的灵验。三碑的立者均为当地守宰，④ 碑文反映了东汉地方官吏信仰的标准。

民众中的情况亦如此。《风俗通义·怪神》载，汝南民众尝信鲍君神，

① 汪涛：《关于殷代雨祭的几个问题》，中国社会科学院历史研究所编《华夏文明与传世藏书：中国国际汉学研讨会论文集》，中国社会科学出版社，1996，第353、336～337页。
② 汪涛：《关于殷代雨祭的几个问题》，《华夏文明与传世藏书：中国国际汉学研讨会论文集》，第336～337页。
③ 以上引文分见高文《汉碑集释》，第32～33、270～271、458页。
④ 参见高文《汉碑集释》三碑题名。

事出一人为之怪事。"（人）怪其如是，大以为神，转相告语，治病求福，多有效验，因为起祀舍，众巫数十，帷帐钟鼓，方数百里皆来祷祀，号鲍君神。"据应劭所述，正是由于人们"治病求福，多有效验"，才"为起祀舍"，以至方圆数百里内的民众都来祷祀。若无效验，便不会有鲍君神之兴起了。另据同书载，汝南出现的李君神、石贤士神信仰情况亦与此相仿，均由人为怪事引发，继而疗疾见效，遂视有神力而为周围民众所信奉。再如东汉末年至北朝间山东一带信奉城阳景王祠者数百年不绝，[①] "自琅琊、青州六郡及渤海都邑、乡亭、聚落皆为立祠"，后虽屡经禁绝犹不止。《三国志·武帝纪》注引《魏书》云，操为济南相，除城阳景王祠，"世之淫祀由此遂绝"，实为溢美之虚词，不可信，操离任后"稍复如故"。[②] 继操之后任营陵令的应劭看到城阳景王祠犹盛，亦曾禁之。此信仰之所以"历载弥久，莫之匡纠"，据应劭观察，乃因"言有神明，其遣问祸福立应"，即占卜求问当即有回应，其灵验有效可想而知，故能"转相诳曜"，成为齐地历久不绝的崇信对象。

三国以后，社会形势剧变，但无论是官吏还是百姓，信仰标准基本延而未改，确定信仰对象仍重视是否灵验有效。

西晋太康十年（289）立于河南汲县的《齐大公吕望表》称："殷溪之下旧有坛场，□今堕废，荒而不治……且其山也，能兴云雨，财用所出，遂修复旧祀。"[③] 立此表主要是颂扬吕望功德，而复旧祀的理由是其山"能兴云雨，财用所出"。《礼记·祭法》云："山林川谷丘陵，能出云为风雨，见怪物皆曰神。"依此，该山自有神力，且以往有验效，故得立坛祭祀，与东汉时期的情形相若。后赵主石勒曾下诏"禁州郡诸祠堂非正典者皆除之"，但"其能兴云致雨，有益于百姓者，郡县更为立祠堂，殖嘉树，准岳渎已下为差等"。[④] 所谓能兴云致雨者自然也征诸往时之验效才能确定，同样得

---

① 参见顾炎武《日知录》卷三〇，"古今神祠"条，岳麓书社，1994，第1074页；赵翼《陔余丛考》卷三五，"城阳王·秝陵尉"条，河北人民出版社，2003，第718～719页。两书征引资料甚详，唯漏收《水经注》卷二六，淄水又东过利县东，记阳城、稷下均有城阳景王刘章庙。

② 《风俗通义》卷九《怪神》，"城阳景王祠"条，第394页。

③ 王昶辑《金石萃编》卷二五，北京市中国书店，1985。

④ 《晋书》卷一〇五《石勒载记》，中华书局，1974，第2748页。

重视灵验问题。

北魏以降依然如此。《魏书·和跋传》载："世祖西巡五原回,幸犲山校猎,忽遇暴风,云雾四塞,世祖怪而问之,群下佥言跋世居此土,祠冢犹存,其或者能致斯变,帝遣建兴公古弼祭以三牲,雾即除败,后世祖蒐狩之日,每先祭之。"此事颇典型,足以窥见新祭祀对象如何被确立。世祖出狩,本无祭祀和跋之事,缘于此次暴风大雾,群臣推测或是和跋所致,祭之雾散,表明确属和跋所致,认识便由可能性推测跃进为必然性肯定,导致和跋之祭成为狩猎前之定制,其中关键就是祭之雾散这一灵验事实。如果此次祭祀未能奏效,也就不会形成此制了。魏世祖显然颇重灵验。再有洛阳平等寺外的金像,"相好端严,常有神验,国之吉凶,先炳祥异","每经神验,朝野惶惧"。① 孝昌三年(527)十二月,像面有悲容,两目流泪,遍体皆湿,遍拭不止,如此三日。次年,四月则有尔朱荣入洛,河阴之变。永安二年(529)三月复汗,五月北海王入洛,庄帝北逃。次年,像复悲泣如初,朝野惶惧。② 正是由于前两次佛像流汗后不久便有兵乱降临,时人便将佛像流汗与国有凶联系在一起,确信不疑,佛像再次悲泣时厄运临头之感自然而生。此中亦折射出魏末洛阳朝野对灵验的认同、信服的态度。

灵验有效对于祭祀对象的重要意义亦表现在不灵则废祭上,这类例子亦时时有之。北魏南安王桢为刺史,至邺"以旱祈雨于群神,邺城有石虎庙,人奉祀之。桢告虎神像云,'三日不雨,当加鞭罚',请雨不验,遂鞭像一百"。③石虎神本为当地人所奉祀之神,南安王桢以所求一事不应验就鞭挞相加。在他看来,唯有求必应才有资格被恭敬地奉祀。另有两事也发生在邺城。北魏肃宗朝奚康生为相州刺史,以天旱令人鞭石虎画像,复就西门豹祠求雨,不获,令吏取豹舌。④ 北齐天保九年(558)夏,大旱,文宣帝以祈雨不应,毁西门豹祠,掘其冢。⑤ 西门豹祠存在已久,后赵时苻坚母苟氏尝游漳水,祈子于西门豹祠,其夜梦与神交,因而有孕,⑥ 看来此祠当时甚有

---

① 《洛阳伽蓝记》卷二,"城东·平等寺"条,第104～105页。
② 《洛阳伽蓝记》卷二,"城东·平等寺"条,第104～105页。
③ 《魏书》卷一九下《南安王桢传》,第494～495页。
④ 《魏书》卷七三《奚康生传》,第1631页。
⑤ 《北齐书》卷四《文宣帝纪》,第64页。
⑥ 《晋书》卷一一三《苻坚载记上》,第2883页。

灵验。太和中，李安世宰相州曾以"西门豹、史起有功于民"维修过该祠，[1] 可见是祠于邺城一带影响很大。而奚康生与齐文宣帝仅因一次求雨不验就拔舌毁祠，在他们心目中，问题的关键显然是祭祀对象之灵验与否。以上正反两方面的例子不难看出他们祭祀的基本标准。

不唯祭祀如此，占卜有验者也常因此受到重用。许彦以卜筮频验，遂在拓跋焘左右；[2] 王早预测颇灵验，拓跋焘甚善之。恒州民高崇祖善天文，每占吉凶有验，永安中诏除中散大夫；刘灵助亦以其卜筮屡中为尔朱荣所亲。[3]

官家如是，民间亦复如是。《列异传》载，豫宁女子戴氏久病，出见小石曰："尔有神，能差我疾者，当事汝。"夜梦人告之"吾将祐汝"，后渐差，遂为立祠，名"石侯祠"。[4] 该祠的出现，实源于戴氏拜石疾愈这一次事验。《搜神记》卷五称，有女子姓吴，字望子，因蒋侯之助而有神力，"流闻数里，颇有神验，一邑共事奉"。事奉亦是以神验为前提。《晋书·石季龙载记上》记安定人侯子光，自称佛太子，易姓名为李子扬，游于杜县爰赤眉家，"颇见其妖状，事微有验，赤眉信敬之"，并"转相扇惑"，京兆数千人聚于其下。若无验，赤眉便不会生敬信之心，也不会有那么多景从者。《北齐书·皮景和传》云，阳平人郑子饶，诈依佛道，设斋会，用米面不多，供赡甚广，密从地藏渐出饼饭，"愚人以为神力，见信于魏、卫之间"。据《晋书·姚兴载记》，时所在有泉水涌出，传云饮则愈病，后多无验，所以很快就无声无息了。东魏"兴和元年冬，西兖州济阴郡宛句县濮水南岸有泉涌出，色清味甘，饮者愈疾"，所以"四远奔凑"。[5] 两事与祭祀无关，但同样显示了民众对灵验的重视。

民间的情况可以由《水经注》记述的北方祠庙祭祀兴衰状况得到进一

---

① 《魏书》卷五三《李安世传》，第 1176 页。

② 《魏书》卷四六《许彦传》，第 1036 页。

③ 分见《魏书》卷九一《术艺·王早传》《张渊传附高崇祖传》《刘灵助传》，第 1957、1954、1958 页。

④ 鲁迅：《古小说钩沉》，第 258 页。又见《搜神记》（汪绍楹校注，中华书局，1979，第 55页）卷四"戴侯祠"条，文字稍异。

⑤ 《魏书》卷一一二《灵征志下》，第 2967 页。

步的说明。宫川尚志对这一问题做过一番清理，[①] 不过他重在对崇拜对象进行分类整理，考察与儒释道之关系，未能针对祠庙兴废探求其原因。

郦道元所记祠庙可分为两种情况。一类是记述时已废弃，但尚有遗迹可寻，或庙犹存祀亡的。如卷二六《淄水》"又东过利县东"引《从征记》曰："广固城北三里有尧山祠……山之上顶，旧有上祠，今也毁废，无复遗式。"卷二二《颍水》"东南过其县南"云"又有许由庙，碑阙尚存"。卷六《原公水》"（兹氏）故县有西河缪王司马子政庙……碑北庙基尚存也"。同卷《汾水》"东南过晋阳县东"云"汾水西径晋阳城南，旧有介子推祠，祠前有碑，庙宇倾颓，惟单碑独存矣"。卷二五《泗水》"又东过沛县东"云"东岸有泗水亭……故亭今有高祖庙，庙前有碑，延熹十年立，庙阙崩褫，略无全者"。另外许多庙祠书中仅一笔带过，亦未载其祭祀情况，或作者不明毁存状况。这种祠庙毁废原因，或与改朝换代有关，司马子政庙、高祖庙之毁或在于此。余者如尧山庙、许由庙、介子推祠则不然，其颓毁也许和它们神力"失灵"有关。后赵时祭介子推者仍大有人在，魏末距晋阳不远之平陶县犹有介子推祠，未云毁弃，[②] 可能仍被奉祀，与晋阳介子推祠呈鲜明对比。

另一类是在道元时代犹香火旺盛，具体情形详见表 A1。

表 A1　《水经注》所见活跃北方民间的祠庙

序号	地点	内容	出处
1	富平县故城西	有东方朔冢，冢侧有祠，祠有神验	卷五《河水》
2	皮氏县南	山上有神庙，庙侧有灵泉，祈祭之日，周而不耗，世亦谓之子推祠	卷六《汾水》
3	荥阳县北	（城北五里李君祠）今犹祀祷焉	卷七《济水》
4	阳武县南东县故城北	汉丞相陈平家焉……今民祠其社	卷七《济水》

---

① 宫川尚志「水経注に見えた祠廟」『六朝史研究 宗教篇』平楽寺書店、1964、366～390 頁。

② 《晋书》卷一〇五《石勒载记》，第 2749～2750 页；《水经注》卷六《汾水》，"又南过平陶县东"条。

序号	地点	内容	出处
5	营县南，阳丘县城南女郎山	山上有神祠，俗谓之女郎祠，左右民祀焉	卷八《济水》
6	徐县徐山上	山上立石室庙，有神灵，民人请祷焉，依文即事，似有符验，但世代绵远，难以详矣	卷八《济水》
7	陵县	（董仲舒庙）世犹谓之董府君祠，春秋祷祭不辍	卷一〇《浊漳水》
8	祈夷水西之随山	山上有神庙，谓之女郎祠，方俗所祠也	卷一三《㶟水》
9	陆浑县伏流岭东	岭上有昆仑祠，民犹祈焉	卷一五《伊水》
10	武功县北太白山	山下有太白祠，民所祀也	卷一八《渭水中》
11	故道城南秦冈山	悬崖之侧，列壁之上，有神象，若图指状妇人之容……世名之曰圣女神，至于福应愆违，方俗是祈	卷二〇《漾水》
12	郾县北叶县故城北	（叶君祠）牧守每班录，皆先谒拜之，吏民祈祷，无不如应，若有违犯，亦立能为祟	卷二一《汝水》
13	平舆县南	城南里余有神庙，世谓之张明府祠，水旱之不节则祷之	卷二一《汝水》
14	密县东门南侧	有汉密令卓茂祠……百姓为之立祠，享祀不辍矣	卷二二《洧水》
15	中牟县北	〔中牟宰鲁恭祠（汉立）〕自古祠享来今矣	卷二二《渠水》
16	沛县城东	今城东阘上犹有华元祠，祠之不辍	卷二五《泗水》
17	南郑县南旱山	山下有祠，列石十二，不辨其由，盖社主之流，百姓四时祈祷焉	卷二七《沔水》
18	筑阳县东高亭山东	山有灵焉，土民奉之，所请有验	卷二八《沔水》

注：表中所列限淮河以北地区。

资料来源：郦道元《水经注》，陈桥驿点校，上海古籍出版社，1990。

上述祠庙六世纪时仍然享祀不辍。由附记祠庙原委之 1、6、11、12、18 例看，庙祠之存在与有符验、有神验、祈祷无不如应、所请有验密不可分，依此推断，其他祠庙香火犹盛，当亦与民众视之灵验有关，说明六世纪时民众仍重视信仰对象之灵验性。

总之，灵验乃是维持时人已有之信仰以及确立新信仰的重要标准。所谓"灵验"，具体说来就是人们的某种期待，如疗疾、祈子、祛灾、求福、预言等在信仰活动中得到满足。某一对象能否得到信奉，对信仰者言，取决于它是否灵验。即使信奉了某一对象，信徒同样不断地对其有效性加以验证，一旦发现不再灵验，信仰对象就会遭到唾弃。若某一新对象被证明更具灵验时，民众则会趋之若鹜。显然，信仰并非无条件的、盲目而虔诚的，而是带有个人实际目的，且处于似信非信的状态，不断地对信奉对象加以验证，因此他们的信奉对象是处于或潜在地处于动态变化中。当佛教深入中国社会之际，它所遭遇到的就是秉持这种标准的民众，这一标准自然要影响到对佛教的信奉。要争取到信徒，佛教必须显示出更有吸引力的异术异人与更高的灵验性来，唯此才有可能使中土民众感受到佛教的力量，进而皈依大法。僧人所具备的各种方术在这方面大有施展余地。东晋末桓玄尝指出"（佛教之兴）大设灵奇，使其畏服，既畏服之，然后顺轨"，[1] 正揭示了这一点。佛图澄等的例子已备见前人著述，类似的例子还有很多。按性质方术可分为不同的类别。

一是医术。古人抗御疾病的能力很弱，虽早就有扁鹊、仓公、华佗等名医出现，但服务范围狭小，百姓生病只能求巫祈神，前引李君神、鲍君神、石贤士神、石侯祠的产生都与疗疾有关。特别是东汉末年以降，疾疫时时流行，动辄百千人丧生，对人们生活威胁极大。检《荆楚岁时记》，六世纪时荆楚人民岁时风俗中很多都与避病驱疫有关，说明此时疾疫危害之严重，这当是南北方的普遍现象。恰好此时西域僧人不断进入中土，其中不少人擅长医术，他们又多游走民间，在治愈民众疾病上发挥了较大的作用。全汉昇已搜集了很多相关资料，可参看。[2] 需要指出的是，不少人正是因为见僧人疗愈疾病，体验到佛僧超人之处，而转向佛教的。《高僧传》卷三《释智严传》称："仪同兰陵萧思话妇刘氏疾病，恒见鬼来，吁可骇畏，时迎严说法，严始到外堂，刘氏便见群鬼迸散，严既进，为夫人说经，疾以之瘳，因禀五戒，一门宗奉。"《杯度传》，"齐谐妻胡母氏病，众治不愈"，后迎请杯度，"度既至，一咒病者即愈，齐谐伏事为师"。萧思话家人和齐谐由不信

---

[1] 《弘明集》卷一二《桓玄论道人应敬王事》，《大正藏》卷五二，第81页上；《中国佛教思想资料选编》第1卷，第105页。

[2] 全汉昇：《中古佛教寺院的慈善事业》，《食货》第1卷第4期，1935年。此文后收入何兹全主编《五十年来汉唐佛教寺院经济研究》，北京师范大学出版社，1986，第55～64页。参见《魏书》卷九一《术艺·李修传》《崔彧传》（第1966、1970页）李修父李亮及崔彧二人均曾由沙门处学得医术。

到信的转变，全在僧人治愈家眷之疾病，与前述戴氏女拜石疾差则奉石祠实相类似，只是信奉对象有所变化，取舍标准仍是一致的。依此观之，诃罗竭晋太康末至洛阳"时疫疾甚流，死者相继，竭为咒治，十差八九"；① 北魏末年沙门惠怜自云咒水饮人，能差诸病，病人就之者，日有千数，② 对于提高佛教威望，招引信徒必定起到不小作用。

二是僧人表现出的不同形式的异术，也足以使中土民众感受到灵验而生敬信之心，最能说明这一点的是东晋僧人法安镇虎之事。"义熙中新阳县虎灾，县有大社树，下筑神庙，左右居民以百数，遭虎死者夕有一两。安尝游其县，暮逗此村……安径之树下，通夜坐禅。"向晓虎至，见安，"跳伏其前，安为说法授戒，虎踞地不动，有顷而去"，"旦，村人追虎至树下，见安大惊，谓是神人，遂传之一县，士庶宗奉，虎灾由此而息，因改神庙，留安立寺，左右田园皆舍为众业"。③ 该县社树下的神庙平息不了虎灾，而法安坐禅一夜除之，既显出神异又有验效，民众因此宗奉释门改庙立寺，神奇灵验之作用可见一斑。《高僧传·康僧会传》亦多述此类神验故事，并云由于康僧会使孙权见佛法灵验，权即为建塔寺，由是江左大法遂兴。此中容有夸示成分，亦非均属无稽，当含一定事实。后赵异僧佛图澄以灵验近事使石勒信服佛法已见前文，另据《高僧传》本传称，当时"戎貊之徒，先不识法，闻澄神验，皆遥向礼拜，并不言而化焉"。西秦时西平僧人昙霍多示神异，"因之事佛者甚众"。④ 再如北魏僧昙鸾"家近五台山，神迹灵怪逸于民听，时未志学，便往寻焉，备觌遗踪，心神欢悦，便即出家"，⑤ 昙鸾出家直接源于神迹灵怪之影响。又北魏之元太兴遇患，请诸沙门行道，散财尽，后于佛前乞愿，此病得差，即舍王爵入道，未几便愈，遂请为沙门，⑥ 亦是因求佛病差见灵验而舍俗。齐文宣帝虽信佛但未见佛法灵异，使稠禅师演示，"（帝）因尔笃信兼常"，⑦ 亦是这方面的例子。

---

① 《高僧传》卷九，第 370 页。
② 《魏书》卷二二《清河王传》，第 591～592 页。
③ 《高僧传》卷六，第 235 页；《冥祥记》，鲁迅：《古小说钩沉》，第 602 页。
④ 《高僧传》卷一〇，第 375 页。
⑤ 《续高僧传》卷六，《大正藏》卷五〇，第 470 页上。
⑥ 《魏书》卷一九《元太兴传》，第 443 页。
⑦ 《续高僧传》卷一六，《大正藏》卷五〇，第 555 页中。

　　上举诸例涉及皇帝、王公贵族、官吏与一般百姓，他们信佛或笃信的前提是看到了佛法的神奇验效。他们追求的往往是实际的、看得见摸得着的验效，重在该信仰能否实现自己的愿望，很少能够钻研佛教奥义，理解其复杂的观念，只是把佛教信仰作为实现个人目的的工具，并非出自对佛法有多少理性的认识。他们信纳大法，却难以摆脱传统信仰标准的支配。针对这种状况，佛教界为了能够吸引信徒，需要不断地显示出其超越其他信仰的神奇灵验。为此，高僧的演示自然是必不可少的。不过多数僧人并不具备这种本领，所以他们利用各种有关佛教的神异灵验传闻吸引民众，打动人心。到后来，佛教内部各教派为争取信徒，竞相出奇制胜，最终导致“密教”盛行，① 这当然是后话。由此看来佛教发展与信徒间存在互动关系，表面看来佛教占据主动，实则它无法改变民众对待信仰的基本标准，只能穷于应付。一旦佛教无计可施，拿不出更有吸引力的东西，佛教信仰衰微的日子也就指日可待了。这当然是宋以后的事了。这种标准对民众佛教崇奉对象的演变有重要影响。

　　应该说，“神奇灵验”作为取舍信仰对象的标准并非是唯一的、普适的。在民众中，该标准仍是边缘性的，居于核心的是传承下来的“传统”信念。一些主要的信仰活动，如祭祀祖先，并不受“神奇灵验”的裁夺，维持其延续的是“祭祀者必有福”一类的观念。这两者共同作用构成民众信仰变换起伏与赓续传延的二重奏。

　　与此同时，受儒家思想影响较深之人则对神奇灵验持否定态度。东汉应劭为营陵令时就曾禁断过城阳景王祠，认为是“糜财妨农，长乱积惑”。② 北魏李安世于相州刺史任上亦禁断淫祀，而对合乎礼法，“有功于民者”如西门豹、史起，则为之修饰庙堂，③ 邺城石虎庙盖在禁断之列。被称为“年方龆龀，便学通诸经，强识博闻”，“博涉经史，兼综群言”，深受儒家熏陶之清河王元怿对沙门惠怜咒水饮人事表谏，并以张角之事为例，提醒灵太后

　　① 　藤堂恭俊：《中国佛教史》上册，第 18 页。
　　② 　《风俗通义》卷九《怪神》，第 395 页。
　　③ 　《魏书》卷五三《李安世传》，第 1167 页。

以为戒。① 他们的做法乃孔子"不语怪力乱神"之余绪，实际效果暂且不谈，但表明社会上存在另一种态度。持这种理性态度者多排抑神奇灵验式的感性，奉佛往往重视研读佛经，求通晓释氏义学。卢景裕本为儒者，"又好释氏，通其大义，天竺胡沙门道□每论诸经论，辄托景裕为之序"；李同轨"学综诸经……兼读释氏"，"永熙二年，出帝幸平等寺，僧徒讲法，敕同轨论难"，② 可见同轨义学水平。此外，大儒孙惠蔚亦能讲佛经。③ 这些儒者所重多为释门义学，信仰上未必认同佛教。这当是别于民众之又一接近佛教之途径。

四　冥间的恫吓：古人如何接受天堂地狱说

佛教弘于中土，一则借助于异人异事，大设灵奇，以相诱引，这偏重于直观的感受；一则循理而入，阐扬其教，触击心扉，汲引信众。后者中影响颇大的是天堂地狱说的宣扬。

1 天堂地狱说与弘法

文献中关于天堂地狱说影响的记述不少。《弘明集》卷六载后秦道恒之《释驳论》云：

> 世有五横，而沙门处其一焉，何以明之？乃大设方便，鼓动愚俗，一则诱喻，一则迫胁，云行恶必有累劫之殃，修善便有无穷之庆，论罪则有幽冥之伺，语福则有神明之祐，敦励引导，劝行人所不能行。

此处"行恶"以下四句即揭示了宣传天堂地狱苦乐报应鼓动愚俗的情况，只是未用"天堂地狱"这一术语而已。刘宋初年慧琳《白黑论》亦云："（释迦）设一慈之救，群生不足胜其化。叙地狱则民惧其罪，敷天堂则物

---

① 赵超：《汉魏南北朝墓志汇编》，第172页；《魏书》卷二二《本传》，第591～592页。此类事亦见于《北齐书》卷四六《循吏·苏琼传》第644页。
② 《魏书》卷八四《卢景裕传》《李同轨传》，第1860页。
③ 《魏书》卷八四《孙惠蔚传》，第1854页；卷七一《裴叔业传附裴植传》，第1570页；卷七九《鹿悆传》，第1761页。

欢其福。"并进一步指出："若不示以来生之欲，何以权其当生之滞，物情不能顿至，故积渐以诱之。"①宗炳《答何衡阳书》亦曰："至于启导粗近，天堂地狱皆有影响之实，……厉妙行以希天堂，谨五戒以远地狱。"②佛教宣扬此说，社会影响极大，教外之人常以此说来指摘释教。萧齐时范缜作《神灭论》抨击佛教云，"又惑以茫昧之言，惧以阿鼻之苦，诱以虚诞之辞，欣以兜率之乐"，使"家家弃其亲爱，人人绝其嗣续"。③北周道安《二教论》假道徒之口驳难佛教云："佛经怪诞，大而无征，怖以地狱，则使怯者寒心；诱以天堂，则令愚者虚企。"④这些论述多出南人之口，但此情形绝非仅存在于南方，道恒、道安所语当是北方状况的反映。

道恒云"大设方便，鼓动愚俗"，宗炳云"启导粗近"，似鼓吹天堂地狱说主要针对一般民众，实则不然。即便是要通晓佛教义学，理解天堂地狱说所包含的罪福报应也是必需的阶梯。

庐山慧远对释徒由初阶至通晓义理之过程做过一番概括，其言云：

> 人之难悟，其日固久。是以佛教本其所由，而训必有渐。知久习不可顿废，故先示之以罪福；罪福不可都忘，故使权其轻重。轻重权于罪福，则验善恶以宅心；善恶滞于私恋，则推我以通物。二理兼弘，情无所系，故能尊贤容众，恕己施安，远寻影响之报，以释往复之谜。谜情既释，然后大方之言可晓，保生之累可绝。⑤

慧远描绘的具体过程，先为之演示罪福，使铭于心，权衡罪福之轻重，解善恶行为之后果，进而使知晓善恶行为非限于自身，乃广及众生，使不再迷于自我，具备尊贤容众之心，复以报应之事，释生死轮回往复之谜，领会佛教

---

① 《宋书》卷九七《夷蛮传》，第 2389 页；《中国佛教思想资料选编》第 1 卷，第 258 页。

② 《弘明集》卷三《答何衡阳书》之一，《大正藏》卷五二，第 18 页下；《中国佛教思想资料选编》第 1 卷，第 246 页。

③ 《梁书》卷四八《儒林·范缜传》，第 670 页。

④ 《广弘明集》卷八，《大正藏》卷五二，第 141 页下；《中国佛教思想资料选编》第 1 卷，第 358 页。

⑤ 《弘明集》卷五《明报应论》，《大正藏》卷五二，第 34 页上～中；《中国佛教思想资料选编》第 1 卷，第 91 页。

大方之言，摆脱求长生之累赘。这一过程循序渐进，由表及里，自浅而深，其基础乃是"示之以罪福"。所谓"罪福"指的是行为的结果，如慧远云："心以善恶为形声，报以罪福为影响。"善恶乃是行为之价值判断，与罪福相对应，罪具体来说是"恶积而天殃自至，罪成则地狱斯罚"，[①] 体现为天殃与地狱，福虽未及，不言自明是指天堂永乐。慧远所云，实以天堂之乐、地狱之苦来惊动人心，作为进一步悟解佛理之基石。慧远本人走南闯北，又是东晋末年扬名四海的高僧，此番见解自有一定的代表性。

天堂地狱说的意义尚不止于此。在一些奉佛的政治家眼中，对百姓灌输此说有益朝廷教化。齐梁时人萧琛云："今悖逆之人，无赖之子，上罔君亲，下虐俦类，或不忌明宪，而乍惧幽司，惮阎罗之猛，畏牛头之酷，遂悔其秽恶，化而迁善，此佛之益也。"[②] 大概正是看到了这一益处，其说得到了官方的认可，流传甚广。

传播天堂地狱观念的具体途径多种多样，今天犹可查考的约有三种。一是讲经。据研究，佛教经典传译之初，译出地狱经典颇多，梁僧祐《出三藏记集》卷四《新集续撰失译杂经部》就收有《铁城泥犁经》等21种失译的地狱经典。[③] 此外，现存如安世高译《罪业应报教化地狱经》之类的地狱经典亦不少。通过宣讲这类经典，天堂地狱观念传入民间。学者指出中国净土教的兴盛与地狱恐怖密切相关，[④] 这是有道理的，但不仅与净土教兴盛有关，整个佛教发展均与此分不开。

二是唱导。唱导目的在于"应机悟俗，宣唱法理，开导众心"。换言之，即是劝众发心招徕信徒。慧皎称，导师经常宣讲的内容有无常、地狱、因果等，语地狱常常使听众"怖泪交零"，[⑤] 震动人心。据《高僧传》卷一三唱导科，宋僧人释道照为宋武帝宣唱，讲"苦乐参差，必由因召"；齐僧人释道儒出家后"凡所之造，皆劝人改恶修善"，都少不了天堂地狱说的内

---

① 《弘明集》卷五《明报应论》，《大正藏》卷五二，第33页下；《中国佛教思想资料选编》第1卷，第90页。
② 《弘明集》卷九《难神灭论》，《大正藏》卷五二，第57页下；《中国佛教思想资料选编》第1卷，第320页。
③ 道端良秀『中国仏教思想史の研究：中国民衆の仏教受容』、93、94页。
④ 道端良秀『中国仏教思想史の研究：中国民衆の仏教受容』、98页。
⑤ 《高僧传》卷一三，第521页。

容，与该说的流行关系密切。

三是借助图像宣传地狱之苦。六世纪以后，地狱又被具体化为图像，刻于碑或图于寺壁。太昌元年（532）六月立于陕西富平的樊奴子造像及年代不明的吴标造像均刻有地狱图像，可使观者触目惊心，起到宣扬天堂地狱观念之效果。①

上述三途中最值得注意的是唱导。唱导旨在"悟俗"，多针对一般民众，宣讲所用素材包括佛教应验传闻（详上）。现存传闻中涉及人死后归宿者不少，其中以游冥间形式来叙述者居多。这部分传闻通过唱导对于在民众中传扬天堂地狱观念发挥了直接的作用。考察这类传闻，可以了解传播的具体内容与特点，推知此观念能够吸引人心的原因。前贤对此未多措意，故稍加阐述。

2 游冥间

有关传闻大都保存在《冥祥记》中，它们的叙述方式、内容构成大同小异，其基本内容可概括如下。

人死后，无论是假死、暂死还是真死，魂②都要被引入地下世界，用时人话讲为幽途。③ 幽途常被想象为一座大城，偶有被目为群山④、佛图⑤的。入幽途后先须经过幽途主者的审判，主者或称府君⑥、王、天帝⑦、沙门⑧等。主者根据死者生前所行罪福决定其归宿，经常要问讯死者有关情况，同时他亦备有关于死者行径善恶的记录，⑨ 有的把审判形象化为用称称量死者

---

① 参见 Stephen F. Teiser, "Having Once Died and Returned to Life Representations of Hell in Medieval China," *Harvard Journal of Asiatic Studies* 48. 2（1988），pp. 439，456，460；刘淑芬：《五至六世纪华北乡村的佛教信仰》，《史语所集刊》第 63 本第 3 分，第 521 页。

② 传闻中多未用"魂"字，但每言尸体犹存，未经殡殓，游毕返回尸体则复活，游冥间主体当为"魂"。孙稚事云"虽离故形，但在优乐处"，离形当指魂，参见鲁迅《古小说钩沉》，第 584 页。并参看林丽真《从魏晋南北朝志怪小说看"形神离合"问题》，《魏晋南北朝文学与思想研讨会论文集》，第 93 页以下。

③ 王胡事、袁廓事，分见鲁迅《古小说钩沉》，第 630、640～641 页。

④ 僧规事、王胡事，分见鲁迅《古小说钩沉》，第 610、630 页。

⑤ 阮稚宗事，分见鲁迅《古小说钩沉》，第 624～625 页；《幽明录》康阿得事，鲁迅《古小说钩沉》，第 434 页。

⑥ 赵泰事、陈安居事、李旦事，分见鲁迅《古小说钩沉》，第 567、608、616 页。

⑦ 蒋小德事、僧规事，分见鲁迅《古小说钩沉》，第 634、611 页。

⑧ 阮稚宗事、王氏事，分见鲁迅《古小说钩沉》，第 625、646 页。

⑨ 赵泰事、陈安居事，分见鲁迅《古小说钩沉》，第 567、608 页。

行为善恶。① 一般来说，本人生时为沙门佛子，或前世为沙门者均受福报；而生世杀生、不信报应或为佛子破戒犯规悉遭罚。② 受福报可升天得乐处。③ 乐处和天似乎与幽途相连，或亦是幽途的一部分。④ 遭罚则入地狱受苦，或刑罚酷烈，或受谪服役，⑤ 地狱亦是幽途的一部分。⑥ 另有部分传闻宣称生者为亡亲做功德，可免除亡者罪恶招获福报。⑦

这些内容绝大部分是通过某人暂死，游历幽途，后又复苏返回人间追述经历这样的模式来表达的，事主得以返回人间往往是因为命算未尽而被小吏滥收至幽途，一经审判发觉有误后被遣还人间。⑧

《冥祥记》所载与《洛阳伽蓝记》卷二城东崇真寺条所记惠凝入冥事大体一致。后者亦是暂死入冥，先由主者阎罗王依个人生前行业审判得善报者生天，得恶报者入黑门。自此看，南北方对冥间内容的宣传并无实质性差别。下列分析亦适用于北方。

游冥间传闻宣讲的天堂地狱苦乐报应，其基本框架采自印度佛教的观念，具体说来有如下三点。

首先，生时行为、思想善恶决定死者归宿乃是印度佛教的说法，为本土所无。在本土观念中，人死后的归宿是固定的，与生前行为无明显关系；⑨ 佛教则不然，其看法大体是"行恶则有地狱长苦，修善则有天宫永乐"。⑩

---

① 僧规事，分见鲁迅《古小说钩沉》，第 610 页。

② 张应事、程道惠事、刘萨荷事、唐遵事、袁廓事，分见鲁迅《古小说钩沉》，第 581、594～595、596～597、590、640～641 页。

③ 石长和事，分见鲁迅《古小说钩沉》，第 604 页。

④ 法衡事、史世光事、石长和事，分见鲁迅《古小说钩沉》，第 570、580、604 页。

⑤ 法衡事、唐遵事、刘萨荷事、石长和事、袁廓事，分见鲁迅《古小说钩沉》，第 570、590、596～597、604、640～641 页。

⑥ 赵泰事、程道惠事、石长和事、袁廓事，分见鲁迅《古小说钩沉》，第 567、594～595、604、640～641 页；《幽明录》康阿得事，鲁迅：《古小说钩沉》，第 434 页。

⑦ 赵泰事、史世光事、王凝之子事、刘萨荷事、李旦事，分见鲁迅《古小说钩沉》，第 567、580、592、597、616 页。

⑧ 赵泰事、僧规事、王胡事、蒋小德事，分见鲁迅《古小说钩沉》，第 569、610、630、634 页；Donald E. Gjertson, *Miraculous Retribution: A Study and Translation of T'ang Lin's Ming - pao chi*, p. 135.

⑨ 吴荣曾：《镇墓文中所见到的东汉道巫关系》，《文物》1981 年第 3 期，第 60 页；丁敏：《佛家地狱说之研究》，硕士学位论文，政治大学，1981，第 230 页。

⑩ 《高僧传》卷一，第 17 页，详细说法参见萧登福《汉魏六朝佛道两教之天堂地狱说》，学生书局，1989。

其次，关于死者归宿的名称，如"地狱"概念亦非中土所有，乃袭自佛典。中土关于地下有多种说法，如黄泉、蒿里、下里、土府等，[1] 但因中人秉持地下世界为人死后形骸必然归宿之观念，并不视入地为坏事，故产生不出地下图圄的观念。

最后，传闻中提到的"前生""托生""来生"观念亦是印度佛教的舶来品。在受佛教影响前，本土认为人之生命只有一次，一死便不可复生。《战国策·中山策·昭王既息民缮兵》记武安君对昭王语曰："破国不可复完，死卒不可复生。"司马谈《论六家要旨》亦云："死者不可复生，离者不可复反。"《新序·杂事》引共王对卞和语："夫死者不可生，断者不可属。"《汉书·路温舒传》载其上书云："夫狱者，天下之大命也，死者不可复生，绝者不可复属。"《说苑·政理》录史鳅答卫灵公问曰："大理为务，听狱不中，死者不可生也，断者不可属也。""死者不可复生"屡被提起，盖是时人常挂在嘴边的一句熟语，亦是人们普遍观念的反映。此外，东汉王充《论衡·异虚》："人死命终，死不复生，亡不复存。"《论死》："夫死人不能假生人之形以见……世有以生形转为生类者矣，未有以死身化为生象者也。"亦强调人死不可再生。《太平经》卷九〇《冤流灾求奇方诀》云："夫人死者乃尽灭，尽成灰土，将不复见……人人各一生，不得再生也……今一死，乃终古穷天毕地，不得复见自名为人也，不复起行也。"类似观念亦见于汉末三国时期的诗歌中。徐干曾云："人生一世间，忽若暮春草，时不可再得。"阮瑀亦云："丁年难再遇，富贵不重来，良时忽一过，身体为土灰。"曹植所作诗中亦有："人居一世间，忽若风吹尘。""盛时不可再，百年忽我遒。""人生处一世，去若朝露晞。"[2] 这些都表达了作者对于人生不再来的感叹。《搜神记》卷一五河间郡男女条记西晋时人语："天下岂闻死人可复活耶?"表明人死不可复活，是广为时人所接受的观念。

---

① 参见余英时《中国古代死后世界观的演变》，收入《燕园论学集》，北京大学出版社，1984，第 185~191 页；蒲慕州《墓葬与生死——中国古代宗教之省思》，联经出版事业有限公司，1993，第 206~212 页。

② 逯钦立：《先秦汉魏晋南北朝诗》上册，中华书局，1983，第 376~377、380、422、425、454 页。

佛教则宣扬众生死后可以再生，犹《观佛三昧海经》卷六所云："三界众生轮回六趣，如旋火轮。"众生如火轮回旋般不停地在三界六道死生世界中循环，与本土观念大异其趣。中土僧人入法门后很快就发现了中外观念的这种差异，故慧远《三报论》云："世典以一生为限，不明其外。"慧琳《白黑论》中代表佛教之黑方云："周孔为教，正及一世，不见来生无穷之缘。"① 不过佛经宣说的是众生未离六道则死生轮回不已，而传闻中所述及的往往只涉及下一生之处境而已，或乐处或地狱，未无限扩展。

这三点乃是天堂地狱说的骨干，均源于印度佛教。此外，传闻中亦大量袭用中土观念。

传闻的叙述形式，即事主暂死入冥间，睹种种见闻，后发觉有误，被遣回世间，人得复活，实是沿袭本土久已有之的说法。上文指出本土普遍认为人生只有一世，一旦死去便不可复生，但现实中也偶有人假死或暂死而得复苏。这些异乎寻常的事例一旦出现，官府亦很重视，加以载录，因而可见诸史，如《汉书·五行志下之上》载元始元年朔方女赵春病死又复活事，《后汉书·五行志》以及《宋书·五行志五》记录了东汉至东晋朝类似事情多起。魏晋以后的志怪作品如《搜神记》《幽明录》亦有如此的内容。不过多数记载简略，仅志怪中有部分事例保存一些详细的材料，具体讲述了复活的经过。据这些材料，人暂死后，去向大体有二，一是上天或天曹，二是入地上之泰山、大城或宫殿建筑。材料所揭示的是事主本人的主观看法抑或旁人杜撰，均难得其实，但这些内容属时人想法应无疑意，它们实可视为时人对死而复生之事的解释。在今人看来这些纯属荒诞不经，却是符合当时人们的生死观念。换言之，能为时人接受。这种解说并非汉末魏晋时才出现，早在战国末便已产生。据李学勤、杜正胜先生考证，1986 年甘肃天水放马滩出土的秦简中就有

---

① 《弘明集》卷五，《大正藏》卷五二，第 34 页下；《中国佛教思想资料选编》第 1 卷，第 88 页；《宋书》卷九七《夷蛮传》，第 2389 页；《中国佛教思想资料选编》第 1 卷，第 258 页。并参见崔瑞德、鲁惟一编《剑桥中国秦汉史》，中国社会科学出版社，1992，第 766 页；葛兆光《死后世界——中国古代宗教与文学的一个共同主题》，《扬州师范学院学报》1994 年第 3 期，第 38 页。

类似的内容。① 佛徒则借用了这一古已有之的解释，将暂死的去向限于幽冥，加入佛教内容，创造游冥间传闻，为弘法服务。

需附带指出的是，《大正藏》卷一七收有《弟子死生复还经》一卷，② 叙述了优婆塞见谛暂死游冥间事。从叙述方式到情节、用语，都与《冥祥记》中保存的本土游冥间事如出一辙，仅事主为外国人。该经题为沮渠京声译，实误，或是本土所造，当另文别论，不赘。

游冥间传闻采用了本土传统的叙述方式，自然很多本土观念渗透其中，析言之，有如下数端。

其一，传闻中魂游冥间所依托的乃是本土之人体构成观念。这种由形、魂（精神）构成人的思想至晚战国时已定型。《管子·内业》有"凡人之生也，天出其精，地出其形，合此以为人，和乃生，不和不生"。把人体构造分为形、精两部分，各自来源不同，强调两者结合才产生人，这已是较系统的说法了。《淮南子·精神训》承其说，云："夫精神者，所受于天也，而形体者，所禀于地也。"司马谈亦曰："凡人所生者神也，所托者形也……形神离则死。"③ 用形体、精神或形神来理解人体构成。所谓精、精神与神均指人体内与物质性形体相对的精神性存在，似乎这几个概念主要流行于士人间，社会上流行的是所谓形、魄、魂的说法。据杜正胜考查，魄、魂与精、神概念出现有先后，所指是一致的，均谓可进出人体、跨越生死的存在。④ 这种观念与印度佛教的说法大相径庭。佛教虽宣扬众生于六道内生死轮回，但又强调"无我"，否认存在轮回的主体。

其二，人死后魂入幽途的观念亦是本土魂气无不之基础上的产物。《礼记·檀弓下》记吴季子于鲁昭公二十七年（前515）葬子时的话："（人死）骨肉归复于土，命也，若魂气则无不之也！"《郊特牲》亦曰："魂气归于

---

① 李学勤：《放马滩简中的志怪故事》，《文物》1990年第4期，第43~47页；杜正胜：《从眉寿到长生——中国古代生命观念的转变》，《史语所集刊》第66本第2分，1995，第408~409页。

② 见《大正藏》卷一七，第868~870页，又见《经律异相》卷三七，《大正藏》卷五三，第202页上。吕澂先生定此经为疑伪经，见《新编汉文大藏经目录》，齐鲁书社，1980，第92页。

③ 《史记》卷一三〇《太史公自序》，第3289页。

④ 杜正胜：《形体、精气与魂魄：中国传统对"人"认识的形成》，黄应贵主编《人观、意义与社会》，中研院民族研究所，1993，第66页。

天，形魄归于地。”两汉时期上述说法时常被引用。但当时流行的观念已发生一定的变化。"形魄归地"观念依旧，魂的去处，实际已不能归天，[①] 但魂气可四处游荡的说法大体沿袭下来。不过在时人看来并不是任何情况下都如此，如果死者有继嗣又能享祀以时的话，魂会附着于祖庙或墓寝之神主上；若强死或无血食，魂则化为厉鬼或野鬼，四处游荡害人。[②] 换言之，在时人看来一定条件下魂仍可以到处飘游，所以汉及三国诗句中常有描述孤魂飞荡的情形。阮瑀云："常恐岁时尽，魂魄忽高飞。"曹植："孤魂翔故城，灵柩寄京师。"魏鼓吹曲辞："旧邦萧条心伤悲，孤魂翩翩当何依……传求亲戚在者谁，立庙置后魂来归。"傅玄："魂神驰万里，甘心要同穴。"[③] 传闻中魂游冥间的说法正是利用了这样一种思想背景，只是把去处固定在幽途而已。

其三，冥界官吏监视生者行径并记录其善恶行径说亦出自本土。先秦就有所谓"司命"，即司此职。[④] 东汉初年此说甚盛，王充曾专门加以批驳，见《论衡·雷虚》，但至东汉末犹未衰，《白虎通·寿命》云："司命举过。"郑玄云："（司命）非大神所祈报大事者也，小神居人之间，司察小过，作遣告者尔。"[⑤]《太平经》卷一一〇《大功益年书出岁月戒》："天遣神往记之，过无大小，天皆知之。簿疏善恶之籍，岁日月拘校，前后除算减年；其恶不止，便见鬼门。"《老子想尔注》亦云："罪成结在天曹，右契无到而穷，不复在余也。"[⑥] 民间亦多有祭祀司命者。[⑦] 此外，《抱朴子·对俗篇》："行恶事大者，司命夺纪，小过夺算，随所轻重。"不过，中土观念主

---

① 参见余英时《中国古代死后世界观的演变》，第 189 页，作者以此为泰山活鬼说的起源，不妥，此问题当另文专论，此不赘。

② 参见杨宽《中国古代陵寝制度史研究》，上海古籍出版社，1985，第 33～36 页；Wu Hung, "From Temple to Tomb, Ancient Chinese Art and Religion in Transition," *Early China* 13 (1988), p. 99；詹鄞鑫《神灵与祭祀——中国传统宗教综论》，江苏古籍出版社，1992，第 127～128 页。

③ 逯钦立：《先秦汉魏晋南北朝诗》，第 481、453～454、528、559 页。

④ 参见吕思勉《论学集林》，"司命与天命"，上海教育出版社，1987，第 672 页以下；杜正胜《从眉寿到长生——中国古代生命观念的转变》，《史语所集刊》第 66 本第 2 分，1995。

⑤ 孙希旦：《礼记集解》卷四五《祭法·司命》引，下册，中华书局，1989，第 1203 页。

⑥ 饶宗颐：《老子想尔注校证》，上海古籍出版社，1991，第 31 页。

⑦ 参见《风俗通义》卷八《祀典》，第 384 页。

要认为是天帝属下的小神掌此职，传闻中虽有这种说法，[①] 更常见的是幽途主者下属司此事，这当是僧徒改异所致。无论哪种说法，均不见于印度佛教。[②]

其四，传闻中屡见的"命有余算""有余算"之说亦是承袭本土之"天算"说，非印度佛教之义。上引《太平经》文中有"前后除算减年"，同卷还有"上名命曹上对，算尽当入土"之语。《老子想尔注》亦有"天曹左契，算有余数，精乃守之"，"人非道言恶，天辄夺算"[③] 之说。《幽明录》记："晋元帝世有甲者，衣冠族姓，暴病亡。见人将上天诣司命，司命更推校，算历未尽，不应枉召，主者发遣令还。"另有干庆者，"无疾而终，时有术士吴猛语庆之子曰：'干侯算未穷，方为请命，未可殡殓。'"[④] 两事均认为天算未尽人不当死。

这一观念是人暂死复活的基本依据，很多本土事例与传闻均有明确表示。另一些例子中复活原因是司命或属吏误拘，司命拘人亦循"算尽否"之原则，这些人得返还，根本上也是由于算未尽。林丽真认为魂神离形入冥后能否返身至阳界关键在阴府之审判，[⑤] 似有未谛。

这种说法似东汉末年方流行，实为早先之天受人命说的发展。天受人命说源头甚远，至晚西周时便有此说，[⑥] 汉以后犹有广泛影响。汉儒董仲舒亦强调天受人命，《春秋繁露》卷一三《人副天数》："人受命乎天也，故超然有以倚。"汉人常道所谓"受命、适命、随命"之"三命"，其中"受命（寿命）"按《白虎通·寿命》的说法是："有寿命以保度。"即一个人的生命长短，以及他所能享受的多少，都有"天"所预先决定的一定限度，绝

---

① 僧规事，参见鲁迅《古小说钩沉》，第 610 页。
② 丁敏：《佛家地狱说之研究》，第 251 页。
③ 饶宗颐：《老子想尔注校证》，第 27、34 页。
④ 鲁迅：《古小说钩沉》，第 372、373 页。
⑤ 参见林丽真《从魏晋南北朝志怪小说看"形神生灭离合"问题》，《魏晋南北朝文学与思想研讨会论文集》。
⑥ 参见吕思勉《吕思勉读史札记》，"洪范庶民惟星解"，第 485～493 页；金谷治《中国古代人类观的觉醒》，《日本学者论中国哲学史》，中华书局，1986，第 34 页。杜正胜认为春秋晚期气论形成，人体与自然界的相应关系逐渐精密……人和天地的关系乃不可分离（《形体、精气与魂魄：中国传统对"人"认识的形成》，黄应贵主编《人观、意义与社会》，第 80 页），这是不正确的。

对不能超过。① 换言之，就是天定人寿，不可逾越。这种观念即便是反对
"三命"说的王充亦不能免。《论衡·气寿》云："非天有长短之命，而人各
有禀受也，由此言之，人受气命于天，卒与不卒，同也。"王充与前者区别
仅在于他以"气"作为受天命之中介，足见此观念之根深蒂固。此外，《太
平经》中亦有"天受人命""夫人命乃在天地"② 的提法。阮瑀诗云："民
生受天命，漂若河中尘。"③ "天算"说则是进一步将"天"人格化，把受
人命具体化为定算。

除上述可明确判定为源出印度佛教与本土的因素外，亦有杂糅中外而成
的成分。

关于冥间官吏，印度佛经中只提到地狱中有阎罗王，④ 传闻中则又增添
了司命、司录、导亡者等，不少传闻亦把阎罗王换为中土更熟悉的府君，显
然是融合中外的产物。

传闻中每有言生者可为死者行功德以免除死者罪责，此观念受到中土信
仰的影响，但亦难否认佛经中某些说法的作用。佛教主流宣扬自业自得，自
作自受，如《泥洹经》云："父作不善，子不代受，子作不善，父亦不受，
善自获福，恶自受殃。"⑤ 但亦有经典持相反的看法。《佛说盂兰盆经》云七
月十五日僧自恣日以盂兰盆供养众僧，可使"现在父母，七世父母，六种
亲属，得出三途之苦，应时解脱，衣食自然，若复有人父母现在者，福乐百
年，若已亡，七世父母生天"；《法苑珠林》卷六二引《优婆塞戒经》认为：
"若父丧已堕饿鬼中，子为追福，当知即得，若生天中。"均突破了"自作自
受"说的限制。本土葬俗中生者亦可通过一定手段为死者消灾解祸，两汉
墓葬中的很多装饰与随葬品都有这方面的用意。画像石墓中流行的方相氏、
铺首、蹶张、郁垒与神荼都有驱鬼保佑死者的目的，亦均是生者为死者所
绘。墓中放置铜镜或也有同样的意义。⑥ 东汉中期以后墓葬中出现的镇墓文

---

① 冯友兰：《中国哲学史新编》第 3 册，人民出版社，1985，第 279 页。
② 王明：《太平经合校》，中华书局，1960，第 464、124 页。
③ 逯钦立：《先秦汉魏晋南北朝诗》，第 381 页。
④ 丁敏：《佛家地狱说之研究》，第 277 页。
⑤ 郗超：《奉法要》所引，原文见《大正藏》卷一，第 181 页上，镰田茂雄《中国佛教通史》
第 1 卷检出出处。
⑥ 《剑桥中国秦汉史》，第 773~774 页。

的重要目的之一就是为死者解適。解適的办法一般都是假借天帝的名义下令给地下官吏以除去死者的咎殃，同时还要辅之以贿赂或奉献，如"谨奉金银□□以谢""谨以铅人金玉为死者解適""故以自代铅人，铅人池池，能舂能炊，上车能御，把笔能书"，意在以铅人顶替死者服劳役。另有镇墓文则径直云："勿令伐（罚）作。"[①] 所有这些，目的都是要改善死者的处境，保佑他们免遭危厄，且都是由生者来完成的。佛教传闻中讲生者为死者修功德、悬幡礼拜等，只不过是把墓中的种种做法移到墓外施行，空间与手段略有所变动而已。

此外，《冥祥记》史世光条述世光死后升天，云："（世光）将（张）信持幡，俱西北飞上一青山，上如琉璃色，到山顶，望见天门，世光乃自提幡，遣信令还……"[②] 死后生天乃是佛教中义，具体循山升天则纯为本土之观念。《山海经》之《海外西经·登葆山》《大荒西经·灵山》《海内经·华山》中均提到巫可由山升至天上。《淮南子·坠形训》则云由昆仑丘往上可渐至上天。东汉时则有"天本以山为柱"，"天之门在西北，升天之人，宜从昆仑上"之说，[③] 后说已与史世光事所述颇相类。汉末三国时诗歌中亦多有反映此观念者，如曹植《升天行》《苦思行》等，足见此说之影响。

上述种种中外观念在游冥间传闻中被熔为一炉，以本土对死而复生的解说为统摄，印度佛教天堂地狱观念融贯其中，同时又夹杂大量本土观念。随着传闻的传播，天堂地狱观念亦深入中土人心。

除此以外，一些佛经言地狱时有称"太山地狱""太山治罪"者，吴支谦译《八吉祥神咒经》，康僧会译《六度集经》卷一、卷三及卷四，东晋失译《鬼子母经》及东晋昙无兰译《自爱经》中均有类似的说法。此说的出现，想系译经时以中土信仰泰山之故，特译为"太山"，将地狱与之相连，冀能应合民间信仰而使佛家地狱说普遍流传。佛徒充分利用民间原有信仰，加以改装，以适应其教义，而为布教之工具。[④] 不过大部分译经未把地狱译

---

① 参见吴荣曾《镇墓文中所见到的东汉道巫关系》，第57页。

② 鲁迅：《古小说钩沉》，第580页。

③ 《论衡·谈天》与《道虚》，黄晖校释，中华书局，1990，第471、319页。

④ 酒井忠夫：《泰山信仰研究》，金华译，《中和月刊》第3卷第10期，1942年10月，第62页以下；丁敏：《佛家地狱说之研究》，第244页以下。

为"太山"或"太山地狱"，且信仰魂归太山、太山府君者只是部分人，对于这种传播地狱观念的方式其影响不能估计过高。

3 信徒心中的天堂地狱

通过宣扬天堂地狱观念以及其他手段，天堂地狱观念于信众中产生了广泛影响。造像记祈愿中渴求生天（堂）远离地狱及相关内容者不少。太和十八年（494）四月八日尹受国造像云：①

> 愿一切运途有生之类，离诸有结，地狱众苦，咸皆休息。

熙平二年（517）比丘僧朕造像云：

> 愿使三永坐天堂常乐……

神龟三年（520）四月十三日翟蛮造像云：

> 夫兴造福业者，悉知天堂之快乐，乃知地狱之酸楚。

孝昌元年（525）七月廿七日尼僧达（？）造像云：

> （愿）地狱舍刑（形），离苦福存。

永安三年（530）五月廿日冯女□造像云：

> 愿登天堂，恒与善居。

武定三年（545）五月八日郑清合邑仪六十人造像颂文云：

---

① 出处均见附录，下同。造像记有拓本者，录文皆做过核对，故文字未必全合于记载；无拓本而有多种录文者，遇异文，择善而从。

造石金刚，舍此秽形，果登天堂。

武定六年（548）九月十二日邑主造像颂云：

> 庶能使七世幽魂，游处天堂之中，前亡后死，免脱八难之苦。

天保十年（559）七月四日周双仁等合邑造像云：

> （愿）亡者得脱天堂。

此外，造像记中祈望死者生天的很多，亦与天堂观念有关。天堂地狱说是佛家六道轮回说的一部分，接受六道轮回观念实际也就认同天堂地狱说。六道中畜生、饿鬼与地狱合称三恶道或三途，对民众触动不小，造像记中祈望免除三途苦难者颇不少。下文将详述，这里先列举一二以见其影响。皇兴三年（469）赵堌造像云：

> （愿）若在三途，速令解脱。

太和十九年（495）十一月丘穆陵亮夫人造像云：

> （愿）三途恶道，永绝因趣。

景明三年（502）五月卅日比丘惠感造像云：

> （愿）与三途永乖。

附景明末龙门道匠造像云：

> （愿）身终百六，视绝三途。

正始三年（506）四月八日高阿兴造像云：

> 愿（父母）前往生处，所离三途，不遭八难。

大统十三年（547）十一月十五日杜照贤等造像云：

> 自非建福崇因，刊石记功，河（何）乃流名后代，得勉（免）三
> 途者哉！

上述祈愿均是受天堂地狱乃至六道轮回说的影响而产生的。天堂地狱乃至六道轮回说能够在汉魏六朝时期打动人心，促人皈依，前述三种途径都起了作用。

首先，无论经典移译，还是游冥间传闻都利用了大量本土观念，如对死而复生的传统解说，形魄、魂两分，魂气无处不至，天算说等。事主亦是中土之人，与民众所秉持的观念多相契合。本土因素降低了接受外来观念的难度，构成沟通中外的桥梁与纽带。

其次，经典、传闻对地狱之苦恶的具体描述，后来辅之以更直观的地狱图像，使闻者触目惊心，深感其恐惧而"怖泪交零"。中人本来就以为地下世界中存在苦役罚作，① 但尚无更具体系统之观念，佛教地狱说则在其基础上勾画出具体细腻之景况，使闻者震栗，渐视下地狱为厄途而转求免除之途径。

佛家宣传一方面以地狱威吓民众，另一方面又为之提供了出路，即只要通过本人努力，奉法守戒、去除杀生、勤修功德，死后不但可免去地狱之苦厄，还可生天获乐。死后生天既不违背人必有一死的现实结局，又满足了人们对升天的追求，为思想上处于矛盾境地的人们提供了解决方案。

两汉时期神仙说盛行于世，求仙蔚为风气，但到东汉末年，人们观念却逐渐发生了变化，为佛教传布创造了有利条件。

---

① 参见吴荣曾《镇墓文中所见到的东汉道巫关系》，第57、60页。

　　汉代时虽然天界已成为不死神仙聚集之处，非凡人所能居,[①] 但时人渴望成仙升天仍大行于世。关于黄帝、淮南王刘安、东方朔、王子乔及唐公房成仙登天的传说在东汉流传甚广，《论衡》《风俗通义》《唐公房碑》中有详细的记载。仙人子乔、仙人王乔的形象亦屡见于镜铭中。与不死求仙有密切联系的西王母自西汉末年以来广为世人崇奉。《汉书·五行志下之上》载，建平四年（前 3 年）夏："京师郡国民聚会里巷仟佰，设张博具，歌舞祠西王母。又传书曰：'母告百姓，佩此书者不死。不信我言，视门枢下，当有白发。'"此时便已把西王母与不死联系在了一起。汉代画像石中亦留下大量西王母形象；铜镜铭文中这方面的反映亦甚多。据研究，莽新以后，求仙服药以长生久视更是当时人们渴望的境界。对于生命，不仅要延年益寿，更要健康地生活，故冀能"生如仙人不知老"，"寿如金石佳且好"。再加上西王母传说的盛行及嫦娥向王母求不死药之神话的影响，镜铭中常出现"寿如金石之天保"一类的吉语,[②] 足见求仙思想之流行。再者，渴求长生成仙升天亦是汉代诗歌中一个常见的主题。总之，各阶层皆追求成仙。

　　在时人看来，不死成仙主要手段是服食吃药。《论衡·道虚》："为道者服金玉之精，食紫芝之英，食精身轻，故能神仙。"《风俗通义·正失》述淮南王升天事，有仙药"铸成黄白"后白日升天。西王母则掌握有不死之药，得者则仙。镜铭中亦常有"渴饮玉泉饥食枣""食玉英"之类的话，玉泉、枣、玉英这些亦是仙药。而仙药、不死之药实不易得，对于绝大多数人来说成仙也就只能是镜中花水中月，为一种理想精神追求与寄托而已。

　　除传说中刘安、王子乔等数人不死升天外，目见耳闻的常人无有不死。这一无法回避的现实使不少人在渴望不死成仙的大背景下，开始正视和肯定人生必死的结局，对成仙表现出怀疑、动摇。这一变化集中体现在表达"哀乐之心感"的诗歌中。《古诗十九首》有："年命如朝露，人生忽如寄，寿无金石固，万岁更相送，贤圣莫能度。服食求神仙，多为药所误。"曹操诗云："世言伯阳，殊不知老，赤松王乔，亦云得道，得之未闻，庶以寿考。""痛哉世人，见欺神仙。"曹丕诗云："寿命非松乔，谁能得神仙。"

---

①　余英时：《中国古代死后世界观的演变》，第 189 页。

②　林素清：《两汉镜铭所见吉语研究》，《汉代文学与思想、学术研讨会论文集》，文史哲出版社，1991，第 170 页。

"王乔假虚辞，赤松垂空言。""达人识真伪，愚夫好妄传。"曹植诗云："天命信可疑，虚无求列仙，松子久吾欺，变故在斯须，百年谁能持。"① 所以"人生百年寿"作为生命的极限渐成为时人的共识。曹丕云："遨游快心意，保己终百年。"曹睿云："徒悲我皇祖，不永享百龄。"曹植云："盛时不再来，百年忽我道。"又有"人生不满百，戚戚少欢娱"之语，嵇康也写有"百年之期，孰云其寿"之句，均把"百年"作为人寿极限。阮瑀诗云："自知百年后，堂上生旅葵。"以百年为死之代名词，视之为生命大限。另有些人则在此前提下进一步感叹"人生鲜能百"。刘桢有诗云："为称百年寿，谁能应此录？"傅玄诗云："世有千年松，人生讵能百。"② 对人生百年表示怀疑。这些诗人在感叹人生短暂的同时，也写了不少游仙诗，渴求不死成仙，这正表明了理想与现实的矛盾冲突。诗歌咏出了文人的心理焦灼与矛盾，生活在同样背景下的一般民众亦有类似的经历和感受。这种变化使人们在祈望不死升天的同时开始正视死亡的现实，为佛教打开局面创造了有利条件。

在汉末以降的思想背景下，佛教承认人必死的结局应合了时人的认识，因此不会遭到排斥。且又诱以来生，在本土固有的人死灵魂不灭观念之上嫁接出"轮回转世"说并非难事，尽管这与印度佛教教义相去甚远。对于民众来说，认同这种混有本土观念的来生说并不困难。而把在此生无法实现的升天追求移至来生，为那些既渴望升天不死，但又摆脱不了现实中死亡命运，感到升天虚幻无望，心理上处于矛盾状态的人们找到了一条两全齐美的出路，使他们拓宽了视界。现世中实现不了的问题可留待来生解决，不必执着于现世不死，寄希望于来生。这种说法虽更加缥缈虚幻，但证伪不易，更能给人以心理与精神之慰藉，虚幻性更强，同时诱惑力也更大。

最后，在实现途径上，佛教天堂地狱说不依靠服食仙药，而强调个人身体力行，或持戒精进，或兴办功德，手段较旧说可行得多。又认为生者亦可为死者修行功德，免除苦难，继承了传统葬俗的重要职能，带有不同目的的信众在其中都有所收获，使佛教具有很强的包容性。据佐藤智水统计，1/3

① 逯钦立：《先秦汉魏晋南北朝诗》，第332、350、353、394、400、454 页。
② 逯钦立：《先秦汉魏晋南北朝诗》，第400、416、425、456、482、381、373、573 页。

的造像记包含为死者求福的内容,① 足见这一点的吸引力之大。

以上原因使"惧以阿鼻之苦""诱以虚诞之辞,欣以兜率之乐"而产生"家家弃其亲爱,人人绝其嗣续"之效。天堂地狱观念的传播遂成为佛教初入中土后吸引信众皈依佛门的重要途径。

五 战乱相寻催生朝野佞佛?

东汉末叶迄隋初天下一统,四百年间兵燹连绵,几无宁日。这一现象历来被认为与佛教昌盛,乃至造像发达有直接、密切的联系。典型的说法如清人王昶所云:

> 盖自典午之初,中原板荡,继分十六国沿及南北朝魏齐周隋,以迄唐初,稍见平定。旋经天宝安史之乱,干戈扰攘,民生其间,荡析离居,迄无宁宇。几有"尚寐无讹""不如无生"之叹。而释氏以往生西方极乐净土、上升兜率天宫之说诱之,故愚夫愚妇,相率造像,以冀佛佑,百余年来,浸成风俗。②

王氏之论影响颇大,叶昌炽《语石》、陆和九《中国金石学》、汤用彤《汉魏两晋南北朝佛教史》和金申《中国历代纪年佛像图典》均加引用,认可其说。罗振玉亦云:"六朝时代南北并峙,兵争不息,人民愁苦,故上自朝廷,下逮臣庶,往往祈佛以求福祐,造像以外,并刊刻诸经。"③ 武树善称:"按元魏以来造像滋多,缘佛说初盛于中国,且干戈纷扰,迄无宁岁,故民人救死不遑,相率祈灵于佛氏。"④ 三人均视佛教兴盛,特别是造像风行与这一时期的战火不止、人无宁日直接有关。梁启超、萨孟武、宫川尚志、任继愈、郭朋等虽非专论造像,但抑或就整个魏晋南北朝时期,或就具体朝

---

① 佐藤智水「北朝造像銘考」『史学雑誌』86 卷 10 期、1977、18 ~ 19 頁。
② 王昶辑《金石萃编》卷三九。
③ 罗振玉:《石交录》卷三,罗继祖主编《罗振玉学术论著集》第 3 集,上海古籍出版社,2010,第 306 页。
④ 武树善:《陕西金石志》卷六,"邑老田清等造像跋"条,1934 年铅印本,第 18 页上。

代，断定佛教广泛流行与战乱的时代背景关系密切。①

上述看法着眼于历史的整体与宏观，对于战乱与佛教发展的关系尚需进一步从具体、微观的层面做一番考察。

首先，不妨从这一时期民众的生活状态说起。

十六国北朝承袭汉晋旧制，于国内往来要冲、川河津渡设置关隘，制"关津之禁"，百姓不得"任其去来"，外出须申请"过所"，经过沿途关津时交验，否则属违法。

后秦主姚兴曾敕关尉"诸生谘访道艺，修己厉身，往来出入，勿拘常限"。② 看来当时"关津之禁"已行，有所谓"常限"，且设"关尉"一类专司之职。出入关津是否需过所，不得而知。北魏太武时此制已在施行，似无疑义。时逸士眭夸被强邀至平城，夸不欲留，"遂托乡人输租者，谬为御车，乃得出关"，事发，"时朝法甚峻，夸既私还，将有私归之咎，（崔）浩仍相左右，始得无坐"。③ 所谓"私归"，大概就是未经朝廷许可，不申请过所外出，所以眭夸需诈称驾车者方蒙混出关。"朝法"所指或即请过所之制与关津之禁。

不唯太武朝如此，太和时关津之禁亦甚峻严。太和十一年（487），京师旱俭，朝廷欲听饥民出关逐食，关于是否要核发过所，君臣间曾有所讨论。冯太后以为"如欲给过所，恐稽延时日，不救灾窘，若任其外出，复虑奸良难辨"，实属棘手。元丕建议："诸曹下大夫以上，人各将二吏，另掌给过所，州郡亦然，不过三日，给之便讫，……高祖从之，四日而讫。"④《魏书·高祖纪》太和十一年七月诏曰："今年谷不登，听民出关就食，遣使者造籍，分遣去留。" 此应是采纳元丕建议后制定的办法。饥荒之岁，"恐稽延时日，不救灾窘"，犹要核发过所，升平之日百姓外出，须持过所，自不待言。造籍发过所分遣去留并非许百姓任意外出就食，而是限于良民，

① 参见梁启超《中国佛法兴衰沿革说略》，《佛学研究十八篇》，辽宁教育出版社，1998，第4页；萨孟武《南北朝佛教流行的原因》，《大陆杂志》第2卷第10期，1951年，第4~5页；宫川尚志『六朝史研究 宗教篇』、45页；任继愈《中国佛教史》第1卷，第111~112页；郭朋《汉魏两晋南北朝佛教》，齐鲁书社，1986，第139~152、474~512页。
② 《晋书》卷一一七《姚兴载记上》，第2979页。
③ 《魏书》卷九〇《逸士传》，第1930页。
④ 《魏书》卷一四《神元平文诸帝子孙传》，第358页。

被列为奸民者是不会发给过所，允许外出逃荒的，此时并未弛关津之禁甚明。

此前太和七年（483）冀、定二州民饥，朝廷下令"郡县为粥于路以食之，又弛关津之禁，任其去来"。① 即名之"任其去来"应是无须过所之自由逃荒，但这只是短时间内的权宜之计，故太和十四年（490）高闾上表又请求开关。表云："开关弛禁，薄赋贱粜，以消其费，清道路，恣其东西，随丰逐食，贫富相赡，可以免度凶年，不为患苦。"② 称许开关逐食之策，但终未见下文，很可能太和七年弛关禁任其去来产生了一定的流弊。检《魏晋南北朝农民战争史料汇编》，此年虽未见有起兵之事，或生他患，四年后冯太后云"若任其外出，复虑奸良难辨"，大概就是针对太和七年措施之弊端而发的。因此，开关弛禁、任民往来之策后罕行，关津之禁一直沿用。洛阳龙门造像中有阙口关吏史市荣造像（正始二年四月二十一日），表明当时龙门阙口设关有吏把守。不过时至北魏末年，官宦子弟挟其威势，是制对他们已渐成具文，故延昌中孙绍上表，批评职人子弟"随逐浮游，南北东西，卜居莫定。关禁不修，任意取适"。③ 但对于老百姓，关津之禁应还在继续发挥作用。

东魏时，石济河溢，桥坏，经阳斐修治，并"移津于白马，中河起石潬，两岸造关城"，④ 表明关津设置一依汉制，仍设关城。龙门石窟尚存无年月但可定为东魏时期的阙口逻队主和道恭造像记，见《八琼室金石补正》卷一七，说明该关此时犹有兵把守。北齐、北周时亦如此。《隋书·百官志》记北齐护军府属官有诸关尉、津尉，是此制存在之确证。冯子琮为郑州刺史，朝廷"并听将物度关至州"。⑤ 司马子如以马度关，为有司所奏，⑥ 证明北齐时度关仍有一定制度。颜之推《从周入齐夜度砥柱》诗云："夜出小平津，马色迷关吏，鸡鸣起戍人。"⑦ 亦从一个侧面反映了当时的关津之

① 《魏书》卷七《高祖纪上》，第 152 页。
② 《魏书》卷五四《高闾传》，第 1206 页。
③ 《魏书》卷七八《孙绍传》，第 1724 页。
④ 《北齐书》卷四二《阳斐传》，第 553 页。
⑤ 《北齐书》卷四〇《冯子琮传》，第 529 页。
⑥ 《北齐书》卷一八《司马子如传》，第 240 页。
⑦ 《颜氏家训》，王利器集解增补本，"附录"，第 720 页。

制。北周的情况见王仲荦先生《北周六典》卷三《地官·司门下大夫·司关中士》所引。

据《魏书·地形志》、《隋书·地理志》及诸纪传、《水经注》等可以查考出不少关津名称，但要掌握其具体分布却很困难。依现有零星材料，平城、洛阳、邺城附近当有不少关隘，冀、定二州通向他州的要道亦设置关隘，约略可知北朝境内关津分布是很普遍的。①

与"关津之禁"密切相连的过所制度，资料更少。除前引太和十一年事提到外，北朝史书中似仅《魏书·辛雄传》载辛雄上书中提及，他处未见。好在汉、唐时期的过所制度由于汉简及敦煌文书、吐鲁番文书的发现，得以有更详细的了解。汉唐间的北朝制度由两者可推知一二。

汉代无论公私外出，都需开具通行证，通行证被称为"传"或"传信"，后又称为"过所"。因私外出，须先向乡一级机构提出申请，乡审核通过，再报请县一级机构核发。凭证上须印有县令、丞或相当等级的印封方能使用，而且申请者须服完更役、缴纳赋税又无违法行为才可给予。外出经过关津都要验传/过所并登记。② 汉代最终由县一级核发传/过所，换言之，百姓去本县以外地区即须申请传/过所，他们只是在居住地所在县的范围内可自由活动。

唐代除因公出差者外，一般行客渡关必须请过所，否则以偷渡论。因私渡关的人员在本部本司申请过所，在京城由尚书省批给，地方由州司户曹勘给。据现存吐鲁番出土过所推断，申请过程一般有五步：凡请过所之人必须向本县呈牒申请过所；请过所人须请保人；向里正交待出行目的、时限及离乡后本户赋役由谁代承，并请里正向县司说明；县司收到请过所文牒，立即核实，并由县典或佐史将申请人及随员身份、名年和所携牲畜以及往何地事由拟牒，由县尉或令丞签署向州或都督府请给；州司户曹收到县申牒，依过所式诸项逐一核查，有疑问者下符到县质询，若符合规定，由府史拟过所两份，一份钤州或都督府印为正过所发给申请人，另一

① 程树德《九朝律考》（中华书局，1963，第 120 ~ 122、298、299、302 页）于汉晋关津令引证甚详，但失收北朝关津制，故缀述于此。
② 李均明：《汉简所见出入符传与出入名籍》，《文史》第 19 辑，1983，第 30、32 ~ 35 页；薛英群：《汉代的符和传》，《中国史研究》1983 年第 4 期，第 160 ~ 161 页。

份备案。① 申办手续相当周密繁赜。唐代由州核发过所，即本州之内无须过所，去州外则应请。

核发过所的地方政府，汉是县，唐为州或都督府，唐代的州辖区大体相当于前代的郡。前引元丕语"州郡亦然"，北魏大概是郡一级核发。换言之，到郡外即需申请过所。申请手续大概介乎汉唐之间，也不简便，所以冯太后有"恐稽延时日"之语。而且也要审核申请者个人情况，视其良奸以定给否。

关津之禁与过所制度的存在限制了百姓外出。所以姚秦时议增关津之税，群臣言非，姚兴云"能逾关梁通利于山水者，皆豪富之家"，② 执意施行。姚兴所言揭示了百姓外出经商者少的事实。他们的生活相对局限在一个较小的范围内（郡），且又无如今日之发达的传播媒体，获取较远地区的信息并不容易。

当然这只是问题的一个方面。另一方面，老百姓要服兵役、徭役，需要到外郡去，借此也可以了解一些外界情况。但是这种机会并不多。就兵役来看，十六国时期平日以终身兵制的常备兵为主，遇到大的战事才征发郡县民为补充。③ 北魏前期相当长的一个阶段，州郡民丁亦无兵役负担。太武帝统一黄河流域后到孝文帝改革前，开始负担兵役，不过多属临时征发。此后州郡民丁一直服兵役，多为镇戍兵，作战仍主要由鲜卑兵承担。④ 孝文帝改革前，战事相对较多，但汉人参战情况不太多见；改革以后，战事却相对减少（详下），虽然汉人普遍服兵役，但体验战争、感受战争之痛苦的机会却减少了。

徭役中的运役是北方人民非常沉重的负担。北魏献文帝之前，境内各地百姓都要送租至平城，沿途自然会接触到很多消息，包括战事情况。献文帝

① 参程喜霖《〈唐开元二十一年（733）西州都督府勘给过所案卷〉考释——兼论请过所程序与勘验过所（下篇）》，《魏晋南北朝隋唐史资料》第 9、10 期，1988 年 12 月，第 74～78 页。
② 《晋书》卷一一八《姚兴载记》下，第 2994 页。
③ 何兹全：《十六国时期的兵制》，《燕园论学集》，第 298 页。
④ 何兹全：《府兵制前的北朝兵制》，《读史集》，上海人民出版社，1982，第 322、332～336 页；鲁才全：《北朝的兵役、番兵和资绢》，《魏晋南北朝隋唐史资料》第 11 期，1991 年 6 月，第 90～99 页。

为减轻运役，针对山东之民制定了三等九品之制。分本州、他州、京城三等，贫者运至本州、中等户至他州、富者至京城，减少了大部分民户的运租距离，也缩小了外出履及的范围，此制精神也适用于全国。① 同时又开始于边镇兴屯田，于水次设仓，"费役微省"，减少了百姓运役负担。② 且当时很多地方并非户户出入运送租赋，而是雇车牛送常绵绢及赀麻。③ 分工使外出逐渐固定在少数人，大部分人外出的机会更少了。北齐河清三年令规定民户缴纳垦租的办法，基本沿袭北魏制度。④ 整个北朝，商品经济不太活跃，远行商贾也不会太多。

综合上述情况，北朝时期老百姓基本生活在一相对狭小的区域里，到区域以外的机会不多，又乏发达的传媒渠道，生活相对闭塞，不能用今天大众媒体发达时代的眼光去看待他们。但是他们都有可能受到佛教的影响，因为僧人有游行各地、敷法弘化的传统。

其次，东汉末迄隋统一四百年间，总的来讲战乱很多，但具体到各个时期，战乱分布亦不均衡，不能等量齐观。战乱给时人的影响也需恰当估计。

根据《中国军事史·附卷·历代战争年表（上）》，将 181～580 年发生在秦岭、淮河以北地区及南北方之间的战争以 20 年为一段，统计战争次数与规模，制成表 A2。

表 A2　181～580 年战争次数与规模统计

年代	次数	北方出动兵力规模			
		<1 万人	1 万～10 万人	>10 万人	不详
181～200	39	0	10	12	17
201～220	32	3	5	3	21
221～240	22	1	3	1	17
241～260	20	0	3	3	14
261～280	25	1	1	2	21

---

① 张泽咸：《魏晋北朝的徭役制度》，《魏晋隋唐史论集》第 2 辑，中国社会科学出版社，1983，第 111 页。
② 参见《魏书》卷一一○《食货志》，第 2858 页。
③ 《魏书》卷一一○《食货志》，第 2858～2859 页。
④ 张泽咸：《魏晋北朝的徭役制度》，《魏晋隋唐史论集》第 2 辑，第 112 页。

续表

年代	次数	北方出动兵力规模			
		<1 万人	1 万~10 万人	>10 万人	不详
281~300	7	0	1	0	6
301~320	45	0	16	9	20
321~340	28 *	0	11	4	13
341~360	35	0	10	7	18
361~380	26	0	10	5	11
381~400	60	1	22	7	30
401~420	59	2	21	1	35
421~440	36	3	16	2	15
441~460	27	1	4	2	20
461~480	13	0	4	1	8
481~500	12	0	5	3	4
501~520	13	1	2	3	7
521~540	16	0	3	10	3
541~560	6	0	1	4	1
561~580	13	0	1	5	7

注：1. 慕容氏与段氏间 5 次战事未计在内。

2. 不论发生在何地，只要北方出兵的均算在内。

3. 跨年度的战争以战争爆发时间为准计算。

　　据表 A2，四百年间以东汉末、西晋中至前秦统一北方间（301~360）及淝水之战后至北魏献文帝间（381~460）战事较频繁，其他时期相对少一些，特别是北魏孝文帝初至六镇起兵前，国内大致安定，仅有为数不多的边境用兵和几次小规模的起义、起兵。北魏分裂后，战争次数并不多，只是规模大得较多。

　　战争发生地，南北战争一般多集中在边境沿线，能深入北方腹地者极少。农民起义与统治集团的内乱则散布国内各地。北朝起义次数不少，但全国性的少，绝大多数局限在一个地区内，具有地域性的特点。① 除少数几次

---

① 朱大渭：《魏晋南北朝农民战争的几个问题》，《魏晋隋唐史论集》第 2 辑，第 18~22 页。

持续时间较长外，大都旋起旋落。[①] 内乱规模如北魏末年者是仅见的，多数限于一隅，波及面不广。

考虑到上面提到的民众生活的相对封闭状况，即便发生战争，若非身在战区，知道战事的可能性也不大。这点尚有一例为证。据《北齐书·神武帝纪下》，天平三年（536）九月辛亥（十三日），"汾州胡王迢触、曹贰龙聚众反，署立百官，年号平都。神武讨平之"（《北史》卷六文同）。胡王反魏，立官建号，且由高欢亲讨，战事规模不会太小。另据《魏书·孝静帝纪》，该月丙辰（十八日），"阳平人路季礼聚众反。辛酉（二十三日），御史中尉窦泰讨平之"（《北史》卷五文同）。天平三年九月，东魏境内实非四海太平，兵甲不起，至少有两处战火。汾州即今山西汾阳，阳平在今河北馆陶一带。事后数日，相去不远的山西定襄（时之肆州永安郡定襄县）的数十位民众所感知的世界却大不同。当月，由该县七宝山灵光寺道人慧颜及白驾（？）永安守刘回光等僧尼、官吏与庶民几十人出资雕造的摩崖佛像造讫，二十七日，刊刻的记文亦完工，记文云：

> 当今八风相和，六律相应，雨泽以时，五谷丰熟，民安足食，兵钲（甲）不起，四海晏安，中夏清密，礼乐日新，政和民悦。

造像者眼中全然一派太平气象，日前发生的叛乱对之毫无影响。要知道，汾州与定襄的直线距离不足 200 公里！如果边境战事兴，只要兵役未及，他们恐怕也不会知道。况且十六国北朝也非时时、处处起烽火。即使亲身经历过战争，经过二三十年的和平生活，战争的痛苦记忆也会逐渐消退，今人如此，古人亦然。

最后，从现存这一时期的造像记看，也难以证明战乱对佛教发展具有很大影响。

造像记因兴福而生，福业乃北朝佛法的特征，[②] 造像记可以揭示当时佛教活动的某些情况。笔者所收集的 1600 种造像记反映出的造像者的世俗祈

---

① 参见张泽咸、朱大渭《魏晋南北朝农民战争史料汇编》，中华书局，1980。
② 汤用彤：《汉魏两晋南北朝佛教史》下册，第 365~366 页。

愿绝大多数是关于死者来世的幸福归宿，国家的兴盛，家庭的富足、幸福，家人的长寿等，提到希望天下太平、四海宁晏、休兵偃甲的造像记仅 58 例。如果说愿文是造像者造像时心愿的切实反映的话，只有 3.6% 的造像祈望和平安定。说明对大多数造像者来说，安宁并不是一个可望而不可即的愿望和问题，他们并没有感受到多少战乱的威胁。至少可以说北朝佛法的特征——福业的兴盛主要并非由战乱引发。

具体到含有祈望和平、弭兵的造像记，其时间分布如表 A3。

表 A3 北朝纪年造像祈愿中含有和平、弭兵内容者的时间分布

年代	490 ~ 499	500 ~ 509	510 ~ 519	520 ~ 529	530 ~ 539	540 ~ 549	550 ~ 559	560 ~ 569	570 ~ 579	总计
次数	1	1	2	8	6	8	12	14	6	58

据表 A3，北魏末年以前祈求和平安宁的造像很少，绝大部分集中在 520 ~ 579 年这 60 年间。细析之，心盼和平者大体有这样三种情况。

一种情况是一些官员出资修造或参与修造的造像中有祈愿八表安宁之类的话。前者如永平四年（511）十月十七日持节督凉州诸军事讨虏将军凉州刺史万福荣造像，孝昌二年（526）正月廿四日荥阳太守元宁造像，武定七年（549）十二月八日征西大将军行晋州事张保洛、雍州刺史当州都督萨光炽造像；后者如正光四年（523）六月廿六日董成国等造像、太昌元年（532）六月七日樊奴子造像、大统元年（535）四月廿日毛遐造像、天保十年（559）六月八日张疵等造像。官员身居高位，对国家形势的了解显然要比一般老百姓全面、丰富得多，晓知境内外战事动态的可能性也大得多，心望和平也就不足为怪了。

另一种情况则是由于北魏季叶以后，朝廷常常广募民众以从征役，扩大了战乱的社会影响。据《北齐书·薛修义传》，正光末"时有诏，能募得三千人者用为别将"；《资治通鉴》卷一五六中大通六年（534）亦记载东魏孝静帝"广征州郡兵"；《周书·文帝纪下》，大统九年（543）西魏"广募关陇豪右，以增军旅"。朝廷台军兵力枯竭，只好广揽州郡兵乃至百姓上战场。北齐、北周时期朝廷亦常征募乡豪出征。北周情况，详见王仲荦先生《北周六典》卷五《夏官大司马》；北齐情况，造像记中亦有反映。天保二年（551）七月十五日山西盂县北邢多等五十人造像云：

（朝廷）是以广□乡豪立为督将，弟相部领。

次年三月河南新郑刘子瑞造像亦云：

乡豪都督刘子瑞领军人向逐州城打吴贼。

武定七年（549）四月八日山西盂县之高岭以东诸邑道俗造像题名中八人有厉武将军的头衔，应是战场上立功得到的勋职。这种情况使得很多战区以外的，及本不需服兵役的老百姓也卷入战争，扩大了战事波及面，祈望和平者增多也就不奇怪了。刘子瑞造像记中就提到愿"四海宁晏"。

第三种情况，身处边境或战区民众遭受战乱多，自然心望安宁；交通要道附近的民众对军队往来调动多有了解，亦会萌发祈求和平的心愿。安徽亳县出土的河清二年（563）□月二日上官僧度造像与武平五年（574）七月八日王伯奴造像分别祈盼"甲兵休偃""国太（泰）民安、戈武不起"，亦在情理之中。又如关中地区，正光末以还，长期扰乱不已，先有反魏起兵，又有萧宝夤作乱于此，普泰中稍见平定，旋又东西魏、北齐、北周纷争，关中特别是渭河两岸数次沦为战场。而山西平定，地处太原东通河北最重要大道上，① 此道附近北朝后期战事并不多，但军队调动常经此处，尤其是东魏、北齐时晋阳地位切要，晋阳与邺城间交通亦多循此道。因此，在西安及附近的耀县、富平、临潼以及山西平定附近，有一些造像含有祈求天下和平的内容也就很自然了。不过，祈愿和平的造像者是因为战乱而信仰佛教，以造像方式盼望和平呢，还是信仰佛教在先，祈求和平在后呢？史无明文，不敢臆断，但未必尽是前者似应无疑。战乱对佛教福业确有影响，但无论是从时间还是地域来看，影响都是局部的。

实际上，似乎难以找到直接的材料来证明奉佛与战乱间的密切关系。论及逃避赋役而舍俗为沙门的倒有一些，但以这些资料说明战乱的影响，有些迂曲。赋役重并不完全是战乱造成的。

---

① 顾祖禹《读史方舆纪要》卷一〇《北直一》："其重险则有井陉。"（贺次君、施和金点校，中华书局，2005，第425~427页）；严耕望：《唐代交通图考》卷一、卷五，中研院历史语言研究所，1985、1986，第322页图六、1441~1455页。

总而言之，十六国北朝时期战乱对佛教发展的作用是局部的，不应估计过高。佛教之所以影响日盛，更主要的是其说教对民众具有吸引力。

* * *

佛教东来之时，中土文明史殆逾两千年，精神文化积淀殷实丰厚，已形成独具特色的对宇宙自然、人生人伦的态度与认识，这些已化为人们头脑的主宰与行动指南，并通过行为方式体现出来。尽管汉末以后形势巨变，正朔数改，内乱外战频繁，这些并没有造成民众内心世界的崩解。佛教初入中土，遭遇到的民众并非思想真空或精神沙漠，他们内心是充实的。佛教欲进入民心扩展其势力，需要桥梁，需要寻找突破口，需要其说教更富有吸引力。

僧侣游走民间，弘法宣化，使异教扑面而来，架起了通向民众的桥梁。具体传教时，释子又积极利用本土文化资源，旧瓶装新酒，化陈说出新意。利用"传闻"这一中土所熟悉的传播手段推广其说，并针对不同情况采取不同方式阐扬佛法的神奇灵验，使惯以此取舍信仰对象之中土民众"顺轨"，又将其天堂地狱观念嫁接于民众生死观之上以楔入人心，成为佛教深入中人心扉的两大突破口。这些做法效果明显，却也使所传教义与印度佛教教义产生相当距离。民众接受的也已是融通中外的教义，意味着佛教中国化在民间很早就起程了。战乱在推动佛教传播、诱使民众奉法上起到了一定作用，但不可估计过高。

这种情形在佛教于知识阶层传布过程中亦长期存在。为博得知识阶层的认同，佛徒亦曾广泛借用中土思想资源以助成其事。译经中多有引用老庄术语，如本无、道、无为等移译佛教术语，自不待言。东晋时为弘扬释理又创立格义之法，以佛经事数拟配中国著述之思想以助悟解。后此法见弃，但融合内外典，出玄入释者仍很多，时南方之六家七宗，不受老庄影响，至少亦摄用老庄之名辞。这与佛教于民间广泛利用本土文化资源如出一辙，只是援引的思想资源层次有别罢了。

佛教传扬中因本土文化根深蒂固而不得不兼取本土资源，民众接受佛教也难以彻底摆脱中土观念的影响，杂糅中外不可避免，这方面的具体表现留待中篇细细讨论。

中 篇
造像记所见民众信仰

在考察了佛教流行北方社会的一般背景后,将转入对造像记内容的具体讨论。分析围绕造像题材、发愿文与 B 型造像记佛法意义部分展开。进入具体分析之前,先需对造像记的构造、分类统计的原则、造像题材与愿文的关系做一交代,是为引子。

一 引子

1 解析造像记

造像记粗看千篇一律,实际千差万别,内容、形式完全一致的造像记极其罕见。尽管如此,造像记还是表现出一定的格式或曰结构。佐藤智水将造像记分为 A、B 两种形式,并分别举例解析了它们的结构。[①] 佐藤氏的分类基本体现了造像记内部的不同特点,只是对结构的分析不够精细,兹在其基础上对 A、B 型造像记结构做进一步的剖析。

A 型例:宋德兴造像记	结构
1 太安三年九月廿三日岁次丁酉 2 清信士 3 宋德兴伪(为)4 命过亡女琮香造作 5 释迦文佛	1. 造像时间 2. 造像者身份 3. 造像者

---

① 佐藤智水「北朝造像銘考」『史学雑誌』86 卷 10 期、1977、4 ~ 5 頁。

像。6 愿先师、七世父母、外内 眷属,□全知识、亡女琮香、一 切众生,7 生生共其福所,往生 □□,值遇诸佛,永离苦因,必 获此愿,早成菩提大道。	4. 造像对象 5. 造像题材 6. 发愿对象 7. 祈愿内容
B 型例:比丘尼法伶造像记 　　1 夫圣觉潜晖,绝于形相,幽宗 弥邈,攀寻莫晓。自非影像,遗 训安可崇哉。是以 2 比丘尼 3 法伶 4 感庆往因,得育天机。故 献单诚,5 为女安乐郡君于氏嫁 耶奢难陀,造 6 释迦像一区,7 愿女 8 体任多康众愸永息、天算 遐纪,亡零加助。9 正光四年正 月廿六日。	结构 1. 造像之佛法意义 2. 造像者身份 3. 造像者 4. 造像动机 5. 造像对象 6. 造像题材 7. 发愿对象 8. 祈愿内容 9. 造像时间

大部分造像记的结构与这两例相仿,少数出入较大。下面对造像记各部分的具体情况做进一步说明。

造像时间是指造像记本身记载的日期。具体时间不明但可考订者,如始平公造像、杨大眼造像,根据笔者认为可靠的研究来确定。[①] 只书年号未具体标明年代者,折取中间一年,如太和(477～499)中则按488年算,估计与实际相差不会太远。年代不明但有干支可推算者,据徐锡祺所编《新编中国三千年历日检索表》推定。造像记若同时记载开造时间与完工时间,以完工时间为准,孙秋生造像始于太和七年(483),成于景明三年(502),则列于景明三年。闰某月者则列入某月之后。为便于按时间顺序统计,所有造像记的纪年换为公历,月、日依旧。朝代明确但具体年号、年代无考者,只做引证,未列入统计中。

---

① 如始平公造像据张乃翥《龙门石窟始平公像龛造像年代管窥》(《中原文物》1988年第3
期,第91～93页)定为太和十二年(488);李荣村《北魏杨大眼将军造像题记之书成年
代》(《史语所集刊》第63本第3分,1993年7月)考定该题记书成于正始元年(504),
较他说更有理据,可从。

　　造像地点，多数造像记中没有说明，上述两例亦如是，其中一些有迹可循。云冈、龙门、巩县、千佛山等石窟的摩崖造像大多数情况下地点都是明确的，少数大方位确定，具体洞窟不明。单体造像情况较复杂。考古发掘或调查发现的，如河北曲阳修德寺，山东无棣、博兴出土的造像及河南浚县、襄县，陕西耀县调查发现的造像碑等，出土与发现地一般应是造像地点，特别是那些大型碑像，移动不易。不过，窖藏小型造像往往是后人为应付各种变故而收藏的，未必全是窖藏地区造的像，但应是窖藏地域附近信徒所造的像，以窖藏地做造像地大体不误。另有些传世的单体造像出处不详，但记文中记载了造像人籍贯，如太平真君四年（443）菀申造像云："高阳蠡吾任丘村人菀申……"等，根据历史地理的沿革，一般均可推定这些地点的今址，这些地点本书基本都视为造像地点。近代以来发现的出土地点确切的造像中不少刻有造像人的籍贯，两相对照，吻合或基本吻合者为多，① 以记文所书造像者籍贯作为造像地点大体不误。不过，从现存造像记看，并非所有造像者都有书写籍贯的习惯，仅定州、青州、关中及山西部分地区的造像者如此。余下的则是地点无考的造像，此类数目不少，在考察有关现象的地域分布时无法列入，只好割舍。

　　造像者身份亦基本依据题记上的题名加以区分。一般来说，题名前缀官职者，不管是现职还是前任、权要还是斗吏、本人还是家属，列为官吏。基本上有官职之人，即使职位极卑微、未入流品，造像题名时也要刻上，以至武定七年（549）四月八日义桥石像颂题名中有"民望土豪董方和"、天保三年（552）三月刘子瑞造像中则出现了"乡豪都督"一类权宜之职，身为"阙口关史"的史世荣造像时也不忘刻上职位，另外被授予板、假之职以及勋官者造像时亦忘不了刻上官职，身为官员而造像时不书的例子能查考出来

---

① 如河北曲阳出土的造像中，多个题为上曲阳或中山上曲阳"神龟三年（520）合邑造像、兴和三年（541）王丰始造像、天保六年（555）李神景兄弟造像、天保八年（557）张延造像等"。山东高青县出土武定四年（546）造像铭文有"齐州平元郡临济……"临济县正在今高青偏西处。山东博兴县所出造像中正始二年（505）朱德元造像云"乐陵县"、武定三年（545）程次男造像题"青州乐陵郡乐陵县人……"河清三年（564）孔昭佛造像云"乐陵县孔昭佛……"、河北景县出土的武定四年（546）宋天禁造像亦云"条县"，均为古今地呈一致之例。博兴出土造像有题"阳信县"者，两地相距不足 100 公里，则为基本吻合之例。

的很少。① 依据题名有无官职，判断其人是否为官吏误差不大。题名冠以比丘、比丘僧、比丘尼、沙门、沙门统、沙弥、邑师、门师等称呼的则属僧尼。无上述两类称呼或径称为佛弟子、清信士、清信女、优婆塞或优婆夷的则为平民背景的男女信众。

造像对象与动机均指记文中提到的为谁造像及"因患"一类具体的造像原因。

造像题材指造像者对所造像的主观称呼，或释迦牟尼，或弥勒、观世音、像、石像等，非指现代学者据形像特点确定的名称。有些称呼，如"四面石像""像""玉像""天宫"等，从严格的考古类型学角度衡量算不上造像题材，但造像者主观如此称呼，以别于其他，自有一番道理，本书因此亦视此类称呼为造像题材。

发愿对象与祈愿内容合为发愿文。前者常见的有皇帝、七世父母、师僧、父母、兄弟、眷属、众生等；后者如值佛闻法、永离苦因、成菩提大道等。

B 型造像记的特点，一是有以"夫"开头的关于造像之佛法意义的叙说，或长或短；二是不少此类造像以韵文的"颂""辞"结尾，"颂""辞"多复述全记的主要内容。

2 造像者身份与造像方式

根据造像题名，参与造像活动的有官吏、僧尼与平民。十六国北朝社会成员大体可分为贵族官吏、平民、僧尼、依附民、奴婢五类，除去后两类人基本未见于造像题名外，前三类人均频繁出现在题名中。这三类人共同生活在一个社会中，具有很多一致之处，但其社会地位、文化背景与生活亦存在差异，具体说来，各自有如下特点。

首先，关于官吏，至少有三个特点：第一，作为统治者，他们与朝廷利益有更多的一致性，一般来讲更倾向于支持、维护现政权的统治。第二，除去部分武官"不解书计"② 外，文职官吏至少都应识文断字，粗

---

① 可考者仅有樊道德一人，永熙二年（533）七月十日造像书官职"阳烈将军羽林监大官丞"，普泰二年（532）六月七日在同地又造一像则仅云"清信士、佛弟子"，官衔未记，但据后刻可知为官员，或因二刻相接而省。

② 《魏书》卷六六《崔亮传》，第1480页。

通书翰，否则各级官府中大量的文书无法处理。他们虽未必研读过儒家经典，但《急就章》之类的识字课本应是学习过的。《急就章》内容浅显，但亦包含了一定的思想内容，会对读者有所影响。而一般平民识字的比例要低得多，虽然北朝郡国学尚称发达。第三，除部分州郡县属吏由地方长官辟除，任用本地人外，大部分官吏由朝廷除授，在整个疆域内迁转，活动范围不限于方隅，见闻自然较广，非生活局促于一地之普通民众可比。

其次，僧尼阶层较之官吏与平民最突出的特点是，他们有机会接受正规、系统的佛教教育。至少从理论上讲，他们掌握佛教教义水平要比官吏、平民高。此外，他们可以四处游学、游方宣化，活动范围要广于平民。

最后，关于平民，他们是被统治者；亦不能自由外出，远行须持"过所"，故活动范围较狭小；且识文断字、接触典籍之机会也少得多，与官吏有别，同时亦难以究竟佛教义理，无法与僧尼比肩。

官吏、僧尼与平民间存在的上述不同，有可能对他们各自的信仰产生一定影响，所以本文将造像者依其背景分为上述三类来进行统计分析。通过比较，试图了解三类造像者在崇奉对象、祈愿与追求上的异同，从而进一步探究社会地位、文化背景及个人经历与信仰、追求间的关系。

当然，把造像者分为官吏、僧尼和平民三类仍不够细致，进一步考察，每类人又都可分为上、下两个层次。

官吏内部，地方辟除的属吏与朝廷命官间就存在明显的不同。前者尚不算正式入仕，身份实介乎官民之间，且多在本地任职，与平民更接近一些，后者情况则相反。两者界线的具体划分，严耕望先生与汪征鲁都曾做过研究，[①] 此外《隋书·百官志》所列北齐官品亦有所揭示。不过到北朝后期，具体界限也在发生变动。特别是在有官资者剧增而官缺相对紧张的背景下，一些原属自行辟除职位有可能转为朝廷命官，这可根

---

① 参见严耕望《北朝地方政府属佐制度考》，《史语所集刊》第 19 本，1948；汪征鲁《魏晋南北朝选官体制研究》上编，福建人民出版社，1995，第二章。

据为吏者将军号之有无来确定。大部分将军号到北朝后期实已成为表示官资之散阶，均为朝廷所授，① 带将军号之属吏均应为命官。据以上标准可将参与造像之官吏分为上层和下层。还需要指出的是，北朝时期存在"板"官与"假授"的情况，在造像记中亦有所反映。② 这些人或是因战乱乘时而起之地方豪强为朝廷所利用假以名号，或是因高年而授之荣誉称号。③ 这些人不具备官吏的特点，不能算作官吏，故退为平民。

僧尼内部情况亦参差不齐。谢和耐指出："大部分出家人都目不识丁，甚至包括那些在大道场中行使官方仪礼职责的僧侣在内。他们的职业常常仅限于根据记忆而念几段经文和修习遵守仪礼行为。""只有僧侣中的一小部分精华才通晓和钻研教理。"④ 参与造像的僧侣多数为比丘、比丘尼。另有少数为沙门都、沙门统、寺主、上座、法师、律师、经师、禅师，州郡僧官往往是选寺主充任，⑤ 这部分僧人应为僧团的上层。无以上头衔者则为一般僧尼，属下层，他们更接近于平民。

平民中亦存在豪强与细民之别，不过仅依造像题名无法确定哪些人为豪强，哪些属细民，因此书中对于平民不再做进一步的区分。

理论上讲，可以将前述三类不同身份的造像者进一步分为五类——官吏上层、下层，僧尼上层、下层，平民来考察。不过，根据上述分类的具体标准统计后发现，下层官吏与上层僧尼造像的数目偏少，一为13例，一为9例，实际已失去了同其他身份造像者比较的价值，故不得不放弃在官吏与僧尼内部再分层的企图，仍是简单地分为官吏、僧尼与平民三类进行统计。

---

① 关于将军号之性质，参见阎步克《品位与职位——秦汉魏晋南北朝官阶制度研究》，中华书局，2002，第410~526页。

② 如永安三年（530）三月七日李黑城造像十人题名均为被旨假某将军，板授某太守；永安二年（529）十一月十日雷远造像亦云："雷阿远年七十六，今假忠（中）部太守……"；武定二年（544）十二月十四日广福寺造像：蒙诏板补齐郡太守刘世明。

③ 参见《魏书》卷七七《辛雄传》，第1697页，板授耆老官职；又见《周书》卷五《武帝纪上》，保定元年正月条，第64页。

④ 谢和耐：《中国五——十世纪的寺院经济》，第300、299页。

⑤ 太和十九年（495）八月十五日七帝寺造像记云：前□定州沙门都故汉七帝□寺主惠黄；武定三年（545）七月十五日报德寺碑题名中有：洛州沙门都定国寺主慧珍，洛州沙门统报德寺主法相。

造像活动的具体形式相当繁杂，有单个人造像；① 有合家或同姓多人造像（其中不乏名为邑、法义者），② 这是依亲缘关系组成的造像群体；亦有因地缘关系组成邑义法义从事造像的；③ 还有基于业缘，或同寺僧人，④ 或官府机构同僚、上下级，⑤ 或官员连同僧尼、平民联合从事造像活动。⑥ 其中两种或三种不同身份的人共同参与同一造像活动的情况很常见。有些可以根据造像记及题名分辨出不同造像者在造像活动中的地位，如合家造像显然家长在其中处支配地位，官府上下造像主官自然是核心。记文当然主要反映处于支配地位造像者的信仰与意愿，遇到类似情形，如果存在不同身份人共同造像者，则以他们的身份为分类的依据。有些无法区分出主从，只好依造像者之实际身份列入诸身份人共同造像类中。至于由于造像记残缺而造成造像者身份不详者则归入不详类。

此外，尚有一些官吏实际未参与造像活动，却列名其中。神龟三年（520）四月八日今陕西耀县之锜双胡造像及次年八月二十日同地之锜麻仁造像即如此。两像正面像龛侧均有"富平令王承祖"之题名。检记文，前者为合邑二十人所造，邑义成员均为锜姓，具见题名；后者为合家大小一百二十九口所造，县令均断不可为造像成员，应为百姓向父母官献媚之表现。与此相类的还有神龟二年（519）九月十一日崔勤造像、正光五年（524）五月三十日刘根造像、⑦ 北周保定二年（562）四月八日杨仵女等造像等。上述造像记中出现的官吏实际未参与造像，记文亦未必反映其信仰与意愿，它们须从有官吏参加的造像中剔除出去。

根据上述分类原则，笔者将收集的纪年造像记以 10 年为一时段，同时根据每一造像的实际造像者身份统计，制成表 B1 – 1。

---

① 这类最多，如大夏胜光二年（429）中书舍人施文造像等。

② 如太和廿年（496）七月十五日高凶造像，同年厒氏合族造像等。

③ 如太和七年（483）八月卅日云冈邑义信士五四人造像等云。

④ 如太和十九年（495）八月十五日七帝寺造像。

⑤ 如大统三年（537）四月八日白宝造中兴寺碑。

⑥ 如正光四年（523）二月十五日翟兴祖造像等。

⑦ 这一点郝春文业已指出，参见《东晋南北朝的佛教结社》，第 107 页。

表 B1－1　400～580 年不同身份信徒造像数目统计

年代＼身份	A	B	C	AB	AC	BC	ABC	不详	小计
400～409	1								1
410～419	3								3
420～429	1	1							2
430～439	1								1
440～449	6	1							7
450～459	3								3
460～469	6	2	1					1	10
470～479	20	1	3						24
480～489	26	2	3		2			3	36
490～499	26	5	5		3			1	40
500～509	48	16	11	1	5			7	88
510～519	69	12	21		6	2		3	113
520～529	110	22	32	2	18		2	10	196
530～539	79	22	27	5	22	3	8	11	177
540～549	96	15	29	3	23	2	13	11	192
550～559	146	18	28	8	32	2	10	7	251
560～569	174	11	30	5	29	3	11	14	277
570～579	103	20	11	7	14	1	8	13	177
580	1		1						2
小计	919	148	202	31	154	13	52	81	1600

注：A 指平民，B 指官吏，C 指僧尼。以下表格如无特别说明，指代同此。

　　需要说明的是，早期造像数目较少，反映问题的可靠性较差，六世纪以后造像数目较多，可靠性更高一些。早期情况还应该利用其他资料加以比证。

　　3 造像题材与祈愿一致吗

　　民众信仰，较之经典教义的系统表述，一个突出特点就是它的非系统性与随意性，即信仰内容往往不局限于某个特定的教派，诸宗杂糅，诸佛乃至佛道并拜者屡见不鲜。造像记中表现较明显的是造像者选定的造像题材（即其崇奉对象）与其祈愿间往往缺乏教义上的内在联系。以往学者多习惯于依据经典教义来理解民众的信仰，对此重视不够。这种做法不免遮盖了一些历史现象，难以恰切地把握民众信仰的实质。

以弥勒信仰为例，据佛经所述，该信仰内容包括三方面：礼拜供养弥勒或释迦牟尼；死后生兜率天，值弥勒闻法；56亿年后随弥勒下生人间，弥勒于龙华树下成佛，三会说法、悟道，同时各有数十亿众生与会闻法悟正觉。[①] 因此，许多学者径直将弥勒造像与信仰兜率天宫和龙华三会联系在一起，以弥勒造像作为弥勒信仰的代表，弥勒造像减少则当作弥勒信仰衰落的信号，[②] 没有顾及三部分之间可能存在的异步与分离。实际上属于弥勒信仰体系中的龙华三会观念在弥勒造像衰落近千年后仍在民间广泛流传，[③] 怎么能因弥勒造像减少就断言弥勒信仰衰落了呢？西方净土信仰的研究亦存在同样的问题。论者常常把造无量寿或阿弥陀像，不论有无祈愿生西方之内容，与所造并非此二佛而祈愿包含往生西方净土的像等同起来，笼统视为净土信仰流行的反映。[④] 以教义来衡量，这自然不错，却与信仰的实际情况有较大的出入。

信仰与教义间异步与分离现象若从单个造像看往往摸不着头脑，总体上考察则会理出一些线索，发现信徒崇奉对象与祈愿流行间的差异。

考察造像题材为弥勒或释迦，以及祈愿内容含生兜率天、见弥勒、预龙华三会内容的造像，不难发现，两者或三者并具的情况并不多见。笔者收集了弥勒造像159尊、释迦造像168尊，祈望生兜率天、见弥勒

---

① 参见《观弥勒菩萨上生兜率天经》《弥勒下生成佛经》《弥勒下生经》《弥勒来时经》，俱见《大正藏》卷一四；并参见杨惠南《汉译佛经中的弥勒信仰》，《文史哲学报》第35期，1987年12月。

② 参见汤用彤《汉魏两晋南北朝佛教史》下册，第577页；唐长孺《北朝的弥勒信仰及其衰落》，《魏晋南北朝史论拾遗》，第203~204页；杨曾文《弥勒信仰的传入及其在民间的流行》，《中原文物》特刊，1985，第73~74页；周绍良《隋唐以前之弥勒信仰》，《中国宗教：过去与现在》，第124页；刘凤君《山东省北朝观世音和弥勒造像考》，《文史哲》1994年第2期，第50页。

③ 参见王明《农民起义所称的李弘和弥勒》，《燕园论学集》，第256~258页；欧大年《中国民间宗教教派研究》，第121、170~172、175~181页；王兆祥《白莲教探奥》，陕西人民教育出版社，1993，第138~147页。

④ 藤堂恭俊「北魏時代に於ける净土教の受容とその形成——主として造像銘との関連に於て」『仏教文化研究』（通号1）、95頁；宿白：《南朝龛像遗迹初探》，《考古学报》1989年第3期，第405页。

与预龙华三会者分别为 25 尊和 83 尊。其中两种观念兼有的不过 30 余尊。具体来说，造弥勒像愿生兜率见弥勒者 5 尊，造弥勒愿预龙华三会者 13 尊，造释迦像愿生兜率见弥勒者 7 尊，造释迦像愿预龙华三会者 6 尊。另有造释迦弥勒像愿预三会者 1 尊，愿生兜率与登三会兼有者 1 尊，三种观念兼备的只有1 例。① 上述造像只占四类造像的少数。弥勒与释迦造像中分别有 89% 和 92% 没有祈愿或兜率或预龙华三会的内容。祈愿预龙华三会的造像中 75% 的题材并非弥勒或释迦。愿生兜率见弥勒者兼有弥勒信仰其他内容者稍多，但亦有 46% 的造像无其他弥勒信仰内容。由以上比例可以断定，大部分信徒并不具备两种以上弥勒信仰内容，他们多半或只崇拜弥勒或释迦，或仅愿预龙华三会，或唯求生兜率见弥勒。

这种情况是否因时间推移而有所变化呢？题材为弥勒、释迦，与祈愿有生兜率见弥勒、预龙华三会内容的造像与兼有上述两种或三种内容的造像的时间分布如表 B1－2。

据表 B1－2，三种或两种观念兼备的造像分布与前四类造像大体相当，不存在时间愈后，几种观念愈趋融合的趋势。相对每个时段而言，只有少部分信徒兼有两种观念，大部分仅奉其一。

表 B1－2　弥勒释迦造像与含龙华三会、生兜率天祈愿造像比较

年　代	A	B	C	D	A C	A D	A C	B C	B D	A C	C D	两者兼有
440 ~ 449	1		1									
450 ~ 459		1										
460 ~ 469	3											
470 ~ 479	6	4	2		1							1
480 ~ 489	6	5		1								
490 ~ 499	8	8	5		3							3
500 ~ 509	16	15	6	2	1	1		1	2			5
510 ~ 519	19(1)	14	7	1	1			1	1			3

---

① 如永平元年（508）道众造像记、孝昌二年（526）九月八日元氏法义造像记、永熙三年（534）四月十三日道仙造像、兴和二年（540）九月十三日赵胜习作造像记等。

续表

年　代	A	B	C	D	A C	A D	A C	B C	B D	A C	C D	两者兼有
520～529	31(2)	22	11	4	4	1			2			7
530～539	17(1)	25(3)	10	4		2		1	1		1	5
540～549	12(3)	19	12	4		1		2				3
550～559	11(3)	7(3)	15	1	1					1		2
560～569	8(3)	17(3)	8	7				1	1			2
570～579 580	7(1)	20(2)	6	1	2				1			3
小计	145(14)	157(11)	83	25	13	5	1	6	7	1	1	34

注：1. A 指弥勒，B 指释迦，C 指龙华，D 指兜率。
　　2. 圆括号内的数字表示一次造像同时造两种题材的事例。

　　几种观念兼备的信徒在区域分布上有何特点？由 34 尊造像之地理分布看，其中 15 尊分布在龙门石窟，雕造时间集中在 504～534 年，显然这 30 年间洛阳一地兼有两种观念的信徒较集中，其他地区似不多见。其他时段北方两种以上观念兼备的造像不多，这或暗示这类信徒寡少。

　　大体说来，除洛阳民众中一度弥勒释迦崇拜与祈愿、生兜率见弥勒、预龙华三会同被信奉流行较广外，其他地区、其他时期三种观念在民众中多是分别流行。简单地从经典教义出发去分析，是难以发现上述现象的。

　　崇奉无量寿佛（或阿弥陀佛）与祈愿西方净土，在北朝的一般信徒头脑中亦是互不相干的两种观念。[①] 自 460 年代出现第一尊无量寿造像后的 110 年中，传世无量寿造像 31 尊，祈愿生西方净土造像 92 尊，其中两者兼有的仅 3 尊。到 570 年代，两者兼有者才渐多起来，8 尊无量寿或阿弥陀造像中 3 尊有生西方祈愿，不过这十年间祈愿生西方净土者所造像大部分仍不是无量寿。即便到此时也不能说两种观念融合已成大势，真正的融合要到隋唐以后了。无量寿造像与祈愿生西方净土造像及兼具两种观念的造像时间分布如表 B1 - 3。

---

① 佐藤智水《北朝造像铭考》第 23 页已指出这一点。

表 B1 –3　无量寿造像与祈愿生西方净土造像比较

年　代	无量寿像	生西方	两者兼有
460～469	1		
470～479		1	
480～489	2	1	
490～499		3	
500～509		2	
510～519	2	11	1
520～529	5	9	
530～539	3(1)	12	
540～549	1	10	
550～559	3(2)	27	2
560～569	9(2)	16	
570～579	8	11	3
580			
小计	34(5)	103	6

注：圆括号内的数字指同时兼造其他像的造像数量。

此外，14 尊观世音像的造作者祈愿托生西方净土，这些造像时间分布如表 B1 –4。

表 B1 –4　造观世音像且祈愿托生西方净土造像的时间分布

时段	470～479	480～489	490～499	500～509	510～519	520～529	530～539	540～549	550～559	560～569	570～579
数量	1					1	3		4	4	1

似有时间愈后，出现次数愈多之势。据《观无量寿经》（下文简称《观经》），观世音在中下品众生往生西方净土过程中起很重要的作用，且与大势至一起成为无量寿佛的胁侍。笔者以为："西方三圣"之说乃是《观经》编造出来的，《观经》出现之前，观世音在弥陀净土中的地位无足轻重。西方三圣观念影响至北朝民间亦是六世纪末的事情，单造观世音像祈生西方没有确证是受《观经》教义启发之造作，视为民众自

发追求的反映更妥当。唯有造"西方三圣"像兼有祈生西方才可视作合乎教义的事例，这种情况晚至武平二年（571）六月八日慕容士造像中才出现。

又如，从卢舍那崇拜的兴起与成佛祈愿的流行也都可以看出民众信仰的非系统性。

卢舍那造像崛起于北朝后期，崇拜卢舍那虽流行，但信徒并未接受与之相关的教义。卢舍那佛作为佛的法身或报身，在旧译《华严经》和《梵网经》卷上都提到过，并认为他住在莲花藏世界，放大光明，遍照十方。作为新的崇拜，如果其兴起是和与其相连的教义一同为信徒接受的话，造像记中应有所反映。笔者收集到的580年以前的卢舍那造像共40尊，检视40种造像记，除天保十年（559）七月十五日道朏造像愿文云："尽虚空边，法界一切众生成等正觉。"河清二年（563）三月十八日明空造像愿文："善道资身，福因闻识，等识思修，齐鉴我净，长乖四生，永登一宝。"与众稍有不同外，其余绝大多数记文的用语均是当时流行的说法。包括上述两记在内的所有记文均无愿生莲花藏世界的内容，提及的愿生去处为净土、西方极乐国土，或为宫殿、紫微之宫之类的旧说。道朏造像所云"成等正觉"，是和于《华严经》之语，但法界成正觉说亦是早已流行于世的祈愿（详下），非此时才出现，很难说是受《华严经》影响才出现的。该记仅"尽虚空边"一句罕见。明空造像记的确不同寻常。但总体上，随卢舍那崇拜而出现的卢舍那造像中并没有出现按照经典教义应有的相应的祈愿与观念。换言之，北朝结束前，信徒中流行的卢舍那佛不是作为一种系统教义或系统信仰的组成部分被接受、被崇奉的，而是从教义体系中剥离出来单独受到供奉。广言之，新崇拜对象、造像题材的兴起，不一定意味着信众的观念符合相关教义。

信徒中流行的成佛祈愿同样不存在与某种特定的崇拜对象、造像题材的密切关联。成佛祈愿表述形式众多，如一时成佛、速成佛道、俱时成佛、一切成佛、普同成佛等。笔者收集到149尊造像中有类似祈愿，表B1-5列出了含成佛祈愿的造像的题材与400~580年主要造像题材的比较。

表 B1-5　含成佛祈愿造像与造像题材比较

题　材＼数　量	总数	有成佛祈愿
像	214	12
石像	201	15
观音	204	21
释迦	168	17
弥勒	159	10
玉像	103	21
无量寿	39	2
卢舍那	40	1
多保	30	3
佛像	24	0
思惟	29	1

　　此外，缺或无题材的造像 210 尊，其中 16 尊有成佛祈愿。两相比较，除造弥勒像祈愿成佛者略少，造玉像如此祈愿者略多外，其他题材数量比例与总体造像题材数量比例大体一致，即祈愿成佛的信徒所造的像分布较均匀，并不是倾向于造某种特定题材的像。换言之，成佛祈愿是独立于特定的造像题材及崇奉对象而存在于信徒头脑中的。

　　最后，造像活动参与者中有少数道教徒。从选定的造像题材与造像记反映的观念，这些人的信仰亦呈现杂糅的特点。据造像题名中的特殊用语，如道民、录生、天师，以及先君、天尊等与道教有关的造像题材，可以判定道徒造像 23 尊。其中 3 尊为佛道混合造像，崇拜对象上就已是佛道兼糅。上述造像至少 12 尊的内容含有明显的佛教色彩，如天堂地狱、三途、六道四生、龙华三会、七世父母等。显然这些道徒的信仰不纯来自道经，亦吸收了很多佛教观念（正因此本书将这类造像一并考察），崇拜对象与祈愿间同样缺乏教义上的连贯性。祈愿中的佛教观念显然是道徒吸收当时当地社会上流行的佛说。

　　综上所述，民众造像题材与祈愿间往往相互脱节，缺乏观念上的连贯性。这种现象固然可以说民众信仰层次低，对义理理解、掌握不深，肢解与歪曲了教义。从另一个角度看，这正是中土信徒创造性的体现。他们并不是海绵吸水般简单地全盘接受，而是经过自主的选择来编织其信仰，表达其心愿。这种现象的存在，也要求研究者从实际信仰出发，而不是从教义出发去探求信徒的内心世界，具体到造像记则须对造像题材与祈愿内容分别进行考察。

二 崇奉对象的历史演进

崇奉对象是民众信仰的重要部分。就信徒从事造像而言，自然受到造像兴福之风的影响。具体到造像题材的选择，造像安放位置、目的与供养对象均起一定作用，但更主要的还是取决于造像者的尊崇对象。他们信奉、膜拜何种佛菩萨，兴造时自然倾向于造哪尊，造像记中所载的题材应是造像者崇奉对象的直接反映。具体造像题材的兴衰起伏大体折射出造像兴福之释徒崇拜对象演变的轨迹，对于了解其他信徒崇奉对象的状况不无裨益。

王昶便已涉足考察造像题材。他在《金石萃编》卷三九"北朝造像诸碑总论"中指出："按造像立碑，始于北魏迄于唐中叶。大抵所造者，释迦、弥陀、弥勒及观音、势至为多。"叶昌炽在《语石》卷五亦曾说："所刻之像，以释迦、弥勒为最多，其次则定光、药师、无量寿佛、地藏菩萨、琉璃光、卢舍那、优填王、观世音。"王、叶两位所述只是一种印象式的结论，非细致统计所得，且未顾及时代差异，难以为凭。

要深入挖掘造像记所含信息，非依靠统计手段不可，这方面塚本善隆与佐藤智水已着先鞭，[①] 但均存在一些问题。塚本只统计了龙门石窟一处造像题材的演变，未及其他地区，难免片面。佐藤则以整个北朝时期造像为统计对象，更为全面，但他在题材的确定上依据造像记中的主观陈述，对缺乏陈述者则视造像型制特征而定。造像型制与造像者主观陈述间往往出入很大，这样统计出的数据有失准确，自然影响结论的说服力。他统计时段的划分以朝代为断限，尚不及塚本精细。两位前贤共同的问题是文中虽均注意到造像

---

① 塚本善隆「竜門石窟に現れたる北魏仏教」『支那仏教史研究・北魏篇』、357～609 頁；佐藤智水「北朝造像銘考」『史学雑誌』86 巻 10 期、1977、16 頁。

者的不同背景，但统计中未将这一因素充分考虑在内，仅注意时间与题材（佐藤还有地点）几个变量，忽略了不同背景的造像者在题材选择上可能存在的不同。另外他们仅限于简单的数量统计，或按朝代计算比例，未能进一步计算各种题材的造像在各时段造像总量中的比例。因各时段残存的造像数量多寡不一，单凭数字高下往往不足以说明题材流行的情况，只有计算出比例方具有可比性。

　　参考两位前贤方法的得失，笔者根据造像记中造像者的主观陈述确定题材的所指，以公历绝对年代的十年为一时段，统计每一时段内各种题材造像的数量，并计算出每一题材数量占同期造像总数的比例，由 18 个时段内某一题材造像比例推知各时段内造新像信徒中该题材的流行情况，从而窥见该题材的流行趋势。通过上述方法亦可了解同一时段内不同题材的流行情况。统计是在对造像者身份分类的基础上进行的。

　　需要重申的是，早期造像传世较少，反映情况准确性差一些，但计算出的比例有可能相当高，行文中注意到其中包含的误差，做了相应的处理。

　　总体上看，五六世纪信徒崇奉对象是多元化的，造像题材相当繁杂。笔者所集材料中提及题材达二三十种之多，其中影响较大的有十余种，其时间上具体分布详见表 B2 - 1。

表 B2 - 1　主要造像题材时间分布

年代＼题材	释迦	弥勒	观世音	无量寿	卢舍那	多保	思惟	定光	浮图塔	天宫	佛像	像	玉像	石像
400～409														
410～419											1	2		
420～429												1		
430～439											1			
440～449		1							1		1	1	1	
450～459	1		1											

续表

年代＼题材	释迦	弥勒	观世音	无量寿	卢舍那	多保	思惟	定光	浮图塔	天宫	佛像	像	玉像	石像
460～469		3		1					1					
470～479	4	6	4			2			1			5	1	
480～489	5	6	4	2		6			1		1	2		1
490～499	8	8	3			2	1		1			6		3
500～509	15	16				3			1		1	14		12
510～519	14	19(1)	12	2		4		2	1		4	18	1	13
520～529	22	31(2)	23(2)	5		4		1	12	2	6	21	1	20
530～539	25(3)	17(1)	22(2)	3(1)	1	2	2(1)		8	2	1	31	6	27(3)
540～549	19	12(3)	26(1)	1	1	9	1		8	3	2	24(1)	15	27(1)
550～559	7(3)	11(3)	40(1)	3(2)	10	3	8(1)	1	10	5(1)	2	39	38	22(5)
560～569	17(3)	8(3)	38(1)	9(2)	16	2	7	22	91	2	2	33	21	35(4)
570～579	20(2)	7(1)	19(1)	8	12			1	3	1	2	15	19	24(4)
580												1		
小计	157(11)	145(14)	196(8)	34(5)	40	30	27(2)	7(3)	57(1)	15(1)	24	213(1)	103	184(17)

注：一次造像若造两种以上题材，则分别加以统计。圆括号内的数字表示同时造两种题材的事例。

此外还有碑像、五十三佛、七佛、千佛、阿閦佛、越殿国像、形像、丈八像、真容、窟、三劫等，这些题材出现次数很少，或流行不广，兹从略。另有 100 尊像未云题材，110 尊像题材部分残缺。

据表 B2－1 可以较清楚地看出主要题材在不同时段的造作情况，这大体反映了不同题材在各时段内被崇奉的情况。概言之，各种题材随时间推移不断经历着盛衰变化。就每个时段言，均是多种题材、多种崇拜并存，很难找出一种在近两百年间占绝对优势的题材与崇奉对象。信徒的选择是多样化的。不过，这样的统计是很概括的。下面先以主要题材为中心，逐一考察其流行的具体情况。

1 释迦造像

释迦牟尼作为佛教创始人，受到信徒的尊奉是很自然的。400～580 年北方纪年释迦造像的分布如表 B2－2。表 B2－3 是表 B2－2 中平民、官吏、僧尼及小计数字与表 B1－1 中对应数字相除得到的比例（多种身份信徒造像情况较复杂，此处暂从略。下同）。

表 B2－2 释迦造像分类统计

年代	A	B	C	AB	AC	BC	ABC	不详	小计
400～409									
410～419									
420～429									
430～439									
440～449									
450～459	1								1
460～469									
470～479	1	1	2						4
480～489	4		1						5
490～499	5	1	2						8
500～509	7	4	2		2				15
510～519	2	2	8		1			1	14
520～529	10	1	10	1					22
530～539	8	5	5(3)	1	4	1		1	25(3)
540～549	7	4	5	1	2				19
550～559	3	1(1)	(1)	3	(1)				7(3)
560～569	9(1)	1(1)	1(1)	1	2		3		17(3)
570～579	13(2)	2	1	1	3				20(2)
580									
小计	70(3)	22(2)	37(5)	8	14(1)	1	3	2	157(11)

注：圆括号内的数字指一次造多种题材像中所包含的释迦像。下同。

表 B2 - 3　释迦造像所占比例

单位：%

年代	A	B	C	小计
400～409				
410～419				
420～429				
430～439				
440～449				
450～459	33.3			33.3
460～469				
470～479	5.0	100	66.7	16.7
480～489	15.4		33.3	13.9
490～499	19.2	20	40	20.0
500～509	14.6	25	18.2	17.0
510～519	2.9	16.7	38.1	12.4
520～529	9.1	4.5	31.3	11.2
530～539	10.1	22.7	29.6	15.8
540～549	7.3	26.7	17.2	9.9
550～559	2.1	11.1	3.6	4.0
560～569	5.7	18.2	6.7	7.2
570～579	14.6	10.0	9.1	12.4
580				
小计	7.9	16.2	20.8	10.5

　　总体上，五世纪中叶至 570 年代末，北方释迦造像及其崇拜较流行。除 550～569 年比例略低外，大部分时间中信徒所造尊像中 10% 以上标明为释迦像，参与造像信徒中 10% 以上崇拜释迦，且上述时段内造释迦像的比例起伏不明显，说明崇拜释迦信徒比例大致稳定。由此或可推断，整个北方在 450～579 年的大部分时间中 10% 以上的释徒崇奉释迦牟尼。

　　平民背景信徒造释迦像亦集中在 450～579 年，此间属释迦崇拜主要流行期，此前则影响尚寡。这百余年间发展几经起伏，比例高时近 20%

(450～459 年比例虽高达 33.3%，但因此间现存平民造像仅 3 尊，样本过少，比例的可靠性较差，故不取）；低则跌至 2.1%，其中 510～519 年、550～559 年造释迦像者最少，五六世纪之交及北朝最后十年则平民信徒较多。不能排除资料偶然性的干扰，但也不能不说是平民信奉者队伍不稳定的反映。

官吏背景信徒造释迦像出现略晚，集中在 470～579 年。除480～489 年无像存世，520～529 年比例较低外，其他时段的比例均为 10%～27%，与平民情况相较，起伏小一些。崇拜释迦的官吏信徒的比例大体稳定，而且总体上崇拜释迦者较多，比例是平民的两倍，是流行的崇奉对象。

僧尼造释迦像、崇拜释迦流行时间与官吏相同，发展趋势是 549 年以前比例较高，550 年以后剧减，比例仅为盛时 10%～20%。僧尼中释迦造像与崇拜经历了由盛而衰的过程，分水岭在 550 年前后。尽管如此，总体上僧尼造释迦像的比例仍然很高，达 20% 以上，是僧尼中流行的崇拜对象。

与平民、官吏与僧尼释迦造像情况相比，平民信徒比例，无论是总体还是大部分时段内都要比官吏、僧尼低一半左右。尽管上述统计中不可避免带有一定的资料上的偶然性，但仍不可否认这种差别。据此，平民信徒崇拜释迦者比例要比官吏、僧尼低许多，这是三种不同身份的信徒在崇拜对象上的一个显著不同。

关于释迦造像的地域分布，资料不完整，难以做出全面的考察。但有一点可以肯定，500～539 年洛阳为释迦造像一集中地区，此间北方共造 79 尊释迦像，其中 42 尊即 50% 以上分布在龙门，特别是六世纪初的 20 年，29 尊释迦造像中 22 尊在龙门，[①] 可见该地信徒释迦崇拜之盛。

造像记中所见信徒对释迦的称呼亦多种多样，但以释迦牟尼、释迦文、释迦三者为多，间有称世加、释加、释迦佛、世加文、如来等，尚不统一，但称为释迦牟尼佛者很少。

2 弥勒造像

400～580 年弥勒造像时间分布与比例见表 B2－4、B2－5。

---

① 参见水野清一、長広敏雄『竜門石窟の研究』（二）后所附造像编年（一）。

表 B2 - 4　弥勒造像分类统计

年代	A	B	C	AB	AC	BC	ABC	不详	小计
400～409									
410～419									
420～429									
430～439									
440～449		1							1
450～459									
460～469	2		1						3
470～479	6								6
480～489	4	1	1						6
490～499	3	3	2						8
500～509	5	5	4		1			1	16
510～519	10	3	5		1	(1)			19(1)
520～529	12	5	8		6(1)		(1)		31(2)
530～539	6	3	3		4		1(1)		17(1)
540～549	8	1	3		(3)				12(3)
550～559	6(1)	2(1)	2		1(1)				11(3)
560～569	4(1)	1	(1)		2		(1)	2	9(3)
570～579	4(1)		1		1				6(1)
580									
小计	70(3)	25(1)	30(1)		16(5)	(1)	1(3)	3	145(14)

表 B2 - 5　弥勒造像所占比例

单位：%

年代	A	B	C	小计
400～409				
410～419				
420～429				
430～439				
440～449		100		14.3
450～459				
460～469	33.3		100	30.0
470～479	30.3			25.0
480～489	15.4	50	33.3	16.7
490～499	11.5	60	40	20
500～509	10.4	31.3	36.4	18.2

续表

年代	A	B	C	小计
510～519	14.5	25	23.8	17.8
520～529	10.9	22.7	25	16.8
530～539	7.6	13.6	11.1	10.2
540～549	8.3	6.7	10.3	7.8
550～559	4.8	16.7	7.1	5.6
560～569	2.9		3.3	4.0
570～579	4.9	5.0	9.1	4.5
580				
小计	7.9	17.6	15.3	9.9

从表 B2－4、B2－5 看，弥勒造像在 440 年代就零星存在，六十年代以后至北朝末各个时段均有分布，此后 120 年间社会上崇拜者不断，应为该崇拜主要流行期。流行期内的发展趋势，460～529 年造作弥勒像所占比例均在 15% 以上，多时达 30% 以上，应为弥勒造像与弥勒崇拜鼎盛时期；随后比例渐衰，至北朝末年造像中只有 4.5% 左右的造像题材为弥勒，比例仅为鼎盛期的 1/7～1/4，影响大不如前。总体上，弥勒造像与崇拜经历了一个从无到有，由盛而衰的发展过程，转折点分别在 460 年与 530 年前后。[①] 全部弥勒像占造像总数的 9.9%，其社会影响不应算小。

具体到平民背景的信徒，造弥勒像流行时间与总体状况相仿。400～460年或影响甚小，未有弥勒像传世；460～529 年较流行，此后影响渐衰。五世纪六七十年代全部造像的 30% 以上为弥勒，其间因该 20 年之造像残存于今者少，资料或有一定偶然性，但不能否认这期间弥勒崇拜影响较大的事实。[②] 此后半个世纪弥勒造像比例仍不低于 10%，但影响已不如前，大体上

① 佐藤智水「北朝造像銘考」『史学雑誌』86 卷 10 期、1977、16 頁；楊伯達『埋もれた中国石仏の研究：河北省曲陽出土の白玉像と編年銘文』松原三郎訳、東京美術、1985、145～159 頁。
② 塚本善隆「竜門石窟に現れたる北魏仏教」『支那仏教史研究・北魏篇』、371～382 頁；佐藤智水「北朝造像銘考」『史学雑誌』86 卷 10 期、1977、15～18、43 頁；刘凤君：《山东省北朝观世音和弥勒造像考》，《文史哲》1994 年第 2 期，第 48、50 页。

呈时间愈后，影响愈弱、比例愈低之势。到六世纪六七十年代比例仅在4%左右，约为极盛时之10%，前后不过120年，影响可谓一落千丈。大体说来，弥勒在北魏末期以前是平民中流行的崇奉对象，北魏灭亡后，平民中崇奉弥勒者日见其少。

官吏背景信徒早在440年代就有造弥勒像、崇奉弥勒者，但属个别现象。弥勒造像及崇拜流行于官吏中要到480年以后，此后百年间除560～569年未有弥勒造像传世，或许此间崇拜者甚少外，其余时段内均有一定比例的官吏信徒造弥勒像、崇拜弥勒。其中480～529年比例均在20%以上，此后则在16.7%～5%，比例略低。前50年弥勒造像、弥勒崇拜更为盛行，后50年斯风渐替。比例高下相差10倍，衰落幅度相当大。官吏信徒中弥勒造像与崇拜的发展趋势与总体形势是吻合的，仅流行期出现略晚。弥勒一度是官吏的主要崇拜对象之一。

僧尼背景信徒中弥勒造像自480年至北朝末一直存在，应属弥勒崇拜主要流行期，此前80年中仅1例，影响甚微。流行期内480～529年比例均不低于20%，高者达40%，而后50年最高仅为11.1%，低则为3.3%，较前50年下降50%以上。显然，530年前后是僧尼弥勒造像与崇拜盛衰的分水岭，前盛后衰。其发展亦经历了由少渐多，自盛而衰的过程。总体上弥勒仍是僧尼的主要崇奉对象之一，只是530年以前更显流行。

比较三种背景信徒造弥勒像情况，都经历了从无到有、由盛渐衰的过程，盛衰的转折点基本集中在520～530年。不过弥勒造像于不同背景信徒中崛起时间有先后，平民最早，官吏、僧尼则稍晚。此外，弥勒造像所占比例在不同信徒中差异较明显，无论是各个时段的比例还是总体的比例，官吏与僧尼基本都高于同期平民的水平，有时高出一倍多，如500～529年。易言之，弥勒崇拜在官吏、僧尼中的流行程度要大于在同期平民中的水平。这是三者在崇奉对象上又一不同之处。

据现有资料，弥勒造像及崇拜的分布较集中的有龙门及今山东北部。六世纪初至三十年代末的40年间龙门石窟造作了35尊弥勒像，同期北方弥勒造像共88尊，占近40%，可见该地弥勒造像、弥勒崇拜之盛行。今山东北部即相当于北魏齐州、青州亦流行弥勒造像。据统计，北朝时期至少有22

尊弥勒像造于山东，其中绝大部分出自山东北部。① 此外，北方其他地区也有分布。

信徒对造像题材的称呼占绝对优势的是弥勒，亦有不足 10 例称为弥勒佛或弥勒第七佛，还有 10 余例称弥勒尊像，数例称弥勒下生像，极个别的称弥勒上生像。按佛经言，弥勒先为菩萨居于兜率天内院说法，56 亿年以后下生成佛于世间说法，佛经中一般都称弥勒菩萨，这在造像记中几乎见不到。大部分信徒径称为弥勒，他们对于弥勒的实际身份并不明了，或是未尝注意其身份。从北朝弥勒造像型制看，经历了以交脚弥勒菩萨和以佛装弥勒为主两个阶段，太和以前流行交脚弥勒，太和以后弥勒渐着佛装。这一变化在记文中反映得极少，仅神龟元年（518）三月三日邦夏□造像称造交脚弥勒坐像，而所造形像为交脚弥勒骑鸟像，大体一致，② 其余绝大部分记文所云题材往往与实际形象不合。这反映了信徒主观认识与雕造型制间的差距。

3 观世音造像

400～580 年观世音造像时间分布与比例具见表 B2－6、B2－7。

表 B2－6 观世音造像分类统计

年代	A	B	C	AB	AC	BC	ABC	不详	小计
400～409									
410～419									
420～429									
430～439									
440～449									
450～459	1								1
460～469									
470～479	3		1						4
480～489	4								4
490～499	3								3
500～509	3							1	4
510～519	7	1	4						12

① 刘凤君：《山东省北朝观世音和弥勒造像考》，《文史哲》1994 年第 2 期，第 48、50 页及第 52～53 页注 20。

② 金申：《中国历代纪年佛像图典》，文物出版社，1994，第 469 页。

年代	A	B	C	AB	AC	BC	ABC	不详	小计
520～529	18(1)	2	2(1)		1				23(2)
530～539	15	2	4(2)		1				22(2)
540～549	17(1)		6		2			1	26(1)
550～559	30	1	5(1)	1	2			1	40(1)
560～569	26(1)	2	6	1	1			1	37(1)
570～579	13(1)	2	1				1	2	19(1)
580							1		1
小计	140(4)	10	29(4)	2	7		2	6	196(8)

注：造无量寿观世音大势至中的观世音未列人。

表 B2 - 7　观世音造像所占比例

单位：%

年代	A	B	C	小计
400～409				
410～419				
420～429				
430～439				
440～449				
450～459	33.3			33.3
460～469				
470～479	15.0		33.3	16.7
480～489	15.4			11.1
490～499	11.5			7.5
500～509	6.3			4.5
510～519	10.1	8.3	19	10.6
520～529	17.3	9.1	9.4	12.8
530～539	19.0	9.1	22.2	13.6
540～549	18.8		20.7	14.1
550～559	20.5	5.6	21.4	16.3
560～569	15.5	18.2	20	14.1
570～579	13.6	10	9.1	11.3
580				
小计	15.7	6.8	16.3	12.8

据表 B2 - 6、B2 - 7，总体上观世音造像从 470 年至北朝末年百余年间一直不断，是该造像及崇拜的主要流行期；此前 70 年间观世音造像仅1 例，势力尚微。影响幅度上，流行期内除 490 ~ 509 年比例不足 10%外，其余时段观世音造像比例均达 10% 以上，而且高低差幅不大，最高不过 16.7%，低不少于 10.5%，特别是 510 ~ 579 年，比例在 10.6% 与16.3% 间摆动，各时段比例间差距更小。概言之，从观世音造像看，观世音崇拜自 470 年盛行至北朝末大体保持一支稳定的信徒队伍，10% 以上的信徒崇奉观世音。

具体到平民背景的信徒，400 ~ 469 年造观世音像仅 1 例，似尚不流行。470 年至北朝末造作观音像颇多，所占各时段全部造像比例，除 500 ~ 509 年略少外，余者均在 10.1% 以上，且上下差幅不大。可谓终北朝之世观世音于平民信徒中影响稳固，10% ~ 20% 的信徒造观世音像崇奉观音，不因时间推移而变化起伏，总体比例也不低。观音是平民信徒中流行的主要崇奉对象之一，影响大体稳定。

官吏背景信徒中造观世音像主要见于 510 ~ 579 年，此前 110 年未见，估计影响甚微。而流行的 70 年中又有 540 ~ 549 年十年未有观音像，或源于资料偶然性，或确实影响一度中衰，不得而知。其余 60 年造观音像数目亦不多，各时段不过 1、2 尊，但所占比例除 550 ~ 559 年偏低，随后 10 年略高外，余下 40 年均在 10% 上下，似出现一次短暂起伏。总体上，官吏中流行造观音像、崇拜观音的时间较短，其间似经历短时的波动。不过由于收集到的官吏造观音像数目较少，上述估计未必尽合实际。

僧尼造观世音像亦主要流行于 510 ~ 579 年，此前 110 年间仅 1 例，或影响未广。流行期内各时段观世音像所占比例略有起伏，520 ~ 529、570 ~579 年略低，不足 10%，其余 50 年则在 20% 上下，总体上僧尼造观世音像比例达 16.3%，说明观世音崇拜的流行还是较普遍的。

三种背景信徒造观音像情况相较，特点有二：一是平民信徒中流行造观世音像及观世音崇拜要比官吏、僧尼早几十年，流行时间亦长数十年。二是无论是大部分时段的比例还是总体的比例，平民、僧尼造观世音像都高于官吏。由此可以推断，平民、僧尼较官吏更热衷于信奉观世音，这是三者在崇奉对象上的又一显著区别。

此外，造观世音像的形式，占绝对多数的是个人，或若干亲属及合家造作，采用其他形式如邑义之类来造观世音像的情况很少见。笔者收集到的不过 8 例，① 而以类似形式造释迦、弥勒像的分别为 26 例与 14 例，这种造像所占比例，观音为 3.9%，释迦为 15.4%，弥勒为 8.8%，造观音像的比例要低不少，说明观音更多地受到信徒个人或家庭的欢迎。现存观世音像，以高 30 厘米以下的小型铜、石像为主，摩崖像亦多为小龛，河南巩县石窟之观世音像龛高基本在 15～20 厘米，② 与观世音的信徒多为平民、僧尼的特点是相对应的。

观音造像分布遍及北方各地，说明崇拜观音者并非囿于一隅，而是散布北土。

信徒对造像题材的称呼大部分为观世音，称观世音菩萨的仅有二三例，另有写作光世音的。还有至少 25 例径称观音，最早的为太和八年（484）九月十九日乐陵人丁柱造像，称"造观音一躯"，③ 把观世音简称为观音绝非始于唐太宗时期。

4 无量寿（阿弥陀）造像

400～580 年无量寿（含阿弥陀，带胁侍之无量寿、阿弥陀）造像之时间分布与比例具见表 B2－8、B2－9。

表 B2－8　无量寿（阿弥陀）造像分类统计

年　代	A	B	C	AB	AC	BC	ABC	不详	小计
400～409									
410～419									
420～429									
430～439									

---

① 即天平二年（535）四月十一日比丘洪宝造像、武定二年（544）十二月四日王双虎等造像、武定三年（545）五月廿三日比丘僧道和等造像、西魏废帝元年（552）五月三日比丘尼僧显等造像、天保五年（554）四月八日赵独方等同邑义造像、乾明元年（560）四月十五日大交村合邑造像、天统四年（568）三月十五日李洪贵造像、天和六年（571）四月十五日赵富洛等二十八人造像。

② 参见傅永魁《河南巩县石窟寺发现一批石刻和造像龛》，《文物资料丛刊》(5)，文物出版社，1981，第 135～138 页。

③ 另有皇兴五年（471）三月廿七日新城人仇寄奴造像，据《中国历代纪年佛像图典》（第 440～441 页）称"为父母造观音像"，佐藤智水《北朝造像铭考》第 6 页所引则为"造观世音像"，未见拓片，不知孰是。

年　代	A	B	C	AB	AC	BC	ABC	不详	小计
440～449									
450～459									
460～469	1								1
470～479									
480～489	1							1	2
490～499									
500～509									
510～519	2								2
520～529	5								5
530～539		1	1(1)					1	3(1)
540～549			1						1
550～559	1(1)	1	1(1)						3(2)
560～569	4(1)		3(1)				1	1	9(2)
570～579	3	2			3				8
580									
小计	17(2)	4	6(3)		3		1	3	34(5)

表 B2-9　无量寿造像所占比例

单位：%

年　代	A	B	C	小计
400～409				
410～419				
420～429				
430～439				
440～449				
450～459				
460～469	16.7			10.0
470～479				
480～489	3.8			5.6
490～499				
500～509				
510～519	2.9			1.8
520～529	4.5			2.6

续表

年　代	A	B	C	小计
530～539		4.5	7.4	2.3
540～549			3.4	0.5
550～559	1.4	5.6	7.1	2.0
560～569	2.9		13.3	4.0
570～579	2.9	10.0		4.5
580				
小计	2.1	2.7	4.5	2.4

　　据表 B2－8、B2－9，总体上无量寿造像 510 年至北朝结束前较流行，此前 110 年间传世 217 尊造像中仅 3 尊为无量寿像，崇拜无量寿尚不流行。无量寿造像兴起后的 60 年间发展走势，除 540～559 年比例略低外，总体呈上升势头，表明无量寿造像及其崇拜日见流行，但至北朝结束前比例最高值仅为 4.5%，全部无量寿造像的比例只占 2.4%。与前述几种题材所占比例相较，无量寿仍属无足轻重，崇拜者尚寡，尽管其信徒在逐渐增多。概言之，无量寿崇拜早已存在，但影响极小，属六世纪初渐兴的造像题材与崇拜对象，影响虽渐次扩大，但终北朝之世，信徒无多，势力尚弱。

　　具体到平民信徒，造无量寿像时间呈断续分布，460 年以后五个时段内未有无量寿像传世。虽不能贸然断定这些时段内没有信奉无量寿者，但信徒寡少似非妄言。有无量寿像传世的时段，除 460～469 年因样本数少，比例稍高外，其余比例均在 5% 以下，足见该崇拜终北朝之世于平民中犹信徒寥寥，未成气候。

　　官吏背景信徒造无量寿像集中在 530～579 年，分布亦不连续，其中 20 年未有此类像传世。530 年以前 130 年中未见官吏造作无量寿像。无量寿像所占比例似呈上升趋势，其影响渐趋扩大，但亦非直线递增，两个时段的空白似表明其时该崇拜影响尚寡。到 570～579 年官吏所造 20 尊像中 2 尊为无量寿，比例达 10%，但无论从近 200 年整体，还是占全部官吏造像的比例，无量寿像及其崇拜于官吏中的影响均是后起的、微弱的，不是官吏信徒流行的崇拜对象。

　　僧尼造无量寿像情况与官吏相近，集中在 530～569 年，此前 130 年未见。40 年的流行期中无量寿造像的比例渐次升高，僧尼中崇信无量寿者渐多，鼎盛期比例已达 13.3%，但总体只有 4.5%，影响不能说很大，仍属新兴的崇奉对象，在僧尼中流行的时间与范围都是极有限的。

　　三种信徒中无量寿造像情况相较，无量寿造像及崇拜影响时间靠后，范围不广，但影响总体呈上升趋势，为共同点，不同之处在于平民中无量寿造像与崇拜流行时间较官吏、僧尼长许多。

　　地点明确的无量寿造像的分布，早期多集中在洛阳。510～539 年北方所造 10 尊无量寿像中 8 尊集中在龙门，① 当为无量寿崇拜较流行区域，此后则分布渐广。

　　信徒对崇拜对象的称呼以无量寿为主。39 例中称阿弥陀的仅 7 例，且都出现在 530 年以后，说明信徒首先采纳的名号是无量寿佛，后才渐有人称之为阿弥陀佛。且初期信徒以为无量寿与阿弥陀为二佛，而非一佛之不同称呼，故武平三年（572）河南浚县佛时寺造像碑刻有无量寿佛与阿弥陀佛。整个北朝时期，阿弥陀佛的称号尚不流行，不足以与无量寿相抗衡。此外，550 年以前的造像记中信徒均只称造无量寿像或阿弥陀像，未提及胁侍，虽然雕造出来的像每每为三尊佛式样。有些碑像中虽同时雕有阿弥陀、无量寿与观世音，却分龛别处，不相关联，如上引佛时寺造像碑及滑县大吴村开皇二年（582）吴野等造像碑。550 年以后方出现无量寿二菩萨之类的说法，见于造像的共 8 例，其中 5 例进一步指明所造为"无量寿（阿弥陀）观世音大势至"，即所谓"西方三圣"，这种称呼的出现要到 560 年以后。由信徒对崇拜对象称谓的演变不难看出，早期信徒只崇拜主尊，未顾及胁侍，后渐注意到胁侍之存在与作用，但尚不明了胁侍之名号，最后才知其确切名号，出现"西方三圣"之称呼。据此，"西方三圣"观念并非无量寿崇拜产生之初就出现的，而是 560 年代后才渐定型的。这种观念的出现与对胁侍菩萨之地位与作用的了解分不开。该认识较之三尊式佛像的雕造与流行要晚许久，由此一端亦可见造像与造像记反映的民众观念发展的不同步。

---

① 水野清一、長広敏雄『竜門石窟の研究』（二）后所附造像编年（一）（二）。

5 卢舍那造像

400~580年卢舍那造像时间分布与所占比例具见表 B2-10、B2-11。

表 B2-10 卢舍那造像分类统计

年　代	A	B	C	AB	AC	BC	ABC	不详	小计
400~409									
410~419									
420~429									
430~439									
440~449									
450~459									
460~469									
470~479									
480~489									
490~499									
500~509									
510~519									
520~529									
530~539			1						1
540~549		1							1
550~559	3		1		3			3	10
560~569	9		4		3				16
570~579	8		4						12
580									
小计	20	1	10		6			3	40

表 B2-11 卢舍那造像所占比例

单位：%

年　代	A	B	C	小计
400~409				
410~419				
420~429				
430~439				
440~449				
450~459				
460~469				
470~479				

年　代	A	B	C	小计
480～489				
490～499				
500～509				
510～519				
520～529				
530～539			3.7	0.6
540～549		6.7		0.5
550～559	2.1		3.6	4.0
560～569	5.2		13.3	5.8
570～579	7.8		36.4	6.8
580				
小计	2.2	0.7	5.0	2.5

据表 B2－10、B2－11，总体上看，卢舍那造像流行于 530～579 年，此前 130 年未见，为北朝后期新兴的崇奉对象。流行期内卢舍那造像比例大致逐段增加，显示其影响不断扩张。尽管如此，卢舍那造像最盛时的 570～579 年比例仍不足 7%，声势不能与观音、释迦、弥勒相抗，算不上主要崇奉对象。

具体到平民信徒，现存卢舍那造像集中在 550～579 年，其崇拜亦启于北朝晚期。30 年间卢舍那造像所占比例逐段递增，崇拜卢舍那的比例不断上升，但鼎盛时不过 7.8%，影响有限，非主要崇拜对象。

官吏中造卢舍那像者仅 1 例，看来该背景之信徒中崇拜卢舍那者甚少。

僧尼中卢舍那造像始于 535 年，随后 10 年未见，这一时期该崇拜影响犹微。570～579 年僧尼所造 11 尊像中 4 尊为卢舍那，比例高达 36.4%，足见影响之大。从 400～580 年整体看，卢舍那造像的比例仅为 5%，影响不可谓大，但在北朝末叶的 20 年中，该崇拜于僧尼中影响不可小视，是一主要崇拜对象。

三种背景信徒相较，卢舍那崇拜最盛于僧尼，平民次之，官吏最少。

卢舍那造像地点明确者多分布于今山东地区，共 18 尊，此外今河南、陕西亦各有一例，山西地区未见，似为一区域性崇拜。①

6 多宝造像

400～580 年北方多宝造像时间分布与所占比例情况具见表 B2 - 12、B2 - 13。

表 B2 - 12　多宝造像分类统计

年　代	A	B	C	AB	AC	BC	ABC	不详	小计
400～409									
410～419									
420～429									
430～439									
440～449									
450～459									
460～469									
470～479	2								2
480～489	4(1)		2(2)						6(3)
490～499	2								2
500～509	3								3
510～519	3		1(1)						4(1)
520～529	4								4
530～539	1		1						2
540～549	1					1(1)			2(1)
550～559	2(1)				1				3(1)
560～569	2								2
570～579									
580									
小计	24(2)		4(3)		1	1(1)			30(6)

注：圆括号内的数字指释迦多宝像之分布，总数内已含。

---

① 李静杰《佛教造像碑》（第 8 页）亦有类似的论述，他还认为卢舍那造像盛于僧侣，与鄙意相合，可参看。

表 B2 –13　多宝造像所占比例

单位：%

年　代	A	B	C	小计
400～409				
410～419				
420～429				
430～439				
440～449				
450～459				
460～469				
470～479	10.0			8.3
480～489	15.4		66.7	16.7
490～499	7.7			5.0
500～509	6.3			3.4
510～519	4.3		4.8	3.5
520～529	3.6			2.0
530～539	1.3		3.7	1.1
540～549	1.0			1.0
550～559	1.4			1.2
560～569	1.1			0.7
570～579				
580				
小计	2.6		2.0	1.9

据表 B2 – 12、B2 – 13，多宝造像流行于 470～569 年，由其所占比例看，多宝造像及崇拜经历了由无至有（400～479）、由少至多（480～489）及由盛渐衰（489～569）的漫长过程。极盛时造像比例高达 16.7%，北朝末年则跌至 0.7%，277 尊造像中仅有 2 尊为多宝像，不及盛时 1/20，不难看出具影响衰落幅度之大。以龙门石窟为例，北朝中期曾有 3 尊多宝造像，此后直至唐中叶未再出现多宝造像，[1] 可见一斑。概言之，除 470～489 年多宝造像、多宝崇拜一度较流行外，随后几十年中势力日颓，北朝季叶影响已微

① 水野清一、長広敏雄『竜門石窟の研究』（二）后所附造像编年（一）（二）。

不足道。

平民信徒中多宝造像与崇拜同样流行于 470～569 年，发展轨迹亦是由盛渐衰，盛世在 470～489 年，490 年以后比例日低，北朝结束前比例只有 1.1%，影响已微乎其微。

官吏背景信徒中尚未发现有言造多宝像者，或许官吏中多宝的信徒寡少。

僧尼中多宝造像的时间分布呈间断状，480～489 年比例甚高（其中或有一定资料上的偶然性）影响较大，此后数十年多宝造像则时有时无，有时比例呈下降趋势，反映出多宝造像与崇拜于僧尼中势力不断减小的现象。

三种信徒情况相较，多宝造像与崇拜在平民中影响时间最长、幅度最大，僧尼次之，官吏最小。这是三种信徒崇奉对象上的又一不同。

多宝造像地点明确者多见于今河北、河南及山东、山西，① 似未成为北方各地共同崇奉之对象。

信徒对崇奉对象的称呼，30 例中 24 例称为多宝（或保），仅 6 例称为释迦多宝。参照一些多宝造像的照片或实物，大部分造像均为两佛并坐之形，② 而信徒多仅名之为多宝像，不称释迦多宝像，个中原委值得进一步考察。

据研究，释迦、多宝并坐（实际就是二佛并坐式）金铜像流行自北魏的太和初年（470 年代）到隋中期（七世纪初）。③ 与此相对，信徒以多宝为题材自五世纪末起就走下坡路，影响渐衰。两者流行的时间不一致十分明显。

---

① 如延兴三年（473）八月十三日刘琛造像出于今河北饶阳，太和四年（480）四月廿日赵明造像出于今河北深县，正光六年（525）五月廿五日李阿敬造像出于今河北藁城，太和二年（478）王上造像出于山东博兴，景明三年（502）八月廿八日纪天助造像出于山东莱州，正始四年（507）十二月六日张铁武造像出于山东博兴，延昌四年（515）八月廿四日尹显房造像出自河南洛阳龙门，武定二年（544）九月一日僧纂等造像出自山西新绛等。

② 参见松原三郎『中国仏教雕刻史研究』（吉川弘文館、1961）、金申《中国历代纪年佛像图典》、李静杰主编《中国金铜佛》（宗教文化出版社，1996）中的照片与有关铭文。

③ 田军：《释迦多宝佛并坐金铜佛的分期与分布》，李静杰主编《中国金铜佛》，第262～263 页。

7 思惟造像

400～580 年思惟造像时间分布与所占比例具见表 B2 – 14 、B2 – 15。

表 B2 – 14　思惟造像分类统计

年　代	A	B	C	AB	AC	BC	ABC	不详	小计
400～409									
410～419									
420～429									
430～439									
440～449									
450～459									
460～469									
470～479									
480～489									
490～499					1				1
500～509									
510～519									
520～529									
530～539			2(1)						2(1)
540～549	3	1		2	3				9
550～559	6(1)				2				8(1)
560～569	4		3						7
570～579									
580									
小计	13(1)	1	5(1)	2	6				27(2)

表 B2 – 15　思惟造像所占比例

单位：%

年　代	A	B	C	小计
400～409				
410～419				
420～429				
430～439				

续表

年　代	A	B	C	小计
440～449				
450～459				
460～469				
470～479				
480～489				
400～409				
490～499				2.5
500～509				
510～519				
520～529				
530～539			11.1	1.7
540～549	3.1	6.7		4.7
550～559	4.8			3.6
560～569	2.3		10.0	2.5
570～579				
580				
小计	1.5	0.7	3.0	1.8

　　据表 B2 – 14、B2 – 15，思惟造像主要流行于 530～569 年，此前百余年中仅 1 例，为北朝后期流行的崇拜对象。其社会影响很小，比例最高时不过 4.7%，即 192 尊造像中 9 尊为思惟，发展趋势似以 540～549 年为鼎盛，此后衰落。但流行期仅 40 年，难以断言。

　　平民信徒造思惟像集中在 540～569 年，此前 140 年间未见。思惟崇拜盛行的 30 年思惟造像所占比例为 4.8% ～2.3%，起伏不大，但影响幅度也很小，不能说是很重要的崇拜对象。

　　官吏信徒中思惟造像仅 1 例，或其崇拜于官吏中不盛行。

　　僧尼中情况亦与官吏相近，思惟像出现亦不集中，虽个别时段比例较高，总体上该崇拜似不流行。

　　三种信徒情况相比，平民中信奉思惟者稍多。

　　思惟崇拜之地域分布，由地点明确的思惟造像看，主要集中在今河北中部、南部，相当于北魏之定、冀、相三州之地，29 例中 12 例出于上述地区，[①] 这一带应是该崇拜盛行的地区。

信徒对崇奉对象称呼，或为龙树思惟，或为思惟、太子思惟，未获一致。

8 浮图、塔

400～580 年造浮图、塔的年代分布与所占比例具见表 B2 - 16、B2 - 17。

表 B2 - 16　浮图、塔分类统计

年　代	A	B	C	AB	AC	BC	ABC	不详	小计
400～409									
410～419									
420～429									
430～439									
440～449		1							1
450～459									
460～469		1							1
470～479	1								1
480～489		1							1
490～499	1								1
500～509					1				1
510～519	1								1
520～529	3	4	1		2		1	1	12
530～539	2	2		1	2	1			8

①　即元象二年（539）正月一日比丘尼惠照造像，河北曲阳；兴和二年（540）二月三日郅广寿造像，河北曲阳；武定元年（543）十二月廿二日郅副世造像，河北曲阳；武定四年（546）李长君造像，河北景县；武定四年（546）二月十日卅三人造像，河北唐县；武定五年（547）郅显造像，河北曲阳；武定五年（547）二月八日丰乐七帝二寺邑义造像，河北定州；天保七年（556）二月八日韩子思造像，河北曲阳；天保八年（557）七月廿日张延造像，河北曲阳；皇建二年（561）八月廿五日尼员空造像，河北藁城；天统四年（568）正月廿六日王景造像，河北邺南城；武平四年（573）五月十七日尼法元等造像，河北曲阳。

续表

年　代	A	B	C	AB	AC	BC	ABC	不详	小计
540～549	4				2		2		8
550～559	3	1			3	1	1	1	10
560～569	5(1)	3						1	9(1)
570～579		1		1				1	3
580									
小计	20(1)	14	1	2	10	2	4	4	57(1)

表 B2 -17　浮图、塔所占比例

单位：%

年　代	A	B	C	小计
400～409				
410～419				
420～429				
430～439				
440～449		100		14.3
450～459				
460～469		50.0		10.0
470～479	5.0			4.2
480～489		50.0		2.8
490～499	3.8			2.5
500～509				1.1
510～519	1.4			0.9
520～529	2.7	18.2	3.1	6.1
530～539	2.5	9.1		4.5
540～549	4.2			4.2
550～559	2.1	5.6		4.0
560～569	3.4	27.3		3.6
570～579		5.0		1.7
580				
小计	2.3	9.5	0.5	3.6

据表 B2 - 16、B2 - 17，总体上造作浮图、塔很多时段中都存在，但所占比例除 440 ~ 449 年、460 ~ 469 年在 10% 以上外，其余时段均低于 6.2%，整体比例仅为 3.6%，崇奉浮图、塔在信徒中不甚流行。

具体到平民信徒，造作浮图、塔像断续分布，510 年代以后较集中，但所占比例最高不过 4.2%，影响亦小。

官吏信徒中浮图、塔分布亦呈断续状，早期比例较高，但样本数少，数据误差较大。从六世纪以后情况看，520 ~ 529 年、560 ~ 569 年比例稍高，浮图崇拜似一度流行，但其他时段或比例较低或无此类像传世，影响又微。这种波动性或为官吏浮图、塔崇拜与造作之特点。

僧尼造浮图塔仅存 1 例，似乎于僧尼中不流行，但僧尼与平民、官吏与僧尼及三者合造像中有浮图、塔 10 例，又似乎不能贸然谓之不流行，资料过少，无法判断，暂付阙如。

三者相较，官吏中崇奉浮图、塔者较平民、僧尼多。

信徒对题材的称呼多见为浮图或三级浮图，有 2 例称须弥塔（韩显祖、王方略造须弥塔记），还有称灵塔、均塔（刘双周造均塔记），余下多称塔。

此外，尚有造定光像者，但数量较少，影响不大，限于篇幅，兹不做分析。

上述造像题材均为具体的佛或菩萨，此外有泛称之"佛像"与不指明名号的"像""石像""玉像"以及特殊的"天宫像"等题材。

9 佛像

400 ~ 580 年造佛像的年代分布与所占比例具见表 B2 - 18、B2 - 19。

表 B2 - 18　佛像分类统计

年　代	A	B	C	AB	AC	BC	ABC	不详	小计
400 ~ 409									
410 ~ 419	1								1
420 ~ 429									
430 ~ 439	1								1
440 ~ 449	1								1
450 ~ 459									
460 ~ 469									

年 代	A	B	C	AB	AC	BC	ABC	不详	小计
470～479									
480～489	1								1
490～499									
500～509	1								1
510～519	4								4
520～529	4		1					1	6
530～539	1								1
540～549	1				1				2
550～559	2								2
560～569					1			1	2
570～579	2								2
580									
小计	19		1		2			2	24

表 B2－19　佛像所占比例

单位：%

年 代	A	B	C	小计
400～409				
410～419	33.3			33.3
420～429				
430～439	100			100
440～449	16.7			14.3
450～459				
460～469				
470～479				
480～489	3.8			2.8
490～499				
500～509	2.1			1.1
510～519	5.8			3.5
520～529	3.6		3.1	3.1
530～539	1.3			0.6
540～549	1.0			1.0

续表

年　代	A	B	C	小计
550～559	1.4			0.8
560～569				0.7
570～579	1.9			1.1
580				
小计	2.1		0.5	1.5

据表 B2－18、B2－19，总体上造佛像很多时期都出现过，但大部分时段比例均在 3 % 以下，平均只有 1.5%，影响不大。平民信徒造佛像、崇拜佛持续时间较长，影响稍大，而僧尼仅 1 例，官吏无佛像传世，影响均甚微。

值得注意的是信徒对崇奉对象的称呼。信徒称的造像题材带佛、菩萨者甚少，大都是直呼其名，如释迦、释迦文、弥勒、观世音，罕有称释迦牟尼佛、弥勒菩萨或观世音菩萨，而这部分信徒以类称“佛”来为所造之像命名，亦无具体名号，显示了观念上与众不同之处。他们究竟是对佛有较深的理解而造佛膜拜，还是未知其意而追随他人而兴造，犹可做进一步探讨。

10 像

五六世纪中不少兴福之徒把所造之物径称为“像”，未附加任何佛、菩萨之名号。这部分“像”的年代分布与所占比例具见表 B2－20、B2－21。

表 B2－20　像之分类统计

年　代	A	B	C	AB	AC	BC	ABC	不详	小计
400～409									
410～419	2								2
420～429		1							1
430～439									
440～449	1								1
450～459									
460～469									
470～479	5								5
480～489	2								2

续表

年 代	A	B	C	AB	AC	BC	ABC	不详	小计
490~499	5	1							6
500~509	11	1	2						14
510~519	16	1	1						18
520~529	16		3		1			1	21
530~539	21	1	3	1	2		1	2	31
540~549	15(1)	1	2		2		1	3	24(1)
550~559	25		5		4		1	4	39
560~569	22		2	1	3			5	33
570~579	12	2					1		15
580	1								1
小计	154(1)	8	18	2	12		4	15	213(1)

表 B2-21　像所占比例

单位：%

年 代	A	B	C	小计
400~409				
410~419	66.7			66.7
420~429		100		50
430~439				
440~449	16.7			14.3
450~459				
460~469				
470~479	25.0			20.8
480~489	7.7			5.6
490~499	19.2	20		15
500~509	22.9	6.3	18.2	15.9
510~519	23.2	8.3	4.8	15.9
520~529	14.5		9.4	10.7
530~539	26.6	4.5	11.1	17.5
540~549	16.7	6.7	6.9	13.0

续表

年　代	A	B	C	小计
550~559	17.1		17.9	15.5
560~569	12.6		6.7	11.9
570~579	11.7	10		8.5
580	100			50
小计	16.9	5.4	8.9	13.4

据表 B2-20、B2-21，总体上，"像"在 470~579 年各时段均有造作，此 110 年似为主要流行期，其前只有零星雕造，影响未彰。流行期内"像"所占比例除个别时段略低于 10% 外，多数时段均在 10% 以上，影响大体平稳，且影响程度一直不低，说明 470~579 年始终有 10% 左右的信徒崇信"像"。

平民信徒造"像"亦主要集中在 470~580 年，此前甚少。110 年的流行期内各时段"像"所占的比例多高于 10%，高者达 26.6%（580 年 100% 因数据样本少，比例偏高，不论），各时段比例间起伏不明显。平民中单纯崇拜"像"者不在少数，信徒队伍所占比例亦大体稳定，应是主要崇拜对象。

官吏背景的释子造"像"分布稀疏，不少时段尚未有造"像"传世，说明崇拜"像"者在官吏中影响时起时落，不稳定。有"像"存世的时段中，"像"的比例除 490~499 年、570~579 年比例稍高外，其余均低于 10%，整体比例为 5.4%，可知官吏中"像"崇拜者较少。

僧尼中造"像"集中在 500~569 年，此前百年未见。流行期内"像"的比例高低不等，高者达 18.2%，低者为 4.8%，其中 500~509 年、530~539 年、550~559 年比例较高，其他时段则低一半以上，看来僧尼中造"像"崇拜"像"者在 500~569 年一直存在，但影响无定，时大时小。

三者相较，造"像"、崇拜"像"流行时间最长、影响幅度最大的是平民信徒，僧尼次之，官吏居后。

地点明确的"像"分布于北方各地，但出现有先后，最早见于今河北、河南，后出现于今山东、陕西等地。

值得留意的是信众对崇奉对象的称呼，表 B2-20 列 214 例中造像者均称所造为"像"，而不是某一具体的佛、菩萨。比照实物，不难发现，很多被称为"像"的造像，从型制上都可确定其名号。太和二十三年（499）五月廿日郭武牺造像、永熙三年（534）四月八日张僧珍造像均名为造"像"，据形象为观世音。延昌二年（513）三月一日孙□□造像、武定三年（545）二月八日马□造像、天保八年（557）四月廿二日马忘愁造像、太宁二年（562）三月一日马□造像情况相同。永平三年（510）十月八日杨有德造像、天保九年（558）十月廿一日刘也奴造像形像为释迦多宝并坐，而记文称"像"。天和二年（567）三月十四日李清□造像形像为弥勒佛，而记文称"像"。此外，很多造像据形像可定为菩萨，而记文仅云"像"。

从造像刻文步骤看，无论是雕造还是铸造，或买现成品，都是先有像后刻记文（详下）。造像者是见到了像之后才能刻记文，他们却不写某佛或某菩萨，只略称为"像"。看来这些信徒既不重视、不关心所造像的具体名称与佛教含意，也无确定的崇拜对象，只是简单膜拜"像"而已，造出的是佛就拜佛，是菩萨就拜菩萨，无论形制如何，只要是像就可。换言之，他们看重的主要是膜拜像的行为，对于像的具体型制并无甚要求。这些造像者或是在社会造像风气驱动下造像供养的，对于佛教的了解尚很浅显，没有确定的佛教崇奉对象。

另有少数情况是合邑造"像"，称所造之物为"像"并非对佛、菩萨名号一无所知，而是另有原因，不过这种情形较少见，214例中仅十几例。

11 玉像

400～580年造玉像（含白玉像、黄玉像、玉石像等）以及造释迦玉像、白玉观音像之类的名号玉像的年代分布及所占比例，具见表 B2 –22、B2 –23。

表 B2 –22 玉像及名号玉像之分类统计

年 代	A	B	C	AB	AC	BC	ABC	不详	小计
400～409									
410～419									
420～429									
430～439									
440～449	1								1

年 代	A	B	C	AB	AC	BC	ABC	不详	小计
450～459									
460～469									
470～479	1								1
480～489									
490～499									
500～509									
510～519	1		(1)						1(1)
520～529	(1)	1	(1)						1(2)
530～539	1(2)	1	3(4)				1		6(6)
540～549	11(3)	(1)	2(3)	(1)	2(3)				15(11)
550～559	26(9)	4(1)	3(1)		3(2)		2		38(13)
560～569	16(6)		2(2)		1		1	1	21(8)
570～579	17(2)	(1)	1(3)		1(2)				19(8)
580									
小计	74(23)	6(3)	11(15)	(1)	7(7)		4	1	103(49)

注：圆括号内的数字指同期的名号玉像数。

表 B2－23 玉像及名号玉像所占比例

单位：%

年 代	平民 a	平民 b	官吏 a	官吏 b	僧尼 a	僧尼 b	小计 a	小计 b
400～409								
410～419								
420～429								
430～439								
440～449	16.7	16.7					12.5	14.3
450～459								
460～469								
470～479	5.0	5.0					4.2	4.2
480～489								
490～499								
500～509								
510～519	1.4	1.4				4.8	0.9	1.8
520～529		0.9	4.5	4.5		3.1	0.5	1.5
530～539	1.3	3.8	4.5	4.5	11.1	25.9	3.4	6.8
540～549	11.5	14.6		6.7	6.9	17.2	7.8	13.5

续表

年　代	平民 a	平民 b	官吏 a	官吏 b	僧尼 a	僧尼 b	小计 a	小计 b
550～559	17.8	24.0	22.2	27.8	10.7	14.3	15.1	20.3
560～569	9.2	12.6			6.7	13.3	7.6	10.5
570～579	16.5	18.4	5		9.1	36.4	10.7	15.2
580								
小计	8.1	10.6	4.1	6.1	5.4	12.9	6.4	9.5

注：a 指玉造像所占比例；b 为玉造像及名号玉像之和所占比例。

据表 B2‐22、B2‐23，总体上玉造像及名号玉像集中造作于 510～579 年，此前百余年中亦各有 1 例，影响甚弱。70 年的流行期中除 520～529 年、560～569 年比例下跌外，两种造像所占比例大致呈上升势头。到北朝末，177 尊造像中 19 尊为玉像，8 尊为名号玉像，比例分别为 10.7% 和 4.5%，说明崇尚玉的风气在造像中影响不断扩大。

平民信徒中造玉像集中在 530～579 年，此前 130 年间仅 3 例。50 年的流行期中无论是玉像还是名号玉像所占比例除 560～569 年略低，影响一度下降外，总体上比例呈上升趋势。530～539 年比例仅分别为 1.3% 和 3.8%，十年后则跃至 11.5% 和 14.6%，可见影响幅度增长之高、速度之快，崇尚玉在北朝后期平民信徒中影响持续扩大。

官吏信徒造玉像相比之下则少得多，分布也稀疏，主要集中在 520～559 年，造玉像及名号玉像经历了马鞍形的发展过程，初期较低，550～559 年比例最高、影响最盛，随后即走下坡路。总的看来，崇尚玉像在官吏中流行是昙花一现。

僧尼中玉造像分布于 530～579 年，名号玉像的时间分布稍广，510～579 年均有存在。玉造像比例各时段大体持平，而名号玉像的比例则时有起伏，510～529 年、550～569 年较低，余下 30 年较高，最多时段内 11 尊僧尼造像中 4 尊与玉有关，比例达 36.4%。总体上崇尚玉风行于 530～579 年，影响时起时落，盛时从者颇多。

三者相较，平民中崇尚玉最盛，僧尼仅次之，官吏殿后。

地点明确的玉类造像半数以上集中在今河北，即古定州、冀州与相州。具体来说，河北西部至河南北部沿太行山东麓带状地区最集中，其中唐县、曲阳、藁城一带至少保存了 37 尊玉类造像，更是中心的中心。这些地区当是玉崇尚风行的区域。

造像者对于像的称呼有玉像、黄玉像、白玉像、玉石像等。比照实物之质料，相当数量的造像虽被称为玉像或某某玉像，实际不是玉质。1950 年代初河北曲阳出土的很多造像自称为玉像，实则为白石像。① 这种现象的产生一方面说明造像者主观上"玉"概念含混不清，另一方面则折射出他们尊崇玉的心理。103 尊玉像造像者自述题材为像，质地为玉，则是崇尚玉的心理与造像风气影响下的产物，佛教在崇奉对象上的印记并不明显。而 49 尊名号玉像则是崇尚玉与具体佛、菩萨崇拜交互影响所致。

12 石像

除所谓"像""玉像"之外，五六世纪盛行的另一种题材是"石像"。400~580 年石像年代分布与所占比例，具见表 B2-24、B2-25。

表 B2-24 石像分类统计

年 代	A	B	C	AB	AC	BC	ABC	不详	小计
400~409									
410~419									
420~429									
430~439									
440~449									
450~459									
460~469									
470~479									
480~489			1						1
490~499	3								3
500~509	7	3		1	1				12
510~519	9	2	1		1				13
520~529	15	1	1		2		1		20

① 楊伯達『埋もれた中国石仏の研究：河北省曲陽出土の白玉像と編年銘文』、113、124 頁。

续表

年　代	A	B	C	AB	AC	BC	ABC	不详	小计
530～539	14	1	1(1)	2	5(1)	1(1)	1	2	27(3)
540～549	11	3	3(1)		6		4		27(1)
550～559	10	4	1	2(1)	1(2)	1	2(2)	1	22(5)
560～569	25(2)		1(1)	2	2		3(1)	2	35(4)
570～579	10(2)	5		2	3		3(2)	1	24(4)
580									
小计	104(4)	19	9(3)	9(1)	21(3)	2(1)	14(5)	6	184(17)

注：圆括号内数字指同时期带佛菩萨名号的石像数。

表 B2－25　石像所占比例

单位：%

年　代	A	B	C	小计
400～409				
410～419				
420～429				
430～439				
440～449				
450～459				
460～469				
470～479				
480～489			33.3	2.8
490～499	11.5			7.5
500～509	14.6	18.8		13.6
510～519	13.0	16.7	4.8	11.5
520～529	13.6	4.5	3.1	10.2
530～539	17.7	4.5	7.4	16.9
540～549	11.5	20	13.8	14.6
550～559	6.8	22.2	3.6	10.8
560～569	15.5		6.7	14.1
570～579	11.7	25		15.8
580				
小计	11.8	12.8	5.9	12.6

注：比例据表 B2－24 中圆括号内外数字之和计算。

　　据表 B2 - 24、B2 - 25，石像总体上集中在 480 ～ 579 年。此间除前 20 年比例略低外，其余 90 年各时段石像所占比例高不过 16.9%，低为 10.2%，相差不多。造作石像的信徒在全部信徒中的比例相对稳定，平均在 10% 左右，石像崇信者不可谓少。

　　平民信徒造石像集中在 490 ～ 579 年。各时段比例除 550 ～ 559 年低于 10% 以外，余下各时段比例为 11.5% ～ 17.7%，大体平稳。490 ～ 579 年平民崇奉石像者的比例，基本保持稳定。

　　官吏信徒造石像主要在 500 ～ 579 年，但分布不均，两个时段无石像传世，各时段中石像所占比例多少不等。似乎 540 年以后比例渐多，影响扩大，但 560 ～ 569 年又无石像传世，总的形势不甚明了。但整体比例为 12.8%，影响不能算小，只是分布不均，这或是官吏石像崇拜上的特点。

　　僧尼造作石像时间分布较官吏更加分散，各时段内比例差距较大，整体比例较低，僧尼中崇拜石像风气不甚流行，只是个别时期崇奉者稍多。

　　三者相较，崇拜石像之风平民中最盛，流行时间也最久，官吏次之，僧尼居后。

　　地点明确的石像最早出现在陕西耀县，[①] 随后见于洛阳龙门，稍后则遍布北土，当为流行各地的崇拜。

　　信徒称所造之物为"石像"，强调用料质地而未明言具体名号，大多数情况下信徒与造"像"者相类，重视的是造像活动本身，像的实际造型、佛法上的名称意义仅在其次，他们亦多受造像时风影响而动，对佛教中佛、菩萨知之甚少，所以无确定的佛、菩萨作崇奉对象。

　　除上述情况外，亦有部分合邑造像名其所造为石像或四面石像，像龛往往镌刻众佛、菩萨，信徒并非对佛、菩萨无所知，造像题名中不少人名前冠有"某某佛主"之称号，如东武定元年（543）七月廿七日道俗九十人造像碑云"造石像一区"，题名中有"定光佛主前部郡从事路达"；武定五年（547）七月四日王盖周等合邑造"石像"一区，题名中有"菩萨主钟金王愿兴……弥陀起像主王念□"等。这种石像的产生不是因为造像者对佛菩萨名号全无所知，而是各人崇奉对象不一而采取的

---

　　① 景明元年（500）八月十八日杨向绍造像。

变通办法（下详），需另当别论。

13 天宫像

六世纪以后北方出现了称为"天宫"的造像题材。该题材造像的时间分布与所占比例具见表 B2 - 26、B2 - 27。

表 B2 - 26　天宫像分类统计

年　代	A	B	C	AB	AC	BC	ABC	不详	小计
400 ~ 409									
410 ~ 419									
420 ~ 429									
430 ~ 439									
440 ~ 449									
450 ~ 459									
460 ~ 469									
470 ~ 479									
480 ~ 489									
490 ~ 499									
500 ~ 509									
510 ~ 519									
520 ~ 529		2							2
530 ~ 539					1	1			2
540 ~ 549			1				2		3
550 ~ 559	3			1	1(1)				5(1)
560 ~ 569	1				1				2
570 ~ 579							1		1
580									
小计	4	2	1	1	3(1)	1	3		15(1)

表 B2 - 27　天宫像所占比例

单位：%

年　代	A	B	C	小计
400 ~ 409				
410 ~ 419				
420 ~ 429				
430 ~ 439				

续表

年　代	A	B	C	小计
440～449				
450～459				
460～469				
470～479				
480～489				
490～499				
500～509				
510～519				
520～529		9.1		1.0
530～539				1.1
540～549			3.1	1.6
550～559	2.1			2.4
560～569	0.6			0.7
570～579				0.6
580				
小计	0.4	1.4	0.5	1.0

　　据表 B2-26、B2-27，天宫像仅 16 例，分布于 520～579 年，比例甚小，影响不大。在三种背景的信徒中均有零星造作。

　　这种题材引人注目之处不在它的影响，而是信徒对题材的称呼。"天宫"即是通常所谓的"天堂"，故康僧会曾云："行恶则有地狱长苦，修善则有天宫永乐。"①《杂宝藏经》卷五亦曰："其后命终，即生彼天宫。"② 造像记愿文中也有将天堂称为"天宫"的。孝昌三年（527）四月廿日杨丰生造像云："愿亡者上生天宫，下生人间胡王长者。"永熙三年（534）二月十□日道信造像云："愿使妄（亡）母上生天宫，值遇诸佛。"以"天宫"为造像题材，印度佛教中似未见，应属中土信众的创造。

　　以上围绕主要造像题材，考察了它们在 400～580 年流行情况的发展变化，下面以造像者身份为准，对同一类信徒崇拜不同对象的情况做一粗略考察。表 B2-28、B2-29、B2-30 分别汇集了平民、官吏及僧尼造各种主要题材所占比例。

————————

① 《高僧传》卷一，第 17 页。
② 《大正藏》卷四，第 473 页下。

表 B2 – 28　平民主要造像题材所占比例

单位：%

年代 \ 题材	释迦	弥勒	观世音	无量寿	卢舍那	多宝	思惟	浮图塔	佛像	像	玉像	石像	天宫
400～409													
410～419									33.3	66.7			
420～429													
430～439									100				
440～449									16.7	16.7		16.7	
450～459	33.3		33.3										
460～469		33.3		16.7									
470～479	5.0	30.3	15.0			10.0		5.0		25.0		5.0	
480～489	15.4	15.4	15.4	3.8		15.4			3.8	7.7			
490～499	19.2	11.5	11.5			7.7		3.8		19.2		11.5	
500～509	14.6	10.4	6.3			6.3			2.1	22.9		14.6	
510～519	2.9	14.5	10.1	2.9		4.3		1.4	5.8	23.2	1.4	13.0	
520～529	9.1	10.9	17.3	4.5		3.6		2.7	3.6	14.5		13.6	
530～539	10.1	7.6	19.0			1.3		2.5	1.3	26.6	1.3	17.7	
540～549	7.3	8.3	18.8			1.0	3.1	4.2	1.0	16.7	11.5	11.5	
550～559	2.1	4.8	20.5	1.4	2.1	1.4	4.8	2.1	1.4	17.1	17.8	6.8	2.1
560～569	5.7	2.9	15.5	2.9	5.2	1.1	2.3	3.4		12.6	9.2	15.5	0.6
570～579	14.6	4.9	13.6	2.9	7.8				1.9	11.7	16.5	11.7	
580									100				
小计	7.9	7.9	15.7	2.1	2.2	2.6	1.5	2.3	2.1	16.9	8.1	11.8	0.4

表 B2 – 29　官吏主要造像题材所占比例

单位：%

年代 \ 题材	释迦	弥勒	观世音	无量寿	卢舍那	多宝	思惟	浮图塔	佛像	像	玉像	石像	天宫
400～409													
410～419													
420～429										100			
430～439													
440～449		100						100					

续表

年代＼题材	释迦	弥勒	观世音	无量寿	卢舍那	多宝	思惟	浮图塔	佛像	像	玉像	石像	天宫
450~459													
460~469								50					
470~479	100												
480~489		50						50					
490~499	20	60								20			
500~509	25	31.3								6.3		18.8	
510~519	16.7	25	8.3							8.3		16.7	
520~529	4.5	22.7	9.1					18.2			4.5	4.5	9.1
530~539	22.7	13.6	9.1	4.5				9.1		4.5	4.5	4.5	
540~549	26.7	6.7			6.7		6.7			6.7		20.0	
550~559	11.1	16.7	5.6	5.6				5.6			22.2	22.2	
560~569	18.2		18.2					27.3					
570~579	10.0	5.0	10.0	10.0				5.0		10.0		25.0	
580													
小计	16.2	17.6	6.8	2.7	0.7		0.7	9.5		5.4	4.1	12.8	1.4

表 B2－30　僧尼主要造像题材所占比例

单位：%

年代＼题材	释迦	弥勒	观世音	无量寿	卢舍那	多宝	思惟	浮图塔	佛像	像	玉像	石像	天宫
400~409													
410~419													
420~429													
430~439													
440~449													
450~459													
460~469			100										
470~479	66.7		33.3										
480~489	33.3	33.3				66.7						33.3	
490~499	40	40											
500~509	18.2	36.4								18.2			

续表

年代 \ 题材	释迦	弥勒	观世音	无量寿	卢舍那	多宝	思惟	浮图塔	佛像	像	玉像	石像	天宫
510~519	38.1	23.8	19.0			4.8				4.8		4.8	
520~529	31.3	25	9.4					3.1	3.1	9.4		3.1	
530~539	29.6	11.1	22.2	7.4	3.7	3.7	11.1			11.1	11.1	7.4	
540~549	17.2	10.3	20.7	3.4						6.9	6.9	13.8	3.4
550~559	3.6	7.1	21.4	7.1	3.6					17.9	10.7	3.6	
560~569	6.7	3.3	20.0	13.3	13.3		10.0			6.7	6.7	6.7	
570~579	9.1	9.1	9.1		36.3							9.1	
580													
小计	20.8	15.3	16.3	4.5	5.0	2.0	3.0	0.5	0.5	8.9	5.4	5.9	0.5

从表 B2-28、B2-29、B2-30 看，三种背景信徒在不同时期内流行的造像题材都是多元化的。按照小计的比例高下排列，平民中主要流行的六种题材是像、观世音、石像、玉像、释迦、弥勒；官吏中则是弥勒、释迦、石像、浮图塔、观世音、像；僧尼中则是释迦、观世音、弥勒、像、石像、玉像。三者相较，平民中除观世音较流行以外，像、石像之类缺乏佛教色彩的题材较流行，而僧尼、官吏的情况恰相反，具体到各时段也大体如此。这或反映了具佛教色彩的崇奉对象更受官吏、僧尼欢迎，而平民对佛教了解无多而追随时风造像者更盛。此外亦不断产生新的流行题材，如无量寿、卢舍那等，虽然初起时影响往往不大。换言之，民众崇奉对象亦在不断变化。

综上所述，由 400~580 年造像题材看，民众崇奉对象多种多样，亦蕴含着兴衰起伏。各种崇奉对象流行时期、影响程度不尽相同，其中最流行的为释迦、弥勒、观世音、像、石像、玉像。弥勒造像与崇拜至北朝末期渐不流行，观世音崇拜影响持久稳定。像、石像造作影响大体稳定，崇尚玉及玉造像盛行于北朝后期。多宝造像、多宝崇拜五世纪末一度鼎盛，后走下坡路。卢舍那则是崛起于北朝末期的新题材与新崇拜。无量寿虽早有影响，但至北朝末方开始流行。"西方三圣"观念 560 年代后才渐定型，影响尚微。思惟像亦于北朝后期流行，但影响不大。时间上，六世纪二三十年代是多种崇拜盛衰消长的转折时期。此间卢舍那、思惟、天宫像膜拜崛起，无量寿、玉像影响渐大，弥勒造像与崇拜势力衰落。

不同信徒崇奉情况，释迦、弥勒相对盛行于官吏、僧尼中，平民信徒较少。观世音造像与崇拜则于官吏中不甚流行，却风靡于僧尼、平民中。多宝造像与崇拜亦更盛于平民、僧尼中，官吏中信徒极少。卢舍那崇拜主要流行于僧尼中，官吏中崇尚玉者比例较低，僧尼、平民中占优。总体上官吏、僧尼中崇奉释迦、弥勒者的比例较平民为高，像、石像与玉像则盛行于平民中。

地域上，释迦、弥勒造像与崇拜初盛于洛阳，崇尚玉多见于今河北一带，观世音崇拜遍于北土，卢舍那多见于今山东一带。

这些不同也只能说是程度上的不同，不能说平民、官吏与僧尼的崇奉对象存在本质的区别。

14 崇奉对象演进原因探析

400～580 年北方主要造像题材的盛衰与崇奉对象演进的情况大体如上。崇奉对象嬗变原因与经典传译、僧尼阐扬、本土观念如取舍信仰的标准分不开。前文曾指出，佛教僧团利用各种类型的传闻推行其教，不少传闻内容涉及各种形像供养，世间佛教崇奉对象的流行与此关系密切。不太可能对全部崇奉对象发展演变的原委做出圆满的解释，这里仅就若干影响较广、意义重大又有迹可循者做些探究。由于资料不足，某些分析不免推测成分稍多。

弥勒崇拜及造像的流行，汤用彤、塚本善隆、杨曾文、张继昊及宿白诸先生从弥勒经典的大量传译、僧侣中有不少弥勒信徒，特别是如道安、法显辈高僧亦崇信弥勒等角度加以诠释，[①] 无疑都是正确的。此外，弥勒经典译出、传布时间早，给佛徒印象在先；且吉迦夜、昙曜等译《付法藏因缘传》卷一又宣称弥勒为释迦佛的后继者，在未来成佛，[②] 对信徒影响颇深。故

---

① 汤用彤：《汉魏两晋南北朝佛教史》上册，第 155～157 页；塚本善隆「竜門石窟に現れたる北魏仏教」『支那仏教史研究・北魏篇』、564～571 页；杨曾文：《弥勒信仰的传入及其在民间的流行》，《中原文物》特刊，1985，第 68～75 页；任继愈《中国佛教史》第 3 卷，1988，第 589～606 页；张继昊：《北魏的弥勒信仰与大乘之乱》，《食货》第 16 卷第 3、4 期合刊，1986 年 12 月，第 63 页；宿白：《南朝龛像遗迹初探》，《考古学报》1989 年第 4 期，第 400～401 页。

② 《大正藏》卷五〇，第 301 页上。

《魏书·释老志》述佛时只云"释迦前有六佛，释迦继六佛而成道，处今贤劫。文言将来有弥勒佛，方继释迦而降世"，后又云："诸佛法身有二种义，一者真实、二者权应"，没有提到十方诸佛的名号，在魏收头脑中或许还没有他方诸佛的位置。其他信徒或亦如此，弥勒自然受到信徒重视。但是弥勒由经典植入信徒心扉的具体途径与方式尚乏切实有据的说明，现存传闻中关于弥勒的仅一例，或是有关传闻在传承中消失了，或是另有渠道，不得而知。

关于北魏末年以后弥勒造像及崇拜的衰落，引起很多学者的注意，并多方予以解释。不过，首先要澄清一点，北朝后期衰落的只是对弥勒的崇拜而不是弥勒信仰的全部，龙华三会观念千年不坠，影响深远。

综合各家的研究，意见较一致的原因有两点：一是统治者的措施导致了弥勒崇拜的式微。唐长孺先生指出："我们认为弥勒造像渐衰于北朝末期而罕见于唐代，（朝廷）禁止弥勒教派至少是一个重要原因。"[1] 万绳楠则认为法庆起义后，统治者感到弥勒的危险性，开始抬高、宣传居于西方净土的阿弥陀佛及胁侍观世音。[2] 虽未正面提出朝廷对弥勒崇拜采取过压制措施，但亦突出朝廷在信仰兴衰中的作用。周绍良先生亦认为朝廷的禁断是弥勒信仰衰微的一个重要原因，不过他认为衰微出现在隋唐而不是北朝。[3] 另一公认的原因是弥勒信仰后来缺乏名僧大德的师承倡导，更无人与提倡弥陀净土者争风，久之遂日见衰落。[4]

上述第一个原因，至少从北朝情况看，是站不住脚的。这一时期可以说不存在朝廷采取措施禁绝弥勒造像与弥勒崇拜的情况。尽管出现过多次利用弥勒出世发动起义的事件，但事后没有迹象表明朝廷采取过禁断措施。以"新佛出世"相诱的大乘起义发生在延昌四年（515）至熙平二年（517）、正光五年（524）山胡起义。据唐先生考证，有利用弥勒信仰的嫌疑，[5] 实

---

① 唐长孺：《北朝的弥勒信仰及其衰落》，《魏晋南北朝史论拾遗》，第 203 页。

② 万绳楠：《魏晋南北朝文化史》，黄山书社，1989，第 348 页。

③ 周绍良：《隋唐以前之弥勒信仰》，《中国宗教，过去与现在》，第 121、124 页。

④ 周绍良：《隋唐以前之弥勒信仰》，《中国宗教，过去与现在》，第 121 ~ 123 页；Kenneth. K Tanaka, *The Dawn of Chinese Pure Land Buddhist Doctrine.* State University of New York Press, 1990, pp. 111 – 112。

⑤ 唐长孺：《北朝的弥勒信仰及其衰落》，《魏晋南北朝史论拾遗》，第 199 ~ 201 页。

际未必,① 姑且算是弥勒起义。如果朝廷采取过措施的话,应在 515～524年或稍后。据前文对弥勒造像的统计,510～519 年 19（1）尊,520～529年 31（2）尊,20 年间弥勒造像比例分别为 17.8%、16.8%,均处在弥勒造像与崇拜的盛世,如果朝廷有过禁令情况当非如此。且地处统治中心的洛阳龙门石窟,516～526 年雕造了至少 11 尊弥勒像,② 弥勒起义后官员造弥勒像仍不乏其人。山胡起义后未久,清信女王氏于龙门魏字洞为其亡夫宁远将军（下缺）某造弥勒尊像一区〔孝昌二年（526）四月廿八日〕,东魏元象二年（539）三月廿三日齐州长史镇城大都督乞伏锐于今山东济南千佛山造弥勒石像一堪,同日同处假伏波将军魏郡丞姚敬尊亦造弥勒像一区。此三例为官吏或其亲属所造,后两人所造不是供养于家中的小型金石像,而是摩崖像。清信女王氏所造就在京师洛阳,如果朝廷曾颁令禁绝弥勒教派的话,似乎不应出现上述情况。退一步讲,即使确有禁令,执行禁令官员知法犯法,置之不理,京邑尚得不到贯彻,更不用说其他地区的信徒了,禁令能否发挥效力也就颇令人怀疑了。无论如何,把北朝时期弥勒造像与崇拜的衰颓归结为朝廷的干预难以服人。隋唐以后,弥勒造像实已渐寡,龙门石窟现存隋唐时期纪年弥勒像仅 13 尊,③学者统计唐代弥勒造像只有 18 尊,④ 声势早已江河日下。唐玄宗一纸禁令又真正起到多大作用,实在很难说。

实际上,上述起义及隋唐时期类似起义利用的是民间盛行的渴求"值

① 《魏书》卷六九《裴良传》记述起义时只云,五城郡山胡"以妖妄惑众,假称帝号,服素衣,持白伞白幡,率诸逆众",抗拒王师。唐先生据《高僧传》载释慧达出自离石推断此时山胡已奉佛,结论下得似有些匆忙。《续高僧传》卷二〇《释法通传》（《大正藏》卷五〇,第 641 页下）载,隋僧释法通"龙泉石楼人,初在隰乡,未染正法,众僧行往不达村间,如有造者以灰洒面",通出家后"于即游化稽湖（当为胡）,南自龙门,北至胜部,岚、石、汾、隰无不从化"。石楼即今之山西石楼,当北魏时之吐京,在离石以南,隰乡可能就是龙泉郡之隰川县,或指隰州（《隋书·地理志中》,第 851 页）,距五城不足五十公里。法通生活于隋代,此时这一地区乡村尚未染大法,实赖法通行化才依佛门,数十年前情况当亦如是,似不应奉弥勒。刘萨荷事应为个别情况,山胡起义与弥勒佛信仰之关系尚难确定。
② 参见水野清一、長広敏雄『竜門石窟の研究』（二）所附造像编年（一）。
③ 水野清一、長広敏雄『竜門石窟の研究』（二）所附造像编年（二）。
④ 黄敏枝:《唐代民间的弥勒信仰及其活动》,《大陆杂志》第 78 卷第 6 期,1989 年 6 月,第249～253 页附表。

佛闻法"与"龙华会首"心理（详下），与崇拜弥勒并无直接、必然的联系。需要禁绝的是对值佛闻法与龙华会首的渴望，而非弥勒崇拜。时人不会不知两者的区别。《唐大诏令集》卷一一三载开元三年（715）苏颋《禁断妖讹等敕》云："比有白衣长发，假托弥勒下生，因为妖讹，广集徒侣，称假禅观，妄说灾祥"，指的正是以弥勒下生相诱引，这与弥勒造像、弥勒崇拜无直接关系（详本篇引子）。尽管唐以后历代有禁，利用弥勒出世龙华三会起事至元明清时仍不乏其例。

质言之，把某种信仰的兴衰简单归结为朝廷作用的结果，夸大了政权的影响，验之以古今事实，往往是说不通的。

弥勒崇拜及造像的渐衰，除渐乏名德大僧的宣传支持以外，还可能与北朝后期多种崇拜勃兴，吸引部分原信奉弥勒的信徒有关。如前述自六世纪二三十年代起，无量寿、卢舍那、思惟、定光等崇拜渐兴，部分信徒选择新的崇奉对象，抑或促成弥勒崇拜式微。

观世音崇拜与造像的流行，主要在于观世音经典、宣扬观世音法力的传闻盛行于世，其内容又深合民意所致。

竺法护与罗什先后译出《法华经·普门品》，是宣讲观世音的主要经典。两译问世后不久，民间就出现了《普门品》的单行本，加速了观世音经典的传播。至北朝后期，《观世音经》影响日盛。释功回"年六岁便思出家，慈亲口授《观音经》"，[1] 而到周末隋初已是"小儿童子皆能诵之"。[2] 此外，武定六年（548）九月九日志朗造像（今山西平定）云刻有《观音经》，立于河南辉县之天保十年（559）二月十日李荣贵兄弟等造像碑亦云刻有《妙法莲华经观世音普门品第廿四》。大统十七年（551）四月廿三日宗慈孙三十七人造经像记云刻有法华经一部，当亦包括《普门品》。《敦煌愿文集》载孝昌三年（527）尹波愿文云：写《观世音经》四十卷，"施诸寺读诵"。上述情况表明北朝时期《观世音经》广泛流通于世，备受重视。

---

① 《续高僧传》卷一三，《大正藏》卷五〇，第 528 页下。
② 《续高僧传》卷二八《释彗恭传》，第 686 页下。参见楼宇烈《东晋南北朝"志怪小说"中的观世音灵验故事杂谈》，《中原文物》特刊，1985，第 101～102 页。

与此相伴，宣扬观世音威力的传闻亦畅行世间。楼宇烈先生收集了48例，[①] 加上日本保存的三种《观世音应验记》中的事例，总数不下六七十种。虽大多记载南方发生的观世音显灵之事，实则北方亦流传不少类似的奇闻。《续高僧传》卷二五《释法力传》收录的北方传闻就不少，还提到北土亦有《观音感应传》，应是汇集北方观世音传闻而成的小册子。

这些观世音传闻应是为宣讲《观世音经》做佐证的。陆杲《系观世音应验记》内容的编排便依《普门品》叙述的次序，僧侣讲解《观世音经》也少不了引用这些传闻。[②]

据《普门品》，众生遭遇到四类苦难可得到观世音解救：水灾、火灾等自然灾害；被杀、被扭械枷锁、经商遇难等社会性苦难；个人的情欲，如淫欲、嗔恚、愚痴等；遇到罗刹、夜叉等吃人的鬼怪。能遭遇到后两类苦难的人极少，传闻所讲以解救前两类苦难为主，多宣扬诵观世音"火不得烧，舟行遇风浪得脱，被虏被收押而脱免"。[③] 正如楼宇烈先生所云，观世音菩萨信仰主要是在于解除现实生活中的实际苦难，且这些苦难大都迫在眉睫，危险万状，刻不容缓，而观世音显灵也往往是立竿见影，当下解除危难，因而广为民众接受。[④] 特别是对平民百姓来说，天灾人祸威胁打击更大，现实危难更经常降临，且更易处于孤立无援、束手无策的境地，故平民中观世音崇拜更盛不足为奇。

此外，《普门品》中还提道："若有女人设欲求男，礼拜供养观世音菩萨，便生福德智慧之男，设欲求女，便生端正有相之女。"此说，尤其是求观世音可生子之说对中国人颇有吸引力，传闻中亦有专门阐扬这一点的。《冥祥记》载：

> 宋孙道德……奉道祭酒，年过五十，未有子息。居近精舍。景平

① 楼宇烈：《东晋南北朝"志怪小说"中的观世音灵验故事杂谈》，《中原文物》特刊，1985，第 106～114 页。
② 智颉《观音义疏》卷上便引竺长舒事等应验传闻，参见《大正藏》卷三四，第 923 页下。
③ 楼宇烈：《东晋南北朝"志怪小说"中的观世音灵验故事杂谈》，《中原文物》特刊，1985，第 102 页。
④ 楼宇烈：《东晋南北朝"志怪小说"中的观世音灵验故事杂谈》，《中原文物》特刊，1985，第 103 页。

中，沙门谓德："必愿有儿，当至心礼诵《观世音经》，此可冀也。"德遂罢不事道，单心投诚，归观世音，少日之中而有梦应，妇即有孕，遂以产男也。①

同书卞悦之条亦云："行年五十，未有子息，妇为娶妾，复积载不孕。将祈求继嗣，千遍转《观世音经》，其数垂竟，妾便有娠，遂生一男。时元嘉二十八年己丑岁也云云。"② 观世音被赋予如此法力，加上应验传闻的宣扬，自然受到重视子孙繁茂的中土民众的欢迎，于是开始有信徒祈念观世音求子。《续高僧传》卷三〇《释真观传》："（真观）母桓氏温良有德，尝悱愤无胤，洁斋立誓，诵药师、观世音、金刚波若，愿求智子，绍嗣名家。"同书卷二〇《释静之传》云："（静之）父母念善，绝无息胤，祈求遍至而无所果，遂念观音，旬内有娠。"这自然加重了观世音在信众心目中的分量。

崇拜观世音的形式亦非一种，有称名号、诵《观世音经》、造作礼拜观世音像等。传闻中有鼓动造观世音像免苦难的，如《宣验记》载：

> 吴人陆晖系狱，分死，乃令家人造观音像，冀得免死。临刑三刀，其刀皆折。官问之故，答云："恐是观音慈力。"及看像，项上乃有三刀痕现，因奏获免。③

同书史隽事云：

> 史隽有学识，奉道而慢佛。常语人云："佛是小神，不足事也。"每见尊像，恒轻诮之，后因病脚挛，种种祈福，都无效验。其友人赵文谓曰："经道福中第一，可试造观音像。"隽以病急，如言铸像。像成梦观音，果得差。④

① 鲁迅：《古小说钩沉》，第612页。
② 鲁迅：《古小说钩沉》，第631页。
③ 鲁迅：《古小说钩沉》，第551页。
④ 鲁迅：《古小说钩沉》，第552页。

此类传闻对于鼓动人们造观世音像更是起到了直接的推动作用。

无量寿造像与崇拜的流行，亦与阿弥陀系经典在北方的传播、僧侣的信奉以及有关无量寿佛传闻的流布有关。

宿白先生云，中原北方对无量寿之崇敬并非植根于魏土，而是六世纪初期以后，受到南方流行无量寿信仰的影响。[①] 此说法看来不妥。日本大谷大学收藏有题为北魏神瑞二年（415）的《无量寿经》写卷，敦煌文书P4506a《无量寿经》题记为皇兴五年（471），[②] 说明五世纪以来民间已有无量寿信仰在流行。现存最早无量寿造像有和平五年（464）、太和六年（482）和太和九年（485）的，说明中原崇敬无量寿确是植根魏土，不过也不能说没受过南方的影响。

不过，六世纪前，无论是僧团还是民间，崇信无量寿者均不多。六世纪以后情况有所改观，讲习阿弥陀系经典、愿生安养之僧侣渐多。释灵裕"唯《大集》《般若》《观经》《遗教》等疏，拔思胸襟，非师讲授"，[③] 释彦琮北齐时在乡寺"讲《无量寿经》"，[④] 净影慧远所撰《观无量寿经》疏至今犹存。敦煌遗书中还保存有六世纪中期的《无量寿经》抄卷。[⑤] 与此相应，高僧中祈生西方安养佛国者渐多，释慧光"投诚安养"，释灵裕"讲授之隙，正面西方"，释慧海"常以净土为期""常面西礼"，释真玉亦"愿终安养"，[⑥] 到北齐天保中已是"人并西奔，一无东慕"，招致个别僧人的不满。[⑦] 高僧熟谙经义，应是遵循教义，礼拜无量寿佛，愿生西方，推动了社会上无量寿崇拜的兴起。

此外，传闻中亦有宣扬无量寿佛者，或于无量寿崇拜之渐起发挥了更直接的作用。《冥祥记》葛济之条云：

---

① 宿白：《南朝龛像遗迹初探》，《考古学报》1989 年第 4 期，第 406 页。
② 広川尭敏「浄土三部経」牧田諦亮、福井文雅編『敦煌と中国仏教』大東出版社、1984、106 頁。
③ 《续高僧传》卷九，《大正藏》卷五〇，第 495 页中。
④ 《续高僧传》卷二，《大正藏》卷五〇，第 436 页中。
⑤ 広川尭敏「浄土三部経」牧田諦亮、福井文雅編『敦煌と中国仏教』、106 頁。
⑥ 《续高僧传》卷二一，《大正藏》卷五〇，第 608 页上；卷九，第 497 页中；卷六，第 475 页下；卷一二，第 515 页下。
⑦ 《续高僧传》卷六，《大正藏》卷五〇，第 475 页下。

> 宋葛济之……妻同郡纪氏……济之世事仙学，纪氏亦同，而心乐佛
> 法，常存诚不替。元嘉十三年，方在机织，忽觉云日开朗，空中清明，
> 因投释筐梭，仰望四表，见西方有如来真形，及宝盖幡幢，蔽映天汉。
> 心独喜曰："经说无量寿佛，即此者耶？"便头面作礼。济之敬其如此，
> 仍起就之，纪授济手，指示佛所，济亦登见半身及诸幡盖，俄而隐没。
> 于是云日鲜彩；五色烛耀，乡比亲族，颇亦睹见。两三食顷，方稍除
> 歇，自是村间多归法者。①

所谓归法者，应是归于无量寿佛脚下。该传闻宣扬无量寿佛之用意极显豁。
与此相类的还有同书尼慧木条。此类传闻在传扬过程中自然会招来不少无量
寿佛的信奉者。这两条均出自南方，北方或亦有类似之作，或南方传闻随北
来僧人流入北方，对北方社会产生影响。

日本学者藤堂恭俊以为"无佛"观念乃是接受阿弥陀佛的原因，实不
妥，详细辨析见本篇之四。

卢舍那造像与崇拜的流行，与北朝时期《华严经》和《梵网经》的传
布、《华严经》应验传闻的流行以及对卢舍那佛的宣扬有关。

卢舍那佛见于旧译《华严经》卷二《卢舍那佛品》和《梵网经》卷
下。北朝僧人中诵读宣讲《华严经》者颇多。释慧顺"讲《十地》《地
持》《华严》《维摩》，并立疏记"。② 释僧范在洛下从献公听《法华》《华
严》，"留意《华严》为来报之业，夜礼千佛为一世常资"。③ 释道凭"讲
《地论》《涅槃》《花严》《四分》，皆览卷便讲"。④ 释慧藏"研详虽广，而
以《华严》为本宗"。⑤ 释安廪亦讲《花严经》，释灵裕"专业《华严》《涅
槃》《地论》《律部》"。⑥ 由于《华严经》广为诵持，卢舍那佛遂为僧侣所
熟悉。

---

① 鲁迅：《古小说钩沉》，第 622 ~ 623 页。
② 《续高僧传》卷八，《大正藏》卷五〇，第 484 页中。
③ 《续高僧传》卷八，《大正藏》卷五〇，第 483 页下 ~ 484 页上。
④ 《续高僧传》卷八，《大正藏》卷五〇，第 484 页下。
⑤ 《续高僧传》卷九，《大正藏》卷五〇，第 498 页上 ~ 中。
⑥ 《续高僧传》卷七，《大正藏》卷五〇，第 480 页中；卷九，第 495 页下。并参见牧田谛亮编《唐
　高僧传索引》（宗青图书公司，1986，第 736 ~ 741 页）中"华严经""花严经"条。

《梵网经》为大乘戒之最要经典，但据考为北人伪造，北方倡导大乘戒，故出此经。① 是经广泛流行于北土，其中述及卢舍那佛处颇多，该佛想必亦为时人所熟知。

此外，北土已有宣扬《华严经》之传闻流行。据《旌异记》载：

> 魏高祖太和初年，北代京阉官自慨形残，不逮余人，旋奏乞入山修道，出敕许之。乃赍一部《华严》，昼夜读诵，礼悔匪懈。夏首归山，至六月末髭须尽生，阴相复现，丈夫相状，宛然复旧。具状奏闻，高祖增信，内宫惊讶。于是北代之国《华严》转盛。②

上述僧侣中诵讲《华严》者众，或与此不无关系，民间承风诵《华严》者当更夥。《华严经》内容精奥，卷帙繁多，一般信众只是诵读部分而已。乾明元年（560）方法师造像班经记后刻有《华严经偈赞》，文云：

> 定光如来明普照，诸吉祥中最无上，彼佛曾来入此处，是故此地最吉祥……卢舍那佛德无碍，诸吉祥中最无上，彼佛曾来入此室，是故此地最吉祥。

据研究，该偈赞内容可分为四小节，前三节摘自《华严经》卷七、卷八，第四节为卢舍那佛的偈颂。此节非录自经文，很可能是按僧稠的教法，由他本人或弟子自拟的。③ 其意图与宣扬卢舍那佛之功德有关。僧稠禅师北齐初交通权要，声名显赫，他编出的偈赞自然被及遐迩。此偈赞篇幅不长，又是韵文，便于诵读，其中有颂扬卢舍那与定光佛之词句，很可能是诵《华严经》之方便替代品。若此推断不误，该赞偈应与二佛流行有直接关系。

以上主要从经典的传译与流行、僧侣的宣传，特别是有关传闻的影响几方面对若干崇拜与造像的流行原因做了初步解释。其中值得重视的是传闻的

---

① 汤用彤：《汉魏两晋南北朝佛教史》下册，第 595 页。
② 鲁迅：《古小说钩沉》，第 654 页。
③ 颜娟英：《北齐南海石窟与僧稠》，《佛教思想的传承与发展——印顺导师九秩华诞祝寿文集》，东大图书公司，1995，第 584～585 页。

作用。不同时期不同地区僧侣所尊奉经典往往有别，其崇奉佛、菩萨也不尽相同，为招揽信徒，推出宣扬诸佛、菩萨之传闻行世。传闻多宣扬某位佛菩萨之神威灵验，民众选择信奉对象时看重的往往也是这一点，易为其俘获。实际上，民众崇奉对象在一定程度上为传闻所左右。对宣扬具有灵验者则往往趋之若鹜，一旦体会不到灵验或出现新的传闻，获知更具灵验的对象，崇奉对象就可能或快或慢地发生变化。由个体选择汇集成群体选择，并体现在造像选材中，各种题材随之消长兴衰。近两百年间题材变动相当频繁。不同背景信徒中，平民最易于受传闻的影响，他们的选择往往更多样化，变化也更迅速。这种现象并不仅见于五六世纪，亦不仅存在于奉佛上，隋唐以后乃至当今社会中均可见到类似的情况。

除上述因素之外，若干本土观念亦对崇拜对象演进产生一定影响，促成某些题材的流行，玉像、四面石像和天宫像为其代表。

崇尚玉是中国文化的独特之处。自新石器时代以来玉石一直受到人们的喜爱，不仅为官僚贵人垂青，亦受到民众的偏爱。佛教造像勃兴于中土后，崇尚玉的传统观念与之相融，产生出许多玉像或标榜为玉像的石像。这里需要探讨的是融合的背景，首先是古人崇尚玉的具体内涵。

古人尚玉的原因，近来裘锡圭、李零、刘素琴分别做过研究。他们谈到这样几点：佩玉可除不祥；可以润身，食之可延年益寿；可以保护死者，防止尸体腐烂。① 这些结论都是正确的。不过他们研讨的时间范围大体不出两汉，对于魏晋南北朝时期崇尚玉问题论及不多，个别提法也欠妥，兹结合玉造像对南北朝间尚玉原委做进一步的分析。

关于玉能避邪御不祥的观念，裘锡圭先生认为到东汉已不被人重视，甚至已被认为荒谬，所以读书人用"君子比德于玉"之类的"合理化"解释来说明佩玉习俗的意义，② 此说不确。玉可避邪之说虽曾遭王充批判，但于东汉乃至魏晋南北朝仍影响广泛。王充批评该说，至少说明奉此观念

---

① 裘锡圭：《稷下道家精气说的研究》，《道家文化研究》第 2 辑，上海古籍出版社，1992，第 180~182 页；李零：《中国方术考》，人民中国出版社，1993，第 294~297 页；刘素琴：《儒、释、道与玉文化》，收入《历史文献与民族文化研究》，高等教育出版社，1994，第 14~24 页。

② 裘锡圭：《稷下道家精气说的研究》，《道家文化研究》第 2 辑，第 182 页。

者在东汉早期犹多，不是不被人重视。汉人佩玉刚卯祛邪保身之俗，东汉末年犹存。1972 年安徽亳县凤凰台东汉晚期墓葬中便出土一玉刚卯，可为一证。此外，大可留意的是，汉代识字课本《急就章》中有这方面的内容。其文云："玉玦环佩靡从容，射魃辟邪除群凶。"颜师古注："谓以宝玉之类，二兽之状，以佩带之，用除去凶灾而保卫其身也。"正是宣扬玉能御不祥。《急就章》两汉时期广泛流行。《四民月令》正月云："农事未起……砚冰释，命幼童入小学，学书篇章"，注云篇章"谓六甲，九九、《急就》、《三苍》之属"。该书注文据严可均云，疑即崔寔撰，[①]盖不误。该书虽是一种设计，[②]但亦应是现实的反映。东汉末年幼童习《急就章》应很普遍，汉简中就发现许多《急就篇》残篇。[③]书中内容对于塑造人们的观念起到相当重要的作用，自然玉避邪御不祥之观念必会因此广行于世。

魏晋南北朝以后，《急就章》作为识字课本犹盛传世间。《〈急就章〉正文》王祖源序指出："其书盛行于魏晋六朝，衍于唐宋。"顾炎武亦云，"汉魏以后，童子皆读史游《急就篇》"，举北朝时例证甚多，可参看。[④]除顾氏所举外，《齐民要术》中亦多引《急就章》之内容。不久前吐鲁番出土的高昌文书中有相当于北魏孝昌年间书写的《急就章》残卷，[⑤]可见该书传行区域之广。随着《急就章》流布于世，玉能避邪御不祥之说必于时人中产生广泛影响。

刘素琴将此观念划入道教用玉方式，[⑥]不妥。此乃社会上普遍流行之观念，虽为道教所采，不可因此将此观念局限于道教之内。

此外，以玉为宝物的观念亦广泛流行。不少造像记，特别是 B 型造像记中常可见到夸耀自己造像所用石材为玉或采自玉山，或来自盛产玉

---

① 严可均按语，参见《全后汉文》卷四七，第 729 页。
② 缪启愉：《四民月令辑释》，农业出版社，1981，"序说"，第 9 页。
③ 如林梅村、李均明编《疏勒河流域出土汉简》（文物出版社，1984，第 60、81、88～89页）简 441、757、869 等。
④ 顾炎武：《日知录》卷二一，"急就篇"条，第 760 页。
⑤ 周祖谟：《记吐鲁番出土急就篇注》，参见《敦煌吐鲁番文献研究论集》第 2 辑，北京大学出版社，1983，第 178～189 页。作者认为是北魏的写本，不确。
⑥ 刘素琴：《儒、释、道与玉文化》，《历史文献与民族文化研究》第 21 页。

的荆山之类的说法。太和十二年（488）七月一日王庆造晖福寺碑云："伐良松于华畎之阴，掇文瑶于荆山之阳。"景明三年（502）五月九日韩贞等造像云："自非刊石荆山□□（下缺）。"武定二年（544）九月一日比丘僧纂造像云："遂采石玉山，雕饰成莹，为一切造释迦多宝二像。"武定三年（545）七月十五日报德寺碑云："宣武皇帝剖玉荆山。"天保十年（559）八月廿五日张啖鬼等造像云："采石珉峰，访功不日不就。"建德二年（573）七月十日郭乱颐造像碑云："采宝运玉，喙成曜光，敬造石像一区。"

佛教造像在民众看来主要用以祈福消灾，玉既被认为具有避邪的法力，又属宝物，两相结合。一方面，造像法力更强；另一方面，又可示奉佛之诚，玉像与名号玉像之兴也就不难理解了。[①] 实际上这些造像多非玉质，时人也未必不知，造像者不过借以寄托主观上的愿望期许与虔诚。

据前文统计，官吏背景信徒中建造玉像者最少，这种现象似可由官员服饰制度上得一解释。汉以前，士以上几乎无人不佩玉，[②] 此风南北朝时期依旧。[③] 北朝官员佩玉之制，《魏书·高祖纪》下"太和十年八月"条提到给官员朱衣、玉佩和组绶；北齐河清新制详见《隋书·礼仪志六》，据该志载，似仅五品以上官员才得佩玉，五品以下官员似乎已不佩玉。据陈寅恪先生研究，北朝之礼仪制度多取自南朝前半期之制。[④] 服饰制度乃是其中重要一项，当亦深受南方影响。据《宋书·礼志五》，得佩玉之官员颇多，五品以上官员普遍佩玉，六品诸博士亦得佩水苍玉。北魏之制当亦如此。值得注意的是，到梁陈时，许多将军已成为散号，地位下降，诸博士亦降为八品，仍循旧佩玉。[⑤] 北魏后期将军号亦滥，地位下跌，但佩玉之制大概亦依旧。据此，北朝很多官员依制都有佩玉，可据以祛邪护身，并不一定需要造玉像达到上述目的，故造玉像者少。平民视玉为祛邪之物，但又苦于无玉，乃以

---

① 刘素琴《儒、释、道与玉文化》已注意到这点，可参看（第24页）。
② 裘锡圭：《稷下道家精气说的研究》，《道家文化研究》第2辑，第182页。
③ 参见刘子芬等《玉说汇编》，书目文献出版社1993年影印本，第65页。
④ 陈寅恪：《隋唐制度渊源略论稿》，中华书局，1977，第11～14页。
⑤ 《隋书》卷一一《礼仪志六》，第222页。

他种石料充当玉造像，以示虔诚，去厄得福。这些多属推测，有待确切材料来验证。

玉崇拜、玉造像何以在太行山东麓地区颇盛行，还有待进一步研究。

四面石像与天宫像的出现，则受到本土多神崇拜传统与对天的向往的影响。武平三年（572）□月八日诸汲邑等所造四面石像，据龛侧铭文可知题材有弥勒、释迦、阿弥陀、弥勒观世音、菩萨、无量寿、维磨（摩）、药师佛等，大概是信徒将听说过的佛菩萨都刻于龛内。诸佛与菩萨排列杂乱无章，缺乏教义上的联系。① 这种四面石像多为合邑或同姓造像，像龛所列诸尊，或为出资人共同崇奉，或把各自崇拜对象刊刻龛内而成。无论哪种情况，都可以看到本土多神崇拜的印记。若为出资人共同崇奉，自属多神崇拜无疑。信徒个人崇拜多种题材情况并不鲜见。云冈石窟太和十三年（489）九月十九日比丘尼惠定造像就造释迦、多宝、弥勒像三区，太和十九年（495）四月廿八日仲吕凋昏七妻造像同时造释迦文佛与弥勒，孝昌元年（525）七月廿七日尼僧□造像包括"弥勒像一堪、观音药师"，河北曲阳出土武定元年（543）九月八日王女仁造像云"正光年中造像□区释迦观音"等。合邑合族共同崇奉多种佛菩萨，完全有可能。若是信徒刊刻各自崇奉对象而成，各人崇奉对象能够共处一像，而非相互排斥，信徒头脑中对于异己的崇拜对象也非完全拒绝，态度宽容。这应是本土多神崇拜氛围中形成的态度。

天宫像一般也是多人合邑或合族所造，刊刻内容亦不限于一种。东魏武定三年（545）七月十五日僧惠等造天宫像云：

---

① 李静杰先生读过拙著初稿这一段后，认为该造像碑所刻合龛尊像内容间存在一定的教义依据。此说未必妥当。根据龛侧题刻，该碑四面各龛尊像构图如下：

碑　右	碑　阳	碑　左	碑　阴
维摩经变（10）	（交脚）弥勒（1）	弥勒观世音（4）	九龙浴太子（7）
释迦入涅（11）	释迦说法（2）	普贤乘白象（5）	（半跏）思惟（8）
药师佛（12）	阿弥陀（3）	无量寿（6）	释迦多宝（9）

以上内容中，（7）（8）（2）（11）属于释迦牟尼本行故事，（10）依据《维摩经》，（9）依据《法华经》，余下当亦各有依据，总的出自多经，总体并无内在联系。而就本行故事看，内容虽前后相关，但无论是按上→下，还是下→上，或横向，它们之间并不存在构图意义上的连续性，很难认定其间存在有意的关联（有意安排的连续构图，北朝造像碑中已出现，如皇兴五年、武定元年沁阳北孔村造像碑，与此有别）。不知李君以为然否。

更崇妍瑑, 妙镂金颜。释迦怡怡, 若兜率之趣琦殿; 弥勒昂昂, 状
龙华之启三会。多宝同坐, 事等涌出; 飞堪絚虚, 旋璎反入。维摩摧
形, 嘿言于方丈, 文殊十辞, 表门疾于平等。菩萨诸天, 箫瑟芙丽, 金
刚密迹, 献目杨阶。

记后题名有"维摩像主""多宝像主""文殊主"等, 此天宫像至少刻了释
迦、弥勒、多宝、维摩、文殊及菩萨诸天等内容。天保十年 (559) 八月廿
五日张唅鬼等造天宫石像, 据介绍, 碑阳之额为一小佛龛, 内为观世音菩萨
及二胁侍, 碑阳上部为维摩与文殊菩萨, 中部为释迦说法, 亦是多种题材并
存。介绍云碑阳格梁上均有造像者题名,① 这些题材大概在题名中均有所反
映, 并非仅据雕刻内容得出的结论。

这种天宫像亦受到多神崇拜的影响。不过, 它较四面石像更进一
步。"四面石像" 只是一种纯粹描述性的称呼, 天宫则有具体的含义,
即 "天堂"。这种造像雕刻上或是仿自现实寺院的法堂构造, 而信徒称
之为 "天宫"。作为造像题材天宫不见于佛典, 佛教虽以天堂永乐作为
六道众生死后再生的美妙去处, 但它并非佛教追求的终极目标, 不可能
出现鼓励崇拜天堂的说教, 应是本土崇尚天、以天为美妙归宿之观念影
响下的产物。佛徒试图在人间依据自己的理解构造出 "天宫" 来满足他
们的渴求。

此外, 像与石像题材 (除合邑合族造四面石像外) 的盛行, 应主要与
造像风气流行相关。造像风气流行原因参拙文,② 兹不赘。

以上从佛教传播内容以及本土观念角度, 对若干崇拜对象与造像题材流
行的原因进行了考察。崇奉对象是民众信仰的组成部分。下面则进一步对造
像记愿文展开分析, 揭示民众的愿望与追求。

三 发愿文的世界

发愿文记述了造像者的渴望与追求, 道出了信仰的部分内涵, 直接将

---

① 周到:《河南襄县出土的三块北齐造像碑》,《文物》1963 年第 10 期, 第 13 ~ 14 页。
② 侯旭东:《论南北朝时期造像风气产生的原因》,《文史哲》1997 年第 5 期, 第 60 ~ 64 页。

千余年前古人所思所求展现出来。虽然它载录下来的只是个人漫漫心灵路程中的一个瞬间，而且并非这一瞬间完整思想的"曝光"。即使是瞬间与片断，对千载之后的今人也是弥足珍贵的。通过排列"瞬间"，缀合"片断"，可以了解他们信仰的内涵，即其对佛教教义的理解与认识以及内心渴求。前贤如佐藤智水、林保尧曾对发愿文做过一些考察，佐藤氏下力气统计了主要祈愿出现的次数，并分析了其中一些，但过于简略。林保尧则对个别愿文探赜阐微，而未顾及其余。笔者则在他们研究的基础上做进一步的分析。

具体考察之前，须对愿文形式略作交代。愿文篇幅一般不过百字，短者寥寥数字，如供养、供养从心、愿愿从心、平安等，不一定有发愿对象；长可数十字，一般都包括发愿对象与祈愿两部分，前者涉及面往往较广，可上至国王帝主、群臣百僚、州郡令长，下及造像者七世父母、师僧、所生父母、存亡眷属，旁涉知识朋友、众生有形等，无一定之规。概言之，若造像记述及造像对象，发愿对象包含范围往往要比它广。如前引太安三年（457）九月廿三日宋德兴造像，发愿对象包括先师、七世父母、内外眷属、知识、亡女、一切众生等，而造像对象仅为亡女一人。亦有与此相异者，太和二十二年（498）十二月二日吴道兴造像云：

> （前略）吴道兴为亡父母造光世音一区，愿居家大小托生西方妙洛（乐）世界，所求如意，兄弟姊妹六人常与佛会。

造像对象为"亡父母"，即未包括在发愿对象中，但这种情况只是少数。

祈愿内容繁杂，一部分使用佛教术语，如不迳三途八难、生天、托生西方妙乐世界、三宝兴隆、值佛闻法、龙华三会恒登初首、一时成佛、等成正觉等，带有佛教色彩；另一部分则为与佛教无关的世俗祈愿，如帝祚永隆、安稳、长寿、无病、得福等。

发愿对象与祈愿关系较复杂。一般来说，世俗祈愿大多针对现世中的生者，绝大部分带有佛教色彩的祈愿则是既针对死者也针对生者。

后文先对发愿文中的祈愿用语及内容加以考察。不过千余种造像记涉及祈愿颇繁杂，穷其枝叶，既无可能也无必要，故仅剖析其中影响较广的数种，讨论围绕具体祈愿展开，重在考察其中所见民众佛教、世俗的认识，认识生成的背景、祈愿中所反映的心理追求、范围、时间等。随后则结合祈愿对象考察愿文所反映的民众的社会意识。

讨论主要祈愿流布情况时，亦以时间、不同背景的造像者两者为框架进行了统计。由于发愿文内容残缺者较多，故只统计出现次数，不再计算比例，以免失真。

1 如何赴来生

首先引起注意的是祈愿使用的动词。造像者表达关于人之归宿的祈愿时，使用的动词大多为"生"，或"托生""值生"。皇兴三年（469）赵堈造像云：

> 为亡父母亡兄造弥勒像一区。若在三途，速令解脱；若生人间，王侯子孙……

次年（470）七月九日王钟造像云：

> 愿令亡父母常与观世音菩萨共生一处。

皇兴五年（471）三月廿七日仇寄奴造像云：

> 愿父母上生天上，直遇诸佛，下生人间侯王长者。

太和四年（480）四月廿日赵明造像云：

> 愿亡儿 上 ①生天上，常与佛会。

太和七年（483）十月朔日崔承宗造像云：

---

① 据意拟补之字，外加"□"表示，下同。

使亡父母托生紫府安乐之乡。

太和十三年（489）三月四日贾法生造像云：

愿使亡者生天，常以佛会。

太和廿二年（498）五月普贵造像云：

使父亡者生天，弹语诸佛，值生西方妙洛国土。

次年十二月九日僧欣造像云：

愿生西方无量寿佛国……下生人间侯王子孙与大菩萨同生一处。

永平三年（510）九月四日尼法庆造像云：

愿使来世托生西方妙乐国土，下生人间公王长者……

兴和二年（540）十月七日马都爱造像云：

愿值生西方妙乐国土……所生之处，值佛闻法。

上述诸记中使用的"生"字，与愿文中常见的"所生父母"中的生字含义相同，均作"出生""诞生"解。上引诸愿则是希望人们，大部分是亡者，出生在天上或西方妙洛国土，或紫府，或诞生在人间王侯之家。这种说法乍看似悖论，实则揭示出如此祈愿的信徒已经认定人生不只一世，死后还可再生，已接受了佛家宣扬的轮回转世的观念。这种情况并非个别现象，五六世纪造像中反映颇多。表 B3－1 统计了笔者收集造像记中含类似提法的分布。

表 B3 – 1　含"生""托生""值生"内容的造像记

身份 年代	A	B	C	AB	AC	BC	ABC	不详	小计
400 ~ 409									
410 ~ 419									
420 ~ 429									
430 ~ 439									
440 ~ 449	1	1							2
450 ~ 459	1								1
460 ~ 469	1								1
470 ~ 479	2		2						4
480 ~ 489	5								5
490 ~ 499	3	2	2						7
500 ~ 509	5	2	1						8
510 ~ 519	8	1	4		1				14
520 ~ 529	13	2	1		3				19
530 ~ 539	10	5	6	1	1	1	3	1	28
540 ~ 549	16	5	2	1	2		1		27
550 ~ 559	22	3	5	1	5				36
560 ~ 569	18		2		3		1	1	25
570 ~ 579	9	3		1	1			1	15
580									
小计	114	24	25	4	16	1	5	3	192

据表 B3 – 1 统计，使用类似词语，具有类似观念的信徒广泛分布在官吏、平民与僧尼中；地域上实际亦是如此，北方各地造像记中都可见到上述观念的印记，[1] 说明这一观念已流行于各地信徒中。六世纪以后祈愿中又出现了"生生世世"观念（下详）。从这些情况看，佛教的转世再生观念已经

---

[1]　如皇兴三年（469）赵䢛造像出于山东黄县、太和四年（480）四月廿日赵明造像出河北深县、太和六年（482）九月十日堤场阳造像出河北定县西南、太和七年（483）十月朔日崔承宗造像出山东历城、太和十二年（488）九月廿三日韩周陀造像出河北灵寿、次年三月四日贾法生造像出河北藁城、太和十九年（495）十一月丘穆陵亮夫人造像出河南洛阳龙门、太和廿三年（499）十二月九日僧欣造像出北京房山、景明三年（502）六月廿三日尹爱姜造像出河南洛阳龙门、神龟三年（520）四月十三日翟蛮造像出山东平度、正光二年（521）七月二日扈豚造像出河南郑州、永安二年（529）十一月十日雷远造像出陕西耀县、武定二年（544）十月路文助造像出山东莱阳、天保七年（556）闰八月廿四日尼如静造像出山西太平、皇建二年（561）八月十三日樊景珍造像出山西寿阳等。

广为信徒所接受。

转世再生观念的流行促成中国古代思想，特别是生死观念与人生取向的一大变局。佛教东来之前，中土对于生死亦形成相当成熟的看法，这一问题学者从不同角度做过探讨，不过尚未做过很好的概括。兹参酌前贤研究，[①]间下己意，试述如下。

本土认为人生只有一世，死后不可复生。人之寿命源于天的规定，具体由司命掌管，人寿后来具体化为"天算"，算尽则亡。人自身的行为对其寿命短长亦有影响。时人一般认为人有不死成仙的可能，即使不得不死，也有百年之寿（所谓"天年"）。人得病乃至死亡的原因（之一）是因触犯各种岁时禁忌，触鬼逢神所致，即如《论衡·辨祟》云："人之疾病死亡，及更患被罪，戮辱欢笑，皆有所犯。起功、移徙、祭祀、丧葬、行作、入官、嫁娶，不择吉日，不避岁月，触鬼逢神，忌时相害，故发病生祸，绁法入罪，至于死亡，殚家灭门，皆不重慎犯触忌讳之所致也。"一旦出现触犯禁忌或病患，则需加禳解，这大多由巫来完成。所犯疾患的程度不同，禳解手法也不一，人暴亡或早夭，则被认为是极严重犯触的结果，禳解方式可能更复杂。镇墓文应是解除方式之一，以天帝使者名义来解除死者失咎。这亦可以解释为何镇墓文出自少数墓葬，墓主多为少年之现象。王充所指"奸书伪文，由此滋生，巧惠生意，作知求利，惊惑愚暗，渔富偷贫"，[②] 正披露了各种解除术流行的情况。香港中文大学文物馆收藏建初序宁简内容正是解除。[③] 另外，时人观念中死人成鬼对生人亦有影响。[④] 子孙要定期享祠祖先鬼神，求得祖先降福保佑，否则就会有祸患。对于早夭或暴死者言，情形则

---

① 有关研究可参看吴荣曾《镇墓文中所见到的东汉道巫关系》；Michael Loewe, *Chinese Ideas of Life and Death*, *Faith*, *Myth and Reason in the Han Period*. George Allen and Unwin, 1982, chap. 12；余英时《中国古代死后世界观的演变》；刘昭瑞《〈太平经〉与考古发现的东汉镇墓文》，《世界宗教研究》1992 年第 4 期；蒲慕州《墓葬与生死——中国古代宗教之省思》，1993；杜正胜《从眉寿到长生——中国古代生命观念的转变》；饶宗颐《中文大学馆藏建初四年"序宁病简"与"包山简"——论战国秦汉解疾祷祠之诸神与古史人物》，《华夏文明与传世藏书》，中国社会科学出版社，1996。

② 《论衡·辨祟》，第 1009 页。

③ 饶宗颐：《中文大学馆藏建初四年"序宁病简"与"包山简"——论战国秦汉解疾祷祠之诸神与古史人物》，《华夏文明与传世藏书》。

④ 朱天顺：《中国古代宗教初探》，上海人民出版社，1982，第 184、206 页；詹鄞鑫：《神灵与祭祀——中国传统宗教综论》，第 127～128 页。

大不同。这些人或因生时犯忌而亡，会对家人"作祟"，生人要断绝与他们的联系，镇墓文的一个功能即在此。墓中安置不少物品亦在此，他们可能被摒除于享祭之外。

上述生死观念特别是关于死亡的看法，在时人心目中处于边缘的位置，实则是对死亡抱持一种排斥、惧怕的态度，更受关注的是现世生活。生者对死者，尤其从对暴亡者的安顿中可以看出包含着很多保佑生者的成分。① 平日生活中则祈求长寿不死以避死亡，因而人们追求的是现世一生中的富贵长寿安乐，不及来生。反映汉代人们愿望与生活背景，鲜明而生动地传达汉人思想的铜镜铭文吉语正体现了这一点。据研究，随时间推衍，其侧重点发生一定变化。如西汉中期多为"长富贵""乐无事""宜酒食""长乐未央"；稍晚则加强"富"的观念，亦常见"延年益寿""延年益寿去不祥""与天相长"之类的吉语；王莽以后则字里行间充溢着羽化升仙、祥瑞避邪的意念，多有"生如仙人不知老""寿如金石佳且好""寿如金石之天保"等；此后镜铭中增加了许多对家庭和乐的颂寿词与对于家族兴旺的向往，包括对双亲、夫妻、子孙的祈愿。东汉镜铭亦多祝愿高官厚禄之词，如"君宜高官"等。② 亦有一些镜铭表达了对天下太平、宾服四夷、风调雨顺的祈愿。③ 无论希望生活富足安乐、家庭幸福、父母长寿，还是子孙繁兴、仕进高官，基本都围绕现世生活中的问题展开，没有涉及来世问题。

汉碑中反映的情况与此相同。元初四年（117）立的《祀三公山碑》、延熹八年（165）立的《华山碑》和光和六年（183）所立《白石神君碑》均记载了当地守宰祭祀三山所祈之愿。《祀三公山碑》云："甘雨屡降，报如景响，国界大丰，谷升三钱，民无疾苦，永保其年。"《华山碑》云："遏攘凶札，挚敛吉祥，岁其有岁，民说无疆。"《白石神君碑》云："神降嘉祉，万寿无畺，子子孙孙，永永番昌。"④ 所祈求的内容均是与现实生活联系密切的问题，不涉及来生来世。铜镜铭文表达成仙长寿不死的吉语极多，

---

① 蒲慕州：《墓葬与生死——中国古代宗教之省思》，第 223 页。
② 林素清：《两汉镜铭所见吉语研究》，第 168～176 页。
③ 参见孔祥星《中国古代铜镜》，文物出版社，1984，第 85 页；王士伦《浙江出土铜镜》，文物出版社，1987，"历代镜铭选录"。
④ 高文：《汉碑集释》修订本，第 33、271、459 页。

如"受长命、寿万年","保长久、寿万年","寿如金石不知老","长保二亲得天力",等等,对于死亡亦采取回避态度,希望通过长寿成仙来逃避死亡的结局。

古人对生死已有成熟的看法,但核心是现世,死后问题考虑得不多。而接受佛教特别是再生观念以后,人生取向发生重大变化。生命观由一生衍为来生,拓宽了人们认识的时空范围,思维的空间有了伸展的可能,同时死后的归宿也由传统上确定的变为待定、富于变化的,迫使人们不得不去留心死后的命运问题。并积极寻求创造各种条件使来生更幸福,这一关切往往延及家人、先人的来生命运。这就使得人们在追求现世幸福外,需要关注自己及家人死后来生的问题,以及死去先人的命运问题。随之,对死亡的惧怕、排斥态度渐生潜变。人们开始正视死亡,进而视死为人生路途的又一起点,而超越死亡,寻求来生的幸福。这一变化过程的具体环节现在难以考实,不过发愿文中可以看到巨变后的人生取向。很多发愿文都关注生者死后命运,这是前所未有的。太平真君三年(442)四月十八日鲍纂造像云:

> 为父前邢邢(?)令、亡母王造兹石浮图大涅槃经一部,愿皇帝陛下享祚无穷,父身延年益寿,父母将来生弥勒佛前,合门眷属普蒙十一余福……

由记文中称父、亡母,及愿"父身延年益寿"看,造像时鲍纂母已亡,父犹存。祈愿却一方面希望父亲长寿,另一方面又云"父母将来生弥勒佛前",即祈求现存父死后与亡母再生于弥勒佛前,是在为生者死后来生发愿。无论是鲍纂本人还是其父,都明知人必有一死,亦深信有来生,且来生或有好报,故祈求来生之报。该愿能够公然写进为父亲祈福的文辞中,在佛教流行前乐生苦死、追求长生不死的思想背景下是无法想象的。类似的例子在造像记祈愿中很常见。景明三年(502)五月卅日邑主高树等造像云:

> 愿元世父母及现世眷属,来身神腾九空,迹登十地。

现世眷属应为生者,此愿即针对生者死后来身而发。同年十一月十一日刘未等人造像云：

> 上为国家皇帝，并及七世父母、眷属、村舍大小，常与佛 会 ，愿
> 上生天上，下生人中侯王，居仕富贵家产……

祈愿对象中至少皇帝、眷属、村舍大小应为生者，却希望他们生天。据佛经说法，生天均是人死后之事。《佛说作佛形像经》云："作佛形像，所生处无有恶身，体皆完好，死后得生第七梵天上，……其有人见佛形像，以慈心叉手，自归于佛塔舍利者，死后百劫不复入泥犁禽兽薜荔中，死即生天上，天上寿尽，复来下生世间为富家作子。"①《杂宝藏经》卷五长者夫妇造作浮图生天缘亦云："（妻）其后命终，即生彼天宫。"② 造像记中亦多见"亡者（亡父亡母……）生天"之说，均说明生天乃是人死后之一归宿。刘未造像记则是盼望那些生者死后能生天。永平三年（510）九月四日尼法庆造像云：

> 为七世父母、所生、因缘敬造弥勒像一躯，愿使来世托生西方妙乐国土，下生人间公王长者。

"所生、因缘"是所生父母、因缘眷属之略语，其中必含生者，祈愿乃针对他们死后来世归宿而发。延昌三年（514）七月九日刘归安造像云：

> 上为皇家，右为亡父母、亡兄，右为身，并及居家眷属，敬造石像一躯，愿使未来世中直生西方妙乐国土……

愿文中虽未云祈愿对象，应是针对造像对象而发。造像对象中有亡亲亦有己身、居眷等存者，愿望则是来世生西方，谈的也是死后问题。正光二年（521）七月二日扈豚造像云：

---

① 《大正藏》卷一六，第 788 页中~下。
② 《大正藏》卷四，第 473 页下。

为家口造石像一区，合门大小，上生龙天，逢遇如来……

合门大小自然为生者，祈愿亦是关于死后之归宿问题。这类例子相当多，不备引。

这种变化使人们对现世的认同渐趋淡化，来生的关切从无到有呈强化之势（详后），的确造成"示以来生之欲"以"权当生之滞"① 的效果。

随着再生观念的确立，民众与祖先的关系亦经历了深刻变化，这一点后文将论及，兹从略。

当然，中土民众接受生死轮回观念之时，仍是在本土固有观念框架之下进行的，他们的再生观念融合中外。这一点在对托生主体的表述中尤为明显。

关于"生"与"托生"之主体，大部分信徒只泛泛说是人或生者或亡者，部分信徒有更具体的表述。太和七年（483）八月卅日云冈邑义五十四人造像云："神栖高境。"正光元年（520）十二月廿四日王富如造像云："亡父母亡妻等，神生净土。"建义元年（528）七月十五日沙门惠诠造像云："愿福运亡零（灵），恒生净境。"永熙二年（533）七月十日樊道德造像云："愿亡者神生静杜（土）。"次年三月五日法义兄弟二百人造像云："愿令亡者游神西方净佛国土。"武定六年（548）九月十二日邑主造像云："庶能使七世幽魂，游处天堂之中。"天统二年（566）四月廿日高市庆造像云："（愿亡者）神栖净土，永利（离）三徒（途）。"次年四月八日宋买造像云："七世先灵，托生妙乐。"武平二年（571）六月八日慕容士造像云："（愿）亡考神灵托生西方妙乐国土。"

信徒有些未用"托生""生"，使用的"神""魂""灵""神灵"都是本土观念中对构成人体的精神性存在的称呼。这些信徒显然是在本土人体形、神二分的观念背景下接受的佛家转世轮回之说，并按本土观念为"再生"赋予了主体，没有跳出传统观念的框框。这种理解自然与印度佛教的说法有相当距离。佛教强调"无我"，本否认轮回有"主体"，到中土后，教义本旨受到接受者的"误读"。在这一点上，普通信徒与本土高僧大德的

①　《宋书》卷九七《夷蛮传》，第2389页；《中国佛教思想资料选编》第1卷，第258页。

理解不谋而合。高僧亦确信人死神不灭，以至范缜《神灭论》一出，高僧大德群起驳难，维护神不灭之说。① 无论是一般信徒还是高僧的理解实均未摆脱本土观念的影响，他们头脑中形成的再生转世观成为中外杂糅的产物。

所谓"来生""转世"均属宗教的虚构，但它们的流行为人们构造了一种更为缥缈的精神寄托，使他们在现世中无法实现、无法达到的要求可以希冀在虚幻的来生中得到满足，从而获得精神上的补偿与安慰，其意义与影响均极其深远。

除"生""托生""值生"之外，愿文中还有用"升""腾""登"来描述人前往死后归宿的举动。太和十二年（488）九月十二日始平公造像云：

愿亡父神飞三□……元世师僧父母眷属，凤翥道场，鸾腾兜率……

景明三年（502）五月卅日高树等造像云：

愿元世父母及现世眷属，来身神腾九空，迹登十地。

正光六年（525）三月廿日曹望憘造像云：

（愿）七世先亡神升净境……

孝昌二年（526）五月十五日清信欲会为亡女造像云：

愿登紫极，永与苦别。

天平二年（535）五月十二日僧更为亡师造像云：

愿神升妙乐，现存安□……

---

① 参见《弘明集》卷九、一○，《大正藏》卷五二，第54~60页。

元象二年（539）正月一日尼惠照造像云：

> 上为国主先亡、父母、己身、眷属、合家大小、一切有形，同升妙乐。

兴和二年（540）二月十八日廉富凿井造像云：

> 仰为皇帝陛下、群寮伯官☐……☐母因缘眷属，普为一切永离八难，共升化宫。

武定七年（549）十二月八日张保洛造像云：

> （仰愿）亡者升天，托生西方无量寿佛国。

天保八年（557）七月刘碑造像云：

> 以此果缘，福钟师僧七世，愿使神登紫宫，形升妙境……

武平二年（571）九月十五日邑师道略造像云：

> 凡命含品，普升净土。

不过这种观念影响逊于前者，400~580年祈愿中含有上述词语的造像分布如表B3-2。

表 **B3-2**　含"升""腾""登"内容的造像记

年代＼身份	A	B	C	AB	AC	BC	ABC	不详	小计
400~409									
410~419									
420~429									
430~439									

续表

身份 年代	A	B	C	AB	AC	BC	ABC	不详	小计
440~449									
450~459									
460~469									
470~479									
480~489			1						1
490~499	1								1
500~509	2	1							3
510~519		2	1						3
520~529	1	2	1						4
530~539	1		2						3
540~549	1	2	1	1	3		1		9
550~559		1			1			1	3
560~569	3		1	1	3	1			9
570~579	2	2	1	1	1		1		8
580									
小计	11	10	8	3	8	1	2	1	44

比较表 B3 -1 与表 B3 -2，含有"生""托生"与"值生"的造像记要比含"升""腾""登"者多得多，前一观念流行更广，影响更大。

所谓"升天""升净境"之说，继承本土观念的成分更多。两汉时期所谓仙人都是通过升天得成仙。汉武帝时就编造出黄帝升天的谎话。东汉初社会上流传淮南王刘安升天事，"（淮南）王遂得道，举家升天，畜产皆仙，犬吠于天上，鸡鸣于云中，此言仙药有余，犬鸡食之，并随王而升天也"。① 至东汉末，俗说仍云："淮南王安招致宾客方术之士数千人……铸成黄白，白日升天。"② 所谓仙人唐公房亦是得道携妻子登

---

① 《史记》卷二八《封禅书》，第 1394 页；《论衡·道虚》，第 317~318 页。
② 《风俗通义》卷二《正失》，第 115 页。

天。① 东汉初还流行着"天之门在西北，升天之人宜从昆仑之上"之说。汉末三国时之游仙诗中亦时时流露出"升天"观念。曹操《气出倡》："东到蓬莱山，上之天之门。"《秋胡行》："我居昆仑山，所谓者真人，道深有可得，名山历观，遨游八极，枕石漱流，饮泉沉吟不决，遂上升天。"曹植则写有《升天行》："乘蹻追术士，远之蓬莱山，灵液飞素波，兰桂上参天……乘风忽登举，仿佛见众仙。"② 汉代画像石与铜镜中所绘仙人亦多为带羽翼或驾飞龙乘浮云状，正是升天形象化的描绘。

不过，两汉之"升天"是指人得道不死成仙而升天，是现世中形神俱升。佛徒所谓"升"妙乐、净土则是为"来身"之事（高树造像）或是"神"升净境，"神"腾九空，"神"升妙乐（高树造像、曹望憘造像、僧更造像）。所谓"来身"即是"来生""来世"，时人观念是人死形神离散，③ 而仅云"神升净境"，未及形骸，亦应是指死后之事。这些均与传统"升天"观念有别，是受到佛教轮回说影响后的新发展。

2　离苦得乐

离苦得乐祈愿表达了信徒对死后归宿性质的认识与追求，愿文中表述方式远不止一种，且早期祈愿离苦与得乐并不相属，独立流行于信徒中，后才合二为一，故需分别考察。

离苦

信徒对于脱离苦难有各种各样的说法，如"若在三途，速得解脱"〔皇兴三年（469）赵𤲑造像〕、"不逢苦难"〔皇兴五年（471）六月卅日赵知法造像〕、"永离苦海"〔太和元年（477）十二月八日灵山寺塔下铭〕、"永绝苦因"〔景明三年（502）八月十八日广川王太妃侯氏造像〕、"永离三途"〔永平四年（511）十二月十二日尹伯成妻造像〕。立说的角

---

① 《金石萃编》卷一九"仙人唐公房碑"，参见余英时《中国古代死后世界观的演变》，第180页的说明。
② 逯钦立：《先秦汉魏晋南北朝诗》，第345、350、433页。
③ 司马谈：《论六家要旨》，《史记》卷一三〇《太史公自序》，第3292页；《剑桥中国秦汉史》，第767页。

度不同，或强调免三途，或突出不迳苦难，含义却是一致的。一些祈愿明确地把两者联在一起。太和七年（483）八月卅日云冈邑义五十四人造像云：

> 又愿义诸人、命过诸师，七世父母、内外亲族……□□三途，长辞八难，永与苦别。

普泰元年（531）八月十五日龙门尼道慧法盛造观世音像云：

> 仰为七世父母、所生父母、师僧眷属，愿不坠三途，无诸苦难。

同年十二月十七日郭旱造像云：

> 愿使亡父托生西方，不经三涂（途）八难。

太昌元年（532）十二月十二日杨元凯造像云：

> 愿亡父母离其三徒（途）八难……

皇建二年（561）五月廿五日陈神忻等七十二人造像云：

> 下为七世先亡、见存师僧父母、因缘眷属、蠢动众生、有形之类，越三途之苦难。

天统元年（565）九月八日姜纂造像云：

> 遨游慧体，长超八难……三途楚毒，俱辞苦海。

天统二年（566）四月十日刘僧信造像云：

为皇家臣庶父母师僧己身一□越离诸难，长□恶趣，终归净□。

武平七年（576）二月廿三日孟阿妃造像云：

愿亡者去离三途，永超八难。

据以上表述，三途与苦难乃是同义语。入三途便意味着苦难降临，苦难（八难）即三途恶趣中的种种遭遇。二者陈说各有侧重，三途强调的是位置处所，八难、苦难讲的是遭遇，所指相同。由此推断，前引"若在三途，速得解脱""不逞苦难""永绝苦因"含义亦是相同的，均表达了信徒摆脱三途恶趣中种种苦难的渴求。

祈愿"不坠三途，无诸苦难"多针对死者，如前引赵烟造像："为亡父母亡兄造弥勒像一区，若在三途，速令解脱，若生人间，王侯子孙……"即是专对亡人而发。亦有针对生者的，前引灵山寺塔下铭则主要针对生者："（愿）合家眷属，慧悟法界，永离苦海。"太和十四年（490）八月七日边定光造像："愿七世父母、所生父母、因缘眷属，愿上生天上诸佛佑，右下□人中侯王□者，若堕三途，速得解脱。"据题名，定光子息尚在，显然是存亡并包。尽管对生者发愿，指的仍是死后的事情，正如延昌三年（514）八月二日张道伯等造像所云："愿十四人等，现世安隐，受命延长，若以命众（终）以后不至三途。"人命终后才有可能入三途。故三途苦难实指人们死后来生可能遭遇到的种种厄运，至于三途八难的具体含义，祈愿中罕有进一步的揭示，我们也就难以弄清造像者对两者理解究竟达到什么程度。这种祈愿生者死后归宿的现象亦是人生取向巨变后才会出现的现象。

藤堂恭俊认为造像祈愿中提到的离苦得乐中的"苦"是现实中的苦，[1]看来大部分情况下是不正确的。

从祈愿用词看，三途苦难在信徒脑海中的印象极其深刻，随之而来的畏

---

[1]　藤堂恭俊「北魏時代に於ける浄土教の受容とその形成——主として造像銘との関連に於て」『仏教文化研究』（通号 1）、105 頁。

惧心理也十分强烈。祈愿常说"若在三途，速得解脱""若堕三途，速得解脱""速度八难"，① 强调要迅速解脱，唯恐在其中耽搁日久。再有云"永断苦海""永绝苦因""永离三途""永断五恶趣""永与苦别"，② 希望永远不遇苦难恶趣。若非三途苦难给信徒极恐惧之印象，是不会出现措辞如此强烈的祈愿的。具体所指可能是地狱经典、游冥间传闻与地狱图像宣扬的内容。

三途苦难印象之深，即使后来信徒接受西方净土与成佛观念后，心理上仍难摆脱其阴影。他们一方面希望死者能托生西方或成佛，成正觉；另一方面仍忘不了祈望免除三途八难。普泰元年（531）十二月十七日郭旱造像云：

愿亡父托生西方，不经三涂（途）八难。

天保三年（552）九月三日道建造像云：

为亡父母、亡兄、亡弟、七世因缘，敬造石像一躯，愿永离三途，托生安养。

皇建二年（561）五月廿五日陈神忻等七十二人造像，愿先亡现存：

越三途之苦难，居登正觉。

天统二年（566）四月十日刘僧信造像云：

①　分别见皇兴三年（469）赵埛造像、太和十四年（490）八月七日边定光造像、太和廿年（496）九月四日姚伯多造像、神龟二年（519）□月十五日夫蒙文庆造像、大统十七年（551）十二月十五日始平县伯某造像。

②　分别见景明三年（502）八月十八日广川王太妃侯氏造像、永平四年（511）十二月十二日尹伯成妻造像、正光三年（522）八月十一日元悦修古塔记、太和七年（483）八月卅日邑义五十四人造像。

（愿）越离诸难，长□恶趣，终归净土，悟成谛道。

同年四月廿日高市庆造像云：

（愿）神栖净土，永利（离）三徒（途）……

建德二年（573）七月十日郭乱颐造像，愿众生：

普离三涂（途），愿登上集，同厌四流，一时成佛。

据佛教教义，三途六道属三界内的不同业趣，净土乃是三界外之佛土，地位远在六道之上。生净土便已免除轮回之苦，亦无人天的种种缺陷。死者若能至此，自然脱离六道轮回，若能成佛登正觉，更了绝六道轮回之苦。上述祈愿中离三途苦难之语实有蛇足之嫌，或是信徒对净土、成佛与三途六道之关系尚不清楚，但亦可见三途苦难对信徒心灵震慑力之大。

这种渴求五六世纪流行较广，造像祈愿中多有反映，其分布具见表B3 - 3、B3 - 4。

表 B3 - 3　祈愿免三途的造像统计

年代	A	B	C	AB	AC	BC	ABC	不详	小计
400 ~ 409									
410 ~ 419									
420 ~ 429									
430 ~ 439									
440 ~ 449									
450 ~ 459									
460 ~ 469	1								1
470 ~ 479									
480 ~ 489					(1)				(1)
490 ~ 499	2(1)	2							4(1)

续表

年代	A	B	C	AB	AC	BC	ABC	不详	小计
500～509	(1)		(1)						(2)
510～519	2(3)		(2)						2(5)
520～529	5		1(1)						6(1)
530～539	1(2)	1(2)	(2)	1	(2)				3(8)
540～549	(2)							(1)	(3)
550～559			(1)				(1)		(2)
560～569	(7)	(1)						(1)	(9)
570～579	(1)						(1)		(2)
580									
小计	11(17)	3(3)	1(7)	1	(3)		(2)	(2)	16(34)

注：圆括号外数字指祈愿"不坠三途"的出现次数，圆括号内数字指"坠三途、速令解脱""离三途"的出现次数。

表 B3－4　含脱离苦难内容的统计

年代	A	B	C	AB	AC	BC	ABC	不详	小计
400～409									
410～419									
420～429									
430～439									
440～449									
450～459	1								1
460～469									
470～479	3	1							4
480～489					1				1
490～499		1							1
500～509	2	1							3
510～519	2		1						3
520～529	5	1	3		1				10
530～539	3	1	2		3				9
540～549	2(1)	1			1				4(1)
550～559	9(1)	2			1		2		14(1)

续表

年代	A	B	C	AB	AC	BC	ABC	不详	小计
560~569	6	1	2				2		11
570~579	4	2	1						7
580									
小计	37(2)	11	9		7		4		68(2)

注：1. 有若干造像两种祈愿兼有，则分别列入表 B3－3 与表 B3－4，实际造像为 102 尊。

　　2. 含离八难、不逄苦难、离苦、辞苦、永离苦因。

据表 B3－3、B3－4，有类似祈愿的造像自五世纪六七十年代至六世纪末均有分布，说明该祈愿百年间一直流行于信徒中，且在不同背景信徒中都有反映，流行面相当广泛，三途苦难在很长一段时间内对不同背景信徒心灵均造成冲击。

此外，含有以上祈愿的造像散布北方各地，如山东黄县、平度、临淄、曲阜、无棣、济宁，河南洛阳、巩县、郑州，河北曲阳、庆云等许多地区的造像中均有发现，[①] 说明北方很多地方都流行这种祈愿。

免除三途苦难祈愿，应主要受佛教天堂地狱与六道轮回说传播的影响而产生。

得乐

在渴望解脱三途苦难之外，还有不少信徒希望获得常乐。信徒的表述亦不拘一格，如"托生紫府安乐之乡"〔太和七年（483）十月朔日崔承宗造像〕、"生世界妙乐自在之处"〔太和十九年（495）十一月丘穆陵亮夫人造像〕、"常在安洛（乐）之处"〔太和二十二年（498）二月十日高慧造像〕、

[①] 出自山东的，如皇兴三年（469）赵㟧造像出黄县、神龟三年（520）四月十三日翟蛮造像出平度、正光六年（525）三月廿日曹望憘造像出临淄、天平四年（537）正月廿八日比丘惠晖等造像出曲阜、天保八年（557）九月廿九日张族造像出无棣、天统二年（566）四月十日刘僧信造像出济宁；出自河南洛阳者甚多，如景明三年（502）八月十八日广川王太妃侯氏造像、永平四年（511）三月十日黄元德造像、同年十二月十二日尹伯成妻造像等，出自巩县的如天保二年（551）四月八日法训为身患造像、同年六月廿三日李奴造像等，出自郑州的如正光二年（521）七月二日扈豚造像；出自河北的，如曲阳的天保六年（555）正月廿三日李神景兄弟造像、出自庆云的天保八年（557）十二月朱氏邑人等造像等。

"值生妙乐国土"〔正始三年（506）三月十九日冗从仆射造像〕、"神升妙乐"〔天平二年（535）五月十二日僧更造像〕、"常处妙乐"〔武定三年（545）四月十二日张愿德造像〕、"咸升常乐"〔天保二年（551）十一月一日姬洪业造像〕等。说法虽多，万变不离其宗，均指到达一美妙安乐的归宿。

关于安乐之处的具体位置，信徒众说不一。有云"紫府安乐之处""紫微安乐之处""神胜（生）紫微之宫，托生安洛之国"的。① 所谓"紫府""紫微"非佛教说法，均为本土固有的术语。紫微为星官名，《史记·天官书》注引《春秋合诚图》云："北辰，其星五，在紫微中。"又云"紫微，大帝室，太一之精也"。《春秋元命苞》则云"紫微，为太帝"，② 又被视为天帝的居室。《宋书·天文志二》云："紫微垣，一曰大帝之坐，天子之常居也，主命、主度也。"紫府则见于《抱朴子·祛惑》，其文云："及到天上，先过紫府，金床玉几，晃晃昱昱，真贵处也。"亦属天上的一美妙居处。由此看来，如此祈愿者心目中的安乐处是在天上的某一美妙处所。永熙二年（533）三月一日刘景和造像云："愿亡父母托生天上安乐之处。"大统二年（536）五月八日法智造像云"过去生天处乐"，则更明确认定乐处在天上。亦有认为妙乐处可在现世中。太和十九年（495）十一月丘穆陵亮夫人造像云："若存托生，（愿亡子）生于天上诸佛之所，若生世界，妙乐自在之处。"但另有不少祈愿却无从判断其位置，如正始三年（506）三月十九日冗从仆射造像："愿端（亡者名——引者）值生妙乐国土。"正光二年（521）九月四日王仲和造像："愿（贵中子）托生安乐处。"还有所谓"神升妙乐""常处妙乐""升常乐"等亦如是。由此看来，祈愿得乐似乎多为泛泛而发，方位无定，并未与某种特定的佛教观念相连，只是表达了信徒内心一种自发、朦胧的追求。

含类似祈愿的造像亦非个别现象，有一定的普遍性。这种造像的分布具见表 B3－5。

---

① 分别见太和七年（483）十月朔日崔承宗造像、延昌元年（512）十一月四日刘洛真造像和天统四年（568）十月五日王丰妻叔孙造像。

② 《春秋纬》，黄奭辑本，诸子百家丛书，上海古籍出版社 1993 年影印本，第 48 页。

表 B3 – 5　祈愿得乐的造像统计

年代	A	B	C	AB	AC	BC	ABC	不详	小计
400～409									
410～419									
420～429									
430～439									
440～449									
450～459									
460～469									
470～479									
480～489	2								2
490～499	1	1							2
500～509		1			1				2
510～519	2	1					1		4
520～529	5		1		1				7
530～539	3	1	3						7
540～549	1	2		1	4	1			9
550～559	7				2		1		10
560～569	6		2		1		1		10
570～579		2					2		4
580									
小计	27	8	6	1	9	1	5		57

注：包括得常乐、生常乐处、生安乐国土、升妙乐、登常乐等。

　　据表 B3 – 5，该祈愿自五世纪末至 580 年代以前一直流行，影响遍及平民、官吏与僧尼。流行时间较长，影响社会范围亦广。

　　由地域分布看，亦见于北方许多地方，如河南洛阳龙门、巩县，山东历城、博兴，陕西临潼、耀县，河北曲阳、景县，山西新绛等，[①] 分布较广，

---

① 太和廿二年（498）二月十日高慧造像、正始三年（506）三月十九日冗从仆射造像、延昌元年（512）十一月四日刘洛真造像、正光二年（521）九月四日王仲和造像均出龙门，天平二年（535）五月十二日僧更造像出巩县，太和七年（483）十月朔日崔承宗造像出历城，大宁二年（562）二月一日高业夫妻造像出博兴，正始二年（505）九月廿六日冯神育造像出临潼，保定元年（561）九月九日邑子一百一十五人造像出耀县，元象二年（539）正月一日比丘尼惠照造像出河北曲阳，武定四年（546）李长君造像出景县，武定二年（544）九月一日比丘僧纂造像出新绛。

说明该祈愿流行于各地。

这种追求从渊源上讲，并非来自佛教的影响，应是本土固有追求的延续与发展。

追求常乐未央乃是两汉时期人们普遍的心理。在颇能反映汉人心态的铜镜铭文中每每可以见到祝愿生活长乐未央的词句。据研究，西汉中期镜铭中常见的吉语就有"乐无事""长乐未央"，[1] 此后"长乐未央""乐无极"一类的吉语频见于各类镜铭中。陕西出土简化博局纹镜铭有"常毋相忘，常乐未央"，湖南出土多乳禽兽带镜铭文有作"长富乐未央"，陕西出灵龟镜铭有作"张氏作竟大母好，长乐未央"，洛阳出土画像镜铭有"蔡氏作竟佳且好……乐无极"，浙江出土同类镜铭有云"吴向阳周是作镜四夷服……传告后世乐无极"。[2] 一些带"上大山"铭的铜镜铭文中亦有类似词句。《浙江出土铜镜》附《历代镜铭选录》第 48 则"驾蜚龙，乘浮云，上大山……葆子孙，长乐未央，大富昌"，湖南出土"上大山"镜铭亦有"葆子孙，长乐未央，富贵昌"[3] 之语。画像镜流行已到汉末三国时期，此类镜之铭文犹有"乐无极"一类语句，表明追求长乐未央至汉末三国时犹在流行。

佛教深入民间后，信徒自然会怀着此类追求投入佛门，使之在新的思想背景下继续流行。所谓"新"，就在于汉人所向往的长乐未央是现世的追求，恰如《乐府怨诗行》所云"人间乐未央"，[4] 而佛教所指或是死者之来生归宿，或为生者死后的境遇，祈愿所指的时空位置产生了变化。这亦与信徒人生取向变化密不可分。

祈愿解脱三途苦难与获得安乐、常乐在大部分造像中是平行存在的，说明其在多数信徒头脑中是相互独立的追求。不过自五世纪末起，特别是 520年代以后部分信徒把二者结合起来，希望"离苦得乐"，具体例子见表 B3 - 6。

---

① 林素清：《两汉镜铭所见吉语研究》，第 168 ~ 169 页。
② 参见杨平《陕西汉镜铭文研究》（《文博》1994 年第 3 期，第 24 ~ 30 页）所列各地镜铭。
③ 周世荣：《湖南出土汉代铜镜文字研究》，《古文字研究》第 14 辑，中华书局，1986，第 78 页。
④ 逯钦立：《先秦汉魏晋南北朝诗》，第 275 页。

表 B3 - 6 含 "离苦得乐" 祈愿的北朝纪年造像

时间	地点	造像名称	祈愿内容
太和十九年（495）十一月	洛阳龙门	丘穆陵亮夫人造像	若生世界，妙乐自在之处，若有苦累，即令解脱。三途恶道，永绝因趣
正光四年（523）九月十五日	洛阳龙门	优婆夷李造像	愿亡者离苦得乐
正光五年（524）十一月廿五日	洛阳龙门	赵某道俗廿七人造像	为法界仓生离苦得乐
孝昌二年（526）四月廿三日	洛阳龙门	比丘尼造像	愿此善资，离苦得乐
真王五年（527）	河北曲阳	王起同造像	上为皇帝国主、七世父母、现前居家眷属、边地众生，离苦得乐，行如菩萨
孝昌三年（527）正月十五日	洛阳龙门	黄法僧造像	愿亡者生天，舍苦得乐
永熙二年（533）九月十日	洛阳龙门	政桃树造像	父母眷属一切众生脱□离苦得洛（乐）
天平四年（537）三月廿八日	河北曲阳	朝阳村邑仪卅人造像	下为无边众生离苦得洛
武定三年（545）四月十二日	不详	张愿德造像	上为国主师父母兼及一切含生，永离三徒，常处妙乐
武定五年（547）七月二日	河北曲阳	张同柱等造像	后为一切众生，离苦得乐
武定六年（548）五月三日	不详	唐小武造像	有愿先亡生天，离苦受乐
天保九年（558）九月廿九日	山东无棣	张族等造像	上为皇帝陛下，有为群聊（僚）百官土境人民，下为边地众生，皆使离苦得乐
天保十年（559）四月十八日	河北曲阳	王和等兄弟三人造像	上为皇帝陛下，中为七世先亡，师僧父母，下为含识受苦众生，利（离）苦得乐
天保十年（559）六月五日	不详	高方显造像	愿七世父母、所生父母、因缘眷属、边地众生，利苦得洛
武成二年（560）九月十五日	陕西渭南	合方邑子造像	愿黄（皇）帝比（陛）下延祚无穷，离苦享洛
河清四年（565）四月八日	河南辉县	玄极寺碑	愿以此功德，资益法界众生，离苦得乐，俱成正觉
保定五年（565）九月七日	不详	王永建等造像	为一切众生离苦得乐，发菩提心，俱成正觉

续表

时间	地点	造像名称	祈愿内容
天统三年（567）九月十六日	不详	殷恭安造像	傍及六道，越苦获洛（乐），同胜泛（梵）境者矣
武平二年（571）六月八日	不详	慕容士造像	愿同口离苦，俱时登乐
武平四年（573）六月十九日	山东博兴	刘贵等廿人造像	上为皇帝陛下，下为边地众生，利（离）苦得洛（乐）

由上述资料推断，这种祈愿最先流行于洛阳，后行于河北曲阳，再及北方其他地方。

总而言之，离苦得乐祈愿是在轮回转世观念基础上，三途六道说与本土追求长乐心态双重作用下形成的，起初分别流行，520 年代以后渐合二为一。祈生安乐国土与后来西方净土观念的流行关系密切。

3 来生居何处

由祈愿看，五六世纪佛徒中流行的死后归宿主要是天与西方净土。关于生天与托生西方净土的内容，佐藤智水曾做过初步考察，[①] 兹在其基础上对两祈愿的内容与流行情况做进一步分析，以见信徒对天与净土之理解。

生天

关于"天"，信徒说法众多。最常见的是称为"天"。如愿亡儿"上生天上"〔太和四年（480）四月廿日赵明造像〕，"亡者生天"〔太和六年（482）九月十日堤场阳造像〕，还有称为"天堂""天宫"的〔熙平二年（517）比丘僧朕造像，孝昌三年（527）四月廿日杨丰生造像、武定三年（544）刘明造像等〕，亦有称"兜率"〔太和十二年（488）九月十二日始平公造像〕、"龙天"者〔正光二年（521）七月二日扈豚造像〕。还有若干造像不仅提到愿上生天上，还希望由天上再下生人间侯王长者〔皇兴五年（471）三月廿七日仇寄奴造像〕。凡此种种，认识深浅或有不同，但均把"天"视为死后的归宿。含此类祈愿的造像分布具见表 B3-7。

---

① 佐藤智水「北朝造像銘考」『史学雑誌』86 卷 10 期、1977、21～23 頁。

表 B3 - 7　祈愿生天的造像统计

年代＼身份	平民 A	官吏 B	僧尼 C	AB	AC	BC	ABC	不详	小计
400～409									
410～419									
420～429									
430～439									
440～449									
450～459									
460～469									
470～479	2								2
480～489	4								4
490～499	2	1	2						5
500～509	6								6
510～519			3						3
520～529	9	2	1	1					13
530～539	6		2			1	2	1	12
540～549	8	2			1				11
550～559	6		1			1	1		9
560～569	6				3		1		10
570～579	4			1			1		6
580									
小计	53	5	9	2	4	2	5	1	81

注：含兜率、天宫、天堂、龙天。

据表 B3 - 7，生天祈愿自 470 年代至北朝末一直流行于世，且各种背景信徒均有做类似祈愿者，影响亦广。不过从祈愿出现次数看，550 年以后似渐走下坡路。

流行区域上，五世纪末主要流行于今河北一带，洛阳龙门也有零星分布。六世纪以后北方其他地区先后流行，祈愿生天遂成为北土各地信徒的追求。①

---

① 参见皇兴五年（471）三月廿七日新城县（今河北徐水西南）仇寄奴造像、太和四年（480）四月廿日下博（河北深县）赵明造像、太和六年（482）九月十日安熹县（河北定县东）堤场阳造像等，太和十二年（488）九月十二日龙门始平公造像、太和十九年（495）十一月龙门丘穆陵亮夫人造像等。见于其他地区的祈愿生天的造像甚多，不备列。

　　具体到信徒对"天"与"生天"的理解，比照佛经的说法，有这样两个特点。

　　一是大多数信徒对"天"只有简单、笼统的认识，基本分辨不出佛典中繁杂的诸天名称与层次关系。佛教经典把天界细分为三界诸天。欲界一般说有六天，前两天在须弥山的山腰与山顶，其余均在虚空中，后一天均比前一天高；色界有多少天诸经说法不一，从十余天到二十余天均有；无色界一般认为有四天。佛教所谓天总共不下二十余种。欲、色界每一层天各差一倍高，色界诸天在欲界诸天之上，无色界诸天又在色界天之上。易言之，境界愈高者，去地面愈远。① 印度佛教经典把天做立体层次划分，每个层次各有专名，生各种天的因缘亦不相同。② 从祈愿看，中土一般信徒的理解大部分都是泛称生"天""天堂""天宫"，没有举出是具体的哪一层天。如皇兴五年（471）三月廿七日仇寄奴造像云：

　　　　愿父母上生天上，直遇诸佛……

太和十二年（488）九月廿三日韩周陀造像云：

　　　　有使亡者上生天上，直到佛所……

太和十七年（493）赵僧安造像云：

　　　　（为）居门大小见在安隐，亡者生天……

景明三年（502）六月廿三日尹爱姜造像云：

　　　　（愿）亡者生天，生者福德……

---

　　① 参见萧登福《汉魏六朝佛道两教之天堂地狱说》，第 4~26 页。
　　② 参见萧登福《汉魏六朝佛道两教之天堂地狱说》，第 26 页。

孝昌三年（527）四月廿日杨丰生造像云：

>（愿）亡者上生天宫，下生人间胡王长者……

大统二年（536）五月八日法智造像云：

>（愿）过去生天处乐，现在眷属恒值安隐……

武定二年（544）刘明造像云：

>愿亡母上生天堂，下人间还为母子。

天保二年（551）正月十五日杨就等造像云：

>（愿）亡者生天，现存得福。

天和四年（571）十月□八日张敬造像云：

>愿亡者生天，见存得福。

全部81例祈愿生天造像中仅10余例指出具体天界的名称，其中绝大多数为兜率天，[①] 1例称龙天。所谓"龙天"不见于佛典，或为信徒杜撰。总体上看，大部分信徒并不真正了解佛教"天"界的确切含义与具体层次划分，只是笼统地名之为"天"，即使认识稍深者也只是限于兜率天。其他诸天，

---

①　如太和十二年（488）九月十二日始平公造像、永平四年（511）九月一日比丘法兴造像、永安二年（529）十一月十日雷远造像、太昌元年（532）六月七日樊奴子造像、永熙三年（534）四月十三日道仙造像、天平三年（536）九月廿七日七宝山灵光寺造像、武定元年（543）八月廿三日吴易兴造像、乾明元年（560）七月十五日比丘僧邑义等造像、保定二年（562）正月廿四日比丘法藏造像、天统元年（565）十月十八日思隐造像、天统三年（567）五月廿七日张敬儒造像、天和四年（569）六月十五日夏侯纯陀造像、武平五年（574）四月十二日张思伯造像。

只见载于佛经中，或为高僧所晓知，未化为广大一般信徒之认识。自然不同天有不同修行方式之说，更不为民众所闻知。

大部分信徒对"天"的笼统认识或是源于本土对天的认识。本土观念中，除南方偶有"九天""天有九重"的说法流行外，[①]占主流的是平面的"天"的概念。对天只有横向的区域划分，如二十八宿、十二区、五宫等，缺少纵向的上下层次之分。这种背景下，自然不易理解印度佛教对"天"的上下层次之分，加之诸天名称怪异，势必难为中土一般信众所接受，故多沿用泛称之"天"来加以把握。

二是在多半信徒看来，死后一旦生天便可高枕无忧，永享天上快乐，只有为数不多的信徒认识到天人未摆脱六道轮回，仍有寿尽下生之时。按佛教说法，天界虽较其他五界为胜，但亦未出三界犹在六道之内，天人仍有轮回之苦。天人寿命极长，但亦有寿尽坠入轮回之时，还可能重蹈三途之中。《佛说作佛形像经》云：

> 其有人见佛形像以慈心叉手自归于佛塔舍利者，死后百劫不复入泥犁禽兽薜荔中，死即生天上，天上寿尽复下生世间为富家作子……[②]

即承认这一点。隋代僧人释灵干亦云，"天乐非久，终坠轮回"，[③]亦意识到了天人这一缺陷。如果信徒认识到生天的这一问题，自然会考虑天上寿尽下生以后怎么办。如景明三年（502）十一月十一日刘未等造像云：

> 上为国家皇帝，并及七世父母、眷属、村舍大小，常与佛 会，愿上生天上，下生人中侯王，居仕富贵家产。

---

① 分别见《离骚》"指九天以为正兮"，按王逸注，九天指"中央、八方也"（《文选》卷三二，李善注，中华书局 1977 年影印本，第 456 页下），亦是平面的划分；《淮南子·俶真训》有"上寻九天、横廓六合"之说，《天文训》有"天有九重，人亦有九窍"之说（刘文典集解，中华书局，1989，第 61、126 页）。
② 《大正藏》卷一六，第 788 页下。
③ 《续高僧传》卷一二，《大正藏》卷五〇，第 518 页下。

希望能下生在人间富贵之家或侯王之室。不过，真正意识到这一点的信徒仅占少数，全部 81 例祈愿生天的造像中仅 12 例包含下生内容，[①] 仅占祈愿生天造像的 15%。这些信徒对"天"的认识显然更接近于佛教教义，而余下 85% 信徒则只希冀死后生天，不言及下生之事。他们或不知道，或不接受天人寿尽终坠轮回的观念。他们观念中的"天"与佛教所说的处于轮回中的"六道"之一的"天"已是名同实异，而变成越超六道之上，永享快乐无有穷尽的所在，性质已等同于六道之上的佛国净土了。这一现象为后来真正净土观念的流行作好了铺垫。

关于生天的目的，部分信徒有所认识，目的之一是得乐。孝昌三年（527）正月十五日黄法僧造像云：

愿亡者生天，舍苦得乐……

大统二年（536）五月八日法智造像云：

愿过去生天处乐……

武定六年（548）五月三日唐小虎造像云：

有愿先亡生天，离苦受乐……

显然，他们把天上与妙乐之处等同起来，认为生天便意味着享受到快乐。更多的信徒则希望生天后能见到诸佛。皇兴五年（471）三月廿七日仇寄奴造像云：

愿父母上生天上，直遇诸佛……

---

① 即皇兴五年（471）三月廿七日仇寄奴造像、太和十二年（488）九月十二日始平公造像、太和十四年（490）八月七日边定光造像、景明三年（502）十一月十一日刘未等造像、正始元年（504）四月八日孟□姬造像、正光元年（520）十二月廿四日王富如造像、正光五年（524）七月十五日仇臣生造像、孝昌三年（527）四月廿日杨丰生造像、永安二年（529）十一月十日雷远造像、天平三年（536）九月廿七日七宝山灵光寺造像、武定元年（543）八月廿三日吴易兴造像、武定二年（544）刘明造像。

太和四年（480）四月廿日赵明造像云：

> 愿亡儿上生天上，常与佛会……

正始元年（504）十一月四日高思乡造像云：

> 愿使亡者上生天上，值遇弥勒佛。

有类似说法的造像共 10 例，时间是 471～534 年。① 这些信徒盼望死者生天见佛，以为佛居于天上，亦是赋予"天"超出六道的佛国性质。永熙二年（533）三月一日刘景和造像则把三者结合起来，其文云："愿亡父母托生天上安乐之处，值遇诸佛。"

总之，五六世纪大部分信徒对"天"缺乏具体的认识，且把"天"等同于超出六道的佛国净土。只有少数人对"天"有较深入了解，能较正确地理解"天（人）"的地位。

托生西方净土

除生天之外，信徒中影响较大的死后归宿是西方净土。佛教关于净土的说法有很多种，传入中土的除西方极乐世界阿弥陀佛国外，还有东方莲华藏世界阿閦佛国。记载这两种净土的经典二世纪便已由支娄迦谶译成中文，② 不过，流行中土的主要是西方阿弥陀佛净土，东方阿閦佛净土影响甚微。《续高僧传·义解·释真玉传》云："生来结誓愿终安养，常令侍者读经……忽闻东方有净莲华佛国，庄严世界与彼不殊，乃深惟曰：'诸佛净土，岂限方隅，人并西奔，一无东慕，用此执心，难成回向。'便愿生莲华佛国。"真玉生活在高齐，说明时人多往生西方而愿生东方者鲜见。笔者统计，造像题材中仅有 2 例为造阿閦佛，但往生归宿未见有云东方净土的，亦

---

① 余下 7 例为太和六年（482）九月十日堤场阳造像、太和十二年（488）九月廿三日韩周陀造像、太和十三年（489）三月四日贾法生造像、太和十九年（495）十一月丘穆陵亮夫人造像、太和廿二年（498）五月普贵造像、正光二年（521）七月二日扈豚造像、永熙三年（534）二月十日道信造像。

② 望月信亨：《净土教概论》，释印海译，华宇出版社，1988，第 1、3～4 页。

可证真玉之言属实。

　　根据造像记祈愿，五六世纪流行的净土说主要有两种：一为西方无量寿佛净土，一为泛称的净土。

　　关于西方净土，信徒称呼不一。有称"西方"的〔熙平元年（516）九月十二日徐桃棒造像〕，或"西方妙洛（乐）国土"〔太和廿二年（498）五月普贵造像〕、"西方无量寿佛国"〔太和二年（478）十一月十日比丘廿道可造像〕、"西方安乐之处"〔皇建二年（561）六月九日李孝贞造像〕、"安养"〔天保三年（552）九月三日道建造像〕等。称呼虽多，所指实一。含以上诸说之造像分布具见表 B3 - 8。

表 B3 - 8　祈生西方净土的造像统计

年代	A	B	C	AB	AC	BC	ABC	不详	小计
400 ~ 409									
410 ~ 419									
420 ~ 429									
430 ~ 439									
440 ~ 449									
450 ~ 459									
460 ~ 469									
470 ~ 479			1						1
480 ~ 489					1				1
490 ~ 499	2		1						3
500 ~ 509	1	1							2
510 ~ 519	7	2	2						11
520 ~ 529	5	1	3						9
530 ~ 539	5	1	2		3		1		12
540 ~ 549	3	1	2		3				10
550 ~ 559	15	4	5	1	2				27
560 ~ 569	14		1				1		16
570 ~ 579	5	4			1			1	11
580									
小计	57	14	17	1	10		3	1	103

注：包括西方妙乐国土、西方、西方无寿佛国、安养国土。

　　据表 B3 - 8，可略见西方净土信仰流行之概貌。祈愿托生西方净土自470 年代出现以后至北朝末一直流行，特别是 530 年代以后大部分时段出现次数较多，更为流行，而且不同背景信徒均有信奉，影响范围广泛。

　　从现有资料看，该祈愿流行区域最先出现在平城，[①] 稍后平州、幽州，即今河北中部/北部一带开始流行，出自河北卢龙的太和廿二年（498）五月普贵造像、河北（今属北京）房山的太和廿三年（499）十二月九日比丘僧欣造像、[②] 河北易县的正始元年（504）四月八日孟口姬造像祈愿中均有所反映。直至北朝末，这一地区西方净土信仰与祈愿犹在流行。[③] 至晚六世纪初，西方净土信仰与祈愿渐在洛阳流行，龙门石窟造像祈愿中开始出现祈愿托生西方净土的内容。如永平元年（508）八月十五日比丘惠合造像、永平三年（510）九月四日尼法庆造像、同年十一月廿九日尼惠智造像及次年三月十日黄元德造像均是含有这一内容的较早造像记。此后，洛阳及周围巩县等地信奉西方净土者时不乏人，直至北朝末。[④] 入隋唐以后，影响依然不衰。[⑤] 520 年代以后，山东、陕西等地才开始出现祈愿托生西方的造像。山西则更晚到 540 年代才开始流行西方净土信仰。[⑥] 由以上情况看，西方净土信仰在各地流行的时间似有先后之别。

　　西方净土信仰是在什么样的思想背景下被接受的？信徒接受了西方净土信仰中的哪些内容？通过比较各地祈愿生西方净土的造像与该地区稍早或同时的造像便不难找到答案。

　　关于河北的情况，太和廿二年（498）五月普贵造像云：

---

① 　太和七年（483）八月卅日云冈邑义五十四人造像有"安养光接"一语可证。
② 　该像出自北京房山，据孙贯文《北京大学图书馆藏历代石刻拓本草目》（二）"北魏"，《考古学集刊》第 8 集，科学出版社，1994，第 207 页。
③ 　参见延昌三年（514）七月九日唐县刘归安造像、神龟元年（518）三月三日上曲阳邦夏口造像、曲阳出土的天保六年（555）正月廿三日李神景兄弟等造像、景县出土的皇建二年（561）六月九日李孝贞造像、藁城出土的武平元年（570）二月廿日贾兰业兄弟造像。
④ 　参见龙门神龟元年（518）清信女口造像、正光二年（521）三月廿六日比丘尼道口造像、孝昌三年（527）四月八日宋景妃造像、太昌元年（532）十二月十二日杨元凯造像、武平六年（575）十月十一日游达摩造像，出于巩县的有天保元年（551）四月十五日道荣造像、同年四月十八日比丘惠育造像、天保八年（557）十二月廿五日梁弼造像、天统二年（566）四月七日秋进和造像等。
⑤ 　参见水野清一、长广敏雄『竜門石窟の研究』（二）本文篇附《龙门石刻录》。
⑥ 　最早为山西绛州武定七年（548）十二月八日张保洛等造像。

（愿）使父亡者生天，弹语诸佛，值生西方妙洛国土，龙华化生，
树下三会说法。

次年十二月九日比丘僧欣造像云：

为生缘父母并眷属师僧造弥勒石像一区，愿生西方无量寿佛国，
龙华树下，三会说法，下生人间侯王子孙，与大菩萨同生一处。

正始元年（504）四月八日孟□姬造像云：

愿使忘（亡）父母生上天上，见御（遇）诸佛，愿先方妙洛国土，
所生人间侯王长者（下缺）。

三记中出现的亡者生天见佛、龙华三会说法与下生人间侯王长者三种观念均早
已流行该地区。太平真君四年（443）高阳蠡吾（今河北博野）菀申造像云：

下为父母，一切知识，弥勒下生，龙华三会，听受法言，一时
得道。

可证龙华三会观念此时已流行于此地。死者生天见佛、下生人间侯王长者观
念亦已先此行于该地。皇兴五年（471）三月廿七日新城县（今河北徐水西
南）仇寄奴造像云：

愿父母上生天上，直遇诸佛，下生人间侯王长者。

太和四年（480）四月廿日下博（今河北深县东）人赵明造像云：

愿亡儿 上 生天上，常与佛会。

太和六年（482）九月十日安熹县（今河北定县东）堤场阳造像云：

亡者生天，直语诸佛，所愿如是……

出土于河北灵寿县的太和十二年（488）九月十三日韩周陀造像云：

有使亡者上生天上，直到佛所，愿愿从心。

次年三月四日九门县（今河北藁城西北）南乡村贾法生兄弟造像云：

愿使亡者生天，常以佛会……

由以上造像看，在西方净土观念流行前，死后生天见佛，下生人间侯王长者以及龙华三会说法之观念均已在河北中部信徒中流传。信徒是在上述观念背景下接纳的西方净土这一新说，且只接受了这一归宿而已，并也按照"天"来理解。所以有希望生西方后再下生，再参与龙华三会之类的异乎教义的说法。至于该信仰中其他内涵，尚未为信徒信纳。

洛阳的情形也大致相仿。比丘惠合造像愿文残缺，且不论，尼法庆造像云：

愿使来世托生西方妙乐国土，下生人间公王长者，远离烦恼。又愿己身□□□与弥勒俱生莲华树下，三会说法，一切众生永离三途。

尼惠智造像云：

愿使托生西方妙乐国土，下生人间为公王长者，永离三途。又愿身平安，遇□弥勒，俱生莲华树下，三会说法，众生同福。

黄元德造像云：

愿亡母托生西方妙乐国土，若人间王侯长。后愿合门大小，见在安隐……

三记反映出的上生、下生、龙华三会说法观念亦均非新鲜之说，先于三记的同地造像记中早已有所反映。太和十二年（488）九月十二日始平公造像云：

> 元世师僧父母眷属，凤翥道场，鸾腾兜率，若悟落人间，三槐独秀……

即包含了上生、下生观念。正始三年（506）十二月廿二日杨小妃造像云：

> 愿亡父上生天上，弥勒三会。

次年二月安定王元燮造像云：

> （愿）升超遐迩，常值诸佛，龙华为会。

永平二年（509）四月廿五日尼法文法隆造像云：

> （愿）龙华三唱，愿在流次。

法庆等人不过是把原来的"生天"改变为"托生西方"而已，同样未接受西方净土信仰的其他内容。

　　由于早期西方净土的信徒是在生天的观念背景下吸纳新说的，对净土的地位与意义，及其与"天"的分野均辨别不清，所以祈愿托生西方的同时还希望能下生人间侯王长者，或随弥勒参与龙华三会。这种现象以后还偶然可以见到，或是把西方净土视为与天相类，故云"愿亡考生天，安养国土"；① 或认为西方净土与天相连，在天之上，所以有云"愿使亡者生天上，托生西方"；或"升天托生无量寿佛国"；或"往生西方，上

---

① 　见孝昌二年（526）正月廿四日元宁造像。

升兜率"① 等说法，但已渐为支流。大部分西方净土的信仰者已经能够把天与西方净土区分开了。

不过，直至北朝末年，西方净土的信仰者仍只是接受了作为死后归宿的西方净土，不曾接纳该信仰其他方面的内容。由愿文看，一部分信徒仅祈愿托生西方，余者希望托生西方后能见佛闻法、参与龙华三会。如延昌三年（514）七月九日唐县（今河北唐县）刘归安造像云：

> 愿使未来世中直生西方妙乐国土，见佛闻法，自识宿命……

神龟元年（518）三月三日中山上曲阳（今河北定县一带）邽夏□造像云：

> 愿使无边众生……托生西方妙乐国土，莲华三会，与佛相随。

天保七年（556）闰八月廿四日尼如静造像云：

> 愿令亡者托生西方妙乐佛国，与佛局（居），面睹诸佛。

出土于山东高青县的天统四年（568）二月廿三日的谢思祖造像云：

> 愿（亡子）托生西方妙洛国土，苓花（龙华）树下，恒与佛会。

类似的造像还有 9 例，分布于 520～561 年，造像地点有山东平度、临沂，河南洛阳，山西寿阳等地。② 另有少数信徒希望托生西方，不迳三途苦难，

---

① 见神龟三年（520）四月十三日翟蛮造像、武定七年（549）十二月八日张保洛等造像、永兴二年（533）二月十五日解保明造像。

② 即出自山东平度的神龟三年（520）四月十三日翟蛮造像，出自河南洛阳龙门的孝昌三年（527）四月八日宋景妃造像、普泰元年（531）法云造像、太昌元年（532）十二月十二日杨元凯造像，出自山东临沂之天保二年（551）七月廿三日王智晖造像，出自山西寿阳的皇建二年（561）八月十三日樊景珍造像，及地点不明的武定元年（543）九月一日曹全造像、天保三年（552）二月十四日崔氏女张造像、天保八年（557）三月八日宋王仁造像。

其例俱见前文。无论是参与龙华三会，还是不逢三途苦难，均非西方净土信仰的内涵，"见佛闻法"亦缺乏西方净土信仰的特征。阿弥陀系经典讲到往生西方见佛闻法，但"佛"特指无量寿或阿弥陀及其胁侍观世音、大势至。愿文中"见佛闻法"的"佛"显属泛称，难以确定为无量寿或阿弥陀，且"见佛闻法"先于西方净土观念流行世间（详下），而非与西方净土同时出现之新祈愿。可以肯定，五六世纪信徒中流行的只是西方净土信仰中作为人死归宿的西方净土。

值得注意的是，信徒对西方净土称呼虽然不一，但以西方妙乐国土、西方妙乐世界、西方极乐世界为主，称西方阿弥陀佛国、西方无量寿佛国或安养国土的只是少数。可见信徒看中的主要是西方世界妙乐庄严，而非主尊。另有数例径称为西方，或是这一净土的方位更具吸引力。种种称呼透露出西方净土流行原因的若干信息。

最后，探讨一下西方净土观念及其祈愿流行的原因。

不少中外学者研究过这一问题。塚本善隆指出，追求长寿是信仰无量寿佛的重要原因，隋唐以后阿弥陀净土信仰盛行，则与鼓吹该信仰的巨匠依次出现以及末法思想的流行有关。[1] 塚本氏分析造像记时只统计了造像题材的兴衰，未及祈愿内容，只注意到北魏后期无量寿佛崇拜出现问题，并未顾及西方净土信仰的流行，也就未对当时西方净土观念流行的原委给予解释。拿他对隋唐以后弥陀净土信仰流行原因的解释来看北朝，也说不通，至少北朝时期巨匠不多，影响有限，且在昙鸾之前西方净土观念就已流行。藤堂恭俊则认为离苦得乐祈求是接受托生西方的重要原因，而无佛说所带来的心理隔绝感则是接受无量寿佛的原因。[2] 他对西方净土观念流行原因的解释是有道理的。此外，尚有学者从经典教义角度去阐释弥陀净土渐胜的原因。赖永海比较了经典中对往生兜率与西方净土的论述，认为前者主要靠自力难行，后者依佛愿力，更保险，故后者更流行。[3] 廖阅鹏则认为无量寿经典中摄受众生包括犯十恶五逆罪人及毁犯禁戒的四众弟子均可往生，所以

① 塚本善隆『支那仏教史研究・北魏篇』、585～586、588 页。
② 藤堂恭俊「北魏時代に於ける浄土教の受容とその形成——主として造像銘との関連に於て」『仏教文化研究』（通号 1）、95、113 页。又见氏著《中国佛教史》上册，第 151 页。
③ 赖永海：《中国佛性论》，中国青年出版社，1999，第 285～286 页。

历久不衰。① 两人之说单纯从经典角度考察，脱离信徒实际信仰状况，过于空泛。

前贤时彦的研究中唯藤堂恭俊正面阐述了西方净土信仰流行的原因，其余诸说或针对整个阿弥陀净土，或针对无量寿、阿弥陀崇拜。正如本篇引子中指出的，信徒信仰西方净土与崇拜阿弥陀佛流行的起始时间不同，到六世纪中叶后方趋融合，流行的原因也须分别加以考察。

其一，藤堂恭俊注意到离苦得乐祈愿与接受西方净土观念间的关系，不过说得还欠确切。更准确地讲，是中土信徒对死后常乐的追求构成西方净土观念流行的思想基础。如上所述，自480年代起至北朝末年，希望托生安乐之乡的信徒很多。这种祈愿佛教色彩不浓，乃信徒自发、朦胧的追求，僧侣开始宣传西方净土信仰时很可能已注意到信徒的这种心理，便极力宣扬西方世界的庄严美妙，把信徒对安乐之乡的自发追求导入西方净土之中。信徒多称西方净土为西方妙洛国土（或世界）、西方极乐世界，正暗示了两者间的联系。这应是西方净土观念流行原因之一。

其二，西方净土信仰能畅行于世亦与该净土处于西方有关。西方在本土观念中意义特殊。《论衡·四讳》指出："夫西方，长老之地，尊者之位也，尊长在西，卑幼在东。"《风俗通义》佚文亦云："俗说西者为上。"② 在东汉人看来，西方是四方中的上首。此外，西方又与升天关系密切。在先秦两汉人的观念里，昆仑山乃是通天的神山，《海经》中的昆仑或实指东方之泰山，③ 但秦汉以下昆仑已被目为中国西陲之神山。④ 据《淮南子·坠形训》，由昆仑山可升天，文云："昆仑之丘，或上倍之，是谓凉风之山，登之而不死。或上倍之，是谓悬圃（之山），登之乃灵，能使风雨。或上倍之，乃维上天，登之乃神，是谓太帝之居。"《太平御览》卷一《天部》引《十洲记》亦曰："昆陵，昆仑山也。上有金台玉阙，亦元气之所合，天帝之居治

① 廖阅鹏：《净土三系之研究》，佛光出版社，1989，第154页。
② 参见王利器校注本，第562页。
③ 参见何幼琦《〈海经〉新探》，《历史研究》1985年第2期。
④ 参见饶宗颐《论释氏之昆仑说》，《选堂集林史林》（上），香港中华书局，1982，第
　　446～447页。

处。"亦认为昆仑山为天帝所居。同时昆仑亦被视为地首、天柱,《太平御
览》卷三六引《博物志》云: "地氏之位,起形于昆仑,从(纵?)广万
里,高万一千里。神物之所生,圣人仙人之所集。"《河图括地象》亦曰
"昆仑之山为地首",① 与《博物志》所述相合。《初学记》卷五引该书又
云: "昆仑山为天柱,气上通天。"《神异经》亦云: "昆仑有铜柱焉,其高
入天。"② 据上述记载,两汉三国时期人们头脑中的西土昆仑乃是天地结合
点,神仙汇聚,所以世间流传 "天之门在西北,升天之人,宜从昆仑上"③
之说也就毫不奇怪了,此说便已将西(北)方向、昆仑与升天三者连在一
起。汉人多渴望不死成仙升天,天门在西北,自然此方备受重视。时人游仙
诗中常常提到西方,曹操《气出倡》: "从西北来时,仙道多驾烟乘云驾龙,
郁何荟荟,遨游八极,乃到昆仑之山西王母侧。"曹丕《折杨柳行》: "西山
一何高,高高殊无极,上有两仙僮,不饮亦不食,与我一丸药。"④ 其他方
位都很少提及,可见西方之意义重要。西方之重要性到两晋以后仍有影响。
《冥祥记》"史世光"条述世光生天事云: "将信持幡俱西北飞上一青山……
到山顶,望见天门。"⑤ 亦认为升天要自西北循山而上,西北方向地位仍不
一般。再有,两汉时期西王母信仰颇盛。据鲁惟一(Michael Loewe)研究,
至迟公元一世纪起,关于西方乐土思想正在形成。⑥

　　另一可能的因素是佛法源出西方,北方传习经典又大都为东来僧人携
来,西方乃是佛徒心目中之佛土,加之西行取法诸僧回国后又多渲染印度中
亚佛教盛况。⑦ 据《魏书·释老志》,法显《佛国记》"今行于世",《水经
注》中亦反复引用该书。西土释法之盛必于北土广为传诵,西方自然渐
成为一圣地,亦促使信徒膜拜西方,崇信西方净土。

　　上述种种因素凑合,遂使诸种净土说传入中土时,信徒便心仪西方
净土。

---

① 参见《太平御览》卷三八所引,中华书局 1960 年影印本,第 182 页。
② 《艺文类聚》卷七 "山部·昆仑山" 引,上海古籍出版社 1999 年影印本,第 130 页。
③ 参见《论衡·道虚》,第 319 页。
④ 逯钦立:《先秦汉魏晋南北朝诗》,第 346、393 ~ 394 页。
⑤ 鲁迅:《古小说钩沉》,第 580 页。
⑥ 参见《剑桥中国秦汉史》,第 769 页。
⑦ 参见藤堂恭俊《中国佛教史》上册,第 113 页以下。

从造像祈愿看，西方净土信仰自五世纪末开始流传北方，530 年代以后更见盛行。学者研究西方净土信仰发展时，由于对造像记资料发掘不够，每每重视昙鸾、道绰、善导之类高僧的作用。① 不可否认高僧倡导之重要作用，但实际先于高僧之倡导，西方净土观念已久行于民间，且北朝时期昙鸾影响尚寡。② 当时北方西方净土观念与祈愿流行与之干系甚微，西方净土信仰盛行非谓昙鸾创他力易行之净土往生说之后方出现，故对高僧之于西方净土信仰发展中的作用亦需做进一步的研讨。信仰之发展除宣传倡导之外，还须契合民心。

西方净土之外，亦有部分信徒希望托生净土，此观念影响不大，仅 24例，兹从略。

综上所述，生天与托生西方净土乃是信徒对死后归宿的两种主要祈愿。529 年以前生天较流行，529 年之后西方净土信徒渐占优。对于"天"，多数信徒只有笼统的认识，且视之为永享快乐的乐土，仅少数信徒知道兜率天，个别人具备下生观念，认识到天人的缺陷。西方净土信仰较早流行于今河北，后见于河南洛阳及北方其他地方。信徒基本上只接受了该信仰中的死后归宿西方净土一点，对于无量寿、阿弥陀罕有识者，教义中的其他内容亦未被信纳。该信仰流行原因主要在于信徒对死后安乐的追求与西方在中土的重要意义。

4 值佛闻法与龙华会首

祈愿生天与托生西方净土表达了信徒对死后归宿的认识与追求。至于信徒与佛的关系，愿文中流行的"值佛闻法"与"龙华会首"祈愿透露了这方面的信息，下文分别加以考察。

值佛闻法

信徒对"值佛闻法"的表述细分起来有三种：一是仅强调与佛相见，如"常与佛会"〔太和四年（480）四月廿日赵明造像〕、"侍佛左右"〔神龟三年（520）四月十三日翟蛮造像〕；二是希望与不止一尊佛见面，如"直语诸佛"〔太和六年（482）九月十日堤场阳造像〕、"值遇诸佛"〔太安

---

① 业露华：《道绰净土思想研究》，《隋唐佛教研究论文集》，三秦出版社，1990，第57 页。

② 参见 Kenneth K. Tanaka, *The Dawn of Chinese Pure Land Buddhist Doctrine*, p. 19。

三年（457）九月廿三日宋德兴造像〕、"常见诸佛"〔太平真君四年（443）
菀申造像〕；三是盼望见佛后能听佛说法，如 "见佛闻法"〔延昌三年
（514）七月九日刘归安造像〕、"常见佛说法"〔太和六年（482）□月十七
日成僧造像〕、"治（值）佛闻法"〔孝昌二年（526）十一月廿日刘宁考
造像〕，偶见举出具体佛的名号如见弥勒佛、无量寿佛等，后又出现"生
生世世值佛闻法"的祈愿。现据含三种祈愿造像分布情况制成表 B3 - 9、
B3 - 10。

表 B3 - 9　祈愿常与佛会和值遇诸佛的造像统计

年代	A	B	C	AB	AC	BC	ABC	不详	小计
400 ~ 409									
410 ~ 419									
420 ~ 429									
430 ~ 439									
440 ~ 449	(1)	1							1(1)
450 ~ 459	(1)								(1)
460 ~ 469	1(1)								1(1)
470 ~ 479	(2)	1(1)	(1)					1	2(4)
480 ~ 489	6(3)								6(3)
490 ~ 499	3		(2)						3(2)
500 ~ 509	2(1)	(1)	(1)						2(3)
510 ~ 519	2(1)				1				3(1)
520 ~ 529	11(1)	1(1)	1		2				15(2)
530 ~ 539	1(2)	(3)	1		1		1		4(5)
540 ~ 549	7	1			1				9
550 ~ 559	10		(1)		2				12(1)
560 ~ 569	8			1	1				10
570 ~ 579 580	1	1							2
小计	52(13)	5(6)	2(5)	1	8		1	1	70(24)

注：圆括号内数字指祈愿值遇诸佛（含常见诸佛、直语诸佛等）的造像数。

表 B3 - 10　祈愿值佛闻法的造像统计

年代	A	B	C	AB	AC	BC	ABC	不详	小计
400 ~ 409									
410 ~ 419									
420 ~ 429									
430 ~ 439									
440 ~ 449									
450 ~ 459									
460 ~ 469									
470 ~ 479	1								1
480 ~ 489	1								1
490 ~ 499	1								1
500 ~ 509									
510 ~ 519	4				(1)				4(1)
520 ~ 529	3		2(2)		1				6(2)
530 ~ 539	2(4)	4	(1)		2(1)				8(6)
540 ~ 549	4(2)	1(1)	(1)				1		6(4)
550 ~ 559	5(4)		1	1	1				8(4)
560 ~ 569	2(5)		(1)		2		(1)		4(7)
570 ~ 579	1(1)								1(1)
580									
小计	24(16)	5(1)	3(5)	1	6(2)		1(1)		40(25)

注：圆括号内的数字指祈愿生生世世值佛闻法的造像数。

　　据表 B3 - 9、B3 - 10，值佛闻法祈愿自 440 年代起一直流行至六世纪末。细究起来，常与佛会、值遇诸佛出现较值遇闻法为早，后者 470 年代出现，六世纪以后渐流行，特别是祈愿生生世世值佛闻法的信徒发展较快，而单纯希望值遇诸佛者则影响渐衰。祈愿流行范围亦广布平民、官吏与僧尼，尤在平民信徒中流行时间最久。

　　该祈愿流行区域，首先出现在今河北。太平真君四年（443）高阳蠡吾（今河北博野）菀申造像有"常见诸佛"之语，此后该地区这一祈愿流行不衰。[①] 山东较早有"常见佛说法"之类祈愿的为太和六年（482）□月十七

---

① 见太和四年（480）四月廿日赵明造像（深县附近）、太和六年（482）九月十日堤场阳造像（定县附近）、同年五月十七日刘道隆造像（任县）、太和十一年（487）五月九日高阳县曹党生造像、太和十二年（488）九月廿三日灵寿韩周陀造像、太和十三年（489）三月四日藁城西北贾法生造像、太和十六年（492）四月十日高阳王虎造像、太和廿二年（498）五月卢龙普贵造像、延昌三年（514）七月九日唐县刘归安造像等。

日成僧造像，以及太和八年（484）九月十九日乐陵（今山东乐陵南）人丁柱造像等。① 六世纪以后该祈愿除继续流行于上述两地外，亦开始见于河南、陕西的造像。②

从祈愿叙述看，信徒认为值佛闻法的位置或是在天上，或是在西方净土，所以有太和四年（480）四月廿日赵明造像："愿亡儿 上 生天上，常与佛会。"延昌三年（514）七月九日刘归安造像："愿使未来世中直生西方妙乐国土，见佛闻法，自识宿命。"类似的例子前文分析生天与托生西方净土祈愿时已引述不少，可参看。大体上530年代以前祈望生天见佛者多，以后托生西方净土或净土值佛闻法者增多。在这部分信徒看来，佛是高居天上或西方净土的。

不少信徒希望在天上或西方净土见佛闻法，天或西方净土均为死后的归宿，所以值佛闻法常常针对死者而发也就不足为怪。③ 不过亦有部分信徒专门针对生者祈发此愿。太和六年（482）五月十七日刘道隆造像："愿居家大小，见（现）世安稳，常与佛会。"从"现世安稳"一句看，祈愿对象应均为生者，这自然是希望生者能"常与佛会"。与此相若的还有永平三年（510）五月廿七日尚元吉造像："为父母兄弟、因缘眷属，常与佛会。"天保三年（552）四月八日范连和造像上附的吕思远祈愿："上为祖父母、现在父母、居家眷属，生生世世值佛闻法，所愿如是。"从上述诸记题名看，未有冠以"命过""亡""故人"者，均属生者无疑。生者在何处与佛相会？祈愿中无明文，造像者或亦不清楚，似仅表达一种心愿而已。不过，可以想象，若现世中能与佛相会，信徒一定会很高兴。此外，天平四年（537）闰九月十九日张僧安造像："为居家眷属，愿令生生世世值佛文（闻）法。"大统四年（538）六月六日党屈蜀造像："愿生生世世直遇诸

---

① 此后有太和八年（484）十月十六日李日光造像出冠县等。

② 河南的，如出自新乡的永平三年（510）五月廿七日尚元吉造像、出自洛阳龙门的永平四年（511）十二月十二日尹伯成妻造像、汤阴的神龟元年（518）七月十五日张匡造像、郑州正光二年（521）七月二日扈豚造像、龙门正光三年（522）九月廿日公孙兴姬造像等；见于陕西的有出自富平的正光五年（524）六月魏氏造像、出自耀县的同年七月十五日仇臣生造像等。

③ 如延兴二年（472）四月六日黄□相造像、太和四年（480）四月廿日赵明造像、太和六年（482）九月十日堤场阳造像等。

佛。"这些显然是渴望包括现世在内无穷之世中都能见佛并闻法，表达了他们强烈的愿望。

祈愿用语亦体现出民众认识的层次性及发展变化。绝大部分信徒祝愿都是说"见佛""值佛"，未明言是哪尊佛，仅个别信徒注明具体佛名如弥勒佛〔太平真君三年（442）四月十八日鲍纂造像〕。他们多数并不知道会遇到哪尊佛，也没有明确希望遇到哪尊，而且也没有进一步指明"见佛""值佛"之后的用意，"见佛"往往成为最终的目的，这或反映出信徒中流行的一种渴望见佛的较盲目的追求。其中有人则希望"值遇诸佛"，其所理解的佛或如天上神仙一样似太仓积粟般地多。不过如此祈愿者后来渐少，或信徒认识深入，渐知一方佛国仅有一佛。稍晚出的"值佛闻法"祈愿明确表达了值佛的目的，较前两种祈愿略胜一筹。不过，有此种祈愿者只是部分信徒。还有少数信徒更进一步提出了值佛闻法的目的。如延兴二年（472）四月六日黄□相造像，愿亡父"永离苦难，值遇诸佛，深解实相"太和十八年（494）四月八日尹受国造像愿亡考"生生之处，遇佛闻法，自识宿命，永不退转"。永安三年（530）五月十日张神远造像愿亡过现存"值佛闻法，悟无生忍"。天平四年（537）正月廿八日比丘惠晖造像："愿为国主、师僧、父母，及善知识、六道众生，永拔苦因，生生值圣闻法，悟玄，速成正觉。"武定七年（549）四月八日高岭以东诸邑义造像："后愿生生之处，遭贤遇圣，值佛闻法，常修善业，至菩提，誓不退转。"多希望通过值佛闻法途径来达到"解实相""悟无生忍""成正觉"一类的终极目标，值佛闻法成为解脱的手段。

还有少量信徒期待值佛之后获得快乐。保定元年（561）九月九日邑子一百一十五人造像："愿生生遇佛，终登常乐。"河清元年（562）八月廿日比丘尼员度造像："愿使有缘之徒，生生世世值佛闻法，常住快乐。"

值佛闻法类祈愿不仅揭示出信徒对佛的位置与作用的理解，祈愿本身亦反映了信徒的心态。所谓值佛闻法，即是成为直接聆听如来或佛法言的声闻弟子，声闻弟子可借助佛之点化，无须长期修炼，很快解悟法相，但这种情况现世中只有释迦牟尼在世时才可能。佛陀灭寂双林后，现世中处于"无佛"状态，要做声闻弟子已不可能。信徒只能依佛之遗教，即经典，循自证自悟之"自行道"自行修炼方可解脱。而这些祈愿值佛闻法者则一反此道，渴望值佛（无论是现世还是来生，此土还是他方）进而闻法，悟宗成正觉，追求借助佛力解脱。这反映了他们的内心抉择，即渴望依靠外力解脱，对于旷日持久的自证自悟的修行正途的拒绝与排斥态度。

信徒这种祈愿在佛经中并非全然无据。元魏时译出的《杂宝藏经》卷五《施行篇》中"长者夫妇造作浮图生天缘"云：

其后命终，即生彼天宫，夫妇相将，共至佛边，佛为说法，得须陀洹。诸比丘等惊怪所以，便问何业缘故得生此天，佛言："昔在人中，作浮图僧坊，供养佛僧，由是功德，今得生天。"①

即宣扬死后生天，见佛听法，得涅槃之事，与信徒祈愿相合。该经多短小精悍之譬喻故事，便于宣讲，或其时广行于世，信徒祈愿或与此不无关系。

龙华会首

如果说"值佛闻法"是一种内涵模糊笼统的祈愿，更多地寄托了信徒的追求的话，"龙华会首"祈愿则是有典可依，内涵具体明确的追求。它是基于弥勒经典中宣扬的弥勒下生成佛，召开龙华三会之说而产生的。此说分别见《弥勒成佛经》《弥勒下生经》等，主要内容是弥勒在兜率天56万亿年以后下生人间，于金刚庄严道场龙华菩提树下成佛，为众多天人、众生解说四谛、十二因缘诸法，前后于龙华树下华林园举行三次说法盛会，与会者尽得阿罗汉果。②此三次法会即为"龙华三会"。按佛经的说法，"龙华三会"是整个弥勒信仰的一个组成部分，但就五六世纪北方信徒言，如前所述，祈生"龙华三会"者与求上生兜率天、崇拜供养弥勒者相脱离，其作为一种独立的观念与祈愿流行于世。

"龙华会首"在祈愿中说法颇多，如"弥勒下生，龙华三会，听受法言"〔太平真君四年（443）菀申造像〕、"龙华三唱、愿在流次"〔永平二年（509）四月廿五日尼法文法隆造像〕、"弥勒三唱，恒登先首"〔神龟二年（519）四月廿五日杜永安造像〕、"弥勒三会，越生死长□"〔孝昌二年

① 《大正藏》卷四，第473页下。
② 三会与会者数目，诸经说法不尽相同，详参杨惠南《汉译佛经中的弥勒信仰》，第157～158页。

（526）五月廿三日元倪妻造像〕，提法各异，意指大体相同。

龙华会首的祈愿对象包含死者，亦不排除生者。太和十九年（495）欧阳解愁造像云：“愿亡□值遇弥勒初会说法，悟无生忍。”正始三年（506）十二月廿二日杨小妃造像云：“愿亡父上生天上，弥勒三会。”建义元年（528）七月十五日沙门惠诠造像云：“愿福通亡零，恒生净境，龙花会首，承轨悟圣。”这些信徒大概认为龙华三会是死后来生才会降临。

另外，大部分信徒的祈愿对象包含了生者。景明元年（500）八月十八日杨向绍造像云：“愿眷属大小，龙花三会，道在□手（首），衣食自然。”延昌四年（515）六月廿日比丘尼□双造像云：“为国主、父母、师徒，但越三□。群生弥勒三会，俱成正觉。”天平三年（536）正月廿三日合邑一百人等造像云：“上为皇帝陛下、师僧父母、法界众生，见存得福，弥勒初会，愿使先尊（疑为‘首’字）。”大统四年（538）十二月廿六日合邑四十人造像云：“逮及师僧、父母、七世、所生、因缘眷属、香火邑义，生生世世值佛闻法，弥勒现世，愿登先首。”大统六年（540）七月十五日吉长命为忘（亡）父母阖门大小，一切众生造像云：“愿弥勒下生，愿在初首，常文出（闻初）法。”武定元年（543）五月十二日杨回洛造像云：“下为含识并及七世先亡、父母现在内亲、父及己身、现存 眷 □生生世世恒值诸佛，弥勒下生，一时居道。”同年七月廿七日道俗九十人造像云：“存亡眷属，并及尘沙，龙华初唱，俱升正觉。”天统三年（567）正月十二日纪僧谘造像云：“仰为含灵、己身、眷属，弥勒出世，俱登初首。”等等。① 希望死者与生者均能参加龙华三会，且几乎都未指明该会在何处举行，他们或了解龙华三会于人间召开之说，期待能够在世间幸逢其会。

信徒祈愿用语亦反映出他们的态度与追求。530 年代以前大部分信徒只是单纯希望参加龙华三会，尚不太强调要参与初会，所以祈愿多云“弥勒

---

① 此外还见武定二年（544）二月十六日王貳郎造像、武定四年（546）八月十三日吴叔悦造像、大统十四年（548）四月三日介媚光造像、大魏元年（557）二月十二日张始孙造像、天保十年（559）二月十日李荣贵兄弟等造像、建德元年（572）四月八日张祖造像等。

下生，龙华三会，听受法言""龙华化生、树下三会说法""龙华三唱，愿在流次""莲华三会，与佛相随".① 之后希冀与龙华初会，求登先首者渐成为主流，祈愿多云"三会初兴，愿登先闻""愿闻初唱""愿在初首""龙登初会""愿登初首""弥勒初会，愿使先首",② 信徒的愿望更趋迫切。

由祈愿看，信徒参与龙华三会的主要目的是闻法进而悟解玄宗，获得正觉，所以祈愿中有"遇弥勒初会说法，悟无生忍""群生弥勒三会，俱成正觉""弥勒三会……闻佛法，悟无生忍，共成正觉""□会，等在初首、一闻令悟""龙华初唱，俱升正觉""龙华之期，一时悟道""值龙华三会，早资荫□，等成正觉"③ 之类的说法。此外亦有希望预三会得常乐的，故祈愿中有"龙华三会，同获常乐"④ 之说。

总的说来，民众祈愿"龙华会首"亦是希望借助外力，弥勒龙华会来获得正觉，与值佛闻法表现的心态是相同的。

龙华会首观念在民间流行较广，有类似祈愿的造像分布具见表 B3-11。

表 B3-11 祈愿龙华会首的造像统计

年代	A	B	C	AB	AC	BC	ABC	不详	小计
400~409									
410~419									
420~429									
430~439									
440~449	1								1
450~459									
460~469									

① 见太平真君四年（443）菀申造像、太和廿二年（498）五月普贵造像、永平二年（509）四月廿五日尼法文法隆造像、神龟元年（518）三月三日邦夏□造像。

② 见太昌元年（532）六月七日樊奴子造像、大魏元年（552）五月三日僧显等造像、天保九年（558）三月六日宋敬业造像、天平三年（536）正月廿三日合邑一百人造像、大统六年（540）七月十五日吉长命造像，大魏元年（557）二月十二日张始孙造像。

③ 分别见太和十九年（495）欧阳解愁造像、延昌四年（515）六月廿日尼□双造像、武泰元年（528）四月六日昙奈造像、元象元年（538）九月七日张法乐造像、武定元年（543）七月廿七日道俗九十人造像碑、天保八年（557）七月廿日张延造像、天和四年（569）正月廿三日严苌造像。

④ 见天保八年（557）六月六日张寿年八十五人等造像。

续表

年代	A	B	C	AB	AC	BC	ABC	不详	小计
470～479	2								2
480～489									
490～499	2	1	2						5
500～509	5		1						6
510～519	4		3						7
520～529	6	2	3						11
530～539	1	1	1	1	3		1	2	10
540～549	5	1		1	3	1	1		12
550～559	5	3	1		5		1		15
560～569	5			1			1		8
570～579	3	1			1	1			6
580									
小计	39	9	11	3	13	2	4	2	83

　　据表 B3-11，龙华会首观念及祈愿 440 年代及 470 年代便已零星存在，480 年代至北朝末较流行。不过，到北朝末势力渐替。在不同背景信徒中，平民中流行较早，持续时间较长；僧尼中 540 年代以后影响已极小，99 尊造像中仅 1 例有祈愿龙华会首内容。

　　流行地域上，当时瀛州（今河北中部）、冀州（今山东北部）流行最早，440 年代、470 年代便已出现，[①] 五世纪末洛阳及今河南开始流行，六世纪以后陕西、山西等地始出现有上述祈愿的造像。各地一直到北朝末年乃至入隋以后仍流行上述祈愿。山东益都之开皇四年（584）杨静太造像云："上为皇帝陛下、诸师父母、法界众生，龙华三会，愿登上道。"出土于西安的开皇七年（587）严始荣造像云："龙华三会，愿登初首。"河北磁县鼓山的开皇八年（588）四月八日袁子才造像云："一切品物，皆获妙果，龙华三会，俱登正觉。"[②] 入唐以后，从龙门造像看，很难再见到祈愿龙华会

① 即太平真君四年（443）高阳蠡吾菀申造像（今河北博野），太和二年（478）刘敬造像出土于山东惠民县沟盘河。
② 分别参见《北京图书馆藏中国历代石刻拓本汇编》第 9 册，第 15、36、40 页。

首的，但宋元以后民间宗教教义中该观念影响仍然很大，① 并未消失。

龙华会首流行于民间，其原因可能在于弥勒在佛经中被宣传为继释迦之后降生人间成佛者，故《魏书·释老志》云："将来有弥勒佛，方继释迦而降世。"此说当为时人笃信不疑，且广行于世，否则不会被魏收用来描述佛之概况。弥勒成佛后召开的龙华三会在阎浮提举行，届时世间信徒均可与会闻法悟道。这是一条借助佛之外在力量求得解脱的方便途径。对于中土信徒而言，这条途径既便利快捷，又合乎口味。

依靠外力达到目标，在中土文化中是极常见的方法。上篇曾提到，汉人求仙升天时流行的修炼方法是服食、吃药，《论衡·道虚》言："为道者服金玉之精，食紫芝之英，食精身轻，故能神仙。"刘安升天，据说也是因其"铸成黄白"；② 西王母能广为崇奉，亦与传说她掌握不死之药有关。所谓服食、吃药均是希望依靠"药"这种外力的作用来达到长生久视的目标。此外，汉人生活中的许多习俗，如佩玉、饰桃人、画虎于门、著五彩辟兵、正月杀白犬以血题门户辟除不祥③等，均是借助一定物品的力量来达到生活中使人消祸保福的目的，而不是依靠人自身的止恶扬善之类的修行。广传于世的行为方式在接受佛教信仰之后自然被引入其中，影响他们的信仰，变为希冀外力求得解脱，遂促成值佛闻法及龙华会首祈愿之流行。龙华三会在世间召开，更有吸引力。

弥勒下生人间召开龙华三会的时间，佛经中多认为是在极其遥远的未来。《观弥勒菩萨上生兜率天经》云："阎浮提岁数五十六亿万岁，尔乃下生于阎浮提。"《弥勒来时经》最后一句："弥勒佛却后六十亿残六十万岁当来下。"据此二经，三会实遥遥无期。法护译《弥勒下生经》只云"将来久远弥勒出现"，④ 未云确定日期，弹性较大。广大信徒踊跃祈愿与龙华三会，其前提自然是认为三会能够在不远之将来召开，这或与《弥勒下生经》之说的宣传有关。

---

① 参见水野清一、長広敏雄『竜門石窟の研究』（二）本文篇《龙门石刻录》及欧大年《中国民间宗教教派研究》、王兆祥《白莲教探奥》。
② 《风俗通义》卷二《正失》，第 115 页。
③ 参见裴锡圭《稷下道家精气说的研究》，第 182 页；《风俗通义》卷八《祀典》，第367 ~ 368、377 ~ 378 页。
④ 分见《大正藏》卷一四，第 420 页上、435 页上、421 页上。

即便是《上生经》与《来时经》之说为信众所知，他们亦很难理解"五十六亿万岁"或"六十亿残六十万岁"之实际含义，这一点不难从时人之数字概念中得到证实。现存若干种南北朝时期之算经，如《孙子算经》《张邱建算经》《五曹算经》《五经算经》等，这些算经为当时算学中使用的课本或地方属吏习算的教材。诸书中各题涉及的数字，除《孙子算经》卷上"大数之法"提到"万万曰亿，万万亿曰兆，万万兆曰京"之外，绝大部分数字都是在百万以下。① 新出土的西汉晚期尹湾汉简中东海郡集簿的数字多在十万以下，至百万者甚少。② 魏晋以后，人口减少，相应的数字也会变小，地方官吏处理的统计数字亦不会太大。据此，时人日常使用的数字概念并不很大，且学算者必为地方属吏或中央之算生，这些人已属当时之数学专家。他们尚如此，一般平民之数字概念更不会太大。由此推断，56 亿万岁的说法，一般信徒很难弄清其实际大小，他们只可能用其所掌握的较小的数字来理解它，自然不会觉得三会过于遥远，因而多翘首企盼其降临。

当时确有极少数信徒意识到"龙华三会"之无期，以为三会难邀。大统三年（537）四月八日白宝造中兴寺碑云："嗟双林之已逝，虑三会之难邀。"大统十七年（551）四月廿三日宗慈孙等造像云："仰慕能人之去速，□□慈氏之□迟。"这些造像记的出资者多有官吏背景，或习过算经，数字概念较强，理解 56 亿万年之短长，故有此叹，但这种信徒不多见。

关于托生西方净土与龙华三会间的关系，托生西方净土与龙华会首意义不同，前者为死后归宿，后者是信徒解脱的途径。二者可并行不悖，由表 B3 - 7、B3 - 10 来看，五六世纪两种观念基本独立发展，并不存在此消彼长的关系。到北朝末两愿兼祈的信徒仍不绝，天统四年（568）二月廿三日谢思祖夫妻造像云："愿（亡息）托生西方妙洛国土，苓花（龙华）树下，恒与佛会。"隋唐以后，两种观念同样并行于民间，敦煌所出愿文中就有两者对举的，《亡兄弟文》云："惟愿弥陀楼□，将居净土之宫，慈氏会中，先为龙花会首。"类似的愿文不止一篇，③ 且这些多为范文，供人套用，影响

① 参见钱宝琮校点《算经十书》下册，中华书局，1963，第 282 页。
② 连云港市博物馆、中国社会科学院简帛研究中心、东海县博物馆、中国文物研究所编《尹湾汉墓简牍》，中华书局，1997，图版，第 13 页；释文，第 77 ~ 78 页。
③ 黄征、吴伟：《敦煌愿文集》，岳麓书社，1995，第 28 页，又见第 275、277 页。

更大。学界长期讨论的弥陀、弥勒信仰消长问题恐怕只存在于崇拜对象上。

　　还需要指出的是，民众中流行的值佛闻法与龙华会首渴望与追求为北朝及隋唐时期利用弥勒或新佛出世发动起事奠定了心理基础。关于弥勒信仰与弥勒起义的关系，塚本善隆、唐长孺、王明诸位先生及张继昊先后做过研究，尤以张继昊研究最为细密。

　　他们均强调弥勒信仰对于起义爆发有直接影响，但所言的弥勒信仰基本都指弥勒崇拜与弥勒供养，或把弥勒造像与含有"弥勒下生"祈愿的造像等量齐观，① 这种看法不够准确。确切地说，不是弥勒崇拜与供养，而是信徒追求"值佛闻法"与"龙华会首"构成以"新佛出世"或"弥勒降生"为口号的起义应者景从的心理基础。

　　信徒热切期待弥勒下生、龙华法会的召开以及见佛闻法，若有人宣称自己是弥勒出世或为新佛，信徒自然趋之若鹜。加之以天灾人祸，统治残暴，与发动者之宣传，聚集旗下的民众很容易揭竿而起。具备如此祈愿者，如本篇引子所述，大部分不崇拜弥勒，所以称为弥勒崇拜并不确切，"值佛闻法"祈愿更与弥勒信仰无关，故称为弥勒信仰实亦不妥。考以事实，北魏法庆起义口号为"新佛出世"或是泛指，未必确指弥勒佛。该地区信徒期待值佛闻法者极多，渴望龙华会首者亦不少，具体事例已见前引，兹不赘述。此外陕西关中地区值佛闻法、龙华会首祈愿亦颇流行。保定元年（561）九月九日邑子一百一十五人造像（出耀县）："生生遇佛。"保定四年（564）十二月十五日长安王瓮生造像愿众生："生生世世侍佛闻法。"天和四年（569）六月十五日夏侯纯陀造像："托生兜率，面奉弥勒，常闻正法。"次年正月三日新丰令普屯康造像："慈氏成佛，咸登初会。"建德二年（573）四月十五日杨子恭造像："愿恭夫妻生生侍佛，恒闻正法。"入隋后犹如此。陕西所出开皇四年（584）十二月钳耳袖猛造像云："愿使亡者托生西方妙乐国土，弥勒三会，怆（抢）在初首。"开皇七年（587）二月八日长安严始荣造像："龙华三会，愿登初首。"开皇十年（590）三月廿五日

---

① 参见塚本善隆「北魏の仏教匪」『支那仏教史研究・北魏篇』、272～276 頁；唐长孺《北朝的弥勒信仰及其衰落》，第 198～201 页；王明《农民起义所称的李弘和弥勒》，《燕园论学集》，第254～259 页；张继昊《北魏的弥勒信仰与大乘之乱》，《食货》第 16 卷第 3、4 期合刊，1986，第 62、64 页。

长安杜相夫造像："法界众生愿洽弥勒下生同会，一时成佛。"① 隋初长安出现以弥勒出世为名的起兵也就毫不奇怪了。

值佛闻法与龙华会首祈愿的流行反映出信徒渴望依靠佛力求得解脱的心理。从社会背景与信仰基础考虑，昙鸾创立他力往生之易行道的净土宗，强调靠阿弥陀佛愿力往生解脱，亦是迎合了民众的这一心理。隋唐以后其宗日盛，毫不奇怪。

综上所述，五六世纪信徒中流行的"值佛闻法""龙华会首"祈愿，反映了信徒对佛的理解与认识，同时亦表达出渴望依靠佛之外力获得解脱的心理，这一心理实为本土行为方式之延续与发展。两种祈愿的流行亦为利用弥勒或新佛出世口号发动起义创造了心理条件。

5 成佛与成正觉

信徒所追求的最高境界，在愿文中有许多种不同的说法，如一时成佛、速成佛道、等成正觉、速发菩提、登十地、悟无生忍、至彼岸等。根据佛经，上述诸说的含义并不完全相同，其中成佛、成佛道、成正觉的含义大致相同，而十地，佛典中有五种不同的说法，从乾慧十地到佛之十地。② 悟无生忍是指观诸法无生无灭之理而谛认之，安住且不动心，亦分声闻之悟无生忍与菩萨之悟无生忍。③ 彼岸指的是悟界，小乘比较强调出世，故重视彼岸。④ 菩提意译是觉、智、知、道，指断绝世间烦恼而成就涅槃的智慧，又有声闻、缘觉与佛的菩提之分，以佛的菩提为无上菩提，求无上菩提之心为菩提心，即佛性。⑤ 造像者究竟是在什么意义下使用登十地、悟无生忍、得菩提这样的词句，大部分愿文的寥寥数语中难觅线索，除非个别造像中几种说法并用，可以推知其意，⑥ 且有这类祈愿的造像数目也不太多，此类观念流行不广，兹从略。下文主要考察成佛与成正觉祈愿。

---

① 参见李静杰《佛教造像碑》，第 318~319 页；《北京图书馆藏中国历代石刻拓本汇编》第 9 册，第 36、62 页。
② 参见《望月佛教大辞典》卷三，世界圣典刊行协会，1973，第 2297 页。
③ 《望月佛教大辞典》卷五，第 4835 页。
④ 《望月佛教大辞典》卷五，第 4286 页。
⑤ 《望月佛教大辞典》卷五，第 4664 页。
⑥ 如正光五年（524）闰正月十日元悦修古塔记云："永断五恶趣……速发菩提心……故普登正觉。"可知这里的菩提心是指发求佛的菩提心。武泰元年（528）四月六日比丘昙奈造像："愿弥勒三会……悟无生忍，共成正觉。"可知无生忍为菩萨之悟，武平三年（572）三月十八日兴圣寺造像碑："高柱十地，一时作佛。"此十地为佛之十地。

首先考察两种祈愿的流行情况。

信徒具体了解不完全一致，两种祈愿分别有多种说法。成佛有"一时成佛"〔天平四年（537）九月八日昙超等造像〕、"俱时成佛"〔天平四年（537）三月廿八日朝阳村邑义三十人造像〕、"居时成佛"〔天保五年（554）八月一日张景林造像〕、"速成佛道"〔天平四年（537）九月五日惠庆造像〕等不同说法。成正觉有"等成正觉"〔武定四年（546）二月八日尼惠好等造像〕、"速成正觉"〔武定二年（544）七月五日尼惠遵造像〕、"俱成正觉"〔延昌四年（515）六月廿日尼□双造像〕之说。这两种观念在信徒中流布情况如何，需通过统计方见分晓，对含成佛、成正觉祈愿造像分布统计结果具见表 B3-12、B3-13。

表 B3-12　祈愿成佛造像统计

年代＼身份	A	B	C	AB	AC	BC	ABC	不详	小计
400～409									
410～419									
420～429									
430～439									
440～449									
450～459									
460～469									
470～479									
480～489	1								1
490～499									
500～509		1	1						2
510～519	6								6
520～529	8	1	5		2			1	17
530～539	7	1	4		2		2	1	17
540～549	17	1	7						25
550～559	15	1	3		9				28
560～569	22(1)	1	3	1	1		2	2	32(1)
570～579	12	2			1		3	2	20
580									
小计	88(1)	8	23	1	15		7	6	148(1)

表 B3 - 13　祈愿成正觉造像统计

年代 \ 身份	A	B	C	AB	AC	BC	ABC	不详	小计
400~409									
410~419									
420~429									
430~439									
440~449									
450~459									
460~469									
470~479									
480~489									
490~499									
500~509		(1)							(1)
510~519			1		1				2
520~529	2	2	4						8
530~539	1	2	1(1)		3	(1)	1	1	9(2)
540~549	2	2	4(2)						8(2)
550~559	5(1)		2	2					9(1)
560~569	14(1)	1	3	1	6		1		26(1)
570~579	5	4		1	1		(1)		11(1)
580									
小计	29(2)	11(1)	15(3)	4	11	(1)	2(1)	1	73(8)

注：圆括号内数字指祈愿为速成正觉的造像数。

据表 B3 - 12、B3 - 13，两种祈愿流行时期大体相当，均为 520 年代至 570 年代末。不同背景的信徒，祈愿流行有较明显的差别。与表 B1 - 1 相除，祈愿成佛者中平民占近 2/3，僧侣居中，官吏极少，显然平民更渴望成佛。而祈愿成正觉者中，僧尼、官吏比例较高，平民相对较少。对照同一背景信徒两种祈愿造像统计，平民明显更倾向于祈愿成佛，官吏与僧尼区别不大。

成佛与成正觉含义实质相同，仅表述角度有别。正觉指的是真正觉悟到宇宙人生的真理，断尽诸惑，侧重达到的精神境界。成佛除这一层意思外，还包含着成为佛一样的具有三十二相、八十种好、种种神力的意义，前引诸多传闻往往极力渲染佛这方面的威力。平民更乐于接受成佛而非成正觉，似乎暗示他们更看重佛本身外在的法力，而不是内在的境界。

　　两种祈愿的地域分布，据现有资料，河南洛阳最先流行这两种祈愿。龙门景明三年（502）八月十八日广川王太妃侯氏造像，愿亡夫"永绝苦因，速成正觉"，正始五年（508）八月十五日龙门比丘惠合造像愿七世父母"一时成佛"。此后这一地区做上述祈愿者颇多，自是一流行区域。与此同时，甘肃天水也开始流行，麦积山 115 窟景明三年（502）九月十五日张元伯造像"一切众生，普同成佛"。530 年代以后，河北、山西、山东、陕西等地都先后出现含上述祈愿的造像。① 自此，北方各地开始流行成佛与成正觉祈愿。

　　其次，考察两种祈愿所体现的认识与追求。

　　在一些造像者看来，不论死生、现世来世，众生均可成佛，成正觉。前引广川王太妃侯氏造像即是专为死者祈愿。正光二年（521）正月七日比丘惠荣造像云："姊妹、一切含生普登彼岸，同证正觉。"祈愿成佛与成正觉的对象包含死者与生者，不仅有自己的亲戚，亦包含了众生，这种造像极多，② 兹不备引。

　　信徒期望不论是死生、亲友还是众生都能成佛、成正觉，自然他们有意无意地承认众生均有成佛的可能性，即认同众生皆有佛性之说。当然可以肯定，绝大多数信徒并不知道，更谈不上理解这一说法，而且更不会知道佛性问题乃是南北朝义学讨论的核心问题。③ 不过他们的祈愿实际已经默认众生有佛性之说，与高僧讨论的"一阐提皆有佛性"暗合。竺道生创立、宣扬这一观念约在五世纪二三十年代，而数十年后北方便出现祈愿成佛者，这一祈愿究竟是僧团宣传的结果还是信徒自发的创造，均难知其详。但这种祈愿六世纪后已遍行北方，"众生皆有佛性"之说在北方获得了不少群众的认

---

① 如天平四年（537）三月廿八日朝阳村邑义卅人造像出河北曲阳、同年正月廿八日比丘惠晖等造像出山东曲阜、次年十二月廿六日合邑四十人造像出山西芮城等。

② 如正光六年（525）四月十五日苏胡仁等十九人造像、真王五年（527）王起同造像、永安二年（529）二月五日五十人等造像、永熙三年（534）七月十五日张好朗造像、天平三年（536）三月三日乐□造像、兴和三年（541）十一月廿三日比丘员光造像、同年十一月廿五日王丰焕造像、武定四年（546）二月八日惠好惠藏造像、天保二年（551）八月八日比丘智园法田造像、天保五年（554）七月十五日张景晖造像、天保十年（559）八月廿五日张唊鬼造像、天统二年（566）十月廿日比丘法晕造像、建德元年（572）六月廿日邵道生造像、武平五年（574）四月八日杨僧保造像等。

③ 赖永海：《中国佛性论》，第 66、316 页。

同，形成与南方义僧的讨论遥相呼应之势。

获得正觉或成佛的方式途径，大部分造像记缺乏明确表述，盖多半信徒只是肯定众生可成佛、得正觉，并不了解实现之途径，其认识尚停留在初步、模糊阶段。仅少数人进一步提到了实现的途径。如延昌四年（515）六月廿日比丘尼□双造像："群生弥勒三会，俱成正觉。"希望通过参与龙华三会，听弥勒佛说法来达到成正觉的目的。与此相类的还有武泰元年（528）四月六日比丘县奈造像、武定元年（543）七月廿七日道俗九十人造像、天和四年（569）正月廿三日严苌造像等。另一些信徒则渴望通过"值佛闻法"来实现这一目标。武泰元年（528）四月八日陈天宝造像："值佛闻法，朗悟正觉。"天平四年（537）正月廿八日比丘惠晖等造像："六道众生，永拔苦因，生生值圣闻法，悟玄，速成正觉。"与此相仿的还有天平四年（537）三月廿八日朝阳村邑义卅人造像、天保五年（554）八月十五日刘洪朗造像等。这些信徒所理解的途径不出值佛闻法、依靠外力点化的路数，但他们的祈愿已经体现出了一定的逻辑性，显示了一定的佛法的意义，这些人对佛教的理解较其他人系统一些。

另有不少信徒祈愿中包括"值佛闻法""龙华会首"与"成佛""成正觉"两部分，但并未把两种祈愿联结起来构成如上较系统化的说法，往往是"（亡孙）生生世世直遇诸佛，居家眷属一时成佛""见在眷属，值佛闻法，四生之类，等成正觉""眷属蒙佛，普及法界众生，速成佛道""夫妻生生侍佛，恒闻正法，法界有形，一时成佛"。① 两者的祈愿对象各不相同，其间也缺乏意义关联，实属简单的附和，这些信徒对两祈愿间关系尚乏进一步的理解。

实现成佛与成正觉过程的快慢，信徒亦有所期待，祈愿用语中多有反映。有 4 尊造像祈愿用的是"速成佛"或"速成佛道"，8 尊用的是"速成正觉"，无疑造这些像的信徒希冀迅速成佛或成正觉。此外，84 尊造像祈愿用的是"一时成佛"，20 尊用的是"俱（或居）时成佛"。由用语看，"一时""俱（居）时"均为成佛的修饰语，应作状语，"时"作副词。据训诂

---

① 见武定三年（545）刘晏造像、天统三年（567）四月八日宋买造像、天平四年（537）九月五日比丘惠庆造像、建德二年（573）四月十五日杨子恭妻造像。

学家研究，有"及时""以时""当即""立即"意。①此意在魏晋南北朝社会中应用极广，译经中屡见，②　"俱时"当作"一同立即"解。居时之"居"当与居顷、居有顷之居相类，意为相隔一段时间，"居时"表示过一段时间或不久。"一时"含义较丰，但作状语有"同时""一齐""即时""立刻""突然"等意。除"突然"义罕见外，前两义魏晋南北朝时期均很常见。③ 祈愿字数寥寥，难以依前后文推定其义，或两义兼有。无论如何，不少信徒期望能够立即成佛，不是无稽之谈。

这种祈愿表达了信徒成佛的急切心情，与支道林、竺道生之顿悟成佛说南北呼应。入唐后信徒犹有这类祈愿，龙门大周万岁通天无（元）年（696）五月廿三日孔思义造像便有类似祈愿。④ 这种心理与唐代禅宗顿悟解脱说的创立与流行是否存在一定的联系？慧能顿悟说的提出自有教义发展上的内在必然性，同时亦少不了现实的要求，信徒对立即成佛的渴望或是顿悟说盛行于世的一个原因。

综上所述，520 年代以后北方各地流行成佛及成正觉祈愿，其中平民更倾向于祈愿成佛。部分信徒希望通过值佛闻法或龙华三会等佛力帮助来实现上述祈愿。这种祈愿表明信徒已经认同众生皆有佛性之说，很多信徒则期盼能够迅速实现上述目标，或与日后禅宗顿悟说的流行有密切关系。

6 世俗祈愿面面观

愿文中除与佛教有关的祈愿外，尚有不少与佛教教义无关，却涉及信徒世俗生活的祈愿，这里做一简要分析。

世俗祈愿内容大至国家兴盛、皇帝延祚、天下太平，小到信徒及其家人的

---

① 杨树达：《词诠》第 2 版，中华书局，1965，第 220 页。
② 参见张永言《世说新语辞典》，四川人民出版社，1992，第 388 页；吴金华《世说新语考释》，安徽教育出版社，1994，第 102 页；蔡镜浩《魏晋南北朝词语例释》，江苏古籍出版社，1990，第 297 页。
③ 参见《汉语大词典》第 1 册，汉语大词典出版社，1986，第 62～63 页；江蓝生《魏晋南北朝小说词语汇释》，语文出版社，1988，第 248 页；张振德主编《〈世说新语〉语言研究》，巴蜀书社，1995，第 269 页。江书举例与解释不全面，以为"一时"仅有"一起、全部"意，核之《古小说钩沉》中的用例，可知有缺漏。《冥祥记》"陈安居"条有"见有钳梏者数百，一时俱进"语，其中"一时"作"立即、当即"，意甚明（鲁迅：《古小说钩沉》，第 608 页）。
④ 《八琼室金石补正》卷三二，第 211 页。

富贵延年、仕官、无患、安稳等，广及民众生活的方方面面，祈愿对象亦都是生者。其中出现最频繁的是"国家永隆、帝祚长延"之类对现实统治与统治者的祈愿。有该祈愿的造像分布具见表 B3 - 14。

表 B3 - 14　祈愿国家永隆、帝祚长延造像统计

年代＼身份	A	B	C	AB	AC	BC	ABC	不详	小计
400~409									
410~419									
420~429									
430~439									
440~449	1	1							2
450~459									
460~469									
470~479									
480~489	1				1				2
490~499	1								1
500~509		3	1	1	1				6
510~519	2	1	1						4
520~529	1	1	3				1		6
530~539	3	2	1	1	3	1	4	1	16
540~549	4	4	2		5	1	5		21
550~559	9	2	4	3	10		2	1	31
560~569	19	1	3	2	9	1	5		40
570~579	9	5	1		3		3	1	22
580									
小计	50	20	16	7	32	3	20	3	151

　　据表 B3 - 14，该祈愿出现较早，但到 530 年以后方较流行。佐藤智水认为造像铭中皇帝崇拜突出是在孝文帝时期，似嫌过早。[①] 不同背景信徒，

---

① 佐藤智水「北朝造像銘考」『史学雑誌』86 卷 10 期、1977、31 頁。

官吏、僧尼中该祈愿更为流行，平民中相对差一些，官吏、僧尼造像中有该祈愿的比例分别为 13.3% 和 7.9%，平民仅为 5.4%。多背景信徒造像中有上述祈愿者不少，且大部分集中在 530 年以后。多背景信徒造像采用邑义形式者居多，换言之，合邑义造像中祈愿国家兴隆、帝祚长延者不少，与佐藤氏结论基本一致。①

官吏如此祈愿者多应与他们的身份有直接联系。他们作为政权的成员，显然更关心政权的存在与兴衰。

平民中该祈愿影响较小，亦与其社会地位、生活状况有关。他们大部分生活在较小的区域内，天高皇帝远，朝廷的更迭争斗、兴亡变动与他们没有多少直接关系，他们自然也不会对王朝的兴衰表现出过多的关心。

从祈愿用语来看，基本上用的是泛指的国家、皇帝，罕见具体提到某位皇帝，只有宣武朝造像中有若干明确提到孝文帝。出现这种情况的原因各类信徒不尽相同，官吏自然知道何人当朝，不过妨于礼法不便指明；平民大多则是未必知道何人当朝，或作为一种套话写进祈愿。六世纪以前愿文中很少有这方面的内容，孝文帝曾两次吊比干墓，大力提倡忠君思想。僧侣或闻风而动，以皇帝延祚、国家永隆之观念灌输信徒，逐渐于平民中产生影响，故六世纪后平民中渐生类似祈愿。

值得注意的是，由于当时年号变动频繁，改动年号乃至改朝换代对生活于下层的人们并无多大影响，王朝末年的危机感与末世感殆仅存在上层官僚中。广大民众对于随年号变动而生的改朝换代没什么切实的认识，所以造像记中有这样的文字"大魏天保元年五月卅日""大魏天保元年六月十五日"的写法，说明人们但知年号有变，未悉正朔已易，且上述二造像均在今山西省阳曲县罗阴村，仅在晋阳（今太原）北数十里。高氏建大丞相府于晋阳而居之，至高齐建国，实为陪都。② 天子脚下的臣民对于改朔易号尚如此漠然，其他地区民众情形更不难想见。至于造像记中出现的"生于末世"的说法，均是以释迦在世与否为标准来衡量的，与现实朝廷变更无关。太缘二年（337）六月程段儿造石塔记云：　"生值末世，不观佛典。"太和七年

①　佐藤智水「北朝造像銘考」『史学雑誌』86 卷 10 期、1977、32 頁。
②　《资治通鉴》卷一五五"梁中大通四年"，第 4826 页。

（483）八月卅日云冈邑义五十四人造像云："往因不积，生在末代，甘寝昏境，靡由自觉。"武定七年（549）四月八日高岭以东诸村邑义造像云："生遭季运，前不值释迦初兴，后未遭弥勒三会。"这些造像记中提到的"末世""末代""季运"均如此，指现实中的无佛时代，与政局无涉。

此外，较常见的世俗祈愿还有得福（64 例）、延年益寿（62 例）、安稳（祈愿多作"隐"）（42 例）、天下太平（58 例）、平安（30 例）、仕进日速（17 例）、健康（23 例）、除病（14 例）、子孙繁茂（12 例）、智慧聪明（9 例）、财富富利（9 例）、吉庆（8 例），具体时间分布如表 B3 – 15。

表 B3 –15　诸世俗祈愿造像统计

年代	得福	延年益寿	安稳	平安	仕进日速	健康	除病	子孙繁茂	智慧聪明	财富富利	吉庆
400 ~409											
410 ~419				1							
420 ~429				1							
430 ~439											
440 ~449	2	1		1							
450 ~459											
460 ~469			1	1							
470 ~479		1									
480 ~489	1	2	6				2				
490 ~499	1		4	1				1			
500 ~509	5	2	2	1	1	1	2	1	1		
510 ~519	1	7	4	3	1	1	4	1		1	3
520 ~529	3	6	7	3	2	3	2	2			2
530 ~539	8	7	6	3	4	2		2	2	2	
540 ~549	12	10	5	1	5	7	2	1		3	1
550 ~559	13	9	3	3	1	2	2	2	6	2	2
560 ~569	15	11	4	5		6		1		1	
570 ~579	3	6		6	2	1		1			
580											
小计	64	62	42	30	17	23	14	12	9	9	8

注：天下太平祈愿统计见前述表 A3。

据表 B3 - 15 统计，世俗祈愿出现的次数基本都低于前文统计的与佛教有关祈愿，似乎显示信徒对世俗追求的关切热度在下降。值得注意的是，不少信徒，特别是在家信徒的造像祈愿中完全见不到世俗祈愿的踪影，如太和十八年（494）四月八日尹受国造像愿文云：

> 上愿七世父母未来见世，常与三宝共会，又愿亡考生生之处，遇佛闻法，自识宿命，永不退转。次愿一切运途有生之类，离诸有结，地狱众苦，咸皆休息，缘少微福，普同斯愿。

祈愿内容均关涉佛教内容。又如神龟二年（519）四月廿五日杜永安造像愿文云：

> 愿天下一切含生有刑（形）之类，速胜（升）妙景，及七世父母、所生父母、因属知识，常与善，弥勒三唱，恒登先首。

正光六年（525）四月十九日贾智渊妻张宝珠造像云：

> 并为七世父母、历劫诸师、兄弟姊妹、所亲眷属、香火同邑，常与佛会，愿令一切众生，普同斯福，愿弟子等，生生世世值佛闻法，永离众苦，乃至成佛，心无退转。

大统四年（538）十二月廿六日合邑四十人造像云：

> 仰为皇帝国主建崇四面天宫石像一区，逮及师僧父母、七世、所生、因缘眷属、香火邑义，生生世世值佛闻法，弥勒现世，愿登先首，边地众生，普同正□，□登正果。

武定三年（545）四月十二日张愿德造像云：

> 上为国主师父母，兼及一切含生，永离三徒，常处妙乐，生生

值佛，悟解玄宗，命过生天，面奉弥勒，龙华三会，速成正觉。

天保八年（557）六月六日张寿年八十五人等造像云：

> 造白□像一躯，上为皇帝陛下、臣僚百官、边地众生、师僧父母，各为己身，愿合邑义人等生生世世恒值善知识，龙华三会，同获常乐，所愿从心。

天统四年（568）九月四日逢略造像云：

> 上为皇帝陛下、师僧父母、存亡七世、居门眷属，愿永离三途，常与佛会，一切众生，咸同斯福。

建德二年（573）七月十日郭乱颐等造像云：

> 上为皇帝陛下、下为群辽伯官、一切群生、七世父母、所生父母、因缘眷属，及法界众生，普离三涂，愿登上集，同厌四流，一时成佛。

类似的造像还有很多，不具引。由上述诸记看，造像者主要关心的是能不能见佛、参与三会、免苦、免三途、成佛成正觉之类问题，世俗问题已不受重视。此外，还有很多信徒的祈愿虽包含世俗内容，但是与佛教有关的祈愿居主导地位。造像祈愿中以世俗祈愿为主，如兴和四年（542）三月七日成休祖造像"愿使夫妻息绍宗三口悉皆平善，老者延年，少者益寿，男学聪明，仕官速升，所求而愿"者极少。

当然，数则例证不足以了解五六世纪造像者世俗祈愿与佛教祈愿所占比例的一般情况。笔者对所集造像中发愿文相对完整者进行了统计，一是统计愿文中纯为佛教祈愿的造像数目，二是统计愿文中均为世俗祈愿的造像数目。其中含有为国家祈愿内容而无其他世俗祈愿者亦计入第一类中，但另行标出；云"愿愿从心""普同斯福"者则视其前愿文具体内容而定，若愿文中仅有此语则未计入。统计结果如下：纯为佛教祈愿的造像为310例，另有

32 例造像除含有为国祈愿外；没有其他世俗祈愿；纯为世俗祈愿的造像则为 37 例。后者仅为前者的 1/9 强，可证信徒世俗追求在减弱。当然，很多造像记是两个方面兼有。由两个极端情况的统计不难窥见多数信徒思想的动向，即对佛教信仰的追求已超过世俗的愿望占据了主导地位。

回顾两汉，延年益寿、仕进高官、子孙繁茂贵富等均是极为流行的追求，这些均在汉代铜镜铭文中得到充分的反映。① 不过由于铜镜为铸造，同一铭文的铜镜可铸造很多，镜铭似非直接准确地反映民众追求，但所揭示的情况亦大体不误。前文已多次指出，汉人追求长生不死之风甚盛，文献中记载颇多，与镜铭相吻合。由此推断，镜铭中常见的"宜官秩，保子孙，贵富昌""子孙繁昌""君宜高官，位至三公""长宜子孙"之类亦应在汉人中极为流行。

两相比较，两汉民众之追求在佛教被接受后仍然存在，但影响已大不如前。佛徒们更多地关注自己是否能够不坠三途、见佛闻法，以及生者及死者来生问题，世俗期待在民众心灵中似已退居边缘。不过，愿文中所表达的是不是信徒个人追求的全部，无法详知。或许，他们在别种场合还会有别样的追求，因此称世俗祈愿已在信徒心目中完全处于次要位置可能有些武断，但至少可以肯定，在一些场合、一些情景下，世俗追求确已退为其次，佛教信仰独占鳌头。这导致民众内心世界一定程度的变动与重组，亦是佛教带给中土民众思想的深刻变化。

7 众生与家

发愿文除祈愿之外多数亦罗列不少发愿对象，如皇帝、七世父母、所生父母等，种类很多。如果按造像人与发愿对象的关系来分，发愿对象大体可析为三类：一是皇帝、太皇太后、国王帝主、公卿百僚、王公宰守、州郡令长（以下简称一类对象），属统治者，绝大多数发愿人是他们治下的子民，两者的关系基本是上下层之间的纵向关系。二是七世父母、所生父母、亡父母、兄弟姊妹、因缘眷属、合门大小、师僧、朋友、知识、邑义等（以下简称二类对象）。仔细考察，这类对象基本都与发愿人存在现实的、直接的关系，或血缘、亲缘（父母、眷属），或地缘（邑义、朋友），或业缘（师

---

① 参见林素清《两汉镜铭所见吉语研究》，第 168～173 页。

僧）。三是"众生"，愿文中所见类似的称呼相当多，如"群生""三界群生""有识""有形""含识""四恩三有""边地众生""蠢动众生""有情"等。这些不同的称呼间亦有细微的区别，大体上依佛教典籍之说泛指有生命的存在，不仅包括人类，亦包括动植物。[①] 揣度造像发愿文中的语意，指的应是一类、二类对象以外的人。景明三年（502）五月卅日龙门比丘惠感造像云：

> 愿国祚永隆，三宝弥显、旷劫师僧、父母、眷属，与三途永乖，福钟竞集，三有群生，咸同此愿。

"三有群生"所指应是师僧、父母、眷属以外的人，是否包括草木鱼虫，不可知，即是一例。

这种分类并非出自笔者主观臆断，一些造像者本人亦是如此划分。武定元年（543）二月三日合邑道俗造像云："上为皇家祚隆万代，中为师僧父母，下为边地众生□□……"天保四年（553）六月十三日朱贵都造像亦云："上为皇帝陛下、州郡令长，又为师僧父母、七世先亡、现存眷属，下为□地众生，咸同斯福。"均如是。上述划分亦是符合时人观念的。

所有发愿对象中最引人注目的是"众生"类。"众生"观是大乘佛教菩萨行思想的主要观念，民众信纳这一观念后其思想产生了什么样的变化是一个饶有趣味的问题。此外，综合发愿对象与祈愿看，愿文中民众关注的核心是什么亦是一个需要回答的问题。本节即围绕这两个问题展开。卢建荣曾撰文探讨过这方面的课题，[②] 提出了不少富于启发性的看法，但他所用的材料及对材料的解释存在一些错误，例证的方法也难见现象的全貌，这里做进一步的讨论。

"众生"观念的影响

要全面了解"众生"观念在五六世纪北方民众中的流行情况，仅靠若

---

① 中村元『仏教語大辞典』東京書籍、1981、2441 頁；慈怡主编《佛光大辞典》第五册，书目文献出版社，1990，第 4748 页。
② 参见卢建荣《从造像铭记论五至六世纪北朝乡民社会意识》，《历史学报》第 23 期，1995年 6 月，第 97～131 页。

干例证是不够的，更可靠的办法是全面统计。为此，笔者统计了含有"众生"类发愿对象的造像的时间分布，并计算了比例，具体结果如表 B3-16、B3-17 所示。

表 B3-16 "众生"观念分布

年代	A	B	C	AB	AC	BC	ABC	不详	小计
400~409									
410~419									
420~429									
430~439									
440~449									
450~459	1								1
460~469	1	1							2
470~479	3	1	1						5
480~489	1	1	3						5
490~499	2	2	3						7
500~509	6	3	7						16
510~519	8	4	13		2				27
520~529	26	10	18		6		2	2	64
530~539	22	9	18	2	7	2	2	3	65
540~549	30	6	17	2	13	1	6		75
550~559	52	9	11	6	20	2	3	4	107
560~569	62	1	17	4	15		4	2	105
570~579	33	11	6	2	4		4	5	65
580									
小计	247	58	114	16	67	5	21	16	544

表 B3-17 "众生"观念所占比例

单位：%

年代	A	B	C	小计
400~409				
410~419				
420~429				
430~439				
440~449				

年代	A	B	C	小计
450～459	33.3			33.3
460～469	16.7	50.0		20.0
470～479	15.0	100	33.3	20.8
480～489	3.8	50	100	13.9
490～499	7.7	40	60	17.5
500～509	12.5	18.8	63.6	18.2
510～519	11.6	33.3	61.9	23.9
520～529	23.6	45.5	56.3	32.7
530～539	27.8	40.9	66.7	36.7
540～549	31.3	40	58.6	39.1
550～559	35.6	50	39.3	42.6
560～569	35.6	9.1	56.7	37.9
570～579	32.0	55.0	54.5	36.7
580				
小计	26.9	39.2	56.4	34

　　由表 B3－16、B3－17 可知，"众生"观念六世纪二三十年代以后影响日炽，30% 以上的造像含"众生"祈愿对象，最高时段中 40% 以上的造像记含有"众生"类祈愿对象，其影响范围之广、程度之深超过前述任何一种佛教观念。不同背景的信徒，在僧侣中的影响最大，半数以上的僧徒为众生祈愿，官吏次之，平民居后。即使是平民也有 25% 以上的信徒关心"众生"的命运，且影响逐段上升。

　　统计反映的是"众生"观念的影响范围。就信徒个人而言，"众生"观念影响达到什么样的深度，需要结合祈愿中的其他内容加以比较才能判断。卢建荣认为，从愿文看，民众出现了跨越家族主义的樊篱，认识到自己生活的社区之中因血缘或地缘关系而聚在一起的人，只是人类具体可见的一小部分而已，自己所属社区之外还有更多的难得一见的其他人类，要以善待社区内共同生活的特定对象的人的态度去对待人类全体的"伦理普遍主义"。[①]

---

① 卢建荣：《从造像铭记论五至六世纪北朝乡民社会意识》，《历史学报》第 23 期，1995 年 6 月，第 109 页。

不错，造像活动中信徒开始为家人以外的众生祈福，带有卢氏所云的"伦理普遍主义"倾向，但这种倾向究竟在信徒头脑中占据什么样的位置，卢氏实未做进一步的考察，下文则就此做些分析。

要弄清这一问题，可以从三方面入手：一是比较发愿对象的划分，分析祈愿中"众生"的内涵与外延；二是分析含有"众生"类对象的造像记中"众生"祈愿的位置；三是分析祈愿对象与发愿内容的搭配关系。

首先，比较三类对象的划分并分析"众生"类对象的内涵与外延。

一般来说，把握客观事物概念的繁简是客观事物在人们头脑中地位轻重的标尺，只有人们生活中重要的事物，才会被赋予更为细致的区分，形成具体、细致的概念划分。因而，由概念的划分可以了解该事物在人们观念中的位置。造像者对发愿对象的区分亦折射出他们的关切与注意的情况。前述三类发愿对象中，前两类对象划分都较细，尤以二类为最，每类概念所指都有明确的内涵与外延，且与发愿者本人存在直接的联系。相比之下，"众生"类对象异称虽多，具体到某个造像往往只使用一种，且缺乏进一步的细分，内涵空洞，外延亦模糊不清，难以与具体人联系起来。如前引天保四年（553）六月十三日朱贵都造像，皇帝、州郡令长与师僧父母、七世先亡、现存眷属均可确知其所指，唯"□地众生"对象概莫能详。所有含"众生"对象的发愿文几无例外都与此相若。由此可以推断，虽然很多信徒为众生祈福，但"众生"算不上造像者关注的中心。

其次，关于"众生"祈愿在造像记中的位置。确如卢建荣所云，当造像祈愿涵摄三类发愿对象时，祈愿文最常见的顺序是"国家—家族—众生"，[①] 其中二类对象排列次序在造像中可能小有不同，绝大多数情况下"众生"类对象均被置于愿文末尾。前引景明三年五月卅日龙门比丘惠感造像即是一例，又如同日龙门邑主高树等造像云：

愿元世父母及现世眷属，来身神腾九空，迹登十地，三有同愿。

① 卢建荣：《从造像铭记论五至六世纪北朝乡民社会意识》，《历史学报》第 23 期，1995 年 6 月，第 120 页。

孝昌二年（526）六月二日山东临淄帅僧达等四十人造像云：

> 敬造弥勒尊像一躯，上为皇帝陛下、师僧父母、逮及己身、居家眷属，普为一切无边众生，咸同斯福。

建义元年（528）七月十四日常申庆等造像云：

> 上为皇帝陛下，中为所亡（？）父母，下为妻子眷属，复为一切众生□时……

大统四年（538）十二月廿六日山西芮城之合邑四十人造像云：

> 仰为皇帝国主建崇四面天宫石像一区，逮及师僧父母、七世所生、因缘眷属、香火邑义，生生世世值佛闻法，弥勒现世，愿登先首，边地众生，普同正□，□登正果。

均是如此排列，类似的造像甚夥，不需繁举。至于"众生"类对象置于二类对象之前者不能说绝对没有，确实是较罕见的。

卢建荣反复指出，造像愿文乃是造像者主观心愿的自由表达，[①] 祈愿对象次序安排亦应由信徒个人决定，而信徒普遍将"众生"类对象置于愿文之末，说明他们的观念中某种较强的一致性。一般而言，在表达一系列想法时，人们总是习惯于将重要的先表达出来，无足轻重者则留在最后。这种说法可以成立的话，造像者排定的祈愿对象的先后次序应与其关注程度成正比，"众生"类对象通常情况下置于最后，表明信徒对它的关注程度最低。

最后，从祈愿对象与发愿内容的搭配上亦可看到"众生"未受注意的事实。

造像记中祈愿对象与发愿内容的搭配关系主要有两种。一是先列出所有

---

① 卢建荣：《从造像铭记论五至六世纪北朝乡民社会意识》，《历史学报》第 23 期，1995 年 6 月，第 115、120、124 页。

祈愿对象，后列出所有发愿，如武定二年（544）十一月廿五日张利德造像云：

> 敬造玉像一区，上为亡父母、己身、眷属，一时□佛。

又如天保元年（550）十二月一日王信天造像云：

> 敬造观世音像一区，皇帝、师僧、无边众生，咸同此福。

天保八年（557）七月廿九日夏庆孙等法仪三十二人造像云：

> 建造卢舍那石像一躯，上为皇帝陛下、州郡令长、师僧父母、居家眷属、一切众生，咸同斯福。

另一种，也是更常见的搭配形式，则是将祈愿对象与发愿各分为两部分，分别相配。祈愿对象的划分几乎都是将"众生"类析出，形成"一二类对象＋祈愿＋众生＋祈愿"的形式。如太和廿三年（499）十二月九日比丘僧欣造像云：

> 比丘僧欣为生缘父母并眷属师僧造弥勒石像一区，愿生西方无量寿佛国，龙华树下，三会说法，下生人间侯王子孙，与大菩萨同生一处，愿一切众生普同斯福，所愿如是。

前列比丘惠感、邑主高树造像均如是，又如延昌二年（513）六月十五日曹子元造像云：

> 仰为皇帝陛下、群僚百官、士众人民、七世父母、六亲眷属，超生西方，妙乐回生；含生之类，普同福□。

造像者所发的诸愿，从内容的具体、抽象程度上分，也可划为两类：一类是比较具体、确切的，如生天、托生西方净土，不落三途、龙华三会，唱在先首，以及各种世俗祈愿；一类则比较含混，如常见的"普同斯福""同福""咸蒙斯庆""共沾惠液""同享斯庆"等，没有明确的内涵。另外，"成佛""成正觉"含义亦较模糊，亦可划入此类。从愿文情况看，针对前两类对象的往往是前一类祈愿，针对"众生"的多是后一类祈愿，上引诸例均如是。笔者据含"众生"类对象的造像记统计，如此搭配的造像有152余种，相反的造像，即"众生＋具体祈愿"的造像只有55例。不难看出，信徒中更流行的是前者，而非后者。

主流搭配关系的造像中虽然含有为众生祈愿的成分，但祈愿缺乏明确、具体的内容，只能说是一种点缀，说明造像者关注的重点并不在此。

以上讨论的均是造像中较普遍的情况，实际上亦有一些信徒视众生如己，以解救天下苦难为己任，如兴和二年（540）程荣造像，但这类造像毕竟很少，达到如此境界的信徒极有限。

综合以上情况，五六世纪信徒中"众生"观念颇为流行，很多信徒在为国、家祈愿的同时开始关心广大众生的命运，出现"伦理普遍主义"的苗头，但这种倾向在多数信徒中是很微弱的，无论是从他们对"众生"的界定，还是从"众生"在祈愿对象中的次序以及对"众生"祈愿的内容看，均说明这一点。

"家庭"——民众关注的核心

如果说接受了"众生"观念的信徒并未对众生予以过多的关注，那么就五六世纪造像信徒而言，他们祈愿注目的核心究竟是哪些人呢？祈愿对象中一类对象出现次数不太多，最常见的是二类对象，特别是那些与造像者有亲缘关系的人，如七世父母、所生父母、因缘眷属之类，是不是可以因此如卢建荣所云称之为"家族主义"，判定信徒关心的焦点是"家族"呢？

这种说法不够确切。首先，祈愿对象中明确提到"宗族""亲族"的造像极少，笔者所集1600种造像记中仅不足10件，[①] 比例低于1%。数量之

---

① 如天安元年（466）五月曹天度造像、太和七年（483）八月卅日云冈邑义五十四人造像、延昌四年（515）四月一日陕西耀县比丘郭鲁胜造像、普泰二年（532）三月一日比丘尼昙颜造像、天平二年（535）十月廿六日张白奴造像、大统六年（540）七月十五日巨始光造像等。

少、所占比例之低都说明造像者至少在造像祈福时普遍缺乏对"宗族"的关注。

　　其次，常见的祈愿对象是七世父母、所生父母、兄弟姊妹、眷属、合家大小（居家大小、合门大小）等，这些祈愿对象均是造像者本人的直系祖先或家庭成员，并不扩及亲族。"七世父母"一语，据林保尧考察，出自西土，指的是造像者本人上溯七代的父母，[①] 为造像者直系祖先。父母、兄弟、姊妹为造像者家庭成员或直系亲属，无须烦言。"眷属"与"合家大小"所指，有必要做些考察。时贤常有"北方重同姓"之说，或许信徒所谓的"家"与"眷属"乃是大家族之谓，好在不少造像记刻有造像者的题名，通过比照，可以了解时人主观上对"家"的实际理解。具体例子，详见表B3-18。

表 B3-18　北朝纪年造像记所见家庭构造

名称	时间	地点	祈愿（造像）对象	题名内容
成愿德造像记	永平二年（509）十一月七日	陕西长武	为求□□全家造石像	本人，妻，息一，女二，一不明
翟蛮造像记	神龟三年（520）四月十三日		为亡父母洛难弟……为居家眷属	孙子二，息三，父（亡父）
李愿标造像记	大统二年（536）十月		为七世父母，现在眷属，家口大小	息三，孙子二
吉长命造像记	大统六年（540）七月十五日	陕西临潼	为忘父母，阖门大小	祖父母，父，母二，叔父一，兄弟三
李买造像记	天保四年（553）六月廿五日		造像一区……下为七世父母，（因）缘眷属，并及忘妻	本人，清信女牛妙贵（或是其亡妻），息二
张始孙造像记	元年（557）二月十二日	山西安邑	上为……父母妻存亡眷属及己身敬造文石像一区	祖父母，父母，本人及妻，息一，息妻，息女三，孙子一，始孙弟五，叔二，侄女一
王频造像记	天保九年（558）七月十五日		愿令亡夫……居眷大小，一切□……	夏若生妻□，亡夫，本人，息女二，息一

① 林保尧：《造像记文的造像像主与造像对象试析》，《东方宗教研究》新1期，1990年12月，第20～27页。

续表

名称	时间	地点	祈愿（造像）对象	题名内容
赵科造像记	河清元年（562）八月十四日		中为师僧父母，兄弟姊妹，亡过现存……	祖父母，父母，本人，姊二，弟一，妹二，妻，息二，女二
董玉造像记	河清三年（564）三月廿五日		仰为七世父母，所生父母，合门大小	本人，妻，息二，女一，身份不明一
王瓮生造像记	保定四年（564）十二月十五日	陕西西安	下为七世父母，见在父，过去母，合门大小，年一已上，百岁已来	祖父母，父，母三，本人，息四，息女一
宇文达造像记	天和五年（570）六月十七日	陕西西安	为七世所生见在父母，合家大小	母，妻，大妹一，中妹一，□妹二
张思伯造像记	武平五年（574）四月十二日	河南扶沟	愿……现前眷属，共同妙果	父，本人，弟，堂弟各一，息三，弟息二
张延昌造像记	武平七年（576）三月四日	山东临沂	为……居家眷属……	本人，妻二，息

以上诸例只是挂一漏万，但其中透露的一些信息却十分重要。结合诸记记文与题名，不难确定造像者所谓的居家大小、合门大小以及居家眷属的确切所指。多数记文中"家"的规模不大，上下基本不出三世，有的只是夫妻加子女，如成愿德、董玉、张延昌；最为庞大的或是张始孙一家，但其中可能包含死者，今已不可辨认。无论如何，上列诸记中所见的家庭都可划在今天所谓的核心家庭、主干家族及联合家庭范围之内，算不上数世同爨的大家族。另据学者对敦煌所出西魏大统十三年计账文书（S0613）及《魏书·地形志》所附户口统计的研究，北朝时期一般民户家庭规模以五口之家为普遍现象。① 据户口统计分析是宏观的研究和外部观察，其结果与造像记反映的时人主观上对家庭的界定基本吻合。如果说上引诸记有一定代表性的话，说明其他造像记中出现的"居家眷属""合门大小""居家大小"多指小家庭而非家族。

结合前述造像记罕见信徒为亲族祝福现象，可以比较肯定地说，五六世纪信徒中"家族"的观念并不发达，至少造像发愿时不甚关心"族人"的命运，关注的核心未出自己的家庭成员或家庭的直系祖先，因此称他们为

---

① 参见冻国栋《北朝时期的家庭规模结构及相关问题论述》，《北朝研究》1990 年上半年刊。

“家族主义”并不准确。时贤常道的“北方重同姓”或限于上层社会。

综上所述，信奉佛教后，不少信徒接受了众生说，使其社会观念产生一些变化，他们在关心自己家人的同时，开始为众生祝福，但多数信徒并未真正关注众生，祈愿的核心仍是造像者的家庭成员或家庭成员的延伸，未跨越旧有的藩篱而形成“伦理普遍主义”。信徒侧目的中心准确地说是“家庭”而非“家族”。这是外来的、与本土文化大相径庭的观念如何被表面上吸收，而最终流于“口号”的一例。

五六世纪“众生”说在民众中流行的历史表明：在传统的生活方式未根本变革之前，他们是无法根本摆脱固有生活方式下形成的思想传统的束缚，去真正理解新思想。即使新说能一度流行，其精髓真义必难以贯彻，只换得旧瓶装新酒罢了。

四　民众心中的佛法、佛、像与觉悟

造像记中造像题材是民众崇奉对象的反映，发愿文主要表达了信徒的愿望与追求，其中包含了对一些具体佛教信仰的认识与理解，但愿文多为三言两语，难成系统，这种情况或是反映了多数信徒的信仰水准。不过，确也有部分信徒略胜一筹，对佛教具备一定的较系统的认识，其见解反映在 B 型造像记① 开头，即“佛法意义”部分中。在此他们主要阐发了对佛教的义理、佛的地位与作用、佛与信徒所处的现世的关系、像的意义、觉悟之途等问题的看法。这种造像仅占笔者所集造像总数的 1/7 左右。其内容实为进一步揭示五六世纪高僧大德以外的一般信徒对佛教理解的极其珍贵的资料，可惜仅佐藤智水稍有论及，林保尧做过一番考察，可述之处犹多。故在前人研究基础上，依信徒表述的一般顺序，对其认识做一番梳理与归纳，并对这种认识产生的背景与意义略做探讨。

1 佛法意义何在

佛法意义部分首先提到的常常是对佛教义理的认识。造像记中这方面的表述很多，如太和十二年（488）七月一日陕西澄城王庆造晖福寺碑云：

———————————

① 　B 型造像记情况参见本篇引子部分。

夫玄宗幽冡（邃），非名相之所诠；至韵冲莫，非称谓之所摄。

熙平二年（517）七月廿日龙门齐郡王元祐造像云：

玄宗冲邈，迹远于尘关，灵范崇虚，理绝于埃境。

正光四年（523）正月廿六日龙门尼法阴造像云：

幽宗弥邈，攀寻莫晓。

孝昌二年（526）五月廿三日元倪造浮图云：

夫至理澄湛，非泆意所测其源，灵觉空寂，非管窥能究其理……玄趣冲□，至真难体，非假言喻，岂畅幽□。

永安三年（530）山西稷山薛凤规造像云：

夫灵原冲邈，道绝有无之境，至理幽遥，动自俟心之外。

大统三年（537）四月八日白宝造中兴寺石象记云：

夫妙性冲玄，至空凝绝。

武定五年（547）七月三日河南洛阳王惠略造像云：

夫大道虚微，寻之者难踪，灵智幽密，追之者巨迹。

大统十三年（547）九月八日陈神姜等造像云：

至道幽□，妙绝常境。

武定六年（548）九月十二日邑主石像颂云：

> 夫玄精旷远，妙理冲深，至道寥廓，幽赜难睹。

天保三年（552）魏蛮造像云：

> 至道虚凝，玄宗秘旷，循迹可语，就体难名。

天保八年（557）七月河南登封刘碑造像云：

> 夫妙静虚凝，圣踪难寻，恍怕无相，非有心能知。

河清三年（564）四月十三日河南新郑道政四十人等造像云：

> 至理玄寂，非言无以诠其景行；道宗冲邃，匪功何以表其盛德。

武平三年（572）三月十八日山东费县兴圣寺造像碑云：

> 玄旨深邃，妙迹难寻，冲宗回□，非圣不会。

有类似提法的造像还有很多，不备引。上述诸记中所云"玄宗""幽宗""冲宗""灵觉""至理""妙理""灵原""至道""大道""妙性""至空""玄旨""道宗"等，均是对佛教宣扬的根本道理的不同说法，描述所用术语多袭自本土。这一终极真理的性质则被理解为"幽邃""冲莫""冲邈""弥邈""澄湛""空寂""幽遥""冲玄""凝绝""虚凝""冲邃""玄寂""深邃""幽赜难睹"等。简言之，就是玄远深邃，难以接近，不易琢磨领会。这种认识，从五世纪末一直持续到六世纪末，且广泛流行于今河南、陕西、山西、山东各地，非个别地区，影响不可谓小。在此基础上，自然会衍生出玄妙隐奥的道理非一般浅识凡人能体会，唯圣觉如佛者方可领悟的说法。所以兴和二年（540）十月七日马都爱造像云：

至极湛然，非神丹无以泛其津，太液重昏（昏），非大觉莫能悟其迹。

兴和三年（541）十一月廿三日员光造像云：

幽宗玄秘，非智弗鉴，圣哲杳微，辄由蒙超。

兴和四年（542）十一月五日大吴村百人造像云：

玄津澄远，幽岸渊崇，自非洞识真假，明鉴生灭，焉能开心灵像，启悟修立者哉？

武定元年（543）七月廿七日道俗九十人造像碑云：

法性无为，托形言而标至德，自非洞解虚宗，焉能悟斯玄猷者哉！

武定二年（544）刘明造像云：

夫真宗幽微，凡识莫恻。

同年二月十六日王贰郎二百人造像碑云：

夫睿□冲玄，非至真无以体其元，寂淡玄廓，非正觉岂能识其趣。

大统十六年（550）二月八日杜文雍造像云：

夫大觉秉不测之智，非感莫应其形；真如蕴无穷之说，非圣孰宣其旨。

保定二年（562）张操造像云：

理绝言教，非下地所测。

保定四年（564）八月八日张永贵造像云：

幽趣甚寂，如□□境，迷徒岂能达也。

天统三年（567）三月十五日韩永义造像云：

妙旨幽微，非圣无以尽于原。

在这些信徒看来，幽宗妙旨、下地凡识是无法揣测琢磨的，只有圣者、正觉、洞解虚宗者才可领会，并反复使用双重否定句强调这一点。所谓圣者、正觉、洞解虚宗者指的当然是释迦牟尼了。按照他们的思路，常人显然是无法通过自己的修行努力去晓悟玄宗、究竟义理，无疑也就意味着宣布自证自悟之途对于凡识下地来说是行不通的。唯大觉才可解悟空宗，常人也只有通过"觉者"，才能接近终极真理。此说无形中抬高了释迦牟尼在众生解脱过程中的作用。他不仅是导师，也是接引者。同时否定了信徒自我修行、自证自悟的解脱方式，强调借助佛之力量，可谓"值佛闻法"祈愿的理论版。这种说法显然与佛教主流宣传出入很大，是这些信徒自己的理解。

　　另有部分信徒在幽宗莫测基础上，直接提出需要通过形象来展示真容，并以此作为造像的理论依据。神龟三年（520）六月九日赵阿欢造像云：

夫冲宗凝湛，非妙像无以启其原，至道玄微，非诠莫能寻其本

天平二年（535）四月十一日比丘洪宝造像云：

夫灵真玄廓，妙绝难测，非言莫能宣其旨，非像无以表其状。

大统五年（539）二月廿五日曹续生造像云：

至道空玄，非言无以申其宗，真容绝相，非刑（形）象何以表其质。

武定二年（544）刘明造像云：

法身凝邃，非形不化。

大统十四年（548）四月三日介媚光造像云：

夫玄宗冲邃，寂漠□形，自非图像无以□□表真。

天保五年（554）四月二日畅洛生造像云：

至道冲静，必资物以显真，沉隐留像，因阿难以存形，须达舍金，感群迷以就正。

武成二年（560）二月八日王妙晖等五十人造像云：

盖大范攸寂，非一念无以显其原，妙理澄湛，非表像何以畅其旨。

保定二年（562）张操造像云：

夫至性休邃，故托像以应娑婆，真容静廓，现质以归敬。

天和元年（566）十一月廿日张兴等十七人造像云：

夫旨理幽微，非言不宣，法身常住，非像不表。

观上述诸记，信徒所理解的"像"的意义，已不限于作为福业之一，给造像者本人及其亲友带来福报，形象本身的意义开始突出起来。"非妙像无以启其原""非像无以表其状""非形象何以表其质""非形不化""非表像何以畅其旨"之类文字显示了信徒对"像"的自身意义的理解，具体说来就体现在启原、表真、畅旨上。所谓"真"，据林保尧研究，可具体指世尊一生求道 、说法、成佛之谓，意味着佛身所化的一真如法身。[①] 畅旨当指通晓佛教义旨，启原则是启悟正法之原。这几种说法都把"像"与反映真容、了解义理联系起来，认识更进了一层。不过这种认识仅停留在"像"可以表现法身真容、启悟正法之原、了解义理上，并没有说明"像"与信徒（包括造像者）解脱之间的联系，尚难在造像者心灵激荡起强烈共鸣。这种理解尚不圆通。

上述玄宗非大觉不可悟之说的产生，与信徒对释迦牟尼的理解关系极大。在他们看来，佛陀是一解救众生于苦海迷途的导师，众生依之以"导迷布正"。这一点造像中记述颇多。太和十二年（488）七月一日陕西澄城王庆造晖福寺碑云：

> 神曦腾曜，镜重昏于大千，三乘肇唱，拯沉黎于炎宅，用能慈翅流于当时，惠庆光于旷劫。

正光五年（524）五月十五日河南辉县杜文庆等廿人造像云：

> 大慈广被，化潭无外，普育群生，咸解迷路。

永安三年（530）山西稷山县薛凤规等造像云：

> 如来俯愍长迷，规昏改昼，托迹迦夷，披融正路，欲令人天同归，邪徒祇肃。

大统六年（540）七月十五日山西稷山县巨始光造像碑云：

---

① 参见林保尧《东魏武定元年铭石造释迦五尊立像略考——造像记文的用语、纪年、意旨试析》，《东方宗教研究》第 2 期，1988 年 9 月，第 16 页。

大觉含悲，俯悼沉沦，晦接群丑，鹿野垂仁，导迷布正，淳风日新，望波向化，悟体归真。

武定元年（543）八月河南淇县浮山邑义五百余人造像叙述这一点尤为详细，文云：

自天地育成，阴阳启运，□灵起灭，业报相依，莫不染习色尘，惊驰爱欲，循环五趣，亦沉溺四流，虽复缘起一生，受神□识，影心电速，念念□留，假使灵芝九转，行极四诚，奔□月以高升，望玄宫而蹩息，犹亦退没三途，旋还六道，不说生死之因缘，讵云解脱之果报？能仁悟迹，前机超□，后际降灵，□室□□□□□□驾四门，却遗三殿，一心高蹈，成无上尊，至于化动十方，回□三□吞□大海□纳须弥，虽神照冥通，至德潜衍，莫不称根取益□物□□。□□□之□，□真实之相，因化城以蹩止，演众妙于鹫山，及慧日□□法□□□，□□五□，□属三千，藉有作之功，会无为之力，航法船于净□，□常乐□□□，□□天人慕感。

这段虽有缺文，意思尚可贯通下来，即众生处于三途六道生死轮回之中，释迦悟解，成无上至尊，宣讲妙法，使群生得乘法船达于净土，获得常乐，即解脱六道轮回，亦是突出释迦开悟众生之作用。天保八年（557）十一月廿九日河南登封之垣周等修塔象记云：

至于出入四生，回还六道，无不顾己爱身，视阴昔日，智惠莫之留，神力不能保，而大慈应世，法轮既转，群生于是回向，庶类所以归依。

一方面指出众生未得解脱时的情状，另一方面描述释迦应世后的转机，而相对只突出释迦解救之意义。次年二月八日河南新乡鲁堡村之鲁思明等造寺碑云：

能人睹出没之无常，狞（怜）六趣之苦毒……开万法之鼓，一鸣则九会俱悟，故移驾鹿苑，唱四冥之玄回，轸宣二常之极，可谓玄宗云举……三障用斯云扫。

河清四年（565）三月四日山东博兴之朱昙思等造像云：

> 慈风未鼓，品类同昏，惠化一开，乃群情等觉。

所谓"惠化"即释迦化动十方的宣教，亦强调释迦弘化使群生觉悟。天统五年（569）四月八日潘景晖造像记尾辞曰：

> 昏昏六道，快似深闺，无人执炬，终坠泥梨，赖兹明哲，济我群迷。

表达了同样的看法。天和六年（571）六月十日陕西之陈岁造像云：

> 众生受溺苦河之中，轮转生死之域，是以如来垂迹影，布言原野，晓示长远，永垂烦惚。

以上诸记所述或详或略，侧重不一，主旨基本相同，均认为众生本溺于六道轮回之中，有赖释迦之说法开悟方解迷路。这些造像出自北方各地，从陕西到山西、河南、山东均有，其说亦是当时各地普遍流行的观念。

除此以外，对于释迦牟尼寂灭双林这一历史事实，很多信徒亦有所了解，并从不同角度表达了他们的认识。时间附于太和末的龙门魏灵藏等造像云：

> 自双林改照，大千怀缀暎之悲，慧日潜晖，含生衔道慕之痛。

表达了信徒对释迦隐迹的悲痛心情。与此相似的说法还见于武定三年（545）七月十五日河南沁阳僧惠等造天宫像记，文云：

（大觉）皓林促变，隐影灵迁，圆明息曜，三界悲动，四生号慕，贤徒泣血，能言沥地。

大统七年（541）正月十五日河南洛阳龙门沙门璨造像云：

（大觉）化尽有缘，娑罗愿曜，息迹入真。

大统十三年（547）九月八日陈神姜造像云：

诞（？）应王宫，化尽有缘，终归大寂，自真仪隐影，仓生怀感。

则是对这一历史的正面陈述。说法与此相近的还有武定八年（550）二月八日河南禹县杜文雅等十四人造像，其颂曰：

真仙舍逝，辟彼虚空。

同年三月河南汲县廉天长等造像亦云：

托生王宫，现灭双树，身游常湛，流音宣演。

而兴和四年（542）十月八日李氏合邑造像则云：

但以众生福尽，不善诸业，百八云张，耶（邪）风竟扇，致令灵曜潜晖，迁感异域，自圣去遥延，世华道丧。

对于佛陀寂灭的原因做了一番分析。同年十一月廿五日河南汲县上官香等合邑造像云：

众生蒙慈悲以济苦，如来隐变双林以有一千六百两十五年，眇然难都（睹）。

则具体指出了如来隐没的时间，与此相类的还有武定五年（547）七月三日河南洛阳王惠略等五十人造像，文云：

> 王宫托生，随感万变，缘尽隐辉，愍沉千纪。

大统十七年（551）四月廿三日河南邓县北宗慈孙等三十七人造像云：

> 王宫托生，迦维有缘，蒙度□□，□觐尊颜，自大人潜辉，千有余载。

天保三年（552）五月十七日河南辉县张道明等八十人造像云：

> 七七之年南面教世，何忽双林奄崩，上□丧妣，菩萨哀泣，毛血失明，自彼一注（往），倏过千龄。

张道明等不但知道双林奄崩距其时已过千载，还了解如来宣化近50年后弃世。天保七年（556）陶长贵造像则指出：

> 自能仁灭影，□迹双林，含生□荫，缠迷苦海。

由于没有释迦能仁的开悟，众生只能于苦海中挣扎，描述了大觉去世后众生的状况。

据以上诸记，无论叙说侧重于哪个角度，信徒对于释迦双林寂灭这一事实都是十分清楚的。不过他们对于这一事实的表述中反复使用"潜辉""隐辉""隐曜""愍曜"一类词语，视释迦辞世为日光隐没。日光隐耀后还可复出再照，此比喻似表明信徒意识里是把佛之离世视作暂时现象，期待他会像太阳复起一样再度降临世间。一方面表达了他们对佛寂灭事实的了解，另一方面亦表现出他们对于佛再度临世的热切期盼。

佛的复出毕竟只是一种渴望，难以兑现，信徒心怀期待的同时又深知现世中实处在无佛状态，且众生又无法究竟义理、悟解幽宗，唯依靠佛力开悟。照此思路，现世中真是"众生靡托"，只得"缠迷苦海"无以济苦拔溺了，岂不拐进了死胡同。如何才能摆脱这种无望境地？信徒认定的出路是依靠佛像，用佛像来表现释迦牟尼之真容，有些造像说得很直接。永熙三年（534）三月五日山东临淄高抑村法义兄弟二百人造像云：

> 夫大觉迁方，托灵像以□福，法雄谢世，寄三乘以存教。

大统四年（538）七月十五日陕西长安县之僧演造像云：

> 夫大觉神迁，非经像无以表其真。

武定元年（543）五月十五日骆子宽造像云：

> 夫圣觉凝渊，非刑（形）象无以视其真。

保定二年（562）二月八日陕西耀县钳耳世标造像云：

> 夫真轨潜形，非昉像焉能显实，实相冲邃，非遗眠奚以表真。

同年十二月十五日耀县李昙信兄弟等造像云：

> 夫真容隐晖，正化停响，太空辽廓，非像无以表其真（质？）

据林保尧考察，所谓"圣觉""大觉"均指释迦牟尼，[1]"真容""真轨"从上下文看意同。除骆子宽造像外都认为释迦离世后必须用形象来表现其真容，骆子宽造像则认为释迦玄妙幽远，须依像表容，未强调灭寂事实。林保

---

① 林保尧：《东魏武定元年铭石造释迦五尊立像略考——造像记文的用语、纪年、意旨试析》，《东方宗教研究》第 2 期，1988 年 9 月，第 13 页。

尧以为依这种看法，此际这形像已逐渐衍生出具有说法教化、示其实相、得菩提道、达涅槃觉的这一经教下的成佛像身观了。[①] 其说不妥。以上五记只阐明了像与佛之间的表现与被表现的关系，尚未进一步点出像与信徒得道觉悟间的关系。唯有指出后者才可谓是成佛像身观。尽管没有发展成"成佛像身观"，这种认识的意义也是极重要的，它为现世中处于无佛时代的众生窥见佛之真容开辟了通道，使之可循此找到解决困境的出路。

此外，还有信徒从不同角度强调了像的意义与作用。武定八年（550）二月八日河南禹县杜文雅等造像云：

> 真仙舍逝，辟彼虚空，苍生靡托，雕镌遗容。

明确指出雕造遗容是为了使众生在无佛状况下有所依托，暗示佛像具有代替真容的作用。还有不少信徒则援引佛经中所载优填王、目连造像及阿育王建塔之事以为先例，作为用像表示佛之真容的历史依据。正光五年（524）五月卅日洛阳刘根四十一人等造像[②]云：

> 忧填恋道，铸真金以写灵容，目连慕德，克栴檀而画圣像，违颜倏忽，尚或如斯，况刘根等托于冥冥之中，生于千载之下。

认为忧填、目连因短时间见不到释尊便铸金刻木，处于千载之下的信众，久违圣容，更当如此，正以此充当他们造像的依据。天平二年（535）四月八日河南登封嵩阳寺碑云：

> 须达崇善填金弗惜，优王仰恋镌檀写真，斯皆圣人留轨，为物树业，故然乃遗形八万，还升慧顶。

---

① 林保尧：《东魏武定元年铭石造释迦五尊立像略考——造像记文的用语、纪年、意旨试析》，《东方宗教研究》第 2 期，1988 年 9 月，第 15 页。
② 塚本善隆「竜門石窟に現れたる北魏仏教」『支那仏教史研究・北魏篇』、456 頁。该像原物现存开封博物馆，塚本之疑可释。

亦强调造像写真乃是圣人之遗轨。大统六年（540）七月十五日山西稷山之巨始光造像云：

> 寻优填养正而遗风，想育王叔世而继范，故叶公好龙，感至义而见真；目连慕德，刻图像而尊奉。

武定三年（545）七月十五日河南沁阳僧惠等造天宫像云：

> 皓林促变，隐影灵迁……大圣垂慈，敷十二以流导，悲愍将来，布舍利以昌迹（？），故优填镌姿，育王建塔，所在模容，流芳万国。自尔暨今，迈余千载。

把镌姿建塔视为如来遗教的一部分，认为已有千余年之历史，并流芳万国。天保三年（552）四月八日河南沁阳宋显伯造像云：

> 育王起塔，传轨中国，历叶继从。

同日山东诸城僧济本造像亦云：

> 目连雕檀，示来叶之轨，汉感灵梦，嗣往代之则。

均认为阿育王、目连所为为后代创下了遵循的遗轨。保定二年（562）陕西泾阳张操造像云：

> 波斯铸金，尤田克木，并恋仰圣颜，为含生归君。

强调造像是恋仰释迦之真容而产生的。以上诸记无论从哪个角度去认识优填王、目连、阿育王以及波斯王兴造之事，往往强调此乃释迦牟尼之遗轨，或"古则"（巨始光造像）、"往代之则"，由此，兴造之徒为从事造像活动找到了历史的依据，使兴福披上了合法的外衣。

由于受上述观念的影响，信徒竞相造像并宣称自己所造之像最能反映佛之真容，有些甚至认为其像乃是佛宣法圣地的再现。武定元年（543）八月河南淇县邑义五百人造像认为所造之像，"虽谢菩提吉祥之胜地，方同竹薗伽蓝之妙哉"，把该像比为说法圣地竹薗伽蓝，还进一步夸耀曰："宝刹层严，金盘累饰，橡宇高临，长楹峻极，庭流桂水，薗开净色，既曰福地，实唯净土。"比之为净土。武定三年（545）七月十五日报德寺造像碑亦认为孝文帝所造报德寺"洸洸济济，与舍卫竹园同风"。又如保定二年（562）陕西泾阳张操造像则称所造之像"光颜赫奕，众相具足"，"可谓能人再现于周世，鹿野重宣于当辰"。而保定四年（564）八月八日陕西耀县张永贵造像云："建造石浮图一区，雕□饰尽世之功，若真容之再现。"天和元年（566）十一月廿日陕西张兴等十七人造像亦云："敬造释迦石像一躯，庄莹雕华，丽同金质，相好之美，等昔真容。"视所造之像为释迦真容之再现。

这部分信徒仅是认为造像可再现真容或释迦宣化之圣地，还未尝指出这种像与信徒获悟解脱之间有什么关系。另有很多信徒则进一步强调再现真容，重构圣地，实可使当今之信徒获得悟解。永安三年（530）山西稷山之薛凤规造像云：

> 建造石像一区……乃挥状神仪，仿佛古迹……此乃旷代之惊奇，娑婆之绝也。天人睹斯状而云集，邪徒观众心而慕化。

认为邪徒可通过观此像而慕化。大统六年（540）七月十五日山西稷山巨始光造像云：

> 敬造石像一区……含相好以仿佛，赖良匠而显姿；妙状熙怡，若恒河之渗金容……令鲜信之徒，睹迹进菩提之原，修道之士，损生必证于寂灭。增道改迷，岂非善欤！

亦相信看他们所造的石像可使信徒（或不信者）增道改迷。武定三年（545）七月十五日河南沁阳僧惠等造天宫像云：

> 造天宫乙坯。巍巍赫奕，媚若祇桓，堂堂眪焕，婉逾神塔。迷者一窥，则洗或（惑）于先源；慧者暂睹，则启悟于后际。可谓福润含生，祚隆弥劫。

把天宫比作如来说法之祇桓，与阿育王所造之神塔，认为具有洗惑启悟之神力。天保三年（552）魏蛮造像云：

> 自影现北天，□交东汉，真仪眪于镌刻，奥说彰于乘品，报应之途遂广，□梁三寄（宝？）更宽。扰扰四生，因兹以登正觉，攸攸六道，借此□去尘罗。

亦强调可资像、经达到获正觉，去尘罗之目的。天保八年（557）七月河南登封的刘碑造像云：

> 建像一区……真容凝然，化流无碍，光曜十方，空空遍满。视之者目中花生，观之者我心穷灭。

认为通过观佛可破除我执。天统三年（567）三月十五日河南偃师的韩永义造像云：

> 在于定光像背敬造七佛宝堪，并二菩萨……睹之者净信开明，礼者三彰殄息，斯乃尘劳之中，绍如来种。

不但认为观像可开信珍彰，还称该像是如来之后继者。天和四年（569）六月十五日陕西之夏侯纯陀造像云：

> 造像一区，愿使睹者悉发菩提心，达解法相。

则是祈愿观睹者可循此发心。这种祈愿当然不是空穴来风，自是受当地流行之类似观念影响而生的。武平三年（572）三月十八日山东费县兴圣寺造像碑云：

> 敬造四面石像一躯……三十之相常住，八十种好不绝……观者□□
> 而皈□，瞩者灭恶而去定，知三途茫然☒

文字虽有残缺，意思与前引诸记相似。武平六年（575）六月一日龙门道兴
合邑造像云：

> 敬造释迦尊像一躯，并二菩萨……欲使崇真之士，指瞩归依，慕法
> 之徒，从兹悟解。

亦是希望信徒可借助该像皈依悟解。

这些说法并非造像者夸耀之词，而是基于外来的与本土的某些观念产生
的，体现了他们的真实想法。诸记强调信徒可以通过观睹现世中反映佛之真
容、重现宣法圣地之造像来达到启悟、殄障、洗惑、发心之目的，阐明了像
与信徒觉悟间的关系，为信徒获悟提供了一条便利的途径，同时以再现真容
的像为媒介亦解决了上文所提到的信徒启悟依靠佛之点化与现世中无佛状况
的矛盾。这种见佛启悟之说或可称之为"成佛像身观"，但亦与佛教中通常
所谓的观法中的观佛不尽相同。观法中的观佛是禅定的一种，是长期的修持
方法，且属于"有观"，层次尚低，不可能通过观佛就悟解法相，而兴福之
徒的这种观佛不一定需要长期的修行，"一窥""暂睹"就有奇效，是即刻
生效的。

B 型造像记中所披露的信徒的认识，亦有不同层次。有的只指出玄宗莫
测，故需以像表真；另有不少信徒具有更为系统的看法，即由玄宗幽邃，非
圣不可测，到释迦说法，众生闻悟，而双林改照，寂灭归真，众生无望，而
优填、目连镌金刻木，表容传轨，如今信徒循轨建像再现真容，使现世无缘
见佛之众生见像得悟，已构成一种在佛法上有一定依据，又能够自圆其说的
认识。这种认识代表了五六世纪北方从事兴福造像的释徒认识的较高水平。

2 "成佛像身观"的背景与意义

"成佛像身观"包含着很浓厚的抬高佛像地位与作用的成分，亦为造像

的存在与盛行提供了理论上的解释。由前引诸记看，这种看法广泛流行于北方各地。这种观念似不见于西土，而是东夏佛徒的创造。具体说来，亦非出自高僧大德，应是支持、参与造像活动的中下层僧侣所为。

高僧大德亦持有许多类似的观念，但不会创立"见佛启悟"之说。他们亦认为佛理深邃难测，道安《十二门经序》云："慧日既没，三界丧目，经藏虽存，渊玄难测。"慧远亦曾反复指出这一点。他在《沙门不敬王者论·体极不兼应》中云："夫幽宗旷邈，神道精微。"《明报应论》云："佛教深玄，微言难辩。"《答桓南郡书》中云："大道渊玄，其理幽深。"对于如来悲愍众生沉沦苦海，而解救群迷以及最终匿迹双林，他们亦多有论述。道安同文云："贪图恚图，痴城至固，世人游此犹登春台，甘处欣欣，如居华殿，嬉乐自娱，莫知为苦，尝酸速祸，困惫五道，夫唯正觉乃识其谬耳。哀倒见之苦，伤蓬流之痛，为设方便，防萌塞渐，辟兹慧定，令自浣涤，挫锐解纷，返神玄路。"支遁《释迦文佛像赞》则描述了释迦寂灭后的情状："年逾从心，泯迹泥洹……三界殄悴，豁若川倾，颓如乾坠，黔首与永夜同幽，冥流与涸津并匮……门徒泣血而心丧，百灵衔哀而情悴。"他们同样以"世不值佛""生值佛后"为憾事，[①] 但大德们所认定的现实中众生解脱之路却与造像兴福之徒不同。他们反复申述经典的重要性，强调通过戒、定、慧三学去悟玄解宗。尽管"幽宗旷邈，神道精微"，但"可以理寻"，"辟兹慧定，令自浣涤"，禅定被认为是"三乘之大路"，不行斯法，则如"无柯而求伐，不饭而徇饱，难以获矣"。[②] 他们一般不否认包括造像在内的兴福在佛教中的地位，但多认为这只是一种权宜与方便，乃"弘道之初津，摄度之权术"，[③] 信徒需由此"悦其耳目"进而"渐以义方"。[④]

很多高僧亦造像供养，如道安、支遁、慧远等，但在他们看来，像仅是一种修行的辅助工具。支遁《释迦文佛像赞》云："至人全化，迹随世微，

---

① 参见道安《阴持入经序》《十二门经序》，《出三藏记集》卷六，《大正藏》卷五五，第45页上、46页上。

② 参见道安《十二门经序》，《出三藏记集》卷六，《大正藏》卷五五，第46页上。

③ 参见《续高僧传》卷二九，《大正藏》卷五〇，第699页上。

④ 参见《正诬论》、《弘明集》卷一，《大正藏》卷五二，第8页中。

假云泥洹，言告言归。遗风六合，仁方赤畿，象冈不存，谁与悟机，镜心乘翰，庶觌冥晖。"① 道林虽造像，但仍强调悟机要"镜心乘翰"而不是见像启悟，重视的仍是经典，可见他们的取向。净影慧远尝指出，"耳目生灵，赖经闻佛，借像表真"，② 认为佛像可以表现佛之真容，但亦不曾推衍出"见像启悟"之类的说法。应该说，以究竟义理为追求的高僧大德也不会产生这种说法。此说强调像之作用，其根柢在于认为依靠外力可获得解脱，排斥了通过修行证悟的解脱正途，亦贬低了经典与僧人的作用。从佛教教义立场看，"见像启悟"说乃是"旁门左道"，必为名僧大德所不取。

这一说法的产生或与参与造像活动的僧侣有关。五六世纪不少中下层僧侣以指导民间佛教活动为职，其中一部分主要从事指导或参与民间的兴福造像之事。如龙门石窟造像记中所见的比丘惠感，其名见于4种造像记题名中，前后相距近20年，其中两次身份为邑师，两次邑义成员并不相同，说明惠感先后指导过不同的邑义开展造像事业，③ 他或以此为业。这类僧侣在五六世纪社会上应广泛存在。《高僧传》卷一三"兴福科"所记释慧元"常习禅诵经，劝化福事，以为恒业"，释慧敬"常以福业为务，故义学不得全功"，释慧受亦是"常修福业"，或与惠感相类。这三人是见于记载的。

此外，造像记中常可见到的"邑师"亦是负责指导民众从事造像之僧人，五六世纪北方很常见。④ 这些僧侣组织佛教活动，除有推动民间佛教发展目的外，很多僧人亦是通过造作经像，聚敛财富。《洛阳伽蓝记》卷二城东崇真寺条记惠凝游冥间事载阎罗王语："虽造作经像，正欲得它人财物。"一语道破这一点。当然，并不能说所有从事兴造活动的僧尼都是"利引其心"，不过正如《洛阳伽蓝记》卷二城东瓔珞寺条所云："众僧利养，百姓所供也。"僧侣个人利益同信徒多少、信徒供施多少关系密切。有些名僧常

① 《广弘明集》卷一五，《大正藏》卷五二，第196页中。又见《中国佛教思想资料选编》第1卷，第67页。
② 《广弘明集》卷一〇，《大正藏》卷五二，第153页中。
③ 塚本善隆「竜門石窟に現れたる北魏仏教」『支那仏教史研究・北魏篇』、483～485頁。
④ 塚本善隆「竜門石窟に現れたる北魏仏教」『支那仏教史研究・北魏篇』、497～500頁。新近的研究可见郝春文《东晋南北朝佛社首领考略》，《北京师范学院学报》1991年第3期，第52～54页。

常可以得到非常多的供施。释静琳"逮至名高福重，嚫锡日增"；① 释宝岩
讲经甚有声誉，"及岩之登座也，案几顾望，未及吐言，掷物云崩，须臾坐
没"；② 释玄琬亦是"授纳法财日逾填委"。③ 以兴造为事之僧侣欲敛集足够
的钱来兴像修福，则往往要广泛汲引信徒参与其事，要"劝化邑义""□化
利邑道俗"。④ 据孝昌二年（526）十月十八日道冲等造三级浮图记云："道
冲等承恩师之遗嘱，建浮图于寺侧，每欲完缮，屡年不果，今合永光寺法师
法相等助资五十缗，兼又募化四方得七十余缗，乃造三级浮图并列诸圣像于
四旁，今得成就。"此便是一例。面对这些重视验效，追求依靠外力达到目
标的民众，投其所好，抬高佛像之地位，宣扬形像之神奇，鼓吹见像启悟，
进而提炼出上述说法作为解释，以广揽信徒从事兴福造像之业，也就不奇
怪了。

这种说法并非凭空杜撰，既利用了佛经中的某些记载，如佛陀教化众
生，前述优填王、目连与阿育王镌像造塔之事作为依托，也充分吸收了本土
所固有的像可表真的观念。

关于本土这一观念，钱钟书先生做过研究。他指出："自古在昔，以
为影之于形，像之于真，均如皮傅肉，而肉着骨，影既随形，像既传真，
则亦与身同气合体。"另外，"画形则神式凭之，故妙绘通灵能活，拟像
而成实物真人"，"手笔精能，可使所作虚幻人物通灵而活，亦可使所像
真实人物失神而死"，并引《水经注》卷一三《漯水》载慕容儁光寿元年
（357）使人画俊马逼真，而真马失神而死事为例。⑤ 实际上刘向《新序·杂
事》中所载叶公好龙事亦是一例，造像记中亦有引此典者。永安三年
（530）薛凤规造像云"叶公好龙，申降形以示真"，大统六年（540）七月
十五日巨始光造像亦云"故叶公好龙，感至义而见真"，均把叶公好龙而雕
龙，真龙至一事视为可造佛像而见佛之真容的证据。正是由于中土民众这种
观念的存在，一方面使"成佛像身观"得以成立，另一方面也使此说能为

① 《续高僧传》卷二〇，《大正藏》卷五〇，第 591 页上。
② 《续高僧传》卷二〇，《大正藏》卷三〇，第 705 页下。
③ 《续高僧传》卷二〇，《大正藏》卷二二，第 616 页中。
④ 分别见天保八年（557）十一月廿九日河南登封静明等造像、正光五年（524）八月十一日
道充等一百人造像。
⑤ 参见钱钟书《管锥编》第 2 册，中华书局，1979，第 714～717 页。

本土信众所接受。

这种观念的出现与流行对于五六世纪造像的发展有重要意义。由前文对造像祈愿的分析不难看出，五六世纪民众佛教信仰有两种主要倾向：一是渴望依靠外力，确切地说是佛力获得解脱，流行于造像者中间的值佛闻法、龙华会首祈愿正体现了这一点；二是期待能够不费气力地实现自己的各种追求，很多按照主流教义需靠三学修行才能达到的目标，如托生西方净土、成佛、成正觉，造像者都祈盼通过造像供养这种不费心力的方式一举实现。

"成佛像身观"正好适应了民众的要求。因形象可表真启悟，使得人们在现世通过礼拜、观瞻佛像，无须苦行就可见到释迦之真容，并进而获悟，不必等到死后生天或净土后才能见佛听法，在现世中满足了那些渴望值佛闻法信徒的要求，也把这些信徒吸引到兴福造像者的队伍中来，扩大了造像者的队伍。同时，此观念的流行也为那些因感到处于释迦寂灭之后，弥勒出世之前的无佛时代而心怀失望的信徒找到了出路，使之可以凭建像表容窥见佛之真容而消除心理上的"隔绝感"。正光五年（524）五月十五日河南辉县杜文庆等二十人造像云：

> 庆等廿人进不值释迦之□，后不遇弥勒下之始，慷慨尘罗，身莫□□，减飧割服，造天宫二区。

永安三年（530）山西稷山之薛凤规造像云：

> 而弟子等业置常因，冥罗尘滓，限结免根，形同朝露，前不值释迦初兴，却不逢孃佉之子……建造石像一区。

与此相类的还有正光五年（524）五月廿四日洛阳刘根四十一人等造像、大统三年（537）四月八日白宝造中兴寺碑、元象元年（538）六月廿一日张敬造石柱像记、武定七年（549）四月八日山西盂县北之高岭以东诸村造像、大统十七年（551）四月廿三日宗慈孙造像、天和三年（568）四月陕西长武造像碑等。

藤堂恭俊曾经将造像中信徒表达的前不及释迦初法，后弥勒三会难邀的哀叹称为因无佛而产生之心理隔绝感，认为这种隔绝感导致了信徒对出世的无量寿佛的崇拜。① 其说实无根据。所谓"心理隔绝感"在一定范围内是存在的，不过从这些信徒情况看，解决心理隔绝感的办法都是造像，且所造之像均非无量寿或阿弥陀，隔绝感并没有导致对无量寿的崇拜。其原因正是由于"成佛像身观"的流行，见像如见佛，他们并不需要追求出世的崇拜。

不过，此说未免将"像"的作用过分实在化了，易于证伪，埋下了日后衰亡的种子。观察隋唐以后的 B 型造像记，除隋代像表真容、见像启悟之说还有影响以外，入唐后再难觅其踪迹了。②

"成佛像身观"是中下层僧人针对民心好恶的创造。与此同时，高僧大德也在积极创建新说，广延徒众，昙鸾即是突出的一例。昙氏立教突出简便易行，注意依靠佛（阿弥陀佛）之他力解脱，亦是把握了民众心脉对症下药。他所树新说高明之处在于它将修行终极目标的实现置于死后，避免了"成佛像身观"过于凿实、易于证伪之弊；其说又广引经论之说如末法、难行易行说等以为理据，立说有源，能博得高僧的认可，同时该说立足于往生净土之上。此说时已渐行于世，有群众基础，加之修持方式更趋简便，入唐后又有道绰、善导光大其教，徒众日盛，相反，造像唐中叶后则见颓。

＊　＊　＊

综括以上研究，僧人的宣传、本土观念的影响，以及信徒对验效的追求，使五六世纪民众崇奉对象不断经历着各种变化。因社会地位、文化背景与生活处境的差异，不同背景信徒在崇拜对象的选择上亦呈现不同的特点。

五六世纪佛教信徒多接受了佛教轮回转世观念，开始关注来生归宿，故祈愿亡者或己身死后生天或托生西方净土者颇多，构成生死观上的巨大变化。作为死后归宿，生天与托生西方净土于五六世纪先后流行，早期祈望生

---

① 藤堂恭俊「北魏時代に於ける浄土教の受容とその形成－－主として造像銘との関連に於て」『仏教文化研究』（通号 1）、109～113 頁。氏著《中国佛教史》上册，第 151～156 页重复了这一点。
② 参见《八琼室金万补正》、李静杰《佛教造像碑》所载隋唐时期的 B 型造像。

天者多，西方净土观念五世纪末开始流行，530 年代后渐成主流。大部分信徒对"天"界理解不深，他们心目中的天实际已等同于佛国净土了。信徒中流行的仅是作为死后归处的西方净土而已。祈愿离苦与得乐早期是分离的，520 年代后渐相合流，其流行有本土观念的作用，亦可见佛家天堂地狱、六道轮回说之影响，其中得乐祈愿流行与接受西方净土说有一定关系。值佛闻法与龙华会首表达了信徒对佛及解脱方式的认识与追求。渴求见佛，无论是泛指的佛，还是弥勒佛，听法得悟，反映了信徒崇尚借助外力解脱的心理，与本土固有的观念一脉相承。同时这两种祈愿又是当时以"新佛出世"相诱发动起义的心理基础。成佛与成正觉是信徒追求的最高境界，不过不同背景信徒的追求各有侧重。很多信徒渴望能很快实现这一目标。以上这些与佛教有关的内容构成祈愿的主体。世俗祈愿种类虽多，但在祈愿中出现次数较少，不少愿文已无此方面的内容，若有，地位亦不甚重要。说明在佛教思想的冲击下，来生的关切与解脱问题成为信徒注意的热点，现世利益与追求地位下降，已处于边缘的位置。信徒的观念与追求取向已产生了很大变化，虽然这种变化对信徒整个人生有多大影响尚不可知。"众生"观念虽然广为信受，但未能改变信徒更注目"家庭"幸福的状况。

　　民众的信仰与追求与当时义学讨论的话题以及佛教教义的发展息息相关。渴望借助外力解脱的心理、西方净土的流行与昙鸾创立他力往生之净土教间有密切关系。信徒追求迅速成佛，与当时南方义僧"顿悟成佛"的讨论遥相呼应。祈愿众生成佛又与竺道生倡导的"众生皆有佛性"之说息息相通。

　　就信仰水平言，大多数信徒的信仰仍是零散的、不系统的。崇奉对象与祈愿间多缺乏内在的意义关联，同一造像的祈愿亦多无内在联系，只有少数信徒的祈愿具备了一定的内在关联与逻辑性。

　　民众不仅有感性的信仰与追求，少数信徒中亦流行以见像启悟为逻辑终点的关于佛法、佛与像之系统认识。这一作为造像兴福存在的合理性解释的"成佛像身观"代表了当时一般信徒认识的较高水平。

下 篇

民众修持方式及其社会影响

一 造像供养的内涵与特点

五六世纪释教渗透北土各个角落，信徒队伍亦急剧壮大，信徒所循修持方式也很多，如守戒持斋、禅定讽诵、造像写经等。其中造塔立像是一种极为流行的方式，预其事者上及皇帝王公，下逮庶民百姓，方外僧尼亦广树此业。《辨正论·十代奉佛篇》载隋文帝时"修治故像一百五十万八千九百四十许躯"，① 数目惊人。北朝末年编撰的本土经典《像法决疑经》云："一切道俗竞造塔寺，遍满世间，塔庙形像处处皆有，或在山林旷野，或在道边，或在巷路臭秽恶处"，② 描绘的亦是世情。汤用彤先生云："（北朝）朝廷上下之奉佛，仍首在建功德，求福田饶益。故造像立寺，穷土木之功，为北朝佛法之特征"，"北朝佛法，以造塔像崇福田者为多"，③ 洵为不移之论。

前文主要依据造像记考察了信徒的信仰与心理追求。造像记是在造像活动中完成的，这些信仰与追求亦是在造像供养活动中表达出来的，欲更全面理解把握民众信仰，需对其造像供养活动的内容与特点做进一步的考察。

1 造像流程与供养内涵

造像绝大部分是延请工匠制作或购买制成品（详后）。造像除雕镂出形外，往往还经过一番"庄饰"才告完工，④ 故造像记中常可见"众采圆饰"

---

① 《大正藏》卷五二，第 509 页中。
② 《大正藏》卷八五，第 1337 页下。
③ 汤用彤：《汉魏两晋南北朝佛教史》下册，第 365～366、371 页。
④ 《萃》卷三九、《语石异同评》卷五（第 325 页）均曾注意过这一问题。

"庄饰令新""刊饰讫""莹饰□丽""画饰讫功""雕镂莹饰""镌饰周讫"① 一类的说法。"庄饰"中多见的是涂金彩绘。现存造像中尚有个别金彩未尽脱落者，可略见"庄饰"情形。河北定州发现的武定元年（543）八月廿三日吴易兴造像，据报告者称，像有描金处，同处尚出土一汉白玉金彩观音像。②河北正定县之同年造大通智胜佛像的局部尚残存描金和彩绘，与记文中"镂玉雕金，丹青莹饰"相合。③ 武定二年（544）九月一日立于山西新绛之释迦多宝像，像面贴金，但现已大部剥落，④ 记文中"雕饰成莹"之"饰"或指贴金。铜像鎏金者更常见。这种做法当与传说中佛为金身分不开（图10）。

图 10　山东青州出土北齐贴金彩绘佛立像

资料来源：现藏山东省博物馆。仓本尚德摄。

---

① 见正始四年（507）二月安定王元燮造像、正光三年（522）八月十一日汝南王元悦遣曲元宾修古塔记、建义元年（528）七月十五日沙门惠诠及弟造像、大统元年（535）十一月廿三日□延造像记、元象二年（539）三月廿三日姚敬遵造像、武定三年（545）七月十五日报德寺造像、武定元年（543）七月廿七日道俗九十人造像。

② 参见夏长生《定州发现一批东魏石造像》，《文物天地》1994 年第 4 期，第 7 页。

③ 参见赵永平等《东魏大通智胜白玉佛》，《文物春秋》1995 年第 1 期，第 87 页。

④ 胡振祺：《释迦多宝造像碑》，《山西文物》1983 年第 2 期，第 77 页。

工艺之外值得注意的是，造像者越到后来越重视造像的日期与放置地点。他们选定的造像日期集中在某些特定的日子，如二月八日、四月八日、七月十五日的情况越来越多，笔者搜集造像中造像日期为上述三天者分布如表 C1 - 1 所示。

表 C1 - 1 造像日期统计

年代	二月八日	四月八日	七月十五日
440 ~ 449	1		
450 ~ 459			
460 ~ 469		1	
470 ~ 479	1	2	
480 ~ 489		1	
490 ~ 499		2	2
500 ~ 509	1	2	
510 ~ 519		5	4
520 ~ 529	1	5	2
530 ~ 539		10	3
540 ~ 549	5	11	8
550 ~ 559	3	15	11
560 ~ 569	11	23	12
570 ~ 579	2	5	4

这三天分别是释迦出家日、释迦诞生日、盂兰盆节。三天之外的其他日期造像的分布很分散。出现这种情况并非偶然，是信徒已经注意到这三天不同寻常的征兆。他们渐已开始按照佛教年历把一年的日子加以区分，懂得哪些天具有重要的佛法意义，并开始趋向于更多地选择这些天作为造像的日期。

此外，南北朝时期生者为死者追福，按七七做法事的风气渐流行，为亡者造像日期也开始与七七法事挂钩。七七斋最早出现在南北朝时期，明清以来学者向无异词，① 不过最早的例证似非出于北朝。《高僧传·释昙宗传》

---

① 参见郎瑛《七修类稿》卷一八，"七七义"条，上海书店出版社，2001，第 187 页；姚崧《壹是纪始》第一类，"天文·七七始于六朝"条，上海会文堂书局，1925，第 15 ~ 16 页；赵翼《陔余丛考》卷三二，"七七"条，第 658 ~ 659 页。

云："（宋孝武帝）殷淑仪薨，三七设会，悉请宗"，盖为更早行七之事例。
七七说之根据，郎瑛、赵翼以为源出《论衡·订鬼》之说，恐不确，应取
自佛家之说。北方按"七七"为死者做法事的具体事例参见《七修类稿》
卷一八与《陔余丛考》卷三二所引。为亡者造像追福，早期并不注意时间
问题，可以在死后一年或数年才造像祈福，① 后来渐有信徒依七七之日为死
者造像。武定二年（544）四月十四日杨显叔为亡父造像云："亡考忌十四
日敬造石像四躯，愿令亡者生常值佛。"忌十四日即是二七，是明显一例。
由于造像记资料本身的限制，类似的例子并不多见，七七斋流行或尚不普
遍，但此俗隋唐以后影响日炽，直至今日世间犹在流传。按七七日为死者做
功德使造像日期与死者命终之日间形成相对固定的关系。虽然这类造像绝对
日期看来变化不定，但其相对时间却已固定化，亦同样突出了特定时间内造
像的意义。

　　再者，造像者对于大型单体造像的安放位置亦渐形成一套说法，强调选
择形胜之地。太和十二年（488）七月一日晖福寺碑云"择形胜之地"，天
保九年（558）三月六日宋敬业造像云"因兹胜地，建无上之功"，武平二
年（571）九月十五日比丘道略等造像云"地居胜土"，武平三年（572）十
二月十六日邑义主百人造像云"算兹胜地，造灵塔一区"。从造像记对安置
造像地点的描述看，所谓胜地是指背山傍水、交通要冲之地。兴和二年
（540）二月十八日廉富造义井颂云："地吉祥，左灵庙右白禄，背仓银踞长
谷，竖碑于邺路之傍。"河清四年（565）三月四日朱昙思造像云："（于村
前）兆其胜地，绵基细柳，白虎游南。"天统三年（567）五月十五日造丈
八大像颂："其置福处也，北连名山，太丘之庙，南有高冈，胡城永固，处
在中央，悟水东注，人民□祥，营造福业。"武平元年（570）正月廿六日
董洪达造像云："其处□徘徊□岩绝涧，左依山渠，南窥大路，西盼京都，
私乃唯非舍利神□之薗，实是须（达）布金之地。"同年十一月十四日杨暎
香造像云："遂择□显敞之地，拟类祇薗之所，却背兽□，前带黄津，处凤
台西。"其中不乏设于要道广邀信众观瞻之意，亦有地点之优劣吉凶与福业
之盛衰关系紧密之含义在。

---

　　① 此类例子见正始四年（507）二月安定王元燮造像等。

　　像雕饰毕备，位置、日期选定，像之制作过程即告结束，便可交付供养了。像由雕造到供养，有些经过了开光仪式，故一些造像者题名冠以"开光明主""开弥勒像主"一类的头衔。记文中亦有"妙像开明，谁云不善，孰云不灵"的说法，① 表明开光旨在赋予像以生命与灵性。不过，这一仪式五六世纪可能尚不普遍。②

　　供养像的具体内容，《无量寿经》卷下讲供养时云："悬缯然灯，散华烧香。"③《弥勒上生经》云："造立形像，香花衣服、缯盖幢幡、礼拜系念。"④ 六世纪以前编写的本土经典《决罪福经》卷下云："佛图献形像者，使人礼拜、燃灯、烧香、幡彩花盖、供养奉献度人为福。"⑤ 造像中常刻有供养像，这些自然是现实中信众供养活动的反映，根据所绘内容及造像记的相关记载大体可以看出当时供养活动的梗概。供养主要包括三方面：施物（即烧香、献花、供物、燃灯、悬幡等）、礼拜和举办斋会。

　　关于施物，造像底座正中常绘有博山炉一类的香炉，自然是烧香供养的图示。合邑造像题名中常常可见"香火主"，即掌管焚香事宜之人。据郝春文依据近250种合邑造像统计，香火出现22次，香火主7次。⑥ 造像线绘供养像中频频可见供养人持一枝长柄莲花侍立的形像，⑦ 这自然是记文中所云"香花供养"的花了。不过造像画的均为莲花，现实中花供未必尽一律。⑧ 造像记中亦偶见"灯主""登明主"之称呼，应是负责燃灯事宜的人，如武成二年（560）二月八日王妙晖等造像题名有"登明主王阿舍、登明主袁

① 见正光五年（524）五月十五日杜文庆等廿人造像。
② 刘淑芬：《五至六世纪华北乡村的佛教信仰》，《史语所集刊》第63本第3分，第527~529页。
③ 《大正藏》卷一二，第272页中。
④ 《大正藏》卷一四，第420页中。
⑤ 《大正藏》卷八五，第1331页下。
⑥ 郝春文：《东晋南北朝佛社首领考略》，第58页的统计。
⑦ 其例可见《北京图书馆藏中国历代石刻拓本汇编》3.121常文远造像、3.139仙和寺尼僧道略造像、5.96沙门惠诠造像、5.159静度造像、5.196道仙造像、6.183赵振造像、8.100马洛子造像、8.114~116圣母寺四面像、8.140夏侯纯陀造像等。
⑧ 参见陈清香《佛教花供涵义及历史源流——华香礼敬，以祝嵩寿》，《佛教思想的传承与发展——印顺导师九秩华诞祝寿文集》，第503~523页。

女"等。① 还有所谓悬幡，未见于造像图像与题记。《冥祥记》赵泰条云："（死者家人为其）于塔寺中悬幡，烧香，解救其罪。"史世光条云："世光生时以二幡供养，时在寺中。"② 可证悬幡亦属供养形式之一，或悬幡用赀不菲，非家产殷实之造像者供养不起。

信徒给佛像施物的时间似无定制，有的造像者称"时时供养""讨邑供养，随时不阙"，③ 频繁一些，有的次数可能略少。

礼拜佛像的姿势，从供养像可见一二。身姿分跪、立两种。跪姿是双膝着席，上身直立（图 11）；供养像中以立姿为主（图 12）。手姿亦有两种，一是双手合十，指尖朝上，置于胸前；二是双手互握，掩于袖口内，置于腹前。前者更多见。另外，亦常有人或双手，或单手持长柄莲花一枝礼佛的。④ 礼拜可能每天进行，《高僧传》卷一三《释昙颖传》云"房内恒供养一观世音像，晨夕礼拜"可证。

图 11　东魏武定元年（543）八月邑义五百人造像拓片中的跪姿供养人像

说明：旁边的题名为义邑的各种职事。

资料来源：扫描自拓片。

兴斋施食亦是像供养的一项内容。太和廿二年（498）九月北海王元详造像云"法容克就，因即造斋"，是像雕成后举办斋会。造像记中常常可以

① 参见《金石萃编》卷三六；林保尧《东魏武定元年铭石造释迦五尊立像略考——造像记文的造像主与造像对象试析》（《东方宗教研究》新 1 期，1990 年 12 月，第 123～124 页）对此的讨论。

② 鲁迅：《古小说钩沉》，第 568、580 页。

③ 见正光二年（521）六月五日伊□造像、神龟三年（520）四月八日锜双胡造像。

④ 跪姿形象见《北京图书馆藏中国历代石刻拓本汇编》4.52 孙宝憘造像、5.67 法义 90 人造像、5.199 韩显祖造像、6.61 宝藏造像、6.148 唐小虎造像、7.126 智满造像等，手姿一见 5.110 道慧造浮图记、5.120 张欢造像、6.31 惠究道通造像，手姿二见 4.181 曹望憘造像、5.159 静度造像、6.10 李神覆造像、6.156 法相造像、8.101－103 雷文伯造像等。

图 12　北魏正光四年（523）翟兴祖造像拓片中的立姿供养人像

资料来源：扫描自拓片。

见到"斋主""八关斋主"的题名。孝昌二年（526）十月十八日道冲等造三级浮图记题名中有"斋主刘迁、李升"，永安二年（529）二月五日五十人等造佛碑像题名有"大斋主杜季和"，兴和三年（541）吕升欢造像题名有"八关斋主吕景文"、兴和四年（542）十月八日李氏合邑造像题名有"八关斋主都唯那李元"等。这些斋主是设斋活动所需费用的承担者与斋会活动的主持者。① 斋会可能是在像、塔竣工后举行一次，如前引元详所为以及《冥报记》卷上北齐冀州人条所述。很多情况下，信徒会以此佛像为中心定期或不定期举行法会仪式或斋会。②

　　信徒针对造像的供养活动大体包括以上三项内容。前文所讨论的内容各

①　参见郝春文《东晋南北朝佛社首领考略》，《北京师范学院学报》1991 年第 3 期，第 54 页；郝春文《东晋南北朝的佛教结社》，《历史研究》1992 年第 1 期，第 95 页；林保尧《东魏武定元年铭石造释迦五尊立像略考——造像记文的造像像主与造像对象试析》，《东方宗教研究》新 1 期，1990 年 12 月，第 117～119 页；刘淑芬《五至六世纪华北乡村的佛教信仰》，《史语所集刊》第 63 本第 3 分，第 529～531 页。

②　刘淑芬：《五至六世纪华北乡村的佛教信仰》，《史语所集刊》第 63 本第 3 分，第 530 页。

异的祈愿，即是信徒希望通过造像及供养活动要达到的目的的实录。供养活动在较长时间内进行，不同时期信徒的祈愿未必完全一致，大部分祈愿亦未形诸文字，但文字化的部分应是信徒当时最关心、最迫切希望实现的愿望。从信徒角度看，他们希望通过造像、供养这样一种被他们视为是"善因""福因""功德"的活动去实现自己的愿望。

　　2 造像兴福能破戒吗

　　对于造像兴福、礼拜供养佛像，西土传来的有关佛经多表提倡，未对其提出具体要求，上层僧侣在承认其存在的必要性的同时，还进一步示以规范，强调从事兴福造像活动的信徒也必须遵从佛教戒律。在前引《与桓太尉论料简沙门书》中慧远指出：

　　　　经教所开，凡有三科，一者禅思入微，二者讽味遗典，三者兴建福业，三科诚异，皆以律行为本。①

虽认可福业存在，也十分明确地指出兴建福业也需遵守戒律。这并非慧远一家之言，乃是高僧一贯的要求。《正诬论》中亦有类似的看法。诬方举汉末笮融事云："融先事佛，遂断盗官运以自利入，大起佛寺云云，行人悉与酒食云云，后为刘繇所攻，见杀云云。"正方指出：

　　　　夫佛教率以慈仁不杀，忠信不炫，廉贞不盗为首……融阻兵安忍，结附寇逆，犯杀一也；受人使命取不报主，犯欺二也；断割官物以自利入，犯盗三也；佛经云："不以酒为惠施"，而融纵之，犯酒四也。诸戒尽犯，则动之死地矣。

正方认为融虽兴办福业，但不守禁戒，故自取灭亡。强调守戒为本，兴福亦不可背离，否则全无利益。诬方又举"石崇奉佛亦至，而不免族诛"之例来发难，正方答曰：

————————

①　《弘明集》卷一二，《大正藏》卷五二，第 85 页中；《中国佛教思想资料选编》第 1 卷，第 115 页。

> 石崇之为人，余所悉也……即如世人貌清心秽，色厉内荏，口咏禹
> 汤而行偶桀跖，自贻伊祸，又谁之咎乎。

诬方又指出周嵩的例子，云"周仲智奉佛亦精进，而竟复不蒙其福云云"。
正方则指出：

> 仲智虽有好道之意，然意未受戒为弟子也。①

在《正诬论》作者看来，奉佛法关键在于持戒，兴福或精进均在其次。
若仅兴福或精进而不持戒，则是本末倒置，全无善报可言。《高僧传·佛
图澄传》载，后赵尚书张离、张良富事佛，各起大塔，澄曰：

> 事佛在于清靖无欲，慈矜为心，檀越虽仪奉大法，而贪吝未已，游
> 猎无度，积聚不穷，方受现世之罪，何福报之可希耶。

据澄言，二张贪心未除，嗜杀不止，虽然出资建塔奉佛，只能算是"仪奉
大法"形式上信仰佛教，未得精髓，故非但得不到任何福报，现世亦受罪
报。二张"贪吝未已，游猎无度"，正是背离了佛教最基本的五戒。显
然，在佛图澄看来，只有修持戒律、清净无欲才算真正事佛，仅兴福而不
奉戒只得皮毛，实不会招来福报，同样否认仅靠兴福而不守戒条可得福
报。

这种要求并非过分的苛求，而是佛教的基本要求。戒律乃是佛教"入
道之初行，教民之本法"。道安在《比丘大戒序》中云：

> 世尊立教法有三焉：一者戒律也，二所（者）禅定也，三者智慧
> 也……戒者，断三恶之干将也……在家出家莫不始戒以为基址也。何者，
> （戒）虽检形，形乃百行舟舆也，须臾不矜不庄，则伤戒之心入矣。伤戒之

---

① 《弘明集》卷二，《大正藏》卷五二，第 8 页下 ~9 页上。

心入而后欲求不入三恶道，未所前闻也。故如来举为三藏之首也。①

极力强调戒律之地位与作用。竺昙无兰在《大比丘二百六十戒三部合异序》中说：

> 夫戒者，人天所由生，三乘所由成，泥洹之关要也……若不以戒自禁，驰心于六境，而欲望免于三恶道者，其犹如无舟而求渡巨海乎。②

亦将持戒置于根本。慧皎亦云：

> 入道即以戒律为本，居俗则以礼仪为先……经云：戒为平地，众善由生，三世佛道，藉戒方住。③

同样突出戒律之地位。佛教中的戒是指为信徒制定的规范，用以防恶止非，并强调通过信徒持戒，即进行防恶修善的道德修持实践以及定、慧之学的修习来获得解脱。而戒是三学之基础，信徒持戒多少与获得善报多寡成正比，所以有"全一戒者，则亦得为人""全五戒则人相备，具十善则生天堂""人有高卑，或寿夭不同，皆由戒有多少"④ 之说。依佛理，兴福之徒亦不应例外，首先要奉戒。

佛教对个人行为与命运联系的说教，特别是对信徒持戒的要求，如果能够得到贯彻与践行的话，自然会产生除恶扬善之社会效果，所以当时有人乐观地期待民众奉佛持戒后可以罪息刑清，"一国息刑"，君主"坐致太平"。⑤ 但这只是理想而已，现实中的情况却与此大相径庭。

---

① 《出三藏记集》卷一一，《大正藏》卷五五，第 80 页上；《中国佛教思想资料选编》第 1 卷，第 50 页。
② 《出三藏记集》卷一一，《大正藏》卷五五，第 80 页下。
③ 《高僧传》卷一一，第 443 页。
④ 郗超：《奉法要》，《弘明集》卷一三，《大正藏》卷五二，第 86 页下；《中国佛教思想资料选编》第 1 卷，第 18 页。
⑤ 何尚之语，见《弘明集》卷一一，《大正藏》卷五二，第 69 页下；《中国佛教思想资料选编》第 1 卷，第 431 页；《高僧传》卷七，第 262 页。

3 信徒如何应对

高僧虽反复突出戒律的重要性，强调造像兴福也要持戒。实际情形却与此迥异。现实中不少人虽然染化，大兴福事，却仅"仪奉大法"不守戒律。

北魏时著名者莫如冯熙，史称"熙为政不能仁厚，而信佛法，自出家财，在诸州镇建佛图、精舍合七十二处，写一十六部一切经，延致名德沙门，日与讲论，精勤不倦，所费亦不资"。冯熙奉佛不可谓不诚，福业不可谓不大，其写经至今尚有保存于敦煌者，[①] 但他却无视佛教戒规，"在诸州营塔寺多在高山秀阜，伤杀人牛，有沙门劝止之，熙曰'成就后，人唯见佛图，焉知杀人牛'"；"为州，因事取人子女为奴婢，有容色者，幸之为妾"。[②] 冯熙之所作所为，违反了五戒中不杀生、不淫邪两条，理当入三途恶道，他却犹振振有词，显然他非不知所为破戒，而是明知故犯，自恃舍财兴福便可稳得善报。

又如魏汝南王悦"好读佛经"，以崇福为事见于《洛阳伽蓝记》，他遣人修故塔写下的记文尚有三份存至今日。《辨正论》卷四《十代奉佛篇下》称他"敬信居怀，敦崇为业"。"受八戒，俱持六斋，造寺度僧，设会崇善"，[③] 但据《魏书》本传，"（悦）断酒肉粟稻，唯食麦饭"并非起因于奉佛，而是与左道之徒崔延夏游，服仙药松术之属后才开始的，此前纵然奉佛实亦未守禁戒。

再如据称"受菩萨戒，于是又断肉禁酒，放舍鹰鹞，去官渔网，又断天下屠杀"，并"大起寺塔，度僧尼满于诸州"[④] 的北齐文宣帝似严持禁戒，实则不然。据《续高僧传》卷一六《僧稠传》，文宣帝受菩萨戒，断杀在天保二三年间。另据《北齐书》本纪载，天保四年（553）正月、五月，高洋先"巡三堆戍，大狩而归"，后又"校猎于林虑山"，显然犯了杀戒，实属阳奉阴违。这只是文献中有案可查的例子。达官贵人，常有僧人周旋左右尚如此，广大一般信徒大概对于佛教戒规更是不太在意。

① 参见饶宗颐《北魏冯熙与敦煌写经》，《选堂集林史林》（上），第 421～425 页。
② 《魏书》卷八三《外戚传上》，第 1819 页。
③ 《大正藏》卷五二，第 514 页中。
④ 《大正藏》卷五二，第 507 页下。

破戒犯规的情况在僧尼中亦表现得很突出，且很早以前问题就已相当严重。北魏太武帝时长安僧寺的僧人便已公然饮酒，设置酿具造酒并做屈室"与贵室女私行淫乱"，① 藐视戒律。到世宗时已是"清浊混流，不遵禁典，精粗莫别"，② "出贷私财"现象亦很严重。《洛阳伽蓝记》卷四城西宝光寺条载，寺内"园中有一海，号咸池……京邑士子，至于良辰美日，休沐告归，征友命朋，来游此寺"，"或置酒林泉"云云。俗人公然能在寺内饮酒，僧人对执行戒律之懈怠可见一斑。《周书·柳庆传》称有人曾与一沙门再度酣宴，醉昼寝，亦是出家人犯戒之事。所以时人攻击佛教弊端之一就是"僧尼行业多不精纯，为奸匿也"。③ 作为世间佛教事业指导者的僧侣尚且如此，他们又如何能够要求其他信徒秉持戒律呢？破戒犯规之事大概比比皆是。

从事福业的信徒中奉守戒律的情况大概亦不会好多少，祈愿中仅个别信徒希望"戒行日增"，④ 绝大多数信徒并无这方面的追求。由上述情况推断，他们大概亦不持戒。

造成这种状况的原因除了僧伽管理不严，及谢和耐所云"中国和尚们没有看到佛教戒律规则中的一些强硬的规定。对于他们来说……遵守戒律取决于各自的能力"。⑤ 以外，本土文化中本不存在个人道德行为与其命运幸福的联系，亦使戒律植入人心颇不易，遑论受持戒律。哪怕是最基本的五戒也要改变人们的生活方式，践行起来自然阻力重重。

以禁酒一戒为例，要做到就不太容易。时人饮酒习以为常，似乎也是必不可少的，所以酿酒业颇重要。《齐民要术》中讲酿酒的内容十分丰富，卷七有 4 篇专论酿酒，涉及酒的种类除去浸泡酒不算，仅酿制酒就有 39 种之多，叙述详尽程度空前绝后，足见当时酿酒业之发达。⑥ 朝廷亦常因年谷不登等原因颁发酒禁，自北魏太安至东魏元象年间，数禁数开，北齐河清、天

① 《魏书》卷一一四《释老志》，第 3033～3034 页。
② 《魏书》卷一一四《释老志》，第 3040 页。
③ 参见《颜氏家训·归心》集解增补本，第 372 页。
④ 如延昌二年（513）八月二日尼法兴造像。
⑤ 谢和耐：《中国五——十世纪的寺院经济》，第 300 页。
⑥ 参见缪启愉《齐民要术导读》，巴蜀书社，1988，第 328～329 页。

统中亦有此禁，① 亦说明饮酒之风社会影响之广。众所周知，饮酒易成瘾，瘾成后戒除很不容易，一旦奉佛就要不饮酒，显然不是朝夕可蹴就的，无坚强毅力与持久恒心难以做到。再如不杀生一戒，恪守起来亦非易事。就鲜卑人来说，本是游牧部落，食肉饮浆是传统的饮食习惯，狩猎是重要的经济活动，猎物则是食物来源之一。② 即使到孝文帝改革以后，狩猎仍然在社会生活中占有一席之地。汉人平时不忌荤腥，虽未必常食之，祭祀时亦少不了酒脯之供，渔猎活动在北方生产中亦占有一定比重。如此种种，一旦皈入释门，都要一律加以禁绝，显然很难做到。因此，从生活方面看，要求信徒做到奉持五戒是很困难的。

此外，左右信众选择的更为深刻的原因是信众的宇宙观与其支配下的行为方式。

据研究，中土传统观念中的宇宙具有双重性质。一方面，它是一个机械性的世界，世界中的一切现象都经由时日的规划而呈现出来；另一方面，它又是有灵、有鬼神的世界。后者被限定在机械性框架中。而那些不为人所喜的鬼神与事物，可运用一定方法加以避免或消除，故人们的生活不是完全命定的，仍有某种自主性。同时，因人随着已被设定吉凶的日子而选择生活与行为的内容与形式，就无从也无须申张个人的主观思考与意志。要想获得理想的命运主要靠择日而非在目标上投心力，其中没有，也无须道德性的反省，因而一切伦理道德的修养基本都被否定掉了。③

上述概括是据睡虎地秦简《日书》得出的，反映的是公元前三世纪前后的民众观念与行为方式。宇宙观与行为方式乃是人们观念中很基本、很核心的内容，一旦形成，具有相当的稳定性，不会轻易变化。据现有资料，至少到五六世纪这种宇宙观与行为方式依旧普遍存在，这是没有疑问的。

日常生活中依日书之类宜忌选定日期的传统到南北朝时期赓延不绝。各个时期类似的日书以及包含日书要点的历谱广泛行用。近几十年来不断有这类著述出土，如甘肃天水放马滩秦简、武威汉简、居延汉简、敦煌汉简以及

---

① 参见程树德《九朝律考》卷五，第 386 页；卷六，第 406 页所列诸条。
② 黎虎：《北魏前期的狩猎经济》，《历史研究》1992 年第 1 期，第 115 页。
③ 参见蒲慕州《睡虎地秦简〈日书〉的世界》，《史语所集刊》第 62 本第 4 分，1993 年 4 月，第 663～664 页。

山东临沂银雀山、江苏连云港尹湾汉简等都发现有日书，或含吉凶宜忌设定的历谱。敦煌藏经洞所出北魏太平真君十一年、十二年的历书上，标注了每月朔日的建除日直① 可证明这一点。文献中这方面的记载亦不少，见于王充《论衡·讥日》、崔寔《四民月令》，东魏贾思勰《齐民要术》中亦频引包含上述内容的书籍，如《氾胜之书》《杂阴阳书》《杂五行书》等，指出五谷种植、生长的宜忌日期。另据《资治通鉴》卷一一五晋义熙六年正月条，"往亡"之说东晋犹行；由《颜氏家训·杂艺》"反支不行，竟以遇害，归忌寄宿，不免凶终"看，"反支""往亡"之说南北朝时期仍支配人们的生活。

至两汉南北朝时期逐渐形成的日常生活时令安排，即反映在《四民月令》《风俗通义》《荆楚岁时记》中的月令习俗亦是这一宇宙观支配下的产物，它与日书指导下的生活编织成当时人们生活的主干。《论衡·讥日》云"世俗既信岁时，而又信日……岁月之传既用，日禁之书亦行"，盖指此。两者"理论"根据不一，各有侧重，但本质相同。因具体日期的吉凶宜忌变动不居，日书指导下的生活要求人们在具体活动前要据日书或历谱临时定夺。《四民月令》中所见的安排多属固定化的，不因年份的推移而变化。前者是日禁，后者可能属"月讳"。"月讳"同样承认世间有鬼，且鬼的活动嵌于机械性的世界内，有规可循。具体时刻的活动如三月三日曲水流觞、五月五日佩长命缕、九月九日插茱萸一类，是除鬼去厄的最佳时机与最佳办法。如果说有区别的话，日禁更消极一些，月讳多了一些主动性。

在这一宇宙观支配下，人们认为个人祸福生死，乃遭逢吉祥、触犯凶忌所致。如王充所描述的，世俗之人"举事若病、死、灾、患，大则谓之犯触岁月，小则谓之不避日禁"，"人之疾病死亡，及更患被罪，戮辱欢笑，皆有所犯。起功、移徙、祭祀、丧葬、行作、入官、嫁娶、不择吉日，不避岁月，触鬼逢神，忌时相害，故发病生祸，绋法入罪，至于死亡，殚家灭门，皆不重慎，犯触忌讳之所致也"。② 因此，日常生活中"岁月之传既用，

---

① 邓文宽：《敦煌本北魏历书与中国古代月蚀预报》，《敦煌吐鲁番学研究论集》，书目文献出版社，1996，第361～365页。

② 《论衡·讥日》，第989页；《论衡·辨祟》，第1008页。

日禁之书亦行。世俗之人，委心信之"，① "世人无愚智、贤不肖，人君布衣，皆畏惧信向，不敢抵犯"。偶犯则祭祀解除，已祭之后，"心快意善，谓鬼神解谢，殃祸除去"。② 受这种观念支配，人们只需遵从一定的原则来安排日常生活，就可去灾免祸，或偶有冒犯，则由解除、祭祀来消弭，无须进行内心反省与道德自律。王充说"世人举事，不考于心而合于日，不参于义而验于时"，③ 甚得其实。

这种行为方式内化于人们头脑中，左右人们的活动，在面临新文化冲击时，同样制约着人们的选择。当遭遇佛教并为之所吸引时，他们自然倾向于与其固有行为方式相近的修行方式。持戒以道德反省与自律为核心，悖于常行、履践不易的难以激起他们的共鸣，一般人中应者无多。

同时佛经中倡导的造像兴福也为信徒提供了出路。虽然高僧一再强调持戒的重要性，由于佛典出自多途，诸经之说相互抵牾、矛盾之处甚多，持戒问题亦如是，有些经典暗示不必持戒亦可达至与持戒同样之效果。《杂宝藏经》卷五记述譬喻故事颇多，其中有"长者夫妇造作浮图生天缘""长者见王造塔亦复造塔获生天缘"等宣扬兴造功德者，均未云长者须受持五戒或八戒，只说因造塔或浮图之功德死后得生天。同卷还收有"受五戒得生天缘"、"天女受持八戒斋生天缘"及"长者女不信三宝，父以金钱雇令受持五戒生天缘"，则是宣扬受戒得生天缘的。比较这五个譬喻故事，兴福与持戒所获果报是一致的，且两类故事又并列一卷中，彼此间亦无条件关系，似乎仅造作福业不必受持戒律亦可获善报。其他宣扬兴福的经典中往往亦不提奉戒问题，如后汉译《佛说未曾有经》《佛说作佛形像经》《佛说诸德福田经》等均如是，只单纯强调兴办福业所获的种种果报。

根据这些经典，要获善报死后生天并不需要奉持戒律，只要兴福建像可收同样的效果，方便之门大开。照此，持戒作为获得福报之不可缺少的前提条件的地位受到动摇，成为可有可无之充分条件。信徒自然也不需要为奉佛去改变固有的生活与行为方式，只要出钱造像便一样能招来好报，更何况佛经中宣扬造佛像无论大小均有福。《佛说未曾有经》说起大如庵摩勒果之

---

① 《论衡·讥日》，第989页。
② 《论衡·辨祟》，第1008页；《论衡·解除》，第1044页。
③ 《论衡·讥日》，第989页。

塔，其刹如针，上施盘盖如酸枣叶，或作如穬麦大的佛像均可获得不可称量的功德。① 北周人引《涅槃经》则云："造像若佛塔，犹如大拇指，常生欢喜心，则生不动国。"② 且还可数人、数十人乃至数百人上千人集资造像，平均下来每个人承担的费用也就不多了。现存铜造像中小的只有 9 厘米高，不足手掌大。③ 还可以泥造像，费用就更少了。这样一来，自然造像兴福者趋之若鹜而持奉戒条者少而又少了。僧尼不遵戒律者甚多，恐怕与此不无关系。

4 民众造像的特点

这种背景下风行的造像供养事实上成为中土传统祭祀活动的延续与变种。中国传统祭祀的具体表现，据研究，是"用礼物向神灵祈祷（求福曰祈，除灾曰祷）或致敬。祈福是目的，献礼是代价，致敬是手段"。④ 造像供养实际与传统祭祀性质一样，佛、菩萨即变相的神灵，供养则涵盖了献礼与致敬，祈愿即是传统祈祷的佛教翻版，两者的区别只是具体细节上的，如崇拜对象不同、供物品不同、祈愿内容有异等。

就祈愿而言，内容虽与传统祈祷有出入，但目的上两者并无二致。本土祭祀按目的可分为祈福祭、弭灾祭和报谢祭三类，造像祈福实际亦不外乎这三种目的。大部分造像祈愿为祈福，无须赘言，祈愿弭灾者亦不罕见。兴和二年（540）程荣造像即是一例。该记云："以去天平二年中遭大苦霜，五谷不熟，天下人民饥死者众，荣见此苦即发洪愿，死者生天，生者饱满，奴婢者解脱，后愿龙王欢欣，雨泽以时，五谷丰熟，万民安乐，常行善福。"程荣造此像发愿便是希望消除因气候异常所致天灾。此外，因患病而造像祈求除病者亦时可见。太和六年（482）九月十八日范寿造像就是因己身婴疾，希望通过造像供养使"精明，又愿居家大小，不遭横夭"；太和十三年（489）九月十九日云冈比丘尼惠定亦是因"身遇重患"，"发愿造释迦多宝弥勒像三区"希望"患消除""现世安隐，戒行福利"；延昌二年（513）八月二日龙门比丘尼法兴造像则是"因患发愿造释迦像"祈愿"此身厄恶

---

① 《大正藏》卷一六，第 781 页中～下。
② 《广弘明集》卷一〇《周天元立有上事者对卫元嵩》，《大正藏》卷五二，第 157 页下。
③ 参见李静杰主编《中国金铜佛》图版 22，太和二年（478）比丘廿道可造像。
④ 詹鄞鑫：《神灵与祭祀——中国传统宗教综论》，江苏古籍出版社，1992，第 172 页。

云消"；孝昌二年（526）五月廿三日龙门比丘尼智空则"为自身小患"造像，"愿得神明，诸灾□弥"；大统四年（538）三月八日魏文男亦是因"身病患"在巩县石窟寺造像一区，祈愿"伯（百）病永除，众邪弥散"；武定元年（543）十二月四日常恩洛"为夫人身患"出资造像一区，"愿诸恶削□"；天统三年（567）五月廿三日李兴祖因"身遭患苦"，"造观音白玉象一区"；等等。至于造像报谢亦偶有所见，郑州西郊出土的永安三年（530）九月六日造像云："报愿造像一区。"河南新郑小乔乡出土的天保三年（552）三月刘子瑞造像云，"领军人向迳州城打吴贼，路中见浮图，遂发洪愿，使军人平安至舍，造三级浮图一区，今得成就"云云，实际亦是还愿报谢之作。

实际上造像祈愿目的往往不是单一的，祈福与弭灾常常并存于一造像祈愿中，上引含弭灾内容者多半亦有祈福之愿，很多旨在祈福的愿文中亦杂有"不坠三途""永离苦海"一类祈求离苦免灾的内容。造像祈福包含内容很广，亦说明信徒对造像之功用期待甚高，以为法力无边。本土传统中祭祀种类繁多，各司其职，祭祖暂且不论，农业生产方面的祭祀就有祈年、雩与求雨、大蜡等多种，驱疫避邪方面亦有傩、方相氏等。① 造像供养风气兴起后，信徒希望通过造像供养来实现上述大部分祭祀的目的，祈愿内容也就几无所不包，功能上造像则成为传统祭祀的替代物。

传统祭祀中常规祭祀的日期基本都是确定的，② 朝廷祭祀的日期见于《史记·封禅书》、《汉书·郊祀志》及《续汉书·礼仪志》。百姓常规祭祀时间亦是固定的，《四民月令》中有较详细的记载，造像中渐显露出来的对时间的重视应是本土观念的沿袭。造像时间的择定与当时流行的时日吉凶间是否存在直接的联系，需要在复原此期的完整历谱基础上加以研究，只有俟诸来日了。

本土传统中，无论是祭祀还是造墓筑室，均重视地点的择定。朝廷仪规自不必说，地方山川祭祀亦要选当地有神验之名山，祭坛设置的具体地点、方向亦费一番斟酌。《祀三公山碑》云"卜择吉□治东，就衡山起堂立坛"，

---

① 詹鄞鑫：《神灵与祭祀——中国传统宗教综论》，下编第3、5章。
② 詹鄞鑫：《神灵与祭祀——中国传统宗教综论》，第285页。

《白石神君碑》亦云"遂兴灵宫于山之阳，营宇之制，是度是量，卜云其吉，终然允臧"。① 睡虎地秦简《日书》甲种中《啻》和《室忌》便是讲起盖屋室、开立门户、修筑墙垣的择日和方向吉凶，放马滩秦简《日书》乙种中亦有类似的内容，说明民间一贯看重位置、方向的选择。造像中出现的择形胜之处立像的现象亦应是本土观念的继续。

造像的流行可以说是中土民众在固有的生活与行为方式下，利用佛经之内在歧异所做的群体选择。这种选择对信众个人来讲，"代价"与"收益"比是最佳的，但就整体而言，这种选择亦使政治家所希望看到的"罪息刑清""坐致太平"之盛世成为泡影。同时，因中外观念之不同而可能使中土信众产生的道德行为与个人幸福间的联系基本化为乌有。鲁惟一认为这点乃是佛教与中国土生土长的思想体系之间的一个重要差别，② 他确实道出了中外思想的本质区别。不过，不仅是中土固有的思想体系缺乏个人的道德行为与其命运及幸福方面的联系，广大民众的头脑中同样不具备这种联系。这种联系不但为佛教所具备，新兴之道教亦强调这一点。③ 这种联系的有无或可视为宗教性信仰与非宗教性信仰间的一个分水岭。中土民众的选择则使因佛教传入而带来的使中土民众思想"宗教化"的可能性基本消失了。

造像供养演化为本土祭祀之变种，使本土行为方式改头换面，以新的表现形式继续存在下去，显示了本土行为方式的顽强生命力与广泛的适应性。从信徒角度讲，他们则是在本土宇宙观背景下选择了一种易于接受的修持方式。这种方式并没有触动固有的行为方式，新的信仰形式对他们来说只在于吸收了一些新观念，接受了一些新的崇拜对象。由此看来，佛教对于中土民众的实际影响仅限于观念层面，未深至行为方式与宇宙观层面。从佛教发展角度看，大范围、长时间内造像兴福活动的流行，表明中土信徒已经找到了契合其心理、满足其要求的佛教修持方式，实际已宣告在民众层面以及实践

① 高文：《汉碑集释》修订本，第 32、458 页。
② 参见《剑桥中国秦汉史》，第 717 页。
③ 《老子想尔注》中便反复强调"戒"之重要性。"欲求仙寿天福要在信道，守诚守信，不为贰过"（第 31 页）；"奉道诚，积善成功，积精成神，神成仙寿"（第 16 页）。《太平经》中亦多强调戒条之重要性。

方面佛教中国化过程的完成。而理论上中国化过程的结束则要到隋唐时期
了。

二 佛教信仰的社会影响

五六世纪佛教信仰畅行北土上下，造像供养蔚为风气。从个人行为角度
讲，造像供养并未跳出以往祭祀祈祷的窠臼；若由社会角度衡量，释风东
渐，像供成风产生的重要影响，大体说来有以下三个方面。

1 佛教信仰与社会团结

佛教固然是麻醉人民的鸦片烟之一种，它在民族、阶层界限森严，对立
严重的社会中也产生了些积极影响。奉佛之风渗透朝野各处，不同地区、民
族及社会背景的佛徒热心参与造像供养之事，佛教信仰与信仰活动遂成为沟
通社会各界的媒介，在促进社会上下的团结、加强社会整合上发挥了一定作
用。对此，佐藤智水有所涉及，刘淑芬曾围绕乡村造像活动做过论述，兹在
其基础上稍加补充，并从信仰角度做些引申。

刘淑芬指出佛教促进乡村社会整合的作用显现在村落之内不同姓族的联
结、村落之间的联系以及缩小社会差距三个方面。① 她的看法是正确的，不
过关于第一方面的论述过于简略。她在论述在汉胡或不同姓族的胡人杂居的
村落里，佛教也是消泯民族界限，促进民族融合的功臣时，主要依据的是马
长寿先生的论述，资料基本出于关中地区。实际上，在北方其他地区，佛教
也起到了这一作用。河南偃师发现的北魏正光四年（523）二月十五日翟兴
祖等人造像碑就是胡汉信众共同捐资兴造的。从题名看，参与者多为汉人，
亦有乙弗苌洛、纥豆陵俟地拔、斛斯康德、沮渠显遵等少数民族，其中纥豆
陵俟地拔还是天宫主。② 同年七月廿九日山东历城黄石崖法义兄弟姊妹造像
亦如是，除汉人外，参与者还有呼延伏姬、呼延摩香等少数民族信徒。又如
孝昌三年（527）九月十七日山东临淄（一说博兴）法义九十人造像，参与
者除汉人外亦有鲜于罗姜等少数民族。这一现象表明，基于共同的信仰，不

---

① 刘淑芬：《五至六世纪华北乡村的佛教信仰》，《史语所集刊》第63本第3分，第536页以下。
② 参见李献奇《北魏正光四年翟兴祖等人造像碑》，《中原文物》1985年第2期，第25页。

同姓族的信徒可以逾越民族畛域，组成社邑共同从事造像供养活动。在这种共同活动的作用下，民族界限与差异自然会逐渐弱化，逐渐走上相互融合之路。在这个意义上说，佛教是促进民族融合的功臣并不过分。

造像活动能起到这种作用，主要在于民众中共同佛教信仰的形成，这一点刘淑芬未尝论及，故补述如下。

佛法东渐之前，中土信仰呈多元化的特点，缺乏共同性的信仰对象。以祭祀为例，一个显著特点就是存在等级秩序，地位不同，祭祀对象有别。《礼记·王制》云："天子祭天地，诸侯祭社稷，大夫祭五祀，天子祭天下名山大川……诸侯祭名山大川之在其地者。"《曲礼下》又云"天子祭天地、祭四方、祭山川、祭五祀"，诸侯"方祀、祭山川、祭五祀"，大夫"祭五祀"，士"祭其先"。关于祭祖先，《王制》云：天子七庙、诸侯五庙、大夫三庙、士一庙、庶人祭于寝，并强调"非其所祭而祭之，名曰淫祀，淫祀无福"。① 以上论述或有相矛盾之处，但等级差别的存在却是显豁的事实。此外，即使是共同祭祀的对象往往也是因人、因地而异。祖先祭祀虽遍行上下，祭祀对象与祭者关系相同，但所指因家而殊，同曰先祖，实千差万别，缺乏一致性。朝野遍行的社祭亦有帝社、郡社、国社、县社、乡社、里社之别，"社主"乃是本地田土之神，不同地区的神主及配享者往往各不相同。② 各地流行的山川祭祀亦复如是，山神乃方隅之神，不同地区祭祀山神有别。当然，社会上亦存在较大范围内流传的信仰，如风靡齐鲁数百年的城阳景王祠，汝南郡方圆数百里一时盛行的鲍君神、石贤士神、李君神以及齐地大重之、汝南郡多有之的司命信仰等。③ 但这些信仰多数骤起骤落，且缺乏有力的传播途径，难以在更大范围扩展其影响，又多遭统治者的嫉恶，成为涤荡的对象，影响有限。

随着佛教东来，深入民间，风气渐起，形势遂发生很大变化。如前所述，观世音、释迦、弥勒等风行北土各地，为不同背景的信众信奉、膜拜。生天、托生西方净土、值佛闻法、龙华会首、不坠三途、成佛等亦植入民

① 《礼记·曲礼下》，孙希旦：《礼记集解》上册，中华书局，1989，第 152~153 页。
② 参见宁可《五斗米道、张鲁政权和"社"》，《中国文化与中国哲学（1987）》，三联书店，1988，第 141~143 页。
③ 参见《风俗通义》卷九《怪神》，第 394~395、403、405、406~407 页。

心，成为各地信徒梦寐以求的理想与目标。新信仰的注入，是否替代了传统的信仰，虽未可知，至少可以肯定，在个别化的传统信仰之外增加了共同性的成分，使他们一定程度上具备了共同的信奉对象、共同的信念与追求。基于这种共同的信仰，村落内的信众或相邻村落的信众结成社邑，共同从事佛教活动，强化了他们之间的联系。不同区域、不同背景的人们因共同的信仰，具有了相互联系的潜在的可能，利于整个社会共同精神生活的养成。

同时，佛教信仰盛行朝野，缓和了社会上下层之间在信仰方面的冲突，成为连接社会上下的纽带。

以往民间崛起的城阳景王祠、鲍君神之类的信仰只有一些事实或灵验传闻为依托，缺乏文本依据，亦不合传统的设祀标准，得不到官方的认同，往往被判为"妨民害治"之大敌，视为"淫祀"，成为铲除的对象。民间不断生成此类信仰，朝廷不断视为"淫祀"欲予取缔，双方在信仰问题上存在相当程度的紧张与对峙。

五六世纪朝野上下都笼罩在佛光塔影之下。虽然知识阶层信徒与名僧大德的信仰有别于一般信徒，他们的修持方式也各不相同，但无论是讲经论法、讽诵禅修，还是兴福造像，有正途、方便之别，却无不承自西土佛法之衣钵，皆有典可依，均为佛教所认可。这一点或许不为广大信众知晓，却于统治者对民间佛教活动的态度产生重要影响。从一般信徒活动观察，造像供养类似于传统的祭祀祈祷，若以正统的礼教立场出发，佛法出自西土，不在祀典，又功不施民，"非天子诸华所应祠奉"，事佛当同"淫祀"。[①] 尽管社会上事佛，特别是造像兴福以至塔像林立，寺宇遍野，的确类乎淫祀。因造像兴福典出有据，且这些经典同样为奉佛的统治者及高僧所修习，造像在他们心目中的意义也就产生了变化，由近同"淫祀"一变为佛教福业，从而使民间佛教活动获得了保护伞，鲜有被贴上"淫祀"标签予以打击者。南北朝时期朝廷方镇扫荡"淫祀"之举多有，却罕有波及民间佛教者。[②] 据《魏书·肃宗纪》，神龟二年（519）十一月有诏"除淫祀，焚诸杂神"，此时正值佞佛之灵太后执政，荡除者自然不含佛教。这一局面的形成为民间佛

---

① 参见《高僧传》卷九《佛图澄传》，第 352 页。
② 宫川尚志「六朝時代の巫俗」『六朝史研究宗教篇』、350～360 頁。

教的蓬勃发展营造了良好的社会氛围，同时朝廷与民间在信仰上的分歧与冲突亦得到一定的缓解。换言之，其在某种程度上加强了上下层之间的认同，促进了社会的一体化。

此外，如中篇引子中所列，一些平民信徒亦利用造像之机向官员献媚，将官员名字刻在造像上，这也是佛教信仰沟通不同阶层的一种表现。

2 追福

佛教传布中土，人们生死观念产生深刻的变化。概言之，变化有二：一是死后由不可复生变为可再生；二是死后归宿由固定不变衍化为去所无定，取决于死者生时的行业。新生死观念的确立驱使佛徒广修佛事以换取来生的解脱，同时他们亦由己及人，开始关心死去的亲人来生的命运，为亡亲祈福消灾。加之若干佛经，如上篇之三所引《佛说盂兰盆经》及《优婆塞戒经》有类似的说法，和一些传闻，如上文所引的《冥祥记》所录刘萨荷游冥间事亦鼓励为亡人设福，开启了子孙为先人亡亲追福之风。

追福之风具体起于何时，似乎无从详考，至少五六世纪已很流行。信徒造像供养中很多都包含追福的内容。据佐藤智水统计，1/3 的造像的发愿对象含有造像者的亡亲。① 涉及亡亲有父母、七世父母，亦有配偶、子女、兄弟姊妹等，但以祖先为主。如皇兴四年（470）七月九日王钟夫妻造像云："为亡父母造观世音像一躯，愿令亡父母常与观世音菩萨共生一处。"太和七年（483）十月一日山东历城之崔承宗造像云："上为亡父母敬造释迦象一躯，使亡父母托生紫府安乐之乡……"这是较早的两个例子。敦煌所出写经题记中亦不乏此类内容，P4506《金光明经题记》为皇兴五年（471）居定州中山郡卢奴县之武威人张璋所造，文云："兴造素经《法华》一部、《金光明》一部、《维摩》一部、《无量寿》一部，欲令流通本乡，道俗异（习？）玩，愿……祐例亡父、亡母，托生莲华、受悟无生……"② 此风不仅行于民间，皇家亦不能免。献文帝死后，孝文帝为之"于永宁寺设太法供，度良家男女为僧尼者百有余人，帝为剃发，施以僧服，令修道戒"，以"资福于显祖"。③ 胡国珍死后，明帝"诏自始薨至七七，皆为设千僧斋，令

---

① 佐藤智水「北朝造像銘考」『史学雑誌』86 卷 10 期、1977、18～19 頁。
② 黄征、吴伟：《敦煌愿文集》，第 807 页。
③ 《魏书》卷一一四《释老志》，第 3039 页。

七人出家，百日设万人斋，二七人出家"，① 为其追福。类似事例可参赵翼《陔余丛考》卷三二"七七"条所引。此外，佛徒岁三月六修斋亦少不了追福先祖的内容，郗超《奉法要》云："斋者，普为先亡见在，知识亲属，并及一切众生，皆当因此至诚，玄想感发，心既感发，则终免罪苦。"

追福风气盛行朝野，所用方式非拘一格，或造像供养，或写经、修斋、度僧、行七等；追福对象包罗广泛，可以是亡亲，也可以是师僧，甚至是路人，常见的是亡亲，其中多见的是子孙为祖先追福。子孙为祖先追福的要点可概括是：子孙在信纳佛教六道轮回说的前提下，通过修行佛教法事，以求获得佛力佐助，使祖先来生离苦得乐。这一风气的流行，意味着传统的子孙、祖先关系受到冲击与动摇。

佛教传入前，本土流行人死"魂气归于天，形魄归于地"的观念，死后归宿确定，人们很少对此投注心力。死去的祖先与子孙后代以祭祀为纽带联系在一起。一方面，子孙按时以酒食玉帛等物品享祀祖先；另一方面，祖先则保佑子孙免殃除咎，获得福祉。② 双方的关系是直接而互惠的。东汉早期人们一般认为"祭祀者必有福，不祭祀者必有祸"，"死人有知，鬼神饮食，犹相宾客，宾客悦喜，报主人恩矣"。③ 东汉末亦流行"凡祭祀先祖，所以求福"④ 之说。这种观念不仅见于民间，亦支撑着皇家宗庙祭祀。《续汉书》卷九《祭祀志下》注引丁仪《汉仪》所载桓帝祠恭怀皇后祝文及皇后嘏辞赐皇帝福，正体现了这一点。西晋皇帝祠庙祭祀演唱的歌词中折射出的同样是这种观念。⑤ 由于这一观念的驱策，日常生活中人们频繁祭祀祖先，天子诸侯四时均行宗庙之祭。⑥ 东汉末成书的《四民月令》中几乎月月有享祀祖祢的活动。有学者认为自周末以降，"敬""敬德""明德"等观念促成人文精神的萌芽、崛起，在其冲击浸染下，以往希望借着祖先的神灵与上帝交通祈求保护人间子民，不然就是在敬畏心情下的祭祖，转化为

---

① 《魏书》卷八三下《外戚·胡国珍传》，第 1834～35 页。
② 参见朱天顺《中国古代宗教初探》，第 206 页；詹鄞鑫《神灵与祭祀——中国传统宗教综论》，第 128 页。
③ 《论衡·祀义》，第 1047 页。
④ 《风俗通义》佚文，第 574 页。
⑤ 《宋书》卷二〇《乐志二》，第 575～576 页。
⑥ 《礼记·王制》，孙希旦：《礼记集解》上册，第 343～346、348、354 页。

"志意思慕之情""报本反始""慎终追远，民德归厚矣"等人文精神极为浓郁的伦理观念，早期的神灵崇拜逐渐有被扬弃之势，① 实为儒生论述所蒙蔽，有所不察。

佛教流布中土，人们观念为之一变。祖先来生命途不保，需仰仗佛法保佑，他们作为降福者的地位受到动摇。这给社会生活带来了多方面的影响。

首先，子孙为祖先追福的流行，一定程度上削弱了传统祖先祭祀的地位，亦标志着佛教融入日常生活，是佛教影响日趋深入的重要表现。

人们意识到祖先难以降佑后人，反而还需佛法的佑护，祭祖的积极性要打折扣。如北魏孝明帝，他一方面"减禄削力，近供无事之僧，崇饰云殿，远邀未然之报"，营寺造殿，略无休息；另一方面则"告朔朝庙，不亲于明堂，尝禘郊社，多委于有司"，祭祀祖宗天地不乐躬亲，由臣下办行，招致臣下表谏，认为"愆礼忤时，人灵未穆"。② 明帝轻忽郊庙祭祀，多半缘于他晓悟佛法后意识到祭祀无益。另一例则出自颜之推，他在《颜氏家训·终制》安排后事时称："四时祭祀，周孔所教，欲人勿死其亲，不忘孝道也。求诸内典，则无益焉，杀生为之，翻增罪累。"明确指出依据佛典，传统祖先祭祀实无益处。颜氏接着说："若报罔极之德，霜露之悲，有时斋供，及七月半盂兰盆，望于汝也。"要求子孙若报恩感德应行佛事，颜氏否定祭祖的立场可见一斑。③ 再有值得留意的是，现存《荆楚岁时记》几乎见不到涉及祖先祭祀的内容，与佛教有关的二月八日建八关斋戒、行城，四月八日龙华会，四月十五日结夏，七月十五日盂兰盆节却赫然在目，而东汉末年成书的《四民月令》中却几乎月月少不了祭祖的安排。两书均早年佚失，存者为辑佚之作，这种差异似不能简单归结为遗失所致，一无一有，反映了佛教洗礼下日常生活的变迁。

不过，追福对祖先祭祀的冲击亦不可估计过高，特别是一般信徒。他们的思维多未达到系统化的水平，相互矛盾的观念仍可相安无事，并行不悖，

---

① 洪德先：《俎豆馨香——历代的祭祀》，刘岱总主编《中国文化新论·宗教礼俗篇——敬天与亲人》，三联书店，1992，第 370 页。

② 《魏书》卷七八《张普惠传》，第 1737 页。

③ 洪德先认为颜氏此语要求子孙"必须虔敬依时祭祀，以明孝之真谛，并且尤重盂兰盆节"，理解有误。洪德先：《俎豆馨香——历代的祭祀》，《中国文化新论·宗教礼俗篇——敬天与亲人》，第 373 页。

接受佛说不一定意味着像颜之推那样放弃祭祖。不过两者并存本身也表明祭祖地位受到侵蚀。

　　追福风气的流布是佛教渗入日常生活的重要标志。作为外来之异教，佛教本外在于人们的日常生活，与生活内容无关。然而随着人们对佛教的信纳，它一步步介入人们的生活，最终成为生活中不可缺少的内容，追福流行就是其深入日常生活的一个重要标志。祭祖是民众传统生活中的一项重要内容，佛教借助六道轮回说在子孙与先辈关系上打开缺口，使子孙为祖先幸福计求助于佛法。各种佛教法事源源而入，使之在日常生活中立足扎根，融为生活的有机部分。六世纪荆楚一带已出现新型生活的雏形，隋唐时代更是如此。① 美国学者太史文曾以唐代盂兰盆节为例分析了佛教与家庭关系的演变，指出通过盂兰盆节，僧侣渗入家庭生活的核心。② 实际上，早在盂兰盆节盛行之前的南北朝时期，佛教便已实现了融入日常生活的目标，只不过依靠得更多的是造像、写经、斋会，而不是盂兰盆节与僧尼。

　　其次，追福与朝廷历来倡导的"孝道"有暗合之处，斯风日炽无形中对弘扬"孝道"起了推波助澜的作用。

　　作为一种基本的伦理规范，"孝行""孝道"自西汉以降长期为朝廷与儒生所提倡。"孝道"内涵很丰富，③ 考《魏书·孝感传》所载北魏、东魏时被视为孝感者的行为，包括生时色养供奉、替亲受刑、为父母复仇、死后循礼安葬守丧等。概言之，"孝道"要求的是子女报答父母养育之恩，在父母生前死后尽各种义务。父母死后"尽孝"主要指守丧尽礼，报恩修先，这些很多是通过祭祀来表达的。故《礼记·祭统》曰："祭者，所以追养继孝也。"王充在《论衡·祀义》中指出："修祭祀，缘生事死，示不忘先。"《祭意》中云："凡祭祀之义有二，一曰报功，二曰修先。报功以勉力，修先以崇恩。""宗庙先祖，己之亲也，生时有养亲之道，死亡义不可背，故修祭祀，示如生存，推人事鬼。缘生事死，人有赏功供养之道，故有报恩祀祖之义。"颜之推亦称"四时祭祀，周孔所教，欲人勿死其亲，不忘孝道也。"

---

① 参见《荆楚岁时记》《玉烛宝典》《岁华记丽》《岁时广记》等岁时著作。
② Stephen F. Teiser, *The Ghost Festival in Medieval China*, chapter 7.
③ 参见冯友兰《中国哲学史新编》第 3 册，第 101～103 页。

两汉至南北朝时期祖先祭祀不辍，但真正能践行这种"孝道"的人并不多，更多的人是借祭祀求福佑。"孝道"主要是儒生的理想国与朝廷所悬的行为导向，太史文论及这一问题时不曾意识到这点，犹有未谛。① 追福风气的渐行，却在一定意义上为"孝道"的推行增添了一股助力。

佛徒为祖先追福，取意与朝廷所倡的"孝道"不完全一致。不过，传统"孝道"要旨之一是使子孙"示不忘先""勿死其亲"，强调子孙观念上对先辈的追思与缅怀。在这一点上，追福与孝道是合拍的，且有过之而无不及。传统的孝道只停留在"不忘先"上，无须关心祖先的命运，而追福则在"不忘先"基础上进一步寻求使祖先来生命运更加幸福，这岂不是更彻底地缅怀先人、报答恩情的方式吗？不少士人高僧确如此解释。《弘明集》卷三载孙绰《喻道论》云："既得弘修大业，而恩纪不替，且令逝没者得福报以升天，不复顾歆于世祀，斯岂非兼善大通之道乎。"同书卷七释慧通《驳顾欢夷夏论并书》亦云："若乃烟香夕台，韵法晨宫，礼拜忏悔，祈请无缀，上逮历劫亲属，下至一切苍生，若斯孝慈之弘大，非愚瞽之所测也。"

一般信徒也有过明确的表示，前引《金光明经题记》中有"父母恩育，无以仰报"，亦体现了写经者以此寄寓孝心的心情。前引崔承宗造像记云："使亡父母托生紫府安乐之乡，神飞三光，普沾十地，展孝思于靡矣旷……"视造像追福为寄托孝心的方式。此人又见于《魏书·孝感传》，传称其母亡殡于汉中，他因"万里投险，偷路负丧还京师"被列入《孝感传》。他亦用追福来表示孝心，在信徒心目中，追福已是行孝的一种方式了。随着追福的流行，"孝道"必也因之传行开来。

如学者所述，佛教传布中土后，"孝亲"问题一直是佛法与名教论争攻讦的焦点，双方的每次争论往往都要在"孝亲"观上做文章。② 出人意料的是，庙堂中佛儒义理之争喋喋不休，实践中佛徒却开辟出一条融通中外、化解纠葛的别径。这或是历史发展复杂性的一种表现吧。

3 造像"猥滥"与僧团整肃

民众佛教信仰的形成、造像蜂起产生了一些积极的后果，但也带来

---

① Stephen F. Teiser, *The Ghost Festival in Medieval China*, p. 200.

② 王月清：《中国佛教孝亲观初探》，《南京大学学报》1996 年第 3 期，第 27 页。

了一些弊端，由此引发了僧团整顿的努力，这亦是社会影响的一个方面。

造像供养可为亡亲求福弭灾，保佑生者，亦可助天下安宁、五谷丰登，身兼数任，法力无边；且造像资费多寡任意，供养亦简便易行，造像供养实际已等同于一种全能的祭祀，遂广为民众接受，塔寺形像遍于天下，势不可挡。据前文表 B1-1 统计，六世纪以后存世的造像日多，应是造像不断增长的历史现象的反映。在造像迅速发展过程中，滋生不少与佛经要求、僧尼的理想相背离的流弊，除前已述及的兴造之徒不守禁戒外，至少还有如下三点。

其一，出现造像商品化的趋势。早期除金铜造像须依赖手工作坊制作，作匠与出资造像者间存在交换关系外，摩崖与单体石像基本都是延请匠人雕造，所以龙门古阳洞太和十九年（495）十一月丘穆陵亮夫人造像云："请工镂石，造此弥勒像一区。"陕西耀县神龟二年（519）□月十五日夫蒙文庆造像云："造石像一区，减割家珍，雇良匠。"其他造像中常见类似的说法，如"延聘巧匠""访采名工""广采名匠""访巧求能""访手神工"①等。召请工匠，显然要付工钱，故夫蒙文庆造像径云"雇良匠"，但这种形式不能算是买卖佛像。随着造像普遍化，到后来，除摩崖造像必须请工匠雕造外，开始出现石匠预先雕好单体石像出售，由造像者出资购买刊记题名的情况。功德活动演变为商业活动。河南偃师发现的正光四年（523）二月十五日翟兴祖造像，据研究就是造像商品化的一例。该造像碑是由工匠先把佛像和线刻施主肖像刻好，尔后根据捐资者要求刻上造像铭记，再依捐资先后刻题榜姓名。所以造像记云法义卅人，而实际题名有 82 人之多，且官员亦因出钱晚而名字列于最后。②安徽亳县咸平寺旧址发现的北齐石刻造像碑中有一碑正面额、佛龛均已完工，背面划以方格，但无铭文。③同处出土的造像碑的铭文均界以方格，该碑则尚未镌刻铭文，应是没有信徒出资购买刊

---

① 分见陕西耀县雷标等五十人造像（年代不详，马长寿《碑铭所见前秦至隋初的关中部族》，第 90 页）；兴和四年（542）十一月十五日上官香等造像；武定元年（543）四月八日高归彦造像；武定三年（545）七月十五日僧惠等造像；天保三年（552）四月八日僧济本造像。

② 李献奇：《北魏正光四年翟兴祖等人造像碑》，《中原文物》1985 年第 2 期，第 25 页。

③ 韩自强：《安徽亳县咸平寺发现北齐石刻造像碑》，《文物》1980 年第 9 期，第 60 页。

记，也属于雕竣尚未售出的像。此外，《金石萃编》卷三一收有邑主石像颂，颂文内容、时间均全，仅"故佛弟子邑主"句下空八字，无人名。《中州金石记》云"本非残阙，当时待填姓氏耳"，这应是买主已经确定，刻好铭文，只待填上邑主姓名便告竣的作品，因某种偶然原因未能最终完成，而幸存于今。

上述情况当非个别现象，只是由记文很难辨别出来而已，不过个别造像题名中也透露出蛛丝马迹。武平元年（570）正月廿六日董洪达等四十人造像记题名中有"武平二年正月廿七日，用钱五百文买都石像主一区董伏恩"，明确表示其石像主份是用钱买的。此类情况当非仅此一例，只是题名中不曾披露而已。

金铜造像买卖情况当更普遍。因铜像假手工匠于作坊内铸造，又多为模铸，可较大批量生产，更易于进入市场流通。铜像亦是制作完工再刻简短记文，应是有了买主以后才刻，现今发现不少无铭文铜像，其中一部分有可能是造好后尚未售出的成品。

以佛像为商品买卖流通现象的出现，使造像活动世俗化，获得佛像更容易，自然推动了造像活动的蓬勃发展，但在正统佛徒看来却是亵渎神灵、破戒犯规、大逆不道之事。佛教中金银财宝等物属不净物，捉持金银、以贵金属交易、从事买卖均是律藏所不允许的做法，[①] 僧尼连接触一下不净物都是犯罪的，甚至把是否允许蓄金宝八不净物说成是佛教与外道的分界线。[②] 故永平二年（509）冬，沙门统惠深上言云："出家之人，不应犯法积八不净物……依律，车牛净人，不净之物，不得为己私畜。"此时虽已有所松动，"唯有老病年六十以上者，限听一乘"，[③] 但基本原则仍被坚持。买卖造像要用钱，钱为八不净物之一，买卖造像自然犯了佛教大忌。且出钱购造像，亦易于使僧侣为逐利而劝募信徒，所以当时有这样的看法"虽造作经像，正欲得它人财物"。[④] 此风日盛，僧人卷入牟利之旋涡日深，不利于维护戒律

① 参见谢和耐《中国五——十世纪的寺院经济》第 189～205 页所举材料与分析。
② 参见何兹全《佛教经律关于僧尼私有财产的规定》，《五十年来汉唐佛教寺院经济研究》，第 160～161 页。
③ 《魏书》卷一一四《释老志》，第 3040～3041 页。
④ 《洛阳伽蓝记》卷二，"城东·崇真寺"条，第 80 页。

的尊严，及保持僧团内部淳朴的风气。

其二，随着造像广泛流行，造像制作水平出现参差不齐的现象，不少造像制作粗糙、比例失调、"粗有影响"。安徽亳县咸平寺发现的韩怀顺等造像，据清理者云，雕工粗糙、潦草。① 陕西洛川县发现的大统十二年（546）法龙造像碑，据发现者称，雕刻水平较低，主龛之外两侧的小龛内刻金刚力士，造形比例失调，头大身小，胳膊短。② 同处发现的建德二年（573）郭乱颐造像碑亦是风格圆胖笨拙，头大身小，比例失调。建德三年（574）杨广娟造像碑亦是雕刻较为粗糙简单，造型较圆胖。黄陵县发现的北朝晚期符茂造像碑亦是造像较为粗糙，线刻简单横折纹衣裙。③ 西安出土一尊北周石雕佛像，雕像刻纹较粗，面部圆胖笨拙，头大，上身长下身短，比例不匀称。山东高青县出土的单身菩萨像则是"服饰疏落简化"。④ 现存铜像中亦有制作简单粗率者，如延昌二年（513）正月侯氏造像。⑤ 随着考古事业的不断发展，制作粗疏的作品大概还会不断被发现。这类简单粗糙的制品自然无法准确反映佛、菩萨形象的细微特征，如三十二相，八十种好，影响佛徒对佛、菩萨之认识，不利于信徒依像修行。在社会需求大于供给形势下出现这种劣质品并不奇怪，但是使得庄严无比的佛像有可能变成四不像，这在正统僧侣心目中，自然是亵渎神灵、难以容忍的。

其三，造像数量急剧膨胀，亦成为一大问题。据笔者统计，传世的五六世纪造像大体上时间越后，数量越多，应该说反映了当时社会造像发展的趋势。《辨正论·十代奉佛篇》载隋文帝时"修治故像一百五十万八千九百四十许躯"。⑥ 这些故像应主要是在北朝时期兴造的。当然古人计算造像数目的方法是以所造的大小佛、菩萨的总数为计，一尊像可能会有许多尊佛、菩萨而被记为多尊。⑦ 尽管存在这种情况，北朝末年的造像数目亦是极其庞大

---

① 韩自强：《安徽亳县咸平寺发现北齐石刻造像碑》，《文物》1980 年第 9 期，第 59 页。

② 靳之林：《延安地区发现一批佛教造像碑》，《考古与文物》1984 年第 5 期，第 33 页。

③ 靳之林：《延安地区发现一批佛教造像碑》，《考古与文物》1984 年第 5 期，第 34、42 页。

④ 分见张连喜《西安出土一尊北周石雕佛像》，《考古》1995 年第 4 期，第 384 页；常叙政《山东省高青县出土佛教造像》，《文物》1987 年第 4 期，第 35 页。

⑤ 金申：《中国历代纪年佛像图典》，第 465 页。

⑥ 《大正藏》卷五二，第 509 页中。

⑦ 参见刘淑芬《五至六世纪华北乡村的佛教信仰》，《史语所集刊》第 63 本第 3 分，第 499 ~ 500 页。

的。大量造像自然要耗费不少财富，亦成为教外之人抨击佛教的口实。如北魏迁都洛阳后浮图竞立，以致迁都后"年逾二纪，寺夺民居，三分且一"。元澄上疏要求加以限制，① 杨衒之见元魏末"寺宇壮丽、损费金碧"等弊端乃撰《洛阳伽蓝记》，"言不恤众庶也"，并曾上书抨击"释教虚诞、有为徒费"。② 周武帝、卫元嵩、隋王劭等均对"崇建图塔"，"倾竭珍财，徒为引费"现象加以抨击。③ 面临外教压力，僧团亦不能不寻求对造像规模、数量加以控制的办法。

上述弊端，不能不引起僧团的重视并力图以整顿。手段之一就是编撰本土经典，在这些经典中借佛陀之口宣讲造像的具体要求与方法，希望以此来规范信徒的兴福活动。关于这一点，国内外研究本土经典的学者似未尝论及，故述于后。

本土经典，即通常所谓疑伪经，自安公以降历代佛经目录学者都注意加以甄别。各种经录中均列有疑伪经的目录，有的朝代亦尝采取措施焚毁所谓"疑伪经"，但本土经典的种类不断增加且流传很广，到唐代仍是"诸伪经论，人间经藏往往有之"，还有不少"待见更录"④ 之未见刊于经录者。本土经典广行于世，一方面在于其内容多有契合中土信徒之心理者，《安墓经》《安冢经》《安宅经》者是也。另一方面，亦是更主要的原因在于不少本土经典是随着佛教发展，根据现实需要而编制出来的，具有很强的时代意义。虽被判为疑伪，仍广为僧界，甚至很多高僧所重视，得以长期流行。《提谓波利经》的产生便是一例。虽《出三藏记集》中就已判其为伪作，它在北方民间至少到隋初犹有影响，⑤ 高僧大德亦多引其文以为据，⑥ 并不视为伪妄。又如《如来在金棺嘱累清净庄严敬福经》（以下简称《敬福经》），隋法经《众经目录》卷四已指出其为疑伪，但在唐代仍公然行于世。今陕

① 《魏书》卷一一四《释老志》，第 3045 页。

② 《广弘明集》卷六，《大正藏》卷五二，第 128 页中。

③ 俱见《广弘明集》，《大正藏》卷五二，第 153 页中、132 页中、106 页中~下。

④ 《大唐内典录》卷一〇，《大正藏》卷五五，第 336 页上。

⑤ 《续高僧传》卷一《昙曜附昙靖传》，《大正藏》卷五〇，第 428 页上。

⑥ 塚本善隆「支那の在家仏教特に庶民仏教の一経典——提謂波利経の歴史」『支那仏教史研究・北魏篇』、307 ~ 318 頁。

西麟游慈善寺石窟第二窟主尊南侧便刻有该经，约成于唐高宗至武周间，① 该寺毗邻唐帝行宫，并非偏僻乡野，刻经不会不为人知，僧界与朝廷之态度不难想见。

本土经典与造像之关系，由造像刻经上可见一二。武定八年（550）二月八日河南禹县杜文雅等十四人造像记后刻有《高王观世音经》一卷。诸书所载该经产生具体细节有些出入，但此经为北魏后期所出并无异词。另外，更值得注意的是隋开皇九年（589）山东汶上辛家海之章仇禹生造像石阴刻有《佛在金棺上嘱累经》700 余字，② 此经即是前述之《敬福经》。《大正藏》卷八五所收敦煌文书 S208 题为：《如来在金棺嘱累清净庄严敬福经》，亦是该经，但仅存开头数句。此经主要借如来之口宣讲怎样如法造像，目的是约束经像造作活动。这种经被刊于造像碑阴，与造像关系之密切自不待言。

现存本土经典大都出自敦煌遗书，收在《大正藏》卷八五中。其中七世纪以前成书，且内容与造像有关的本土经典主要有三种，即《佛说决罪福经》、《像法决疑经》及《敬福经》。《佛说决罪福经》见于《祐录》，至晚六世纪初便已行世，其余二经均首见于《法经录》。汤用彤先生云："法经作《录》，距陈亡不过六年。故其中所载疑伪，当均出于自汉至陈末也。"③ 具体到上述二经应是《祐录》完成后至《法经录》编成前出现的，即六世纪产生的。特别是《敬福经》已见于开皇九年（589）之刻石，至少北朝末年已出现，不会是隋初突然出现的。《像法决疑经》有学者认为是唐代的作品，④ 不确，或是北朝人所造作。⑤

---

① 参见常青《陕西麟游慈善寺石窟的初步调查》（《考古》1992 年第 10 期，第 914 页注 4），但文云该经造出时间约在初唐之际，误。《敬福经》的全文见侯旭东〈如来在金棺嘱累清静庄严敬福经〉整理与考释》（《藏外佛教文献》第 4 辑，宗教文化出版社，1998，第 373～393 页）。

② 参见《鲁迅辑校石刻手稿》二函五册，第 1083 页以下。《北京图书馆藏中国历代石刻拓本汇编》6，第 180 页亦影印该石拓本，但列于东魏，不确。经检拓本，正是章仇禹生造像，实为隋开皇九年（589）造。

③ 汤用彤：《汉魏两晋南北朝佛教史》下册，第 427 页。

④ 参见谢和耐《中国五——十世纪的寺院经济》，第 308 页等处。

⑤ 参见史苇湘《〈福田经变〉简论》，《向达先生纪念论文集》，新疆人民出版社，1986，第 306 页。

《佛说决罪福经》中有宣扬造像功德的内容，亦包括如何造像的问题，是经卷下云：

> 阿难白佛言：“……要须清净沙门及诸白衣深笃信者可共作乎？”佛言：“如是作佛精舍图列形像，令四辈礼拜，劝动人心，其福弘大，要须沙门乃得成就深大功德。”①

“要须”意为“应当”“须要”，② 此段文字旨在鼓励在家信徒与沙门共同造像。据郝春文统计，80% 以上的合邑造像有僧侣参与，③ 或与此经之说的流行不无关系。此外，经中还指出，犯五逆罪者造像不可免罪，经云：

> 慧法白佛言：“人作五逆罪已，起于塔寺作佛形像，福能减不？”佛言：“五逆罪火不可卒灭也。”④

对兴造功德的适用性做了限制。经中还进一步对社会上出现的一些现象提出批评，认为：

> 末世时人民富，各各竞起塔寺，但求名闻，不求久长大福，有请沙门欲作久长大益，然诸居士求目前小利，不计道之大利益……后末世时人多卖福，云何卖福，尔时人民父母起（衍一“起”字，删）私寺庙，子孙肖或多穷乏而卖伏图，则为卖福。复自烧身，用伏图钱入身故也。慧法白佛言：“买福者有罪无也”，“若知情者有罪”。慧法白佛：“买者修治供养，何缘有罪？”佛言：“汝不买者，何缘得罪。”⑤

对于买卖佛图之现象予以否定。此经乃现存最早企图整顿造像兴福活动的经

---

① 《大正藏》卷八五，第 1332 页中。
② 江蓝生：《魏晋南北朝小说词语汇释》，第 245 页。
③ 郝春文：《东晋南北朝的佛教结社》，第 99 页。
④ 《大正藏》卷八五，第 1332 页中。
⑤ 《大正藏》卷八五，第 1331 页下～1332 页上。

典。看来至晚到六世纪初，造像中暴露出的问题已引起僧团的重视，并开始采取措施。

《像法决疑经》则主要针对现实中种种弊端展开批评，并提出不少造像应遵循的原则。经云：

> （一切道俗若作福业）应治破坏塔庙及诸形像，莫问己许他许，随其力能一切皆治，其人功德不可思议，但能修故不假造新。

又云：

> 善男子，一切众生造立新者（指塔庙形象——引者），不如修故其福甚多。

强调修旧整故，或是针对塔寺林立而发。又云：

> 未来世中道俗之中，有诸恶人造立我形像或菩萨形像，贩卖取财以用自活，一切道俗不知罪福，买取供养，二俱得罪，五百世中常被他卖……未来世中有诸俗人（原作"入"，应为"人"，据改）不识罪福，乃以祖父或自己身所造佛像、经书、幡花，卖与他人用活妻子，此亦不应买。

严禁各种形式的买卖造佛像活动。该经还指出：

> 未来世中，一切众生造立形像，皆不具足成就众相，或作半身，或手足不成，耳鼻眼口悉不成就，粗有影响而已，或造塔庙不安形像，若有破塔坏像更不修治，如此人辈获罪无量。[①]

对于佛像制作水平低劣等问题表示愤慨，并以获罪无量来警告世人。

---

① 《大正藏》卷八五，第 1337 页中、1336 页上、1337 页下~1338 页上。

《佛在金棺上嘱累经》则提出雇请工匠制作佛像应遵从的原则，文云：

> 滥取匠手，虽造经象极多，获福甚少，若有精诚，所造虽少，获福甚多……造经象法，严持净室，香汤洒地，悬缯幡盖，经象之师别作净衣，大小便利……后提笔提凿之具，写典刊容……岁三月六不得有阙……须菩提白佛言："世尊，比丘之中作经象师，合取直不？"佛言："不得取价直，卖父母，取财逆过三千，真是天魔急离，非我眷属。"①饮酒食肉五辛之徒，不依圣教，虽经像数如尘沙，其福甚少，盖不足言……若像师造像不具相者，五百万世中诸根不具。②

强调制作经像应遵循一定原则，亦反对像师取直及造像不具备众相。

上引三经中除早出的《佛说决罪福经》还有鼓励造像的内容外，其余两经则围绕造像供养的具体环节展开。一方面强调有故像可修补者不可造新像，造新像时须遵守戒律，制作精细，不得粗制滥造；另一方面严厉禁止各种形式买卖造像活动。均提出造像活动之具体原则，其意旨都在于整顿、规范社会上造像活动，与侧重宣扬佛像意义、鼓励造像的印度佛经相比，注意的焦点已发生很大的变化。这种变化当然是在中土造像兴福蓬勃发展的背景下出现的。此类本土经典的推出，乃僧团内部一些维护戒律、强调法度的成员所为，是佛教界内部力图进行自我约束、自我调整的表现。至于实际效果如何，则需另当别论了。

广言之，六世纪以后，随着佛教在北土的迅速推开，弊病渐多，造像"猥滥"只是其中一个方面，其他方面的问题，无论是本土经典还是其时高僧的论述中均有所反映。

《像法决疑经》还借佛陀之口指出："我灭度已千年后，恶法渐兴，千一百年后，诸恶比丘比丘尼遍阎浮提，处处充满。不修道德，多求财物，专行非法，多畜八种不净之物，身无十德育二沙弥，未满十腊已度沙弥。"抨击僧人不守戒规，并一针见血地指出众生勤苦修行作福弥炽，获报甚微的原因在于"虽作众

---

① 《鲁迅辑校石刻手稿》二函五册，第 1083 页以下。
② 参见《法苑珠林》卷三三，"修造部五"条，《大正藏》卷五三，第 540 页上。

善，求名求利求胜他，故无有一念作出世心"。信徒设斋施食亦不守规矩，排抑贫人参与，"檀越设会请僧，遣人防门守户，遮障比丘，不听入会。若贫穷乞人欲入乞食，复障不听"，认为"如此设会，徒丧饮食，了无善分"。众生布施亦无平等慈悲心，但求名闻，"倾家财以用布施，及见贫穷孤独，呵骂驱出不济一毫"，认为"如此众生名为'颠倒作善'，痴狂修福，为名不正，作福如此……用财甚多，获福甚少"。① 如此种种，应为普遍现象。

此外，释道安于北周时作《遗诫》九章以训门人，亦是针对社会上出现的各种离经背教现象对门人提出的具体行为规范，核心就是要"修经戒"。② 即便到了隋代，仍有僧人一再强调戒律问题。释玄琬认为："'像季浇漓，多轻戒律，'乃以身轨物，引诸法属，亲执经文，依时附听。"③ 释道兴"每叹云：'佛法渐替，轻慢日增，余不敢轻，'……所以每讲律部，及发菩提心，以此励众"，并"昼夜恒坐曾不偃亚，未常诣市，不受别利，乞食之外，不出寺门，不乘畜生，不服非法"，④ 严格依戒律行事，以矫时俗。北朝末叶重戒律之高僧颇多，当是针对其时僧团信徒内部风俗败坏之现实而发。这一严峻现实亦每每使人生"像教浇漓""佛法渐替"之叹，感到末法之迫近。北朝季叶，末法之说流行于世，当非仅因周武灭法所致，佛教骤兴所生积弊亦为末法思想盛行之一诱因。也正因问题日多才有信行三阶教之产生，才有不少僧侣强调戒律以求除弊救教，也才出现前述本土经典。这一切都反映了当时教团内部为清除时弊，维护佛教正常发展之努力。

纵观五六世纪僧团对造像的态度，随着局势的变化不断进行调整。早期以鼓励、支持为主，而五世纪末以后风气渐成，特别是流弊日积后，则转而力求规范造像供养的行为，编造伪经即手段之一，使其符合佛法的要求。当然这种做法能否真正起作用很难说，至少表达了他们的一种努力与态度。与此同时，当造像活动无限膨胀，引致朝廷责难时，僧侣则又为之辩护。僧团扮演双重角色，既是其代言人，又是风纪"宪兵"，与社会上造像活动保持着互动关系。这种关系是上层变动的一个动力。

---

① 《大正藏》卷八五，第 1337 页中、1336 页上。
② 《续高僧传》卷二三，《大正藏》卷五〇，第 629 页下。
③ 《续高僧传》卷二二，第 617 页中～下。
④ 《续高僧传》卷二八，第 623 页中～下。

结　论

可以从六个方面概括以上的讨论。

其一，信仰上，五六世纪不少佛教观念在北方普通信徒中产生了广泛影响。他们中流行着多种崇奉对象，且不断处于起伏变动中。具体说来，释迦、弥勒、观世音是当时影响最广的尊像，除观音信仰较稳定外，北朝后期释迦、弥勒崇拜渐替。思惟、多宝一度流行，阿弥陀、卢舍那北朝末影响渐起。"西方三圣"北朝时影响不大。六世纪二三十年代是崇奉对象变化最剧烈的时期。地域上，释迦、弥勒、观世音及像、石像崇拜遍布北土各地，而卢舍那、思惟、玉像等似乎多流行于部分地区。不同背景信徒崇奉对象上也有差异。释迦、弥勒盛行于官吏、僧尼中；平民背景信徒中崇拜佛教色彩较淡的像、石像及玉像的风气更盛，观世音也更受他们的欢迎；卢舍那在北朝后期多为僧尼所偏爱。多数将造像题材称为"像""石像"者，无特定的崇拜对象，盖是为造像之风裹挟而动。

观念上，对民众触动最大的是六道轮回说。在此基础上，死后不坠三途、离苦得乐、无诸苦难、生天、托生西方净土等佛说广泛流行于民间。此外，值佛闻法、龙华三会登先首以及成佛、成正觉也都是在信徒中颇有影响的佛教观念。大乘佛教的"众生"观念更是深入人心，为广大佛徒信受，不过信奉这一观念并没有改变信徒"家庭"本位的固有观念。

总体上看，这一时期普通信徒的佛教信仰不成体系，他们对上述观念的认识都是比较简单的，且未必完全合乎教义要求（对"天"的理解是典型的一例），所接受的佛教诸观念间也多未形成具有内在逻辑性的整体。他们所膜拜的尊像与认同的佛教观念间多半不具备教义上的关联。这些固然反映出他们对佛教认识水准不高，亦说明他们对佛教的接受是经过了个人主观的筛选与组合，并不是简单地全盘吸纳，体现了一定的主动性，这一点是不容忽视的。当然，亦有部分信徒对佛教有更深一层的理解，涉及佛法真谛的性质、佛陀本人的历史以及形像的作用等方面，这些见解构成了一种抬高佛像在信徒解脱中的作用、较系统的"成佛像身观"，成为对造像活动的理论解释，代表了较高水平的认识。

其二，追求上，由造像祈愿看，奉法后信徒的人生取向一定程度上产生了重大变化。两汉时期占据人们头脑核心位置的现世追求，如长寿、富贵、子孙繁茂、仕宦速进的地位已弱化，不再是五六世纪佛教信徒关注的焦点。传统对死亡的惧怕、排斥态度也一变为正视死亡，乃至超越死亡去追求来生的幸福。特别是与个人死后来生有关的问题上升为人们注意的中心，死后归宿如不坠三途、生天、托生西方净土、净土等是信徒考虑的热点问题。这种人生取向的转变，大大拓宽了思考的空间，使人们不必过多地纠缠于现世幸福与否，更多去留心死后的命运，更具虚幻性，也更具吸引力。祈愿中亦透露出信徒两种较普遍的倾向：一是渴望依靠外力获得解脱，值佛闻法与龙华会首的风行道出了这一点。二是祈求迅速解脱，不屑于耗时长久的修持方式，速成正觉、速成佛说明了这一点。民众中流行以造像兴福的方式祈望生天、托生西方净土、一时成佛等也正是这种心理的反映。值佛闻法与龙华会首祈愿亦构成当时以"新佛出世"相诱发动起义的心理基础。

其三，行为上，五六世纪佛徒为求解脱，修持方式不拘一格，但在一般信徒中，循戒、定、慧三学正途者少，以造像兴福寻求解脱的人居多。一般信徒造像兴福多不遵从高僧强调的持戒。这是中土民众固有的宇宙观、行为方式、生活方式以及佛典存在内在歧义的产物。具体的供养方式趋同于本土传统的祭祀祈祷。造像供养长时间、大范围内的流行，说明中土信众已经在实践中找到适合其口味，能表达信仰与追求的修持方式。从这个角度讲，或可以说佛教在实践层面上的中国化在五六世纪便已宣告完成。同时也宣告统治者希望因奉佛使人人持戒，达到"坐致太平"的愿望破灭。

其四，社会上，民众佛教信仰的形成带来了一系列的社会影响。一方面，佛菩萨崇拜以及一些佛教观念的流行，打破了传统信仰的狭隘性与个别化的局面，在较大地域内与多个阶层的信众中开始形成共同的崇拜对象与共同的信仰，这有助于社会一体化的发展。基于共同的信仰，佛徒开始跨越村落、民族与地位的界限共同从事造像兴福活动，对于加强各地、各族以及社会各阶层的联系起到积极的作用。同时，民间的造像兴福虽日见炽热，形同"淫祀"，由于佛教信仰遍行社会上下，这一活动仍能受到官方的认可与默许，减少了官方与民众间信仰上惯有的紧张与摩擦。

此外，信徒中为祖先追福风气的流行标志着佛教深入中土家庭生活的内部，一定程度上使祖先祭祀受到冲击，同时这种风气对于民间"孝道"的推行亦起到辅助作用。

另外，民众信仰、活动与上层僧侣间亦相互影响。民间佛教信仰的兴起、造像的流行，得益于僧侣的认可与不懈弘化。随着造像活动的兴盛，流弊渐起，僧团的态度亦由支持转为约束整肃。这种努力表现之一是编纂本土经典，规范造像供养行为。民众中流行的信仰以及表现出的心理追求亦成为僧侣创制新宗派的思想资源与背景。昙鸾立净土宗与民间流行的托生西方净土的追求便存在承接关系。一般信徒与僧团间的互动关系是推动当时佛教自身发展演变的重要力量。

其五，在本土文化与外来文化关系上，释法东渐时，本土文化已逾两千载，根深蒂固。为赢得信众，佛教不得不变化自身去适应中土文化氛围，立稳脚跟，谋图发展。一旦深入其中，其发展也就身不由己，处处受到本土文化的牵制。弘法过程中的种种做法，如对传闻的广泛利用、异人异术、神奇灵验以及游冥间传闻的运用等均如是。它在民间的命运也在一定程度上受到民众固有思想观念的左右。民众无法摆脱传统观念的束缚，往往据已有之观念去理解佛教的"教义"如"天"，并以己之好恶去选择、接受教义，编织自己的信仰。崇奉对象的起伏变化，一定程度上受制于民众。他们以传统取舍信仰对象的标准为依据，确定信仰对象。民间畅行的是西方净土而非东方净土，与本土观念中西方关涉不死升天等因素密切相关。值佛闻法、龙华会首的流行与民众崇尚外力的传统心理密不可分。"众生"观念虽然颇流行，却也无法扭转民众对"家庭"的首要关注。系统的教义在民间流传、接纳的过程中遭遇肢解、改造，形成与保存在经典中的佛教文本教义相去甚远的实际信仰。左右民众选择、改造的正是他们头脑中的本土观念、追求、价值取向。这种命运是佛教深入异域文化中不可避免的。也唯有如此，它才能真正进入异质文化机体内部，否则只是无根的"浮萍"。自然，一旦融入异质文化中形成的佛教信仰必与印度佛教貌合神离。

当然，在佛教的洗礼下，中土民众的观念、人生取向与心理追求产生了多方面的变化，但其行为方式却未遵从佛教的要求而变化。流行的造像兴福形式上异于传统的祭祀祈祷，本质却相同。如果说观念与追求代表了思想层面，行为方式作为思维与活动的桥梁，属于文化中更为基本的层面的话，尽管佛教传入后人们思想观念为之一变，但影响还是未及根本的。

究其原因，在于佛教主要作为宗教——精神文化形态传入中土，未能造成本土社会的生产方式、人们的交往方式的质变。本土固有的生产、生活方式以及思维方式，概言之，本土文化并未因佛教传入而受到根本性的震荡与冲击，其地位依旧，民众仍是在本土文化框架与背景下接纳新的文化因子，所接受的只是本土文化所能容纳的部分，故佛教之影响是有限的。这一情形与近代海开以来，西方文化挟其先进生产方式而来的情形迥然有别，其影响自然大不相同。

其六，从历史角度看，本书绪论中提到魏晋南北朝时期是中国思想发展史上关键的一环，通过造像记考察五六世纪北方民众佛教信仰，结合隋唐以后的佛教发展，亦证明这一时期是民众思想历程中承前启后、继往开来的时代。佛教东传，流布民间，乃是近代西风东渐以前影响最深远的一次异文化的移入。很多新观念融入民心，民众思想面貌发生众多变化，成为隋唐以降不少有广泛影响的观念的源头。如天堂地狱、来生轮回之说，经过这一时期的消化吸收，化入民众思想的血肉肌体，并沉淀为潜意识，一直影响至今。唐以后日见风行的地藏菩萨信仰、冥间十王信仰均是地狱观念基础上的衍生物。观音信仰五六世纪广泛流行，隋唐以后更是风靡各地，妇孺皆知；阿弥陀信仰亦肇端于斯，光大于隋唐。龙华三会之说自五六世纪盛于民间后千年不坠，特别是在宋元以后的民间宗教教派中畅行不衰，并成为人民反抗朝廷的有力思想武器。在一定意义上可以说，这一时期民众思想发展亦预示了隋唐以后思想前进的方向，左右五六世纪民众思想的文化因素同样支配着隋唐以后民众的头脑。隋唐以后流行的新的崇拜对象，如地藏菩萨，以及新的形式——佛顶尊胜陀罗经幢，流行的背景亦是地狱观念的震慑与民众神奇灵验的信仰标准。[①] 笔者粗略披阅，隋唐以后的佛教造像记中除题材有变化外，民众祈愿所反映的信仰基本为五六世纪的延续与变化，新成分不多。或许可以说这一时期是中国民众思想史上的"成型时期"。

---

① 参见刘淑芬《佛顶尊胜陀罗尼经与唐代尊胜经幢的建立》，《史语所集刊》第 67 本第 1 分，1996 年 3 月，第 152～155 页。

参考文献

资料

造像记资料

北京鲁迅博物馆、上海鲁迅纪念馆编《鲁迅辑校石刻手稿》，上海书画
　　出版社，1987。

北京图书馆金石组编《北京图书馆藏中国历代石刻拓本汇编》第 3~8
　　册，中州古籍出版社，1989。

毕沅、阮沅：《山左金石志》，1797 年刻本。

常青：《陕西麟游慈善寺石窟的初步调查》，《考古》1992 年第 10 期。

常叔政、于丰华：《山东省高青县出土佛教造像》，《文物》1987 年第
　　4 期。

端方：《陶斋金石记》，1909 年石印本。

段松苓：《益都金石记》，1883 年刻本。

方若著、王壮弘增补《增补校碑随笔》，上海书店出版社，2008。

韩自强：《安徽亳县咸平寺发现北齐石刻造像碑》，《文物》1980 年第 9 期。

河南省文化局文物工作队编《巩县石窟寺》，文物出版社，1963。

胡聘之：《山右石刻丛编》，山西人民出版社，1988。

胡振祺：《释迦多宝造像碑》，《山西文物》1983 年第 2 期。

黄濬：《尊古斋陶佛留真》，上海古籍出版社，1990。

金申：《中国历代纪年佛像图典》，文物出版社，1994。

靳之林：《延安地区发现一批佛教造像碑》，《考古与文物》1984 年第 5 期。

李静杰主编《中国金铜佛》，宗教文化出版社，1996。

李静杰：《佛教造像碑》，未刊稿。

李献奇：《北魏正光四年翟兴祖等人造像碑》，《中原文物》1985 年第 2 期。

陆耀通：《金石续编》，北京市中国书店，1985。

陆增祥：《八琼室金石补正》，文物出版社，1985。

罗振玉：《石交录》，《罗振玉学术论著集》第三集，上海古籍出版社，2010。

毛凤枝：《关中金石文字存逸考》，1901 年刻本。

毛凤枝：《关中金石文字新编》，金佳石好楼 1935 年石印本。

沈涛：《常山贞石志》，1842 年刻本。

《石刻史料新编》，新文丰出版公司，1979～1986。

施蛰存：《北山集古录》，巴蜀书社，1989。

王昶辑《金石萃编》，北京市中国书店，1985。

王轩：《山右金石记》，山西通志局，1889。

王鋆：《十二砚斋金石过眼录》，1875 年刻本。

武树善：《陕西金石志》，1934 年排印本。

吴杏全等：《馆藏佛教造像铭文研究》，《文物春秋》1994 年第 1 期。

夏长生：《定州发现一批东魏石造像》，《文物天地》1994 年第 4 期。

张连喜：《西安出土一尊北周石雕佛像》，《考古》1995 年第 4 期。

张维：《陇右金石录补》，甘肃省文献征集委员会，1948。

赵永平：《东魏大通智胜白玉佛》，《文物春秋》1995 年第 1 期。

周到：《河南襄县出土的三峡北齐造像碑》，《文物》1963 年第 10 期。

大村西崖『支那美術史・彫塑篇』仏書刊行会図像部、1915。

水野清一、長広敏雄『竜門石窟の研究』座右宝刊行会、1941。

松原三郎『中国仏教彫刻史研究』吉川弘文館、1961。

楊伯達『埋もれた中国石仏の研究：河北省曲陽出土の白玉像と編年

铭文』松原三郎訳、東京美術、1985。
北京大学图书馆藏造像拓片。

其他文献资料

司马迁：《史记》，点校本，中华书局，1959。
班固：《汉书》，点校本，中华书局，1962。
范晔：《后汉书》，点校本，中华书局，1965。
陈寿：《三国志》，点校本第 2 版，中华书局，1982。
房玄龄等《晋书》，点校本，中华书局，1974。
沈约：《宋书》，点校本，中华书局，1974。
萧子显：《南齐书》，点校本，中华书局，1972。
姚思廉：《梁书》，点校本，中华书局，1973。
魏收：《魏书》，点校本，中华书局，1974。
李百药：《北齐书》，点校本，中华书局，1972。
令狐德棻等《周书》，点校本，中华书局，1971。
魏征等《隋书》，点校本，中华书局，1973。
李延寿：《南史》，点校本，中华书局，1975。
李延寿：《北史》，点校本，中华书局，1974。
司马光：《资治通鉴》，标点本，中华书局，1956。
孙希旦：《礼记集解》，中华书局，1989。
刘文典集解《淮南子》，中华书局，1992。
苏舆：《春秋繁露义证》，钟哲点校，中华书局，1992。
黄晖：《论衡校释》，中华书局，1990。
史游：《急就篇》，《丛书集成初编》第 1052 册，中华书局，1985。
崔寔：《四民月令辑释》，缪启愉辑释，农业出版社，1981。
王明编《太平经合校》，中华书局，1960。
饶宗颐：《老子想尔注校证》，上海古籍出版社，1991。
应劭：《风俗通义校注》，王利器校注，2010。
黄奭辑《春秋纬》，诸子百家丛书，上海古籍出版社，1993。
陆翙：《邺中记》，黄惠贤辑校，《魏晋南北朝隋唐史资料》第 9、10

期，武汉大学学报编辑部，1988。

郦道元：《水经注》，陈桥驿点校，上海古籍出版社，1990。

杨衔之：《洛阳伽蓝记校注》，范祥雍校注，上海古籍出版社，1978。

王毓荣：《荆楚岁时记校注》，文津出版社，1988。

贾思勰：《齐民要术校释》第2版，缪启愉校释，农业出版社，1998。

傅亚庶：《刘子校释》，中华书局，1998。

王利器：《颜氏家训集解》增补本，中华书局，1993。

钱宝琮校点《算经十书》，中华书局，1963。

浦起龙：《史通通释》，上海书店，1988。

萧统编《文选》，李善注，中华书局，1977。

严可均辑《全上古三代秦汉三国六朝文》，中华书局，1958。

逯钦立辑校《先秦汉魏晋南北朝诗》，中华书局，1983。

黄征、吴伟编校《敦煌愿文集》，岳麓书社，1995。

欧阳询：《艺文类聚》，汪绍楹校，上海古籍出版社，1999。

李昉等《太平御览》，影印本，中华书局1960。

鲁迅辑《古小说钩沉》，《鲁迅全集》第8卷，人民文学出版社，
    1973。

干宝：《搜神记》，汪绍楹校注，中华书局，1979。

唐临：《冥报记》，方诗铭辑校，中华书局，1992。

傅亮等《〈观世音应验记〉三种》，孙昌武点校，中华书局，1994。

董志翘：《〈观世音应验记三种〉译注》，江苏古籍出版社，2002。

释慧皎《高僧传》，汤用彤校注，中华书局，1992。

石峻等编《中国佛教思想资料选编》，中华书局，1981。

林梅村、李均明编《疏勒河流域出土汉简》，文物出版社，1984。

连云港市博物馆等编《尹湾汉墓简牍》，中华书局，1997。

高文：《汉碑集释》修订本，河南大学出版社，1997。

赵超编《汉魏南北朝墓志汇编》，天津古籍出版社，2008。

孙贯文遗作《北京大学图书馆藏历代石刻拓本草目（二）》，《考古学集
    刊》第8集，科学出版社，1994

张泽咸、朱大渭编《魏晋南北朝农民战争史料汇编》，中华书局，1980。

池田温编『中国古代写本識語集録』東京大学東洋文化研究所、1990。

高楠順次郎等編『大正新脩大蔵経』大正一切経刊行会、1924～1934。

论著

中文

包伟民：《韩森对南宋民间神祇变迁的探讨》，《中国史研究动态》1992
年第 5 期。

暴鸿昌：《清代金石学及其史学价值》，《中国社会科学》1992 年第 5 期。

蔡镜浩：《魏晋南北朝词语例释》，江苏古籍出版社，1990。

曹道衡：《论王琰和他的"冥祥记"》，《文学遗产》1992 年第 1 期。

陈槃：《泰山主死亦主生说》，《中央研究院历史语言研究所集刊》第
51 本第 3 分，1980。

陈清香：《西方净土变相的源流及发展》，《东方宗教研究》第 2 期，
1988 年 9 月。

陈清香：《佛教花供涵义及历史渊流——华香礼敬，以祝嵩寿》，《佛教思想
的传承与发展——印顺导师九秩华诞祝寿文集》，东大图书公司，1995。

陈寅恪：《金明馆丛稿初编》，上海古籍出版社，1980。

陈寅恪：《金明馆丛稿二编》，上海古籍出版社，1980。

陈寅恪：《隋唐制度渊源略论稿》，中华书局，1977。

程树德：《九朝律考》，中华书局，1963。

程舜英：《两汉教育制度史资料》，北京师范大学出版社，1992。

程喜霖：《〈唐开元二十一年（733）西州都督府勘给过所案卷〉考释》，
《魏晋南北朝隋唐史资料》第 9、10 期，武汉大学学报编辑部，1988。

慈怡主编《佛光大辞典》，书目文献出版社，1990。

崔瑞德、鲁惟一编《剑桥中国秦汉史》，杨品泉等译，中国社会科学出
版社，1992。

道端良秀：《中国佛教与社会福利事业》，关世谦译，佛光出版社，
1986。

邓文宽:《敦煌本北魏历书与中国古代月蚀预报》,《敦煌吐鲁番学研究论集》,书目文献出版社,1996。

丁敏:《佛家地狱说之研究》,硕士学位论文,台北政治大学中国文学研究所,1981。

冻国栋:《北朝时期的家庭规模结构及相关问题论述》,《北朝研究》1990年上半年刊。

杜正胜:《形体、精气与魂魄:中国传统对"人"认识的形成》,黄应贵主编《人观、意义与社会》,中研院民族学研究所,1993。

杜正胜:《从眉寿到长生——中国古代生命观念的转变》,《中央研究院历史语言研究所集刊》第66本第2分,1995年6月。

方立天:《魏晋南北朝佛教的演变》,《中原文物》特刊,1985。

方立天:《中国佛教与传统文化》,上海人民出版社,1988。

冯友兰:《中国哲学史新编》第3册,人民出版社,1985。

福井康顺等:《道教史》第2卷,朱越利等译,上海古籍出版社,1992。

傅勤家:《中国道教史》,上海书店出版社,1990年影印本。

高观如:《中国佛教文学与美术》,常春树书坊,1984。

葛兆光:《死后世界——中国古代宗教与文学的一个共同主题》,《扬州师范学院学报》1994年第3期。

葛兆光:《文献、理论和研究者——关于中国宗教史研究》,《中国史研究》1995年第2期。

顾燮光:《梦碧簃石言》,王其祎校点,辽宁教育出版社,2001。

顾炎武:《日知录集释》,岳麓书社,1994。

顾祖禹:《读史方舆纪要》,贺次君、施和金点校,中华书局,2005。

郭朋:《汉魏两晋南北朝佛教》,齐鲁书社,1986。

郝春文:《东晋南北朝佛社首领考略》,《北京师范学院学报》1991年第3期。

郝春文:《东晋南北朝的佛教结社》,《历史研究》1992年第1期。

何启民:《佛教入华初期传布地理考》,《现代佛教学术丛刊》《汉魏两晋南北朝篇》(上),大乘文化出版社,1977。

何幼琦：《〈海经〉新探》，《历史研究》1985 年第 2 期。

何兹全：《读史集》，上海人民出版社，1982。

何兹全：《十六国时期的兵制》，《燕园论学集》，北京大学出版社，
  1984。

何兹全：《五十年来汉唐佛教寺院经济研究》，北京师范大学出版社，
  1986。

贺世哲：《关于北朝石窟千佛图像诸问题》，《敦煌研究》1989 年第 3 期。

洪德先：《俎豆馨香——历代的祭祀》，刘岱总主编《中国文化新论·
  宗教礼俗篇——敬天与亲人》，三联书店，1992。

洪颐煊：《平津读碑记》，朱记荣辑《行素草堂金石丛书》，1877～1891
  年刻本。

侯旭东：《论南北朝时期造像风气产生的原因》，《文史哲》1997 年第 5 期。

侯旭东：《〈北京图书馆藏中国历代石刻拓本汇编〉北朝造像部分补
  正》，《北朝研究》1997 年第 2 期。

侯旭东：《如来在金棺嘱累清净庄严敬福经的整理与考释》，《藏外佛教
  文献》第 4 辑，宗教文化出版社，1998。

黄敏枝：《唐代民间的弥勒信仰及其活动》，《大陆杂志》第 78 卷第 6
  期，1989 年 6 月。

黄永年：《记听雨楼旧藏〈马天祥造像记〉》，《文史》第 29 辑，中华书
  局，1981。

基思·托马斯：《巫术的兴衰》，芮传明译，上海人民出版社，1992。

吉冈义丰：《中国民间宗教概说》，余万居译，华宇出版社，1985。

江蓝生：《魏晋南北朝小说词语汇释》，语文出版社，1988。

蒋礼鸿：《敦煌变文字义通释》，上海古籍出版社，1988。

金谷治：《中国古代人类观的觉醒》，《日本学者论中国哲学史》，中华
  书局，1986。

酒井忠夫：《泰山信仰研究》，金华译，《中和月刊》第 3 卷第 10 期，
  1942 年 10 月。

柯昌泗：《语石异同评》，中华书局，1994。

孔祥星：《中国古代铜镜》，文物出版社，1984。

赖永海：《中国佛性论》，中国青年出版社，1999。

郎瑛：《七修类稿》，上海书店出版社，2001。

黎虎：《北魏前期的狩猎经济》，《历史研究》1992 年第 1 期。

李学勤：《放马滩简中的志怪故事》，《文物》1990 年第 4 期。

李昌集：《中国早期小说观的历史衍变》，《文学遗产》1988 年第 3 期。

李静杰：《金铜佛的文献考察》，《故宫博物院院刊》1995 年第 1 期。

李静杰：《关于佛教单体石造像》，《石佛选粹》，中国世界语出版社，
　　1995。

李静杰：《造像碑佛本生本行故事雕刻述论》，《故宫博物院院刊》1996
　　年第 3 期。

李零：《中国方术考》，人民中国出版社，1993。

李剑国：《论南北朝的"释氏辅教之书"》，《天津师大学报》1985 年第
　　3 期。

李均明：《汉简所见出入符、传与出入名籍》，《文史》第 19 辑，中华
　　书局，1983。

李荣村：《北魏杨大眼将军造像题记之书成年代》，《中央研究院历史语
　　言研究所集刊》第 63 本第 3 分，1993 年 7 月。

李玉昆：《从龙门造像铭记看北朝的佛教》，《世界宗教研究》1984 年
　　第 2 期。

梁满仓：《论六朝时期的民间祭祀》，《中国史研究》1991 年第 3 期。

梁启超：《中国佛法兴衰沿革说略》，《佛学研究十八篇》，辽宁教育出
　　版社，1998。

梁治平：《清代习惯法：社会与国家》，中国政法大学出版社，1996。

廖阅鹏：《净土三系之研究》，佛光出版社，1989。

林保尧：《东魏武定元年铭石造释迦五尊立像略考——造像记的用语、
　　纪年、意旨试析》，《东方宗教研究》第 2 期，1988 年 9 月。

林保尧：《东魏武定元年铭石造释迦五尊立像略考——造像记文的造像
　　像主与造像对象试析》，《东方宗教研究》新 1 期，1990 年 12 月。

林保尧：《造像题名与像主尊像的构成体式及其图式试析》，《艺术评
　　论》第 2 期，1990 年 12 月。

林丽真：《从魏晋南北朝志怪小说看"形神生灭离合问题"》，成功大学中文系编《魏晋南北朝文学与思想研讨会论集》，文史哲出版社，1991。

林素清：《两汉镜铭所见吉语研究》，《汉代文学与思想学术研讨会论文集》，文史哲出版社，1991。

刘凤君：《山东省北朝观世音和弥勒造像考》，《文史哲》1994年第2期。

刘慧达：《北魏石窟与禅》，《考古学报》1978年第3期。

刘昭瑞：《〈太平经〉与考古发现的东汉镇墓文》，《世界宗教研究》1992年第4期。

刘莘：《论汉晋时期的佛教》，《中国史研究》1994年第2期。

刘淑芬：《五至六世纪华北乡村的佛教信仰》，《中央研究院历史语言研究所集刊》第63本第3分，1993年7月。

刘淑芬：《佛顶尊胜陀罗尼经与唐代尊胜经幢的建立》，《中央研究院历史语言研究所集刊》第67本第1分，1996年3月。

刘素琴：《儒、释、道与玉文化》，《历史文献与民族文化研究》，高等教育出版社，1994。

刘叶秋：《魏晋南北朝小说》，上海古籍出版社，1978。

刘增贵：《天堂与地狱：汉代的泰山信仰》，《大陆杂志》第94卷第5期，1997年5月。

刘展主编《中国古代军制史》，军事科学出版社，1992。

刘子芬等：《玉说汇编》，书目文献出版社1993年影印本。

吕澂：《新编汉文大藏经目录》，齐鲁书社，1980。

吕思勉：《吕思勉读史札记》，上海古籍出版社，1982。

吕思勉：《论学集林》，上海教育出版社，1987。

楼宇烈：《东晋南北朝"志怪小说"中的观世音灵验故事杂谈》，《中原文物》特刊，1985。

卢建荣：《从造像铭记论五六世纪北朝乡民社会意识》，《历史学报》第23期，1995年6月。

鲁才全：《北朝的兵役、番兵和资绢》，《魏晋南北朝隋唐史资料》第11期，1991。

鲁迅：《中国小说史略》，《鲁迅全集》第 8 卷，人民文学出版社，
　　1957。

鲁迅：《中国小说的历史变迁》，人民文学出版社，1957。

陆和九：《中国金石学》，明文书局 1981 年影印本。

马长寿：《碑铭所见前秦至隋初的关中部族》，中华书局，1985。

马衡：《凡将斋金石丛稿》，中华书局，1977。

马克斯·韦伯：《新教伦理与资本主义精神》，于晓等译，三联书店，
　　1987。

马克斯·韦伯：《儒教与道教》，洪天富译，江苏人民出版社，1993。

马克斯·韦伯：《经济·社会·宗教——马克斯·韦伯文选》，郑乐平
　　等译，上海社会科学院出版社，1997。

牟润孙：《论儒释两家之讲经与义疏》，《注史斋丛稿》，中华书局，
　　1987。

缪启愉：《齐民要术导读》，巴蜀书社，1988。

牧田谛亮编《唐高僧传索引》，宗青图书公司 1986 年影印本。

内田道夫主编《中国小说世界》，李庆译，上海古籍出版社，1992。

宁可：《五斗米道、张鲁政权和"社"》，《中国文化与中国哲学
　　（1987）》，三联书店，1988。

欧大年：《中国民间宗教教派研究》，刘心勇等译，上海古籍出版社，
　　1993。

欧阳修：《六一题跋》，丛书集成初编本，中华书局，1985。

欧阳修：《集古录跋尾》，上海书店出版社 1994 年影印本。

坪井俊映：《净土三经概说》，《现代佛教学术丛刊》68《净土典籍研
　　究》，大乘文化出版社，1977。

蒲慕州：《睡虎地秦简〈日书〉的世界》，《中央研究院历史语言研究所
　　集刊》第 62 本第 4 分，1993 年 4 月。

蒲慕州：《墓葬与生死——中国古代宗教之省思》，联经出版事业有限
　　公司，1993。

钱大昕：《潜研堂金石文字跋尾》，《嘉定钱大昕全集》第 6 册，江苏古
　　籍出版社，1997。

钱钟书：《管锥编》，中华书局，1979。

镰田茂雄：《中国佛教通史》第1～4卷，关世谦等译，佛光出版社，1990～1993。

秦公：《碑别字新编》，文物出版社，1985。

全汉昇：《中古佛教寺院的慈善事业》，《五十年来汉唐佛教寺院经济研究》，北京师范大学出版社，1986。

裘锡圭：《稷下道家精气说的研究》，《道家文化研究》第2辑，上海古籍出版社，1992。

任继愈主编《中国佛教史》第1～3卷，中国社会科学出版社，1981～1988。

饶宗颐：《选堂集林史林》（上），香港中华书局，1982。

饶宗颐：《中文大学馆藏建初四年"序宁病简"与"包山简"——论战国秦汉解疾祷祠之诸神与古史人物》，中国社会科学院历史研究所编《华夏文明与传世藏书：中国国际汉学研讨会论文集》，中国社会科学出版社，1996。

萨孟武：《南北朝佛教流行的原因》，《大陆杂志》第2卷第10期，1951年10月。

石昌渝：《中国小说源流论》，三联书店，1994。

史苇湘：《〈福田经变〉简论》，阎文儒、陈玉龙编《向达先生纪念论文集》，新疆人民出版社，1986。

宿白：《南朝龛像遗迹初探》，《考古学报》1989年第3期。

孙昌武：《关于王琰〈冥祥记〉的补充意见》，《文学遗产》1992年第5期。

孙昌武：《中国汉地观音信仰与文学中的观音》，《传统文化与现代化》1995年第3期。

谭其骧：《中国历史地图集》，中国地图出版社，1982。

汤用彤：《汉魏两晋南北朝佛教史》，中华书局，1983。

汤用彤：《隋唐佛教史稿》，中华书局，1982。

汤用彤：《汤用彤学术论文集》，中华书局，1983。

汤用彤：《理学·佛学·玄学》，北京大学出版社，1992。

唐长孺：《魏晋南北朝史论拾遗》，中华书局，1983。

藤堂恭俊：《中国佛教史》上册，华宇出版社，1985。

田军：《释迦多宝佛并坐金铜佛的分期与分布》，李静杰主编《中国金铜佛》，宗教文化出版社，1996。

田晓文：《唯物史观与历史研究——西方心智史学》，天津社会科学院出版社，1992。

万绳楠：《魏晋南北朝文化史》，黄山书社，1989。

汪征鲁：《魏晋南北朝选官体制研究》，福建人民出版社，1995。

汪涛：《关于殷代雨祭的几个问题》，中国社会科学院历史研究所编《华夏文明与传世藏书：中国国际汉学研讨会论文集》，中国社会科学出版社，1996。

王国良：《魏晋南北朝志怪小说研究》，文史哲出版社，1984。

王明：《农民起义所称的李弘和弥勒》，《燕园论学集》，北京大学出版社，1984。

王铭铭：《中国民间宗教：国外人类学研究综述》，《世界宗教研究》1996 年第 2 期。

王铭铭：《社会人类学与中国研究》，三联书店，1997。

王启忠：《试论六朝小说创作的自觉意识》，《社会科学辑刊》1988 年第 3 期。

王士伦：《浙江出土铜镜》，文物出版社，1987。

王兆祥：《白莲教探奥》，陕西人民教育出版社，1993。

王仲荦：《北周六典》，中华书局，1979。

王子今：《秦汉交通史稿》，中共中央党校出版社，1994。

望月信亨：《中国净土教理史》，华宇出版社，1987。

望月信亨：《净土教概论》，释印海译，华宇出版社，1988。

吴金华：《世说新语考释》，安徽教育出版社，1994。

吴荣曾：《镇墓文中所见到的东汉道巫关系》，《文物》1981 年第 3 期。

吴维中：《志怪与魏晋南北朝宗教》，《兰州大学学报》1990 年第 2 期。

吴焯：《佛教东传与中国佛教艺术》，浙江人民出版社，1991。

萧登福：《汉魏六朝佛道两教之天堂地狱说》，学生书局，1989。

萧登福：《先秦两汉冥界及神仙思想探原》，文津出版社，1990。

谢和耐：《中国五——十世纪的寺院经济》，耿昇译，甘肃人民出版社，1987。

徐锡祺：《新编中国三千年历日检索表》，人民教育出版社，1992。

薛英群：《汉代的符和传》，《中国史研究》1983年第4期。

颜尚文：《后汉三国西晋时代佛教寺院之分布》，《历史学报》第13期，1985年6月。

颜廷亮主编《敦煌文学概论》，甘肃人民出版社，1993。

严耕望：《北朝地方政府属佐制度考》，《中央研究院历史语言研究所集刊》第19本，1948。

严耕望：《唐代交通图考》卷一、卷五，中研院历史语言研究所，1985、1986。

颜娟英：《北齐小南海石窟与僧稠》，《佛教思想的传承与发展——印顺导师九秩华诞祝寿文集》，东大图书公司，1995。

阎文儒：《中国石窟艺术总论》，天津古籍出版社，1987。

杨惠南：《汉译佛经中的弥勒信仰》，《文史哲学报》第35期，1987年12月。

杨宽：《中国古代陵寝制度史研究》，上海古籍出版社，1985。

杨联陞：《报——中国社会关系的一个基础》，段昌国译，《食货》第3卷第8期，1973年11月。

杨平：《陕西汉镜铭文研究》，《文博》1994年第3期。

杨树达：《词诠》第2版，中华书局，1965。

杨曾文：《弥勒信仰的传入及其在民间的流行》，《中原文物》特刊，1985。

姚崧：《壹是纪始》，上海会文堂书局，1925。

叶昌炽：《语石》，中华书局，1994。

叶马克：《论王琰的〈冥祥记〉和佛教短篇小说》，《世界宗教研究》1991年第3期。

业露华：《道绰净土思想研究》，《隋唐佛教研究论文集》，三秦出版社，1990。

余英时：《中国古代死后世界观的演变》，《燕园论学集》，北京大学出版社，1984。

余英时：《士与中国文化》，上海人民出版社，1987。

袁珂：《中国神话史》，上海文艺出版社，1988。

詹鄞鑫：《神灵与祭祀——中国传统宗教综论》，江苏古籍出版社，1992。

张承宗：《魏晋南北朝时期的南北交往》，《中国史研究》1994 年第 3 期。

张弓：《从经导到俗讲——中古释门声业述略》，《中国社会科学院研究生院学报》1995 年第 6 期。

张继昊：《北魏的弥勒信仰与大乘之乱》，《食货》第 16 卷第 3、4 期合刊，1986 年 12 月。

张金仪：《汉镜所反映的神话传说与神仙思想》，台北故宫博物院，1981。

张乃翥：《龙门石窟始平公像龛造像年代管窥》，《中原文物》1983 年第 3 期。

张先堂：《佛教义理与小说艺术联姻的产儿——论敦煌写本佛教灵验记》，《社会科学》1990 年第 5 期。

张永言：《世说新语辞典》，四川人民出版社，1992。

张泽咸：《魏晋北朝的徭役制度》，《魏晋隋唐史论集》第 2 辑，中国社会科学出版社，1983。

张振德等主编《〈世说新语〉语言研究》，巴蜀书社，1995。

赵超：《南北朝造像题记中的一些惯用词语》，《学习与思考》1981 年第 5 期。

赵超：《中国古代的石刻著录情况》，《中国典籍与文化》1995 年第 2 期。

赵翼：《廿二史札记》，王树民校证，中华书局，1984。

赵翼：《陔余丛考》，栾保群等校点，河北人民出版社，1990 年初版，2003 年重印。

郑欣：《魏晋南北朝时期的宣佛小说》，《文史哲》1992 年第 2 期。

中国佛教协会编《中国佛教》，知识出版社，1982。

《中国军事史》编写组编《中国军事史》附卷《历代战争年表》（上），
　　解放军出版社，1985。

周健：《南北朝时期南北佛教界的交往》，《许昌师专学报》1995 年第
　　4 期。

周绍良：《隋唐以前之弥勒信仰》，《中国宗教：过去与现在》，北京大
　　学出版社，1992。

周世荣：《湖南出土汉代铜镜文字研究》，《古文字研究》第 14 辑，
　　1986。

周一良：《魏晋南北朝史札记》，中华书局，1985。

周祖谟：《记吐鲁番出土急就篇注》，《敦煌吐鲁番文献研究论集》第 2
　　辑，北京大学出版社，1983。

朱大渭：《魏晋南北朝农民战争的几个问题》，《魏晋隋唐史论集》第 2
　　辑，中国社会科学出版社，1983。

朱剑心：《金石学》，文物出版社，1981。

朱雷：《释道安南投襄阳疑年考》，《魏晋南北朝隋唐史资料》第 11 期，
　　武汉大学学报编辑部，1991。

朱天顺：《中国古代宗教初探》，上海人民出版社，1982。

日　文

安居香山「漢魏六朝時代に於ける圖讖と佛教—特に傳を中心として」
　　『仏教史学論集：塚本博士頌寿記念』、1961。

道端良秀『中国仏教思想史の研究：中国民衆の仏教受容』平楽寺書
　　店、1979。

服部克彦『北魏洛陽の社会と文化』ミネルヴァ書房、1965。

宮川尚志『六朝史研究 宗教篇』平楽寺書店、1964。

広川尭敏「浄土三部経」牧田諦亮、福井文雅編『敦煌と中国仏教』
　　大東出版社、1984。

木村英一『中国民衆の思想と文化』弘文堂書房、1947。

牧田諦亮『中国仏教史研究 第 1』大東出版社、1981。

山崎宏『中国中世仏教の展開』清水書店、1942。

藤堂恭俊「北魏時代に於ける浄土教の受容とその形成——主として造像銘との関連に於て」『仏教文化研究』（通号 1）京都、淨土宗教學院、1951。

望月信亨著、塚本善隆増訂『望月仏教大辞典』世界聖典刊行協会、1958。

相田洋『中国中世の民衆文化：呪術？規範？反乱』中国書店、1994。

小南一郎「六朝隋唐小説史の展開と仏教信仰」，福永光司編『中国中世の宗教と文化』京都大学人文科学研究所、1983。

小南一郎「漢代の祖霊観念」『東方学報』66 号、1994。

小野玄妙編纂『仏書解説大辞典』大東出版社、1932 - 1935。

中村元『仏教語大辞典』東京書籍、1981。

塚本善隆『支那仏教史研究・北魏篇』弘文堂書房、1942。

佐藤成順『中国仏教思想史の研究』山喜房仏書林、1985。

佐藤智水「北朝造像銘考」『史学雑誌』86 巻 10 期、1977。

英文

Bell, Catherine. "Religion and Chinese Culture: Toward an Assessment of 'Popular Religion'," *History of Religions* 29. 1 (Aug. 1989): 35 - 57.

Buswell, Robert E., Jr. ed. *Chinese Buddhist Apocrypha.* Honolulu: University of Hawaii Press, 1990.

Chappell, David W ed *Buddhist and Taoist Practice in Medieval Chinese Society.* Honolulu: University of Hawaii Press, 1987.

Chen, Kenneth K. S. *Buddhism in China, a Historical Survey.* Princeton: Princeton University Press, 1964.

Chen, Kenneth K. S. *The Chinese Transformation of Buddhism.* Princeton: Princeton University Press, 1973.

Eliade, Mircea, et al. eds. *The Encyclopedia of Religions.* 16 vols. New

York: Macmillan, 1987.

Fontein, Jan. "Inscriptions on Taoist Statues. "《中央研究院国际汉学会议论文集》, 中研院, 1982。

Gernet, Jacques. *A History of Chinese Civilization*. Trans. by J. R Foster. Cambridge: Cambridge University Press, 1985.

Gjertson, Donald E. "The Early Chinese Buddhist Miracle Tale," *Journal of the American Oriental Society* 101. 3 (1981): 287 – 301.

Gjertson, Donald E. *Miraculous Retribution*: *A Study and Translation of T'ang Lin's Ming – Pao Chi*. Berkeley: University of California Press, 1989.

Kleeman, Terry F. "Mountain Deities in China: The Domestication of the Mountain God and the Subjection of the Margins," *Journal of the American Oriental Society* 114. 2 (1994): 226 – 238.

Lai, Whalen W. "The Earliest Folk Buddhist Religion in China: T'i – wei – po – li ching and it's Historical Significance," in David W. Chappell, ed. , *Buddhist and Taoist Practice in Medieval Chinese Society*. Honolulu: University of Hawaii Press, 1987.

Loewe, Michael. *Chinese Ideas of Life and Death*: *Faith, Myth and Reason in the Han Period* (202BC – AD220) . London: George Allen and Unwin, 1982.

Maspero, Henri. *Taoism and Chinese Religion*, trans. by Frank A. Kierman. Amherst: The University of Massachusetts Press, 1981.

Overmyer, Daniel L. "Chinese Religion – The State of the Fielz," Part 1 and Part 2. *Journal of Asian Studies* 54. 1 and 2 (Feb. and May. 1995): 126 – 160, 314 – 321.

Pachow, W. *Chinese Buddhism*: *Aspects of Interaction and Reinterpretation*. Lanham, MD: University Press of America, 1980.

Paper, Jordan. *The Spirits are Drunk, Comparative Approaches to Chinese Religion*. New York: State University of New York Press, 1995.

Pas, Julian F. "Chinese Beliefs in the 'Soul': Problems and Contradictions in the Popular Tradition,"《汉学研究》第 15 卷第 1 期，1997 年 6 月。

Saso, Michael and Chappell, David W. ed. *Buddhist and Taoist Studies 1.* Honolulu: University Press of Hawaii, 1977.

Swearer, Donald K. "Hypostasizing the Buddha: Buddha Image Consecration in Northern Thailand," *History of Religions* 34. 3 (Feb. 1995): 263 – 280.

Tanaka, Kenneth K. *The Dawn of Chinese Pure Land Buddhist Doctrine.* Albany: State University of New York Press, 1990.

Teiser, Stephen F. *The Ghost Festival in Medieval China.* Princeton: Princeton University Press, 1988.

Teiser, Stephen F. " 'Having One Died and Returned to Life': Representations of Hell in Medieval China," *Harvard Journal of Asiatic Studies* 48. 2 (1988): 433 – 464.

Teiser, Stephen F. *The Scripture on the Ten Kings and the Making of Purgatory in Medieval Chinese Buddhism.* Honolulu: University of Hawaii Press, 1994.

Teiser, Stephen F. "Chinese Religion, The State of the Field. Part 2," *Journal of Asian Studies* 54. 2 (May 1995): 378 – 395.

Teiser, Stephen F. "The Spirits of Chinese Religion," in Donald S. Lopez, ed. , *Religions of China in Practice.* Princeton: Princeton University Press, 1996.

Weller, Robert P. *Unities and Diversities in Chinese Religion.* New York: MacMellance Press, 1987.

Wright, Arthur F. *Studies in Chinese Buddhism.* Robert M. Somess, ed. , New Haven and London: Yale University Press, 1990.

Wu Hung. "From Temple to Tomb. Ancient Chinese Art and Religion in Transition," *Early China* 13 (1988): 78 – 115.

Wu Hung. "Art in its Ritual Context: Rethinking Mawangdui," *Early China* 17 (1992): 111 – 144.

Yang, C. K. *Religion in Chinese Society: A Study of Contemporary Social*

Functions of Religion and Some of Their Historical Factors. Berkeley: University of California Press, 1961.

Zürcher, E. *The Buddhist Conquest of China, the Spread and Adaption of Buddhism in Early Medieval China.* Leiden: E. J. Brill, 1959.

附　录
400～580 年纪年造像记目录

说明：

1. 本目录并非这一时期造像记之全目，只是笔者所集的纪年造像记目录，纪年无考者未收。它原是一工作目录，起索引作用，造像记出处也非穷尽性，不少录文分见多书，这里只择要收录，备读者查对。

2. 带＊造像的年代是据年号、干支等折算、推定的，这种做法得益于中国社会科学院历史研究所刘乐贤君的建议。

3. 造像月、日无或缺者，记作"0"。

4. 出处中"拓 3007"指《北京图书馆藏中国历代石刻拓本汇编》第 3 册第 7 页，"琼 12068"指《八琼室金石补正》（缩印本）第 12 卷第 68 页，"考古与文物 8605，71"指《考古与文物》1986 年第 5 期，第 71 页；余者以此类推。

5. 出处略称表

《北京图书馆藏中国历代石刻拓本汇编》	拓
北京图书馆藏造像拓片（"拓"未收者）	北图
北京大学图书馆藏造像拓片	北大藏拓
《金石萃编》	萃
《八琼室金石补正》	琼
『支那美術史・彫塑篇』	雕

《鲁迅辑校石刻手稿》　　　　　　　　　　　　　　　　　　　鲁

《中国历代纪年佛像图典》　　　　　　　　　　　　　　　　　图典

《中国佛教雕刻史研究》图版要项（松原三郎）　　　　　　　　松

《凡将斋金石丛稿》　　　　　　　　　　　　　　　　　　凡将斋

《碑铭所见前秦至隋初的关中部族》（马长寿）　　　　　　　　马

《巩县石窟寺》附巩县石刻录　　　　　　　　　　　　　　　巩县

《陶斋藏石记》　　　　　　　　　　　　　　　　　　　　　　陶

《山右石刻丛编》　　　　　　　　　　　　　　　　　　　　山右

《关中金石文字新编》　　　　　　　　　　　　　　　　关中文字

《佛教造像碑》（李静杰）　　　　　　　　　　　　　　　　李书

《尊古斋造像集拓》　　　　　　　　　　　　　　　　　尊古斋

《石刻史料新编》　　　　　　　　　　　　　　　　　　　　石刻

《文物资料丛刊》　　　　　　　　　　　　　　　　　　文物丛刊

「竜門石窟の研究」（二）《龙门石刻录》　　　　　　　　　　龙录

「竜門石窟に現れたる北魏仏教」　　　　　　　　　　　　　　塚

『埋もれた中国石仏の研究』　　　　　　　　　　　　　石仏研究

名称	时间	朝代	出处
1 王银堂造像记	4060415	北魏	雕 174
2 李普造像记	4100911	北燕	雕 174
3 吴□造像记	4150105	北魏	北图善拓 560 – 2
4 周则造像记	4150111	北魏	梦碧簃石言 5
5 魏文朗造像记	4240000	北魏	考古 6503，138. 文博 9401，52
6 施文造像记	4290101	夏	图典 434
7 吴炎造像记	4330601	北魏	雕 174
8 朱雄造像记	4401029	北魏	拓 3007. 雕 175
9 张锡宗造观音像记	4410115	北魏	考古与文物 8605，71

10 某造像记	4410901	北魏	北图善拓 560－4. 雕 175
11 鲍纂造像记	4420118	北魏	拓 3008. 雕 175. 图典 436. 陶 6
12 某造像记	4420503	北魏	图典 436
13 苑申造像记	4430000	北魏	图典 436－437
14 朱业微造像记	4440208	北魏	考古 8909,807
15 赵路原造像记	4530000	北魏	史学杂志 86 卷 10 期, 38 注 38
16 张永造像记	4550200	北魏	图典 437－438
17 宋德兴造像记	4570923	北魏	图典 438
18 比丘法亮造像记	4600000	北魏	松 224
19 □姜造像记	4640000	北魏	图典 438－439
20 郭□造像记	4640401	北魏	松 222
21 桓□造像记	4650000	北魏	松 223
22 □造像记	4650000	北魏	文物 9707,54
23 冯受受造像记	4660408	北魏	图典 439－440
24 曹天度造像记	4660500	北魏	拓 3009. 图典 439
25 某造像记	4670319	北魏	琼 12068
26 郭巨造像记	4680105	北魏	雕 184
27 赵埛造像记	4690000	北魏	拓 3010
28 王钟造像记	4700709	北魏	图典 440
29 皇兴造像记	4710000	北魏	西安碑林 53. 图典 441
30 仇寄奴造像记	4710327	北魏	图典 440－441
31 仇寄奴造像记	4710327	北魏	图典 441
32 赵知法造像记	4710630	北魏	拓 3011. 鲁二一 13
33 靳还香造像记	4710718	北魏	雕 185
34 黄□相造像记	4720406	北魏	图典 442

35 张伯□造像记	4720810	北魏	图典 441 – 442
36 刘琛造像记	4730813	北魏	史学杂志 86 卷 10 期,38.
37 韩令姜造像记	4750000	北魏	图典 443. 尊古斋 5
38 比丘法恩造像记 *	4750000	北魏	松 224
39 张泣戴造像记	4750405	北魏	图典 443
40 左善造像记	4760202	北魏	北图善拓 560 – 5. 雕 185
41 比丘法恩造像记 *	4770000	北魏	图典 444
42 周记才造像记	4770304	北魏	文物 8611
43 灵山寺塔下铭	4771208	北魏	拓 3012 – 13
44 刘敬造像记	4780000	北魏	山东文物选集 108
45 落陵委造像记	4780000	北魏	文物 8405,21
46 王元珤造像记	4780000	北魏	雕 185
47 王上造像记	4780000	北魏	文物 8405,21
48 彭雨徂造像记	4780408	北魏	雕 185
49 张贾造像记	4781007	北魏	图典 445
50 比丘廿道可造像记	4781110	北魏	中国金铜佛 41. 雕 185
51 羊银光造像记	4790408	北魏	泰山宗教研究 188
52 张兴造像记 *	4800000	北魏	松 223
53 赵明造像记	4800420	北魏	图典 445
54 苗福造像记	4810219	北魏	北图善拓 520 – 4
55 成僧造像记	4820017	北魏	图典 446
56 某造像记	4820408	北魏	松 225
57 刘道隆造像记	4820517	北魏	图典 445 – 446
58 堤场阳造像记	4820910	北魏	雕 186. 图典 444
59 范寿造像记	4820918	北魏	雕 186

60 追远寺众僧造像记	4830000	北魏	图典 446－447. 尊古斋 15
61 邑义信士等五四人 造像记	4830830	北魏	拓 3014. 云冈石窟 2
62 崔承宗造像记	4831001	北魏	拓 3015. 雕 186. 鲁二一 15
63 某造像记	4840403	北魏	文物 8405,21
64 王玉山造像记	4840418	北魏	琼 12068
65 杨僧昌造像记	4840701	北魏	图典 447
66 赵□造像记	4840706	北魏	图典 449－450
67 丁柱造像记	4840919	北魏	雕 186. 图典 449
68 李日光造像记	4841016	北魏	图典 447
69 比丘僧安造像记	4841112	北魏	图典 447－448
70 某造像记 *	4850000	北魏	松 225
71 程晕造像记	4850206	北魏	文物 8405,21
72 李伯息造像记	4850327	北魏	图典 450
73 曹党生造像记	4870509	北魏	雕 187
74 吴洛宗造像记	4870702	北魏	中国金铜佛 61
75 司马解伯达造像记 *	4880000	北魏	拓 3045. 琼 12070
76 张玄姬造像记	4880305	北魏	文物 9010
77 席伯仁造像记	4880415	北魏	鲁二一 19
78 宕昌公晖福寺碑	4880701	北魏	拓 3017－18. 凡将斋 366
79 始平公造像记 *	4880912	北魏	拓 3033. 萃 27. 琼 12069
80 韩周陀造像记	4880923	北魏	文物 9312,37－39
81 贾法生造像记	4890304	北魏	图典 450－451. 尊古斋 17

82 太和十三年造像记	4890701	北魏	文物 6602,62. 图典 450 – 451
83 上卜加夫妻造像记	4890810	北魏	图典 452
84 丘比造像记	4890810	北魏	中国金铜佛 44
85 比丘尼惠定造像记	4890919	北魏	北朝研究 9402/3,7
86 丘比造像记	4891026	北魏	中国金铜佛 44
87 胡□造像记	4891108	北魏	图典 452
88 某造像记	4900000	北魏	文物 8611,95
89 王驹造像记	4900116	北魏	雕 188
90 齐道和造像记	4900602	北魏	雕 188
91 边定光造像记	4900807	北魏	琼 12068
92 程弘庆造像记	4910315	北魏	文物丛刊 3179
93 高要造像记	4911112	北魏	松 226
94 郭元庆造像记	4920104	北魏	图典 453
95 公孙元息造像记	4920402	北魏	中国金铜佛 46
96 王虎造像记	4920410	北魏	图典 453
97 僧惠教造像记	4921004	北魏	雕 188
98 赵僧安造像记	4930000	北魏	图典 453 – 454
99 □春造像记	4930610	北魏	中国金铜佛 66
100 尹受国造像记	4940408	北魏	图典 454
101 妙音为弟子造像记	4941108	北魏	考古 8906,568
102 欧阳解愁造像记	4950000	北魏	文物 8704,31
103 仲吕涠昬七妻周造像记	4950428	北魏	云冈石窟 9,45
104 七帝寺造像记	4950815	北魏	拓 3022
105 丘穆陵亮夫人造像记	4951100	北魏	拓 3023. 琼 12068 – 69
106 张元祖妻一弗造像记	4960000	北魏	拓 3031. 琼 12069
107 扈氏一族造像记	4960000	北魏	图典 455
108 皇甫信造像记	4960405	北魏	雕 198

109 高凶造像记	4960715	北魏	拓 3025
110 王女明造像记	4960715	北魏	文物 8611,95
111 姚伯多造像记	4960904	北魏	拓 3026－28. 考古与文物 8303,25－26
112 刘偏但造像记	4960924	北魏	图典 455
113 张众□造像记	4970012	北魏	尊古斋 18
114 侯颢造像记	4970329	北魏	图典 455
115 郑仪造像记	4971003	北魏	雕 198. 图典 456
116 某造像记	4971122	北魏	雕 198
117 丁花造像记	4971210	北魏	文物 8405,21
118 高慧造像记	4980210	北魏	拓 3032. 琼 12069
119 普贵造像记	4980500	北魏	图典 457
120 北海王元详造像记	4980923	北魏	拓 3040,琼 12069
121 吴道兴造像记	4981202	北魏	雕 198. 图典 456
122 比丘尼法度造像记	4981218	北魏	图典 456－457
123 曹天护造方石塔	4990000	北魏	文物 8803,83
124 石佛寺阎氏造像记	4990315	北魏	拓 3036. 琼 14078
125 元景造窟题记	4990408	北魏	拓 3039. 文物 8006,63
126 郭武牺造像记	4990520	北魏	中国金铜佛 63. 尊古斋 20
127 僧欣造像记	4991209	北魏	拓 3043. 鲁二一 35. 陶 6. 雕 199. 图典 457
128 邑师惠□等题名	5000000	北魏	琼 12,70
129 牛氏造像记	5000000	北魏	图典 458－459
130 石景之造像记	5000206	北魏	文物 8405,21－22
131 王初兴造像记	5000208	北魏	陶 6,5. 雕 199
132 比丘保明造像记	5000802	北魏	图典 458
133 杨向绍造像记	5000818	北魏	考古与文物 8303,26

134 杨楞黑造像记	5000830	北魏	考古与文物 8303,26
135 郑支造像记	5010302	北魏	松 227
136 杨□造像记	5010410	北魏	图典 459
137 残造像记	5010629	北魏	雕 199. 陶 6,5
138 马庆安造像记	5010802	北魏	拓 3049. 琼 12070
139 郑长猷题字	5010903	北魏	拓 3050. 琼 12070
140 某造像记	5020215	北魏	文物 8603,96
141 袁超造像记	5020406	北魏	拓 3051
142 比丘惠感造像记	5020500	北魏	拓 3053. 琼 12070. 塚 483
143 韩贞造像记	5020509	北魏	拓 3052. 文物 8006,68
144 孙秋生造像记	5020527	北魏	拓 3054. 琼 12070
145 赵双哲造像记	5020530	北魏	拓 3056. 琼 12070
146 高树造像记	5020530	北魏	拓 3055 琼 12070
147 尹爱姜造像记	5020623	北魏	雕 193. 拓 3057
148 广川王太妃侯氏造像记	5020818	北魏	拓 3059. 琼 12070－71
149 纪天助造像记	5020828	北魏	考古 9410,957
150 张元伯造像记	5020915	北魏	麦积山石窟 184－185
151 刘未等造像记	5021111	北魏	鲁二一 37
152 杨大眼造像记 *	5030000	北魏	拓 3071. 萃 28. 琼 12071. 塚 459
153 某造像记	5030300	北魏	图典 460
154 刘雄等造像记	5030321	北魏	拓 3061
155 高伏德等造像记	5030402	北魏	拓 3062－63. 鲁二一 43
156 比丘尼昙媚造像记	5030406	北魏	北朝研究 9402－03,64
157 马振拜造像记	5030805	北魏	拓 3065. 琼 12071
158 赵天赐造像记	5030810	北魏	松 227

159	广川王太妃侯氏造像记	5031007	北魏	拓 3066. 琼 12071. 塚 441－442
160	濯臣造像记	5031019	北魏	图典 459－460
161	贾光婴造像记	5031101	北魏	拓 3067. 雕 194
162	比丘法生造像记	5031201	北魏	拓 3069. 萃 27. 琼 12071. 塚 436
163	法雅与宗那邑千人 造塔碑	5040107	北魏	拓 3073－74. 文博 9303,51－52
164	高洛周造像记	5040309	北魏	拓 3076. 陶 6. 雕 208, 李书 193
165	孟□姬造像记	5040408	北魏	拓 3077,李书 193
166	某造像记	5040500	北魏	松 227
167	张多通造像记	5040605	北魏	北图善拓 560－6. 雕 208
168	道仙造像记	5041103	北魏	拓 3078
169	清信女高思乡造像记	5041104	北魏	拓 3079
170	韩氏造像记	5041130	北魏	图典 460
171	某造像记	5050000	北魏	雕 208
172	韦敬元等造像记	5050000	北魏	琼 14079
173	敦煌周造像记	5050117	北魏	拓 3081
174	杨安族造像记	5050130	北魏	拓 3110. 琼 13071
175	僧晕造像记	5050204	北魏	鲁二一 53－54
176	王□造像记	5050304	北魏	拓 3082
177	妙光造像记	5050406	北魏	拓 3092. 雕 202
178	王始平等造像记	5050415	北魏	琼 13071. 雕 202
179	马庆安造像记	5050802	北魏	雕 202
180	冯神育二百人造像记	5050926	北魏	拓 3085. 鲁二一 55. 文物 8504,16

181 朱德元造像记	5051120	北魏	文物 8405，22
182 冗从仆射造像记	5060319	北魏	拓 3090 琼 13071
183 高阿兴造像记	5060408	北魏	图典 461
184 孙大光造像记	5060620	北魏	拓 3094. 琼 13072
185 宋春生造像记	5060713	北魏	松 227
186 韦长生造像记	5060800	北魏	雕 208
187 某造像记	5060910	北魏	图典 460－461
188 杨小妃造像记	5061222	北魏	拓 3096. 琼 13072. 雕 202
189 安定王元爕造像记	5070200	北魏	拓 3097. 琼 13072. 雕 202. 塚 445
190 某造像记	5070223	北魏	雕 208
191 鲁众造像记	5070400	北魏	拓 3102. 琼 13072. 雕 203
192 比丘法转造像记	5070601	北魏	拓 3103. 琼 13072. 雕 203
193 □惠奴造像记	5070800	北魏	云冈石窟 15.75
194 张铁武造像记	5071206	北魏	文物 8405，22
195 常文远造像记	5080000	北魏	拓 3121. 鲁二一 71
196 桃泉寺道众(宗)造像记	5080000	北魏	拓 3122. 琼 13072. 雕 203. 塚 465
197 石造三尊佛像	5080021	北魏	图典 461
198 苏文好造像记	5080420	北魏	雕 203. 拓 3112
199 阙口关功□□造像记	5080420	北魏	龙录 357
200 史市荣造像记	5080420	北魏	雕 203. 拓 3111
201 比丘惠合造像记	5080815	北魏	拓 3115. 琼 13072
202 比丘惠合造像记	5080815	北魏	琼 13072
203 清信女马生妻造像记	5080916	北魏	龙录 303

204 凝光寺弥勒颂碑	5081203	北魏	拓 3120
205 乐□造像记	5090000	北魏	图典 462
206 申屠和敢造像记	5090301	北魏	中国金铜佛 30
207 清信女宋温鸯造像记	5090423	北魏	龙录 363
208 集书舍□□标造像记	5090423	北魏	龙录 363
209 尼法文法隆造像记	5090425	北魏	拓 3125. 琼 13072. 雕 204. 图典 462
210 某造像记	5090624	北魏	拓 3126
211 某造像记	5091006	北魏	雕 209
212 盖彦滨造像记	5091016	北魏	中国金铜佛 47
213 成愿德造像碑	5091107	北魏	文物 8703，51
214 道晕等造像记	5091116	北魏	拓 3127
215 贾元英造像记 *	5091116	北魏	龙录 303
216 范汉世造像记	5100228	北魏	雕 209
217 尼法行造像记	5100404	北魏	琼 13072. 雕 204. 塚 467
218 石窟寺碑	5100414	北魏	拓 3130–131. 鲁一四 717–725
219 惠感造像记	5100510	北魏	拓 3132. 琼 13072. 雕 204
220 尚元吉造像记	5100527	北魏	河南文博通讯 7802，61 文物 7812，92
221 刘德□造像记	5100529	北魏	中国金铜佛 48
222 孙景仁造像记	5100530	北魏	雕 209
223 邑子二三人造像记	5100605	北魏	拓 3133
224 林君正造像记	5100605	北魏	雕 209
225 罕氏兄弟六人造像碑	5100610	北魏	李书 275
226 罕安定等造像碑	5100700	北魏	李书 275

227 雷花头造像记	5100715	北魏	图典 463
228 尼法庆造像记	5100904	北魏	琼 13072. 雕 204
229 杨有德造像记	5101008	北魏	中国金铜佛 50
230 供阳高造像记	5101112	北魏	雕 209
231 尼惠智造像记	5101129	北魏	拓 3135. 琼 13072. 塚 467
232 明敬武造像记	5110106	北魏	文物 8405,23. 中国美术全集 94
233 黄元德造像记	5110310	北魏	拓 3137. 雕 205. 塚 512
234 雷天生造像记	5110408	北魏	宝丰县志 14. 石刻 3. 30. 131
235 曹连造像记	5110826	北魏	拓 3138. 琼 13072 – 73. 雕 205
236 比丘法兴造像记	5110901	北魏	琼 13073. 雕 206. 塚 512
237 比丘法修造像记	5111003	北魏	雕 205
238 比丘法信造像记	5111003	北魏	雕 205
239 仙和寺尼造像记	5111007	北魏	拓 3139. 琼 13073. 雕 205. 塚 512. 萃 27
240 李法妃造像记	5111014	北魏	拓 3141
241 安定王元爕造像记	5111016	北魏	拓 3142. 琼 13073. 雕 205. 塚 445 – 446
242 万福荣造像记	5111017	北魏	拓 3143
243 尹伯成妻造像记	5111212	北魏	拓 3147. 琼 13073. 雕 206. 塚 512
244 法临法荣比丘僧碑	5120000	北魏	雕 209,山左金石志. 石刻 2. 12. 9340

245 法陵造像记	5120100	北魏	拓 3156. 雕 206. 塚 512
246 昔道仙造像记	5120330	北魏	图典 463－464
247 殷伯生造像记	5120408	北魏	雕 209
248 潘熏王造像记	5120616	北魏	文物 9010
249 朱奇兄弟三人造像碑	5120715	北魏	李书 275
250 法兴造像记	5120819	北魏	雕 206
251 刘洛真造像记	5121104	北魏	拓 4004. 琼 13073. 塚 512
252 刘洛真造像记	5121104	北魏	琼 13073. 萃 27
253 □妙夫妻造像记	5130000	北魏	图典 464
254 侯氏造像记	5130100	北魏	图典 465
255 奉朝请造像记 *	5130201	北魏	琼 13073
256 阳颖原造像记	5130300	北魏	图典 464－465
257 孙□□造像记	5130301	北魏	雕 209
258 张相造像记	5130329	北魏	拓 4010. 萃 27. 雕 300
259 比丘僧明等造像记	5130425	北魏	松 230
260 曹子元造像记	5130615	北魏	积石录 21
261 张□造像记	5130622	北魏	图典 465
262 刘睿等造像记	5130700	北魏	拓 4013
263 尼法兴造像记	5130802	北魏	琼 13073. 雕 206. 塚 512
264 高□造像记	5130908	北魏	鲁二一 75
265 时广造像记	5130922	北魏	雕 209
266 比丘县标造像记	5131008	北魏	尊古斋 24
267 清信女刘造像记	5140022	北魏	琼 13073. 雕 207
268 郭眼造像记	5140319	北魏	松 228
269 张己造像记	5140518	北魏	文博 8903,84

270 韦末鲁造像记	5140519	北魏	尊古斋 27
271 赵常住妻郭造像记	5140700	北魏	雕 209
272 刘龟安造像记	5140709	北魏	鲁二一 77. 陶 6. 雕 209
273 某造像记	5140725	北魏	云冈石窟 15，75
274 张□伯造像记	5140802	北魏	雕 206. 琼 13073 塚 512
275 □光□造像碑	5150000	北魏	李书 276
276 □尉都统造像记	5150114	北魏	云冈石窟 15，83
277 白防生造像记	5150202	北魏	琼 13073. 雕 207
278 郭鲁胜造像碑	5150401	北魏	考古与文物 9602，13
279 某造像记	5150405	北魏	图典 467
280 比丘尼法贵等造像记	5150505	北魏	龙录 315
281 供□生造像记	5150607	北魏	图典 466
282 比丘尼□双造像记	5150620	北魏	图典 466 – 467
283 马交造像记	5150811	北魏	拓 4027. 李书 276
284 尹显房造像记	5150824	北魏	琼 13073. 雕 207
285 尹静妙造像记	5150829	北魏	萃 28. 雕 207
286 元三造像记	5150915	北魏	云冈石窟 2 云冈金石录
287 王□奴造像记	5160320	北魏	图典 467
288 成道敬造像记	5160400	北魏	琼 15085
289 张莲□造像记	5160719	北魏	图典 468. 松 230
290 酒广宋等五十余人造像记	5160829	北魏	李书 276 – 277
291 徐桃棒造像记	5160912	北魏	中国金铜佛 69
292 田秀英造像记 *	5161005	北魏	临朐县志 17. 石刻 3.28.20 – 21
293 孙永安造像记	5161015	北魏	拓 4035. 琼 15085

294 比丘僧造像记	5170000	北魏	松 230
295 刘某造像记	5170130	北魏	文物 8405，23
296 比丘惠荣造像记	5170415	北魏	拓 4042. 琼 13073. 雕 215
297 比丘惠珍造像记	5170524	北魏	拓 4043. 琼 13074. 雕 215
298 齐郡王祐造像记	5170720	北魏	拓 4044. 萃 28. 琼 13074. 雕 215
299 清信女造像记	5180000	北魏	龙录 248
300 昙任造像记 *	5180121	北魏	图典 468
301 昙任造像记	5180216	北魏	图典 468 – 69
302 邽夏□造像记	5180303	北魏	图典 469
303 孙宝憘造像记	5180320	北魏	拓 4052. 琼 15086. 鲁二一 1
304 陈四娘造像记	5180408	北魏	拓 4053. 雕 216
305 卢氏造像记	5180408	北魏	图典 470
306 刘僧息造像记	5180527	北魏	拓 4054
307 杜迁等造像记	5180615	北魏	拓 4055. 琼 13074. 雕 206
308 张匡造像记	5180715	北魏	图典 469
309 张安世造像碑	5180800	北魏	李书 277
310 比丘僧保进造像	5181210	北魏	中国金铜佛 65
311 侯地□造像记	5190000	北魏	中国金铜佛 31. 尊古斋 28
312 杨洛山造像记	5190000	北魏	松 231
313 夫蒙文庆造像记	5190015	北魏	马 89. 考古与文物 9602，13. 李书 278

314 赵阿欢造像记	5190203	北魏	拓 4060. 鲁二一 83. 雕 216
315 邑主孙念堂造像记	5190315	北魏	琼 13074. 雕 216
316 畅对等造像记	5190400	北魏	拓 4067 –68. 李书 278. 石刻 1. 25. 19174.
317 罗辉造像记	5190400	北魏	琼 13074
318 齐贰造像记	5190408	北魏	雕 234
319 杜永安造像记	5190425	北魏	拓 4064. 琼 13074. 雕 216
320 赫连儒造像记	5190603	北魏	拓 4069. 雕 234
321 林师德造像记	5190610	北魏	雕 234
322 杨善长李伏及造像记	5190703	北魏	琼 13074. 雕 217
323 五家七十人等造像记	5190707	北魏	鲁二一 85. 文物 8504,18 – 20
324 □□姜造像记	5190707	北魏	授堂金石续跋. 石刻 1. 25. 19174
325 比丘慧端等八十余人造像记	5190715	北魏	定襄金石考 1. 石刻 2. 13. 9949
326 崔勤造像记	5190911	北魏	拓 4071. 琼 15086. 雕 234
327 张乾度七十人等造像记	5191014	北魏	鲁二一 91. 关中存逸考 5. 陕西金石志 6
328 刘九州造像记	5191218	北魏	中国金铜佛 51
329 王氏造像碑	5200000	北魏	李书 278
330 李花造像记	5200014	北魏	拓 4083
331 周存妻造像记	5200200	北魏	拓 4087
332 杨颐明造像记	5200223	北魏	中原文物 8601,23

333 尼慈香惠政造像记	5200320	北魏	拓 4078. 琼 13074. 雕 217
334 比丘知因造像记	5200325	北魏	拓 4077. 琼 13074. 雕 217
335 邸绍智等邑义廿六人造像记	5200403	北魏	石佛研究 166
336 陈子良造像记	5200408	北魏	鲁二一 101. 陶 6. 雕 235
337 锜双胡廿人等造像记	5200408	北魏	拓 4079. 鲁二一 97
338 翟蛮造像记	5200412	北魏	拓 4080. 鲁二一 103. 陶 6. 雕 235
339 比丘昙爽造像记	5200500	北魏	拓 4086. 陶 7
340 赵阿欢造像记	5200609	北魏	琼 13074 – 75. 雕 217. 塚 484
341 魏裕造像记	5200610	北魏	图典 470 – 471
342 逄法度造像	5200814	北魏	北大藏拓 19322A
343 林广大造像记	5200821	北魏	雕 235
344 郭无度等百人合邑造像记	5200903	北魏	松 233, 李书 363
345 刘显明造像记	5200920	北魏	拓 4090. 琼 13075. 雕 217
346 某都统造像记	5201015	北魏	北朝研究 9402/3,7
347 合邑一百三十人造像记	5201025	北魏	鲁二一 107
348 某造像记	5201108	北魏	图典 471
349 李洪秀二七人造像记 *	5201110	北魏	鲁二一 113
350 王富如造像记	5201224	北魏	史学杂志 8610, 39
351 张承□造像记	5210000	北魏	雕 218

352 荔非天德造像记	5210000	北魏	拓 4120
353 比丘惠荣造像记	5210107	北魏	拓 4099. 琼 13075. 塚 486
354 李谨造像记	5210206	北魏	鲁二一 117
355 比丘僧惠等五十人等 造像碑	5210208	北魏	李书 211
356 张党援兄弟等造像记	5210302	北魏	中国文物报 971109，1
357 □德何造像记	5210324	北魏	中原文物 8102，17 – 19
358 比丘尼道□造像记	5210326	北魏	龙录 317
359 某造像记	5210401	北魏	雕 300
360 法藏造像记	5210408	北魏	图典 471 – 72. 李书 279
361 邑主马苗仁造像记	5210427	北魏	增补校碑随笔 306. 李书279 – 280
362 张温造像记	5210508	北魏	北图善拓 560 – 7. 雕 235
363 张秀林造像记	5210515	北魏	拓 4108
364 伊某造像记	5210605	北魏	文物 8501，47
365 廿二人造像碑	5210609	北魏	李书 211
366 扈豚造像记	5210702	北魏	中原文物 8102，16 – 17/ 8303，83
367 严小洛造像记	5210703	北魏	拓 4109. 鲁二一 119. 雕 235
368 比丘某造像记 *	5210707	北魏	陶 7，3. 雕 236
369 田黑奴造像记	5210710	北魏	琼 13075. 雕 226
370 比丘慧荣造像记	5210820	北魏	拓 4111. 琼 13075. 雕 217
371 王永安造像记	5210820	北魏	琼 13075. 雕 218

372 锜麻仁合家造像记	5210820	北魏	鲁二一 127
373 邓宣文造像记	5210820	北魏	考古 9208,741
374 杨道芠造像记	5210821	北魏	琼 13077－78. 雕 218
375 王仲和造像记	5210904	北魏	拓 4112. 琼 13075. 雕 218
376 李共□造像记	5210908	北魏	松 231
377 张开造像记	5210920	北魏	石佛研究 165
378 侯□和造像记	5211022	北魏	拓 4116. 琼 13075. 雕 218
379 祖仁等造像记	5211129	北魏	拓 4118. 雕 226
380 荔非元造像记 *	5220000	北魏	鲁二一 135. 陶 10,4
381 比丘道弥等造像记 *	5220000	北魏	北大藏拓 19327
382 □建造像记	5220102	北魏	中国金铜佛 86
383 王珍之造像记	5220126	北魏	拓 4127. 雕 236
384 刑□□造像记	5220203	北魏	松 228
385 某造像记	5220300	北魏	华夏考古 9004,51－53
386 魏氏造像记	5220308	北魏	图典 472－73
387 李要造像记	5220600	北魏	雕 226
388 刘氏造像记	5220608	北魏	图典 472
389 王法奴造像记	5220612	北魏	北图善拓 522－9
390 金德造像记	5220701	北魏	雕 236
391 大统寺慧荣造像记	5220717	北魏	琼 13075. 雕 223
392 郭臣造像记	5220803	北魏	中国金铜佛 70
393 袁□造像记	5220805	北魏	萃 29. 雕 236. 李书 280
394 元悦修古塔记	5220811	北魏	拓 4128. 鲁一四 753. 陶 7,4－5

395 比丘慧畅造像记	5220909	北魏	拓 4124. 萃 29. 琼 13075
396 公孙兴姬造像记	5220920	北魏	雕 226
397 元悦遣贾良造像记	5221109	北魏	拓 4128
398 □来贵造像记	5230000	北魏	中国金铜佛 32
399 项寄造像记	5230028	北魏	文物 8405, 23 – 24
400 尼法阴造像记	5230126	北魏	拓 4131. 琼 13075. 雕 218 – 219
401 翟兴祖造像记	5230215	北魏	中原文物 8502, 21
402 王伯集造像记	5230322	北魏	拓 4141. 琼 13075. 雕 224
403 沙门惠荣造像记	5230323	北魏	拓 4141. 琼 13075. 雕 223
404 阳景元造像记	5230323	北魏	琼 13075. 雕 324
405 董成国造像记	5230626	北魏	山右 1, 1. 拓 4145. 李书 212
406 郅拔延造像记	5230723	北魏	石佛研究 165
407 七十一人造佛道像碑	5230726	北魏	李书 280 – 282
408 法义兄弟姊妹造像记	5230729	北魏	拓 4147. 琼 16090. 鲁二一 129
409 王某妻田造像记	5230816	北魏	琼 13075. 雕 226
410 □道菅造像记	5230822	北魏	松 231
411 尼法照造像记	5230909	北魏	拓 4148. 琼 13075. 雕 224
412 优婆夷李造像记	5230915	北魏	拓 4149. 琼 13075. 雕 226
413 陶申仪造像记	5231207	北魏	图典 473. 李书 282
414 郭定周造像记	5240000	北魏	图典 474

415 元悦修治古塔碑铭	5240110	北魏	文物 8405,47
416 李覆宗造像记	5240320	北魏	拓 4161. 雕 237
417 杜文庆等二十人造像记	5240515	北魏	拓 4162. 鲁二一 132. 李书 364
418 张晋造像记	5240528	北魏	陶 7,5
419 刘根等四十一人造像记	5240530	北魏	拓 4164. 塚 454
420 魏氏造像记	5240600	北魏	拓 4166. 萃 32. 琼 16090. 关中文字 1. 李书 282－283
421 仇臣生造像记	5240715	北魏	拓 4167. 考古与文物 9602, 14. 李书 283
422 陈氏任陵姜造像记	5240723	北魏	雕 227
423 孙辽浮图铭	5240725	北魏	鲁一四 773－774. 拓 4168
424 道充等造像记	5240811	北魏	拓 4171. 琼 16091. 临淄县志,石刻 3. 27. 543
425 牛猷造像记	5240918	北魏	图典 475
426 赵某道俗造像记	5241125	北魏	拓 4176. 琼 13075－76. 雕 227
427 胡绊妻造像记	5241217	北魏	图典 474－475
428 王清造像记	5241217	北魏	图典 474
429 赵清女四百人造像记＊	5250000	北魏	北大藏拓 19336
430 比丘尼法要等造像记	5250215	北魏	中国金铜佛 68
431 比丘惠澄造像记	5250307	北魏	雕 227
432 曹望憘造像记	5250320	北魏	拓 4181. 鲁二一 133. 图典 476
433 比丘尼宝渊造像记	5250322	北魏	雕 237

434 贾智渊张宝珠造像记	5250419	北魏	拓 4182. 文物 6112,52
435 某造像记	5250420	北魏	雕 227
436 苏胡仁十九人造像记	5250425	北魏	拓 4185. 琼 13076. 雕 227. 塚 491. 龙录 275
437 李阿敬造像记	5250525	北魏	文物 9312,39
438 宣景建夫妻造像记	5250610	北魏	考古 9002,172
439 □景达夫妻造像记	5250610	北魏	雕 238
440 王世和造像记	5250615	北魏	文物参考资料 5804,43
441 清河王妃胡智造像记 *	5250710	北魏	拓 4186
442 道哈等百八十五人造弥勒像碑	5250710	北魏	李书 121
443 比丘尼僧□造像记	5250727	北魏	拓 5001. 琼 13076. 雕 219. 塚 469
444 尼僧达(?)造像记	5250808	北魏	拓 5002. 琼 13076. 雕 227. 塚 469
445 道畅等造像记	5250813	北魏	拓 5003
446 邓定安造像记	5250815	北魏	拓 5004. 陶 7,8. 雕 238
447 召天度造像记	5250927	北魏	雕 238
448 佛来阑造像记	5251216	北魏	石佛研究 165
449 某造像记	5260000	北魏	龙录 284
450 某造像记 *	5260000	北魏	尊古斋陶佛留真 2
451 司□造像记	5260008	北魏	龙录 283
452 焦儿奴造像记	5260008	北魏	拓 5055
453 元宁造像记	5260124	北魏	鲁二一 139. 萃 29. 雕 238
454 周天盖造像记	5260208	北魏	拓 5016. 琼 13076

455	徐安定造像记	5260208	北魏	松 232. 尊古斋 32
456	郭法洛等造像记	5260230	北魏	拓 5019. 金石萃编补遗 1, 石刻 2. 2. 1501
457	鹿登等造像记（张□汪）	5260327	北魏	鲁二一 141. 山右 1. 陶 7. 13
458	校书郎淳于道造像记	5260415	北魏	琼 13076
459	比丘昙宗昙虔造像记	5260421	北魏	石佛研究 165
460	某造像记	5260423	北魏	雕 228. 塚 469
461	比丘尼法起造像记	5260423	北魏	雕 228. 塚 470
462	清信王造像记	5260428	北魏	雕 228
463	法义等 17 人造像记	5260500	北魏	益都县图志 26. 石刻 3. 27. 413
464	荣九卅造像记	5260508	北魏	拓 5024. 雕 228
465	清信欲会造像记	5260515	北魏	拓 5025. 琼 13076. 雕 228
466	尼法际造像记	5260523	北魏	拓 5027. 琼 13076
467	丁辟耶造像记	5260523	北魏	拓 5026. 琼 13076. 雕 228
468	元倪妻造像记	5260523	北魏	鲁一四 777
469	乾灵寺尼智空造像记	5260523	北魏	拓 5028. 琼 13076. 雕 228
470	傅臣侯造像记	5260529	北魏	拓 5030. 雕 228
471	帅僧达等造像记	5260602	北魏	拓 5031
472	清信士李衰等造像记	5260620	北魏	龙录 308
473	上官信及子胡速造像记	5260700	北魏	考古 9207,624
474	道记造像记	5260804	北魏	雕 239

475 元氏法义造像记	5260908	北魏	琼 16090. 鲁二一 143. 考古学报 9303,289
476 比丘昙兴造像记	5260923	北魏	图典 477
477 道冲造像记	5261018	北魏	鲁一四 779
478 某造像记	5261100	北魏	图典 477－478
479 刘宁考造像记	5261120	北魏	鲁二一 145. 雕 233. 益都县图志 26. 石刻 3. 27. 414
480 王起同造像记	5270000	北魏	石佛研究 165
481 黄法僧造像记	5270115	北魏	拓 5056. 琼 13076. 雕 229
482 刘平周造像记	5270200	北魏	鲁二一 149
483 皆公寺比丘道休造像记	5270215	北魏	拓 5057. 琼 16092. 鲁二一 155
484 刘金玉造像记	5270220	北魏	松 233
485 宋景妃造像记	5270408	北魏	拓 5061. 琼 13076. 雕 225
486 扈文显造像记	5270415	北魏	中原文物 8102,17/8303,84
487 杨丰生造像记	5270420	北魏	拓 5062. 雕 239
488 林景达造像记	5270421	北魏	雕 239
489 比丘尼法恩造像记	5270524	北魏	雕 229
490 比丘尼明严造像记	5270524	北魏	雕 229. 临淄县志, 石刻 3. 27. 544
491 法义兄弟造像记	5270710	北魏	拓 5065. 琼 16090. 鲁二一 157
492 六十人等造像记	5270812	北魏	拓 5066. 鲁二一 159. 增补校碑随笔 335
493 皇甫度造石窟寺碑	5270916	北魏	历史所藏拓

494 法义九十人造像记　　5270917　北魏　拓 5067 - 68. 山东金石志,
　　　　　　　　　　　　　　　　　　　石刻 2. 12. 9290

495 王阿善造像记　　　　5271125　北魏　拓 5076.
　　　　　　　　　　　　　　　　　　　道家金石略 28

496 卢仲霸造像记　　　　5271200　北魏　松 228

497 杨茂庆造像记　　　　5280000　北魏　中原文物 8601,23

498 破六凡造像记　　　　5280023　北魏　北图善拓 560 - 3.
　　　　　　　　　　　　　　　　　　　语石异同评 326

499 鹿光熊造像记　　　　5280105　北魏　鲁二一 163. 雕 239

500 比丘道归造像记　　　5280310　北魏　松 232

501 邓法念造像记　　　　5280323　北魏　考古 9208,742

502 昙奈造像记　　　　　5280406　北魏　雕 229

503 陈天宝造像记　　　　5280408　北魏　拓 5081

504 王僧欢造像记　　　　5280504　北魏　拓 5084. 琼 16090.
　　　　　　　　　　　　　　　　　　　鲁二一 167. 济南金石志 2
　　　　　　　　　　　　　　　　　　　石刻 2. 13. 9799

505 李宝成合家造像记　　5280513　北魏　李书 212

506 道勇造像记　　　　　5280610　北魏　陶 7,13. 雕 239

507 常申庆造像记　　　　5280714　北魏　拓 5095

508 沙门惠诠造像记　　　5280715　北魏　拓 5096. 琼 13076 - 77.
　　　　　　　　　　　　　　　　　　　雕 229

509 王直勤造像记　　　　5281008　北魏　陶 7,14. 雕 240

510 某造像记　　　　　　5281106　北魏　图典 478 - 479

511 高神婆造像记　　　　5281115　北魏　图典 478. 李书 284

512 道慧造像记　　　　　5281123　北魏　拓 5110. 雕 229

513 某造像记　　　　　　5281200　北魏　中国金铜佛 52

514 某造像记 *　　　　　5290000　北魏　图典 479 - 480

515 纪和造像记　　　　　5290000　北魏　文物 8405,24

516 刘乐造像记	5290000	北魏	中国金铜佛 33
517 某造像记	5290005	北魏	中原文物 8501,14
518 刘伏保造像记	5290030	北魏	中国金铜佛 71
519 韩小华造像碑	5290204	北魏	中国文物报 961124,3
520 五十人等造像记	5290205	北魏	图典 479
521 杜延胜等五十人造像碑	5290205	北魏	李书 213
522 张欢造像记	5290311	北魏	拓 5120. 琼 13077. 雕 230
523 雷远造像记	5291110	北魏	鲁二一 169
524 乐陵太守等造像记	5291114	北魏	拓 5130. 琼 16093. 雕 240
525 薛凤规（颜）造像记	5300000	北魏	拓 5141－143. 鲁二一 179. 雕 241
526 某造像记	5300000	北魏	中原文物 8501,14
527 阎唊鬼等造像记	5300000	北魏	松 232
528 比丘造像记	5300007	北魏	临淄县志,石刻 3.27.542
529 李黑城造像记	5300307	北魏	考古与文物 8405,32
530 杨伏生造像记	5300308	北魏	文物 7907,80
531 郝元畅造像记	5300414	北魏	图典 479
532 曹光生造像记	5300504	北魏	中原文物 8501,14
533 张神远像记	5300510	北魏	拓 5138. 雕 240
534 冯女□造像记	5300520	北魏	松 232
535 孙容造像记	5300530	北魏	文物 8405,24－25
536 孙须故造像记 *	5300600	北魏	寿光县志 13,金石志,石刻 3.27.553
537 陈晕造像记	5300612	北魏	龙录 292
538 □连贵兴造像记	5300710	北魏	尊古斋 36

539 慧双等造像记	5300711	北魏	拓 5139. 鲁二一 171
540 比丘惠辅等造像记	5300809	北魏	拓 5194. 鲁二一 175. 雕 240 欠 . 益都县图志, 石刻 3. 27. 416
541 某造像记	5300906	北魏	中原文物 8601,14
542 法云等造像记	5310000	北魏	拓 5154. 塚 467. 巩县 2
543 比丘尼净晕造像记	5310110	北魏	雕 241
544 朱辅伯造像碑	5310115	北魏	李书 285 – 286
545 金神庆造像记	5310217	北魏	考古与文物 8406,34. 李书 349
546 杨何真造像记	5310300	北魏	拓 5144
547 韩法胜等卅四人造像记	5310429	北魏	文物 9710,74
548 某造像记	5310500	北魏	图典 480 – 481. 李书 287
549 百人造像碑	5310503	北魏	李书 286
550 比丘僧愿朱辅伯等 造像碑	5310723	北魏	李书 287 – 288
551 某造像记	5310808	北魏	巩县 2
552 道慧法盛造像记	5310815	北魏	拓 5150. 雕 230. 塚 470
553 道慧法盛造像记	5310815	北魏	雕 230,塚 470
554 王进达等造像记 *	5310827	北魏	文物 9710,66
555 程拖奴造像记	5310900	北魏	鲁二一 201. 雕 242
556 郭旱造像记	5311217	北魏	图典 480
557 徐子良造像记	5320201	北魏	雕 242
558 尼昙颜造像记	5320301	北魏	图典 481 – 482
559 杨阿真造像记	5320315	北魏	拓 5155. 陶 7,20. 雕 242
560 比丘尼□达造像记	5320316	北魏	龙录 317

561 静度造像记	5320320	北魏	拓 5159. 雕 230. 塚 467
562 李白虎造像记	5320323	北魏	图典 481
563 范国仁等造像记	5320403	北魏	拓 5160. 鲁二一 205. 雕 243
564 尼法光造像记	5320408	北魏	拓 5161. 琼 13077. 雕 230. 塚 470
565 孔雀造像记	5320408	北魏	文物 8405,25. 图典 481
566 路僧妙造像记	5320424	北魏	拓 5162. 琼 13077. 萃 29. 雕 230
567 樊奴子造像记	5320607	北魏	拓 5165. 鲁二一 211. 关中文字 1. 金石萃编补遗 1, 石刻 2.2.1502. 李书 288
568 樊道德造像记	5320607	北魏	拓 5163. 琼 13077
569 介休造像记	5320715	北魏	拓 5164. 雕 243
570 郭氏造像碑	5320815	北魏	李书 288-289
571 巩买德等造像碑	5321108	北魏	李书 333
572 冯贰郎造像记	5321114	北魏	文物 8405,25
573 杨元悦造像记	5321212	北魏	龙录 360
574 解保明造像记	5330215	北魏	图典 482-483. 李书 364
575 某造像记	5330300	北魏	益都县图志 26. 石刻 3.27.418
576 马禄造像记	5330301	北魏	考古 9406,569
577 刘景和造像记	5330301	北魏	龙录 277
578 吴屯造像记	5330304	北魏	拓 5184
579 某造像记	5330308	北魏	中原文物 8102,19

580	邑主隽蒙□娥合邑卅一人造像记	5330508	北魏	拓 5179 – 182. 马 91 – 92. 考古与文物 9602,15
581	赵乔女造像记	5330618	北魏	北大藏拓 19348
582	樊道德造像记	5330710	北魏	拓 6163. 琼 13077
583	孙百间造像记	5330800	北魏	文博 9203,78
584	元□二十余人造像记	5330820	北魏	琼 13077. 塚 453. 雕 225
585	贾景等造像记	5330908	北魏	拓 5201. 鲁二一 79
586	政桃树造像记	5330910	北魏	拓 5188. 琼 13077. 雕 219
587	封法造像记	5331001	北魏	考古学报 9402,图版 16
588	赵曹生妻张法姜造像记	5331016	北魏	石佛研究 165. 图典 482
589	合家造像记	5340202	东魏	中国金铜佛 34
590	道信造像记	5340210	北魏	拓 5192 – 193
591	法义兄弟二百人造像记	5340305	北魏	鲁二一 215. 陶 7,21
592	张僧珍造像记	5340408	北魏	文物 9312,36
593	道仙造像记	5340413	北魏	拓 5196. 塚 467. 雕 230 – 231
594	僧惠等造像记	5340427	北魏	鲁二二 239
595	孙姬造像记	5340507	北魏	拓 5197. 琼 13077. 雕 231
596	元哲妻韩氏造像记	5340508	北魏	拓 5198
597	韩显祖造像记	5340628	北魏	拓 5199. 琼 16093. 雕 244. 陶 7,22 – 23. 鲁二一 219
598	赵道显造像记	5340706	北魏	北朝研究 9303,57

599 张好郎造像记	5340715	北魏	拓 5200
600 杜景世造像记	5341213	东魏	石佛研究 174
601 刘继保造像记	5350121	东魏	中国金铜佛 89
602 张昙造像记	5350124	东魏	雕 252
603 慧隐造像记	5350207	东魏	河南文博通讯 7801,63
604 毛遐造像记	5350215	西魏	考古 6503,140
605 王息末造像记	5350307	西魏	北图善拓 560 - 10
606 朱舍兴造像记	5350330	东魏	琼 17096. 鲁二二 241
607 王慎宗等造像记	5350401	西魏	拓 6001 - 2. 琼 16094. 雕 285
608 韩世保造像记	5350404	东魏	文物 9312,39
609 嵩阳寺碑	5350408	东魏	拓 6028. 鲁一五 817 - 825. 萃 30
610 长孙僧济造像记	5350408	东魏	拓 6027. 琼 17097. 雕 246
611 吴德造像记	5350408	西魏	琼 16095
612 比丘洪宝造像记	5350411	东魏	拓 6029. 琼 17097. 萃 30. 雕 252. 鲁二二 243
613 □万集等二十人造像记	5350427	东魏	雕 253 - 254
614 比丘尼某悦造像记	5350500	东魏	鲁二二 247
615 僧更造像记	5350512	东魏	巩县 2
616 某造像记	5350600	东魏	松 234
617 张小兴造像记	5350623	东魏	中国金铜佛 90
618 法胜法休造像记	5350708	西魏	拓 6003. 雕 275
619 惠究道通造像记	5350801	东魏	拓 6031
620 韩亦头造像记	5350818	东魏	雕 254

621 高阳郡张白奴造像记	5351026	东魏	琼 17102. 图典 483－484
622 □延造像记	5351123	西魏	拓 6004. 雕 285
623 赵胜荣造像记	5360000	东魏	考古与文物 8404,14
624 巩县尉妻造像记	5360000	东魏	巩县 3
625 王方略造须弥塔记	5360101	东魏	拓 6033. 雕 254. 萃 30. 偃师金石遗文记, 石刻 2. 14. 10106
626 合邑百人造像碑	5360123	东魏	李书 126
627 孔僧时造像记	5360124	东魏	拓 6034. 鲁二二 251. 陶 8,1. 雕 254
628 乐□造像记	5360303	东魏	雕 283. 图典 485
629 杨大升造像记	5360303	东魏	巩县 3
630 道□造像记	5360408	西魏	巩县 4
631 清信士佛弟子某 造像记	5360415	东魏	巩县 3
632 佛弟子□造像记	5360415	东魏	巩县 3
633 僧氏□已造像记	5360425	东魏	宜阳金石志 76. 石刻 3. 29. 609
634 某造像记	5360500	东魏	松 233
635 法智造像记 *	5360508		拓 6036. 陶 10,2
636 尼县会造像记	5360515	东魏	拓 6037. 琼 17097. 萃 30. 雕 246
637 智明造像碑	5360603	东魏	中国文物报 961124,3
638 某造像记	5360810	东魏	图典 485
639 七宝山灵光寺造像记	5360927	东魏	定襄金石考 1. 石刻 2.13. 9949－9951
640 李愿标造像记	5361000	西魏	琼 16095. 陶 10,1. 雕 285

641 僧道崇造像记	5361008	西魏	北图善拓 520 - 7
642 李慧珍造像记	5361200	东魏	鲁二二 249. 陶 8. 拓 6039
643 比丘昙晏等造像记	5361203	东魏	石佛研究 167
644 汝阴王造像记	5370000	东魏	历城县志．考古学报 9303，29
645 焦伏安造像记 *	5370000	西魏	文博 9203，86. 李书 289 - 290
646 法如等合邑造像记	5370000	东魏	松 234 - 235
647 孙思香造像记	5370121	东魏	拓 6040. 琼 17097. 雕 246
648 比丘惠晖等造像记	5370128	东魏	鲁二二 253. 雕 254. 陶 8，1 - 2
649 李禄等造像记	5370200	东魏	陶 8，2. 雕 254
650 王磐虎造像记	5370205	东魏	鲁二二 257
651 朝阳村邑义男子母子卅人造像记	5370328	东魏	石佛研究 166 - 167
652 永宁寺造像碑	5370330	东魏	文物 9612，82
653 白宝造中兴寺像记	5370408	西魏	鲁二三 515. 雕 286
654 靳逢受兄弟等造像记	5370610	东魏	语石异同评卷 5，327
655 曹敬荣造像记	5370625	西魏	琼 17097. 雕 247
656 王早文造像记	5370629	东魏	中原文物 8501，14 - 15
657 高子路等造像碑	5370702	西魏	李书 289
658 安村道俗百余人修故塔记	5370725	东魏	鲁一五 835. 河南文博通讯 8004，30
659 桓尹村合邑七十人造像记	5370726	东魏	文物 9605，63

660 惠相等道俗三十人造像记	5370819	东魏	拓6043. 雕249
661 惠庆造像记	5370905		巩县3
662 刘捐造像记	5370908	东魏	鲁二二259. 陶8,2-3. 雕255
663 比丘昙超等造像记	5370908	东魏	鲁二二26. 陶8,2. 雕255
664 维那四十人造像记	5370913	东魏	鲁二三263. 陶8,3. 雕255
665 张僧安造像记	5370919	东魏	拓6044. 雕255
666 李姜造像记 *	5371000	东魏	松234
667 仇虔造像记	5371017	西魏	中国金石学31
668 元宁造像记	5371205	东魏	图典486
669 刘双周造均塔记	5371219	东魏	拓3148/6046. 雕255. 陶8,5-6
670 僧惠造像记	5380000		巩县4
671 刘始等造像碑	5380000	西魏	李书290
672 丁连造像记	5380202	东魏	北图善拓520-6
673 魏文男造像记	5380308	西魏	考古与文物8404,14
674 田安祥造像记	5380408	东魏	琼18103
675 薛安颢造像记	5380408	东魏	图典487
676 法仪六十人造像记	5380420	东魏	拓6048. 鲁二二267. 雕256
677 比丘逢道造像记	5380503	西魏	雕288
678 柳昭造像记	5380508	东魏	鲁二二269. 雕256. 陶8,6-7
679 党屈蜀造像记	5380606	西魏	拓6005. 琼16095

680 张敬造像记	5380621	东魏	拓 6050. 鲁二二 271. 雕 256. 山东金石志，石刻 2. 12. 9290
681 杜收虎造像记	5380630	东魏	琼 18103. 雕 257 无文
682 僧演造像记	5380715	西魏	萃 32. 雕 288. 李书 290
683 僧愍造像记	5380829	东魏	鲁二二 275. 陶 8 ,7. 雕 257
684 红林渡佛龛记（张法乐造像）	5380907	东魏	山右 1
685 寿圣寺造像记	5381015	东魏	山右 1. 雕 257. 李书 221
686 裴双□造像记	5381201	东魏	中国金铜佛 91
687 刘寿君造像记	5381221	东魏	拓 6051. 琼 18103. 雕 257. 常山贞石志 2
688 合邑四十人造像记	5381226	西魏	拓 6006. 鲁二三 525. 李书 221－222
689 某造像记	5390000	东魏	图典 488
690 比丘尼惠照造像记	5390101	东魏	石佛研究 168
691 张奴造像记	5390205	东魏	雕 283
692 凝禅寺三级浮图颂	5390215	东魏	拓 6053. 琼 18105－106
693 曹续生造像记	5390225	西魏	萃 32. 雕 289. 李书 291
694 乞伏锐造像记	5390323	东魏	拓 6054. 琼 18109. 鲁二二 277. 雕 251
695 姚敬遵造像记	5390323	东魏	拓 6055. 琼 18109. 鲁二二 279

696 某造像记	5390329	东魏	图典 487 – 488
697 力俊造像记	5390400	西魏	闻喜县志 20. 石刻 3. 31. 427
698 赵延进造像记	5390412	东魏	北大藏拓 19384. 东光县志 10，石刻 3. 23. 543
699 薛明陵造像记	5390500	东魏	文物 8405，25
700 董定姜造像记	5390813	东魏	石佛研究 167
701 康生造像记	5390822	西魏	图典 488
702 程荣造像记	5400000	东魏	拓 6070. 雕 258. 琼 19112
703 范洪□造像记	5400000	西魏	雕 296
704 敬史君碑	5400000	东魏	拓 6071 – 72. 萃 30
705 黄门侍郎等造像碑	5400000	西魏	李书 291
706 成明月造像记	5400106	东魏	琼 19110
707 仇贵造像记	5400204	东魏	鲁二二 281
708 廉富造井像记	5400218	东魏	拓 6166. 鲁二二 283
709 郗广寿造像记	5400223	东魏	石佛研究 168 – 169
710 某造像记	5400323	东魏	图典 489
711 右僧颙造像记	5400408	东魏	图典 489
712 苏方成造像记	5400428	西魏	琼 16095
713 苏方成妻赵曼等 　造像记	5400428	西魏	拓 6007. 琼 16095. 雕 284
714 易卢□造像记	5400703	东魏	尊古斋 40
715 韩道义造像记	5400715	西魏	琼 16095. 雕 284
716 巨始光造像记	5400715	西魏	北图轴 24. 鲁二三 529. 雕 289. 李书 222 – 223
717 吉长命造像记	5400715	西魏	文物 8504，22. 李书 291

718 宝藏造像记	5400715	东魏	拓 6061. 雕 257
719 昙陵造像记	5400725	东魏	拓 6062. 雕 257
720 赵胜习作造像记	5400917	东魏	拓 6066. 琼 18109. 鲁二二 293
721 马都爱造像记	5401007	东魏	拓 6067. 雕 257
722 孙思宝三十人造像记	5401209	东魏	拓 6069. 琼 19112. 雕 258
723 吕升欢造像记	5410000	东魏	鲁二二 297
724 张荣庭造像记	5410000	东魏	中国金铜佛 93
725 道遇合义十三人造像记	5410030	东魏	雕 259
726 灵岩寺沙门璨造像铭	5410115	西魏	拓 6008. 琼 16095. 雕 284
727 乐零秀造像记	5410123	东魏	石佛研究 167
728 造像记	5410200	东魏	图典 490
729 张相女造像记	5410203	东魏	中国金铜佛 53
730 □京造像记	5410215	东魏	松 235
731 李灵造像记	5410215	东魏	松 236
732 僧二百余人等造像记	5410225	东魏	深州金石记 11 上，石刻 3. 24. 516 – 517
733 □句业造像记	5410303	东魏	中国金铜佛 92. 尊古斋 41 – 42
734 朱席不等造像记	5410408		雕 258
735 僧道山造像记	5410415	东魏	拓 6075. 琼 19113. 陶 8,15. 鲁二二 294. 雕 258
736 严毛兴造像记	5410426	西魏	拓 6009
737 邢生造像记	5410625	东魏	山右 1. 李书 223 – 224

738 赵道成造像记	5410829	东魏	石佛研究 166
739 比丘宝主等卅二人造像记	5411113	东魏	考古 9603,93
740 员光造像记	5411123	东魏	拓 6081. 雕 259. 李书 224
741 李晦妻王丰始造像记	5411125	东魏	石佛研究 166
742 杨□爱造像记	5420000	西魏	图典 491
743 并汾晋雍四州诸人造像碑	5420000	东魏	李书 225－226
744 吴广造像记	5420105	东魏	雕 283
745 道缘造像记	5420300	东魏	文物春秋 9003,22
746 成休祖造像记	5420307	东魏	拓 6087. 鲁二二 309. 雕 179
747 赵伏姬造像记	5420309	东魏	中原文物 8501,15－17
748 比丘道恩造像记	5420408	东魏	图典 490
749 某造像记	5420408	东魏	雕 259
750 项智坦造像记	5420520	东魏	文物 8405,25
751 比丘尼道贵神达造像记	5420605	东魏	昌乐县志 17. 石刻 3. 27. 578
752 敬悲造像记	5420608	东魏	拓 6088. 雕 259
753 常光庆兄弟造像碑	5420615	东魏	李书 224－225
754 法盛造像记	5420817	东魏	雕 260. 李书 364
755 苑贵妻尉氏造像记	5420911	东魏	拓 6089. 鲁二二 311. 雕 260
756 李显族造像记	5421008	东魏	拓 6090. 雕 260. 鲁二二 313
757 大吴村百人造像记	5421105	东魏	琼 19113. 金石汇目 20734
758 上官香造像记	5421125	东魏	鲁二二 325
759 刘目连造像记	5430102	东魏	拓 6091

760 道观等造像记	5430107	东魏	鲁二二 332. 陶 9,1. 雕 261
761 道俗等造像记	5430203	东魏	新郑县志 29. 石刻 3.28.216
762 王景祥造像记	5430328	东魏	中国金铜佛 94
763 王知明造像记	5430400	西魏	关中文字 1,13
764 高归彦造像记	5430408	东魏	拓 6073. 鲁二二 333
765 杨回洛造像记	5430512	北魏	石佛研究 168
766 骆子宽造像记	5430515	东魏	雕 261 – 262. 图典 492
767 董道得造像记	5430525	西魏	雕 290
768 李次明造像记	5430704	东魏	拓 6094. 雕 261
769 道俗九十人等造像记	5430727	东魏	拓 6095. 琼 19114. 鲁二二 337. 金石续编 2. 雕 263. 文物丛刊 5,125
770 邑义五百人造像记	5430800	东魏	拓 6096 – 97. 鲁二二 343. 雕 262 – 263
771 吴易兴造像记	5430823	东魏	文物天地 9404,7
772 曹全造像记	5430901	东魏	拓 6098. 雕 264
773 王女仁造像记	5430908	东魏	石佛研究 166
774 □始兴造像记	5431200	东魏	琼 19115
775 王早树造像记	5431200	东魏	增补校碑随笔 369
776 道□造像记	5431202	东魏	拓 6101
777 常恩洛造像记	5431204	东魏	鲁二二 361
778 郅副世造像记	5431222	东魏	石佛研究 169
779 刘明造像记	5440000	东魏	拓 6120
780 苏丰洛造像记	5440000	东魏	石佛研究 168
781 息愿造像记	5440101	东魏	中国金铜佛 95

782 王贰郎二百人造像记	5440216	东魏	鲁二二 363. 陶 9,1－2. 雕 265
783 李洪演造像记	5440301	东魏	拓 6102. 萃 31. 鲁二二 374. 雕 266. 图典 493－494
784 杨显叔造像记	5440314	东魏	拓 6103. 鲁二二 375
785 某造像记	5440400	东魏	文物 9605,63
786 杨显叔造像记	5440414	东魏	拓 6104. 鲁二二 377. 陶 9,10
787 祭台村造像记（道巩造像记）	5440608	西魏	陕西金石志 6,15－16. 金石续编 2
788 尼惠遵造像记	5440705	东魏	鲁二二 381
789 王子贡造像记	5440715	东魏	中国金铜佛 73
790 李玉钧造像记	5440801	东魏	拓 6106
791 比丘僧纂造像记	5440901	东魏	山西文物 8302,77
792 路文助造像记	5441000	东魏	雕 265. 文物 6112,53
793 戎爱洛造像记	5441020	东魏	拓 6116. 图典 493
794 张利德造像记	5441125	东魏	文物春秋 9101,92
795 王双虎造像记	5441204	东魏	金石续编 2. 雕 266
796 广福寺造像记	5441214	东魏	益都金石记 1
797 僧敬等造像记	5441217	东魏	拓 6119
798 田景造像记	5450000	东魏	雕 283
799 刘晏造像记	5450000	东魏	雕 270
800 马□造像记	5450208	东魏	考古 9407,569
801 □田造像记	5450304	东魏	雕 283
802 刘凤姜四十九人造像记	5450405	东魏	拓 6121
803 张愿德造像记	5450412	东魏	拓 6122
804 卅人造像碑	5450415	西魏	考古 9207,624－625

805 郑清合仪六十人造像记	5450508	东魏	雕 267
806 程次男造像记	5450520	东魏	文物 8405,26
807 道和等造像记	5450523	东魏	鲁二二 385. 图典 494
808 某造像记	5450710	东魏	松 235
809 慧法等造像记	5450713	东魏	图典 494 – 495
810 僧惠等造像记	5450715	东魏	拓 6124. 琼 19115 – 116. 雕 268
811 报德寺造像记	5450715	东魏	鲁二二 389. 雕 266 – 267. 陶 9,6. 图典495 – 496
812 惠朗造像记	5450802	东魏	拓 6125. 雕 269
813 王氏女张恭造像记	5450903	东魏	拓 6126. 常山贞石志 2
814 士继叔造像记	5451015	东魏	考古学报 9402,236
815 蓝仟造像记	5451023	东魏	拓 6129. 雕 269
816 故比丘县静造像记	5451110	东魏	拓 6130. 琼 17097. 雕 247
817 故比丘县静造像记	5451110	东魏	琼 17097 – 98
818 李长君造像记	5460000	东魏	文物春秋 9403,57
819 道颖等造像记	5460208	东魏	拓 6133. 雕 270. 图典 496
820 惠好惠藏等造像记	5460208	东魏	拓 6132
821 卅三人造思维像	5460210	东魏	文物春秋 9003,22
822 □子阿元等造像记	5460300	东魏	文物 8704,31
823 任安保六十人造像记	5460323	西魏	考古与文物 9402,46
824 道凭法师造像记	5460408	东魏	拓 6135. 雕 252
825 杜五娘造像记	5460505	东魏	雕 283
826 法龙造像记	5460803	西魏	考古与文物 8405,32 – 33

827 吴叔悦造像记	5460813	东魏	拓 6136. 鲁二二 399
828 夏侯丰珞造像记	5461008	东魏	考古学报 9402,235
829 乐天佑造像记	5461008	东魏	鲁一四 915 – 917. 雕 270. 陶 9,9
830 董回洛造像记	5461205	东魏	文物 9102,1
831 李虎眷属造像记	5461207	东魏	文物 8009,66
832 郅显造像记	5470000	东魏	石佛研究 169
833 梁氏造像碑	5470000	西魏	李书 227
834 惠诊造像记	5470126	东魏	拓 6138. 雕 271. 陶 9,11
835 龚某造像记	5470205	东魏	鲁二二 403
836 丰乐七帝寺邑义 造像记	5470208	东魏	拓 6141. 鲁二二 405
837 □□智造像记 *	5470215	东魏	中原文物 8601,23
838 比丘僧兴造像记	5470318	东魏	松 238
839 郭神通造像记	5470608	东魏	文物 8307,38
840 李神覆造像记	5470619	西魏	拓 6010
841 赵宗贵造像记	5470624	东魏	石佛研究 168
842 张同柱等造像记	5470702	东魏	石佛研究 167
843 王惠略造像记	5470703	东魏	拓 6142. 鲁二二 407. 雕 271
844 王盖周等造像记	5470704	东魏	拓 6143. 文物 9707,64.
845 朱舍舍宅造像记	5470709	东魏	拓 6144. 鲁一四 919. 雕 271
846 王法现等造像记	5470718	东魏	鲁二二 411. 山右 1,19. 雕 271
847 张显珍造像记	5470814	东魏	考古 8511,1046
848 僧悦造像记	5470901	西魏	图典 497
849 陈神姜等造像记	5470908	西魏	拓 6011 – 14

850 杜照贤等造像记	5471115	西魏	拓 6015 – 018. 鲁二三 545. 雕 291
851 比丘尼法妃等造像记	5471123	东魏	雕 272. 金石录补 8,2
852 姚保造像记	5480000	东魏	琼 19116
853 似先难造像记	5480223	西魏	考古与文物 8405,41
854 某造像记	5480312	东魏	文物 9112,39
855 介媚光造像记	5480403	西魏	拓 6019. 雕 292 – 293
856 蔡氏造像记	5480408	西魏	拓 6020. 雕 301. 琼 16095. 道家金石略 31 – 33
857 苏氏造像记	5480408	东魏	松 236
858 合邑七十人造像碑	5480421	西魏	李书 294 – 295
859 唐小虎造像记	5480503	东魏	拓 6148. 鲁二二 417. 雕 272. 陶 9,15
860 道深造像记	5480505	东魏	鲁二二 421. 雕 272. 陶 9,16
861 某造像记	5480629	东魏	文物 9102,11
862 某造像记	5480709	东魏	文物 8811,96
863 郅冲和造像记	5480715	东魏	石佛研究 167 – 168
864 杨标造像记	5480721	西魏	文物 9407,84 – 86
865 张昙宝造像记	5480905	东魏	雕 272 – 273
866 志朗造像记	5480909	东魏	拓 6149
867 破六造像记	5480910	东魏	文物 9102,2. 图典 498
868 邑主造像记	5480912	东魏	拓 6150. 雕 273. 萃 31
869 昙陵昙初等造像记	5490000	东魏	雕 279
870 某造像记	5490115	东魏	雕 250
871 孙孟长造像记	5490121	东魏	鲁二二 423. 雕 274. 陶 9,18

872 张伏安妻阿胡造像记	5490124	东魏	鲁二二 325. 雕 274. 陶 9,16
873 延陵显仲造像记	5490208	东魏	拓 6152. 金石续编 2. 雕 274
874 比丘普朗造像记	5490215	东魏	河南文博通讯 8001,55
875 赵显造像记	5490230	东魏	鲁二二 427. 陶 9,17. 雕 278
876 惠遵造像记	5490306	东魏	鲁二二 429. 雕 274. 陶 9,16 – 17
877 王光造像记	5490404	东魏	鲁二二 431. 雕 274
878 义桥石像碑	5490408	东魏	拓 6153. 萃 31. 琼 19116 – 117. 雕 275
879 道宝碑记	5490408	东魏	拓 6155. 鲁二二 453. 雕 277
880 高岭以东诸邑义道俗造像记	5490408	东魏	鲁二二 465. 雕 274. 金石续编 2
881 报德寺比丘法相造像记	5490415	东魏	琼 17098. 拓 6156. 雕 249
882 道显造四面像记	5490502	西魏	北大藏拓 19361
883 吴神达合邑造像记	5490514	西魏	萃 32. 雕 293 – 294
884 李伯奴造像记	5490600	东魏	山右 1
885 孙贵姜造像记	5490617	东魏	文物 9102,2
886 马行兴造像记	5490717	东魏	石佛研究 168
887 某昙游造像记	5490820	东魏	鲁二二 469. 雕 278. 陶 9,17
888 法嵩法迁造像记	5491001	东魏	鲁二二 471
889 法寿造像记	5491006	西魏	考古与文物 9402,48
890 刘腾造像碑	5491100	东魏	拓 6157 – 159
891 赵天崇造像记	5491201	东魏	北大藏拓 19385
892 张保洛造像记	5491208	东魏	萃 31. 山右 1,20 – 21. 鲁二二 473

893 贾兰朝等造像记	5491215	东魏	考古 8003,245
894 贾乾德造像记	5500201	北齐	考古 8003,245
895 □延隽造像记	5500202	东魏	中国金铜佛 96
896 杜文雅十四人等造像记	5500208	东魏	拓 6162. 鲁二二 475. 雕 279
897 张非利造像记	5500211	东魏	文物春秋 9502,82
898 孙胡造像记	5500211	东魏	文物春秋 9502,82
899 方双虎造像记	5500223	东魏	拓 6163. 雕 280
900 刘台显造像记	5500223	东魏	鲁二二 481. 雕 279. 陶 9,18
901 廉天长等造像记	5500310	东魏	拓 6166 – 168. 鲁二二 483
902 齐仵龙造像记	5500315	东魏	拓 6169
903 谢智明造像记	5500321	东魏	深州志 11. 石刻 3.24.517
904 李僧造像记	5500510	东魏	拓 6172 – 175. 鲁二三 489. 文物季刊 8901
905 僧哲等四十人造像记	5500530	北齐	拓 7001 – 2. 山西文物 8601,56
906 僧通等八十人造像记	5500615	北齐	拓 7003 – 4. 鲁二三 577. 山西文物 8601,56
907 韩妙动造像记	5500624	北齐	石佛研究 170
908 王有存妻李氏造像记	5500800	北齐	拓 7005
909 李日郎造像记	5500804	北齐	文物春秋 9403,57
910 岐法起造像记	5500901	西魏	萃 32. 雕 294
911 张伯龙兄弟造像记	5501008	北齐	拓 7006. 琼 20118. 鲁二三 583
912 道待造像记	5501020	北齐	拓 7007
913 张始兴造像记	5501200	北齐	陶 11,1. 雕 315
914 王信天造像记	5501201	北齐	增修诸城县续志金石考, 石刻 3.28.75

915 □敬远造像记	5501208	北齐	文物 8307,41
916 朱方造像记	5510106	北齐	北图善拓 520 - 8
917 李雅晕造像记	5510109	北齐	拓 7008. 陶 11,1. 雕 315
918 杨就等造像记	5510115	北齐	鲁二三 587
919 毛恩庆造像记	5510116	北齐	图典 499
920 张某造像记	5510200	北齐	文物丛刊 5,139
921 叶神扶造像记	5510218	北齐	中国金铜佛 140
922 马成云造像记	5510219	北齐	琼 20119
923 崔氏女张华造像记	5510219	北齐	雕 358
924 比丘道成造像记	5510224	北齐	考古与文物 8404,14
925 崔宾先造像记	5510303	北齐	文物丛刊 5,136
926 □定造像记	5510309	北齐	文物丛刊 5,136
927 艾殷造像记	5510325	西魏	拓 6022. 雕 294. 图典 500
928 道成造像记	5510326	北齐	巩县 4
929 合邑七十六人造像记	5510400	西魏	李书 296 - 297
930 崔仲□兄弟造像记	5510403	北齐	文物丛刊 5,139
931 王广仁造像记	5510406	北齐	松 240
932 王正文造像记	5510408	北齐	琼 20119
933 法训为身患造像记	5510408	北齐	文物丛刊 5,139
934 王元福造像记	5510408	北齐	北图善拓 520 - 9
935 惠凤为身造像记	5510411	北齐	文物丛刊 5,138
936 道荣造像记	5510415	北齐	拓 7009. 文物丛刊 5,138
937 宗慈孙卅七人造像记	5510423	西魏	鲁二三 559
938 惠育造像记	5510428	北齐	文物丛刊 5,139
939 张双卧造像记	5510501	北齐	石佛研究 169
940 □周子造像记	5510622	北齐	文物丛刊 5,139

941 李奴造像记	5510623	北齐	文物丛刊 5,139
942 郭买祚造像记	5510628	北齐	文物 8405,57
943 葛岳力造像记	5510714	北齐	深州志 11. 石刻 3.24.518
944 邢多五十人等造像记	5510715	北齐	金石续编 2. 拓 7010
945 法义十七人造像记	5510715	北齐	雕 315
946 王智晖造像记	5510723	北齐	拓 7011. 雕 315
947 宁氏合族造像碑	5510723	西魏	李书 231 – 231
948 僧玩造像记	5510808	北齐	拓 7012
949 比丘智园法田造像记	5510808	北齐	考古 8003,245
950 郑敬羡造像记	5510925	北齐	陶 11,1. 雕 315
951 姬洪业造像记	5511101	北齐	陶 11,2. 雕 316
952 始平县伯某造像记	5511215	西魏	平津读碑记 2. 雕 294
953 孟回同等造像记	5511223	北齐	中国金铜佛 55
954 崔氏女张华造像记	5520114	北齐	琼 20119
955 相里寺碑	5520115	北齐	金石文字记 2,14
956 盖家破造像记	5520123	北齐	考古 8507,666
957 王显等造像记	5520220	北齐	中国金铜佛 97
958 刘子瑞造像记	5520300	北齐	中原文物 8602,57
959 张世宝三十人造像记	5520308	北齐	拓 7015. 鲁一六 947. 雕 316
960 薄四奴造像记	5520401	北齐	松 238
961 宋显伯等造像记	5520408	北齐	拓 7016 – 18. 金石续编 2. 文物丛刊 5,127
962 僧济本造像记	5520408	北齐	考古 9008,717. 考古学报 9402,238
963 范连和造像记	5520408	北齐	文物春秋 9701,88 – 89
964 张莲造像记	5520420	北齐	雕 358
965 某造像记	5520423	北齐	陶 11,4. 雕 317

966	张成造像记	5520428	北齐	琼20119
967	僧显等造像记	5520503	西魏	雕295
968	张道明等八十人造像记	5520517	北齐	拓7019－20. 鲁二三591
969	宋显昌造像记	5520525	北齐	陶11,2. 雕316
970	巩伏龙造像记	5520611	西魏	拓3020. 雕295. 李书297
971	牛景悦造像记	5520708	北齐	拓7021
972	赵氏造像记	5520715	北齐	图典502－503
973	魏蛮造像记	5520715	北齐	图典501－502
974	某遵造像记	5520808	北齐	陶11,2. 雕316
975	僧严等造像记	5520820	北齐	拓7022. 鲁二三597
976	道建造像记	5520903	北齐	拓7023
977	周氏造像记	5520905	北齐	考古9707,29
978	杨哲造像记	5521120	北齐	鲁二三599. 陶11,2－3. 雕316
979	朱氏女姜瑞云造像记	5530106	北齐	拓7024
980	郭□珍造像记	5530202	北齐	文物8405,57
981	公孙村母卅一人造像记	5530220	北齐	陶11,3－4. 雕316
982	僧澄造像记	5530608	北齐	拓7027
983	朱贵都造像记	5530613	北齐	阳信县志1,石刻3.26.33
984	李买造像记	5530625	北齐	拓7028. 琼20119. 鲁二三601
985	某造像记	5530700	北齐	龙录290
986	赵超起造像记	5530715	北齐	雕358
987	惠藏静光造像记	5530815	北齐	拓7029

988 道常等造像记	5530819	北齐	拓 7030. 雕 317. 图典 503
989 温城宋天禁造像记	5530822	北齐	文物春秋 9403，57
990 刘思祖造像记	5530823	北齐	鲁二三 603
991 宋景邕造像记	5531228	北齐	拓 7031
992 树明□造像记	5540023	北齐	尊古斋 43 – 44
993 金门太守桑买妻造像记	5540115	北齐	琼 20119. 鲁二三 605. 雕 317
994 张氏郝造像记	5540125	北齐	拓 7032. 鲁二三 607. 雕 318
995 伯辟寺尼惠晕造像记	5540129	北齐	常山贞石志 2. 雕 318
996 马远造像记	5540210	北齐	雕 318
997 诸维那等四十人造像记	5540215	北齐	拓 7033. 鲁二三 609. 雕 318
998 马阿显兄弟姊妹等造像记	5540220	北齐	拓 7034
999 郅六王为亡父母造玉像	5540312	北齐	文物春秋 9003，23
1000 殷双和等造像记	5540400	北齐	拓 7036. 鲁二三 617
1001 畅洛生等造像记（叶容等）	5540402	北齐	拓 6035. 鲁二三 613. 文物丛刊 5，127
1002 郑络兴造像记	5540408	北齐	图典 504
1003 赵独方等同邑义卅人等造像记	5540408	北齐	北大藏拓 19428. 东光县志 10，石刻 3.23.544
1004 王上元造像记	5540408	北齐	北图善拓 520 – 10
1005 薛山俱二百人等造像记	5540412	西魏	鲁二三 563. 图典503 – 504. 李书 232 – 233

1006 惠众等造像记	5540512	北齐	拓 7038. 鲁二三 629. 雕 319. 益都县图志 26， 石刻 3. 27. 420
1007 静恭等二十人造像记	5540514	北齐	拓 7037. 雕 318
1008 僧怜造像记	5540605	北齐	雕 319
1009 刘族造像记	5540709	北齐	鲁二三 619
1010 鄢树仁造像记	5540714	北齐	陶 11，5
1011 张景晖造像记	5540715	北齐	拓 7039. 益都金石记 1，10. 雕 319. 鲁二三 621
1012 令狐氏等造像记	5540715	北齐	考古 9707，29
1013 张景林造像记	5540801	北齐	拓 7040. 鲁二三 623
1014 丘惠懃等造像记	5540805	北齐	北图善拓 560－8
1015 刘洪朗造像记	5540815	北齐	鲁二三 625
1016 郑络兴造像记	5541008	北齐	松 240
1017 崔棠夫妻造像记	5541015	北齐	拓 7042. 鲁二三 627
1018 张洪庆等三十五人造像记	5541020	北齐	文物 8307，45
1019 王雅造像记（？）	5541023	西魏	闻喜县志， 石刻 3. 31. 425
1020 葛今龙造像记	5541100	北齐	陶 11，6. 雕 319
1021 赵庆祖造像碑	5541108	北齐	中原文物 9402，22
1022 张市贵造像记	5541120	北齐	深州志 11， 石刻 3. 24. 518
1023 张贵庆造像记	5541124	北齐	松 240
1024 薛明陵造像记	5541215	北齐	文物 8405，26
1025 张天恩造像记	5541221	北齐	琼 20119. 雕 319
1026 杨广济造像记 *	5550000	北齐	拓 7088
1027 主法明等合邑 *造像记	5550009	北齐	雕 327

1028 董道□造像记	5550015	北齐	中国金铜佛 100
1029 李神景兄弟等造像记	5550123	北齐	石佛研究 170
1030 任□造像记	5550200	北齐	尊古斋 45 – 46
1031 任□造像记	5550322	北齐	中国金铜佛 74
1032 王显伯造像记	5550325	北齐	东光县志 10. 石刻 3. 23. 544
1033 陈奴郎等造像碑	5550415	北齐	李书 233
1034 李子休造像记	5550513	北齐	拓 7047
1035 江阿欢夫妻造像记	5550625	北齐	鲁二三 631
1036 李宿女造像记	5550701	北齐	中国金铜佛 98
1037 李清造报德寺碑	5550702	北齐	拓 7048. 琼 20120. 鲁二三 633 – 640. 雕 312 – 313
1038 僧伦为陈使君造像记	5550715	北齐	雕 319
1039 鲁彦昌造像记	5550715	北齐	拓 7049
1040 某造像记	5551000	北齐	中国金铜佛 99
1041 贡九珍造像记	5551016	北齐	文物 9102,11
1042 邬买德为亡父造像记	5551115	北齐	雕 319
1043 比丘惠某等造像记	5551128	北齐	文物 9112,40
1044 孟表等造像记	5551207	北齐	考古学报 9402,243. 考古 9008,718
1045 段神标为亡女造像记	5551224	北齐	文物 8009,67
1046 陶长贵造像记	5560000	北齐	拓 7055
1047 某造像记	5560000	北齐	鲁二三 659
1048 □首盛造像记	5560000	北齐	中国金铜佛 101
1049 某造像记	5560010	北齐	考古 8003,245
1050 朱叔梵造像记	5560020	北齐	山东通志艺文志 9. 石刻 2. 12. 9226

1051 张庆宾造像记	5560125	北齐	石佛研究 169
1052 韩子思造像记	5560208	北齐	石佛研究 172
1053 高刘二姓造像记	5560301	北齐	拓 7051
1054 邵神虎造像记	5560308	北齐	陶 11,7. 雕 320
1055 邑主秦从卅人造像记	5560415	西魏	北大藏拓 19359
1056 法某造像记	5560525	北齐	巩县 5
1057 比丘某造像记	5560525		巩县 6
1058 李□奴造像记	5560608	北齐	益都县图志 26. 石刻 3. 27. 406
1059 韩克智造像记	5560610	北齐	中原文物 8102,17. 8303
1060 比丘□造像记	5560718	北齐	陶 11,7. 雕 320
1061 高睿造像记	5560815	北齐	琼 20121 – 122. 鲁二三 655. 雕 320
1062 高睿造像记	5560815	北齐	拓 7054. 琼 20121. 鲁二三 651. 雕 320
1063 赵郡王高睿造像记	5560815	北齐	琼 20121. 鲁二三 649. 雕 320
1064 尼如静造像记	5560824	北齐	琼 20122. 鲁二三 657
1065 合邑造像记	5560908	西魏	闻喜县志 21,石刻 3. 31. 425 – 426
1066 宋法明造像碑	5560925	北齐	李书 366
1067 刘堆造像记	5560927	北齐	鲁二三 661
1068 广武令赵郎奴造像记	5561000	北齐	定襄金石考 1, 石刻 2. 13. 9951
1069 刘同敏造像记	5561211	北齐	陶 11,7. 雕 321
1070 赵世标造像记	5561219	北齐	雕 358
1071 黄海伯及妻造像记	5570120	北齐	雕 321
1072 何氏女玉巧造像记	5570129	北齐	北图善拓 520 – 11

1073 张始孙造像记	5570212	西魏	拓 8097. 琼 16096. 鲁二三 573
1074 乐皇村造像记	5570217	北齐	松 238
1075 宋王仁造像记	5570308	北齐	金石续编 2
1076 吴绍贵造像记	5570320	北齐	拓 7056
1077 张康张双兄弟造像记	5570320	北齐	拓 7058
1078 法义兄弟八十人等造像记（郭猛）	5570322	北齐	拓 7057. 陶 11,7－8. 雕 321. 鲁二三 663
1079 比丘法阴造像记	5570408	北齐	图典 505－506
1080 高睿僧标造像记	5570408	北齐	拓 7059. 琼 20122. 鲁一六 977－978
1081 马忘愁造像记	5570422	北齐	考古 9407,570
1082 刘树姬造像记	5570510	北齐	文物 8405,28
1083 张寿年八十五人等造像记	5570606	北齐	拓 7062. 雕 321－322
1084 张荣洛兄弟造像记	5570606	北齐	文物 8307,45－46
1085 阎氏造像记	5570608	北齐	图典 505
1086 高睿造定国寺塔铭碑	5570615	北齐	拓 7061. 琼 20122－124
1087 刘碑造像记	5570700	北齐	拓 7069. 萃 33. 琼 21128－129. 雕 323－324
1088 张延造像记	5570720	北齐	石佛研究 172
1089 夏庆孙法仪三十二人等造像记	5570729	北齐	昌乐县续志 17. 石刻 3.2.579
1090 吕小丑造像记	5570804	北齐	松 238
1091 刘颜渊造像记	5570812	北齐	拓 7064
1092 智超等造像记	5570820	北齐	平津馆金石萃编 5. 石刻 2.4.2476

1093 比丘宝演造像记	5571115	北齐	拓 7065. 琼 20124 – 125. 雕 310
1094 垣周等修塔像记	5571129	北齐	拓 7066. 琼 21126 – 129. 鲁二三 667. 金石续编 2. 雕 322 – 323
1095 朱氏邑人等造像记	5571200	北齐	拓 7068. 鲁二三 691
1096 某造像记	5571200		巩县 6
1097 智静造像记	5571213	北齐	拓 7067. 陶 11,9. 雕 324
1098 梁弼造像记	5571225		巩县 6
1099 延和造像记	5580106	北齐	拓 7070. 琼 21129
1100 王□造像记	5580206	北齐	文物 9102,2
1101 鲁思明等造寺碑	5580208	北齐	拓 7071. 鲁一六 979 – 982. 文物丛刊 5,127
1102 宋敬业造像记	5580306	北齐	拓 7072. 琼 21129. 陶 11,9. 雕 324
1103 道邕为亡□造像记	5580309		巩县 6
1104 张归生造像记	5580323	北齐	拓 7073
1105 某造像记	5580400	北齐	新郑县志 29. 石刻 3. 28. 216
1106 道胜造像记	5580408	北齐	拓 7074. 陶 11,10. 雕 324
1107 朱海造像记	5580408	北齐	寿光县志 13. 石刻 3. 27. 554
1108 王频造像记	5580715	北齐	拓 7075
1109 董黄头等七十人 造像碑	5580727	北齐	李书 234

1110 翟刀文造像记	5580826	北齐	宁津县志 10. 石刻 3. 23. 513
1111 阳显姜等造像记	5580929	北齐	文物 8307,45. 图典 506
1112 高贵安妻刘白仁 造像记	5581008	北齐	石佛研究 170 – 171
1113 刘也奴造像记	5581021	北齐	中国金铜佛 56
1114 □晕造像记	5581030	北齐	文物 9112,38
1115 秦庙迦造像记	5581128	北齐	陶 11,13. 雕 325
1116 李荣贵兄弟等造像记	5590210	北齐	鲁二三 697
1117 道润等造像记	5590213	北齐	拓 7080
1118 惠祖智元等造像记	5590215	北齐	雕 325. 图典 507
1119 成犊生造像记	5590326	北齐	拓 7082. 鲁二三 709
1120 □为亡父母造像记	5590400	北齐	益都县志 26. 石刻 3. 27. 420
1121 房绍兴造像记	5590408	北齐	琼 21129. 鲁二三 711. 雕 325
1122 □造像记	5590408	北齐	雕 326
1123 成元兴造像记	5590409	北齐	文物 9102,2
1124 都昙为亡父母造像记	5590416	北齐	北大藏拓 19447. 雕 327
1125 王和兄弟三人造像记	5590418	北齐	石佛研究 169
1126 张伯礼造像记	5590420	北齐	东光县志 10. 石刻 3. 23. 545
1127 魏法兴等造天宫记	5590428	北齐	鲁一六 985. 中原文物 8702, 152
1128. 宝山寺僧等造像记	5590429	北齐	鲁二三 713. 文物丛刊 5,128

1129 高方显造像记	5590605	北齐	雕 326
1130 张疵造像记	5590608	北齐	拓 7083. 雕 326
1131 赵和等造像记	5590615	北周	北图裱本 845 – 10
1132 周双仁等造像记	5590704	北齐	鲁二三 717. 陶 11,7. 雕 326 – 327
1133 禅慧寺佛幢	5590715	北齐	拓 7085. 山右 2,4 – 5
1134 道胐造像记	5590715	北齐	北图裱本 2122. 萃 33. 雕 327
1135 张唊鬼造像记	5590825	北齐	文物 6310,14
1136 宇文仲为亡父等 造像记	5590905	北周	雕 364
1137 刘绍安等造像记	5590908	北齐	中原文物 8602,57
1138 故韦可敦比丘尼法 造像记	5590928	北周	陶 14,1. 雕 363
1139 夏侯显穆等造像记	5591002	北齐	文物 8009,56
1140 觧氏等造像记	5591006	北齐	图典 507 – 508
1141 绛阿鲁造像碑	5591008	北周	李书 298
1142 张聪造像记	5591120	北齐	拓 7086
1143 唐族造像记	5591125	北齐	文物 8009,69
1144 王鸭脸等十四人 造像记	5591208	北齐	拓 7087
1145 镂石班经记	5600000	北齐	拓 7102. 琼 21130. 鲁二四 727
1146 比丘尼智妃造像记	5600000	北齐	文物 8307,41
1147 □造像记	5600000	北齐	中国金铜佛 102
1148 马恩等造像记	5600112	北齐	雕 327
1149 王妙晖等造像记	5600208	北周	琼 23144. 萃 36. 雕 364. 马 3

1150 太原四部邑子四十人 等造像记	5600408	北周	萃 36. 雕 365
1151 杨忤女杨景祥等 造像记	5600408	北周	文博 9202,72
1152 大交村邑义七十五人 造像记	5600415	北齐	雕 327
1153 比丘尼惠业造像记	5600506	北齐	石佛研究 171
1154 张惠晗造像记	5600508	北齐	雕 328
1155. 智念等造像记	5600515	北齐	拓 7097. 雕 328
1156 欧伯罗夫妻造像记	5600707	北齐	拓 7098. 鲁二四 725. 雕 328
1157 比丘僧邑义等造像记	5600715	北齐	拓 7099. 琼 21129 – 130. 雕 328
1158 僧训造像记	5600809	北齐	深州志 11. 石刻 3. 24. 518
1159 尼慧承等造像记	5600825	北齐	拓 7100. 琼 21130. 雕 328
1160 合方邑子百数十人 造像记	5600915	北周	马 56
1161 方道显造像记	5601026	北齐	雕 328. 平津馆读碑记
1162 乡老举孝廉隽敬碑并 维摩经	5601220	北齐	拓 7103. 琼 21130 – 131
1163 辅阑意等造像记	5610000	北周	拓 8104. 考古与文物 8303， 26
1164 成氏造石浮图记	5610109	北齐	拓 7105. 常山贞石志 2. 雕 329
1165 合邑造像记	5610115	北周	考古与文物 8504,109 – 112
1166 马光云造像记	5610206	北齐	琼 21131

1167 马洛子造像记	5610403	北周	拓8100. 雕379
1168 棠□造像记	5610403	北齐	拓7106
1169 某造像记	5610408	北周	图典509
1170 邑义七十人等造像记	5610408	北齐	拓7107. 鲁二四735. 寿光县志13. 石刻3.27.554
1171 陈氏众人造像碑	5610408	北周	李书235
1172 阿妳造像记	5610408	北齐	文物9701,80
1173 郭义造像记	5610419	北齐	文物8405,57
1174 □义造像记	5610419	北齐	文物8405,57
1175 比丘僧法延造像记	5610423	北齐	陶12,1. 雕329
1176 王伯良兄弟造像记	5610515	北齐	陶12.2. 雕329
1177 陈神忻等造像记	5610525	北齐	拓7108. 鲁二四737－740. 山右2,9
1178 李宝炽造像记	5610607	北周	鲁二五603
1179 比丘尼泉愉造像记	5610609	北齐	文物春秋9403,57
1180 李孝贞造像记	5610609	北齐	文物春秋9403,57
1181 秦国瓯造像记	5610611	北周	琼23144
1182 姚回造像碑	5610723	北周	李书301
1183 雷文伯造像记	5610729	北周	拓8101－103. 马92－93
1184 樊景珍造像记	5610813	北齐	文物9102,10
1185 比丘尼员空造像记	5610825	北齐	考古8003,245
1186 邑子百十五人造像记	5610909	北周	考古与文物9402,48
1187 许俊卅人造像记	5611030	北齐	拓7109. 琼21131. 雕329
1188 张黑奴造像记	5611210	北齐	东光县志10. 石刻3.23.545

1189	邑主同帝龙欢合邑百人造像记	5620000	北周	马 93 - 94. 鲁二五 945
1190	荔非兴度造像记	5620000	北周	考古与文物 9402,48 - 49
1191	李道敬造像记	5620000	北齐	文物 8307,40
1192	张操造像记	5620000	北周	鲁二五 939. 陕西金石志 6
1193	姜阿格造释迦像碑 *	5620000	北齐	李书 152 - 153
1194	法义百余人造定光像记	5620002	北齐	琼 21132. 雕 330
1195	孟义郎率百人等造像	5620106	北齐	北大藏拓 19463
1196	比丘尼法藏造像碑	5620124	北周	李书 235 - 236
1197	高业夫妻造像记	5620201	北齐	文物 8307,39
1198	范慈造像记	5620208	北周	拓 8105
1199	钳耳世标造像记	5620208	北周	考古与文物 9402,50 - 51
1200	赞三宝福业碑	5620208	北齐	拓 7113 - 114. 鲁一六 1007. 定县志,石刻 3. 24. 270
1201	珍妻刘造像记	5620208	北齐	石佛研究 171
1202	马□造像记	5620301	北齐	考古 9406,570
1203	尼受□造像记	5620408	北齐	鲁二四 743
1204	董道生造像记	5620408	北周	拓 8106. 图典 509
1205	程永太妻刘造像记	5620706	北齐	东光县志 10. 石刻 3. 23. 545
1206	栾买糠造像记	5620715	北齐	文物 9102,3
1207	张伯生为亡息造像记	5620715	北齐	北大藏拓 19745. 益都县图志 26. 石刻 3. 27. 421

1208 陈海荣为亡父造像记	5620723	北齐	雕 330
1209 比丘昙响等二百七十人造像碑	5620725	北周	李书 238
1210. 卫超王等百七十人造像碑	5620811	北周	李书 239 – 240
1211 赵科造像记	5620814	北齐	鲁二四 745
1212. 比丘尼员度造像记	5620820	北齐	考古 8003,242
1213 祁令和造像记	5620926	北周	拓 8107. 鲁二五 935. 山右 2.24. 闻喜县志 21 上，石刻 3. 31. 418
1214 阳氏为自身造像记	5621008	北齐	文物 8009,69
1215 宋荣智造像记	5621120	北齐	雕 330
1216 李昙信兄弟等造像记	5621215	北周	拓 8108. 李书 302 – 303
1217 宗景安造像记	5630000	北齐	中原文物 8804,18
1218 司马存造像记	5630000	北齐	松 240
1219 某造像记	5630000	北周	中国金铜佛 75
1220 上官僧渡等造像记	5630002	北齐	文物 8009,57 – 58
1221 □落□造像记 *	5630003	北周	琼 23145
1222 贾像奴造像记	5630110	北齐	考古 8003,245
1223 阿鹿交村七十人等造石窟记	5630217	北齐	拓 7124. 鲁二四 747. 山右 2,16
1224 薛贰姬等造像记	5630401	北齐	鲁二四 755. 雕 358. 山东金石志,石刻 2. 12. 9200
1225 阳阿故县造像记	5630500	北齐	山右 2,11. 李书 240 – 241

1226 彭敬宾等造像记	5630508	北齐	重修泰安县志 13. 石刻 3. 25. 578
1227 僧昙钦造像记	5630517	北齐	鲁二四 753. 雕 330
1228 诸邑子造像记	5630601	北周	图典 509 – 510
1229 田元族造像记	5630601	北周	拓 8109
1230 王幸造像记	5630705	北齐	拓 7125. 文物 9701,80
1231 智满造像记	5630720	北齐	拓 7126
1232 法神造像记	5630815	北齐	文物丛刊 5,136
1233 梁罢村缬英等七十人造像碑	5630827	北齐	李书 148 – 149
1234 程黄积造像记	5630905	北齐	尊古斋 47
1235 孙静造像记	5630908	北齐	拓 7127
1236 王永造像记	5630913	北齐	北图善拓 582 – 24
1237 比丘思敏等造像碑	5630915	北齐	李书 367
1238 姬洪燕造像记	5631004	北齐	文物 9102,11
1239 卜道雅等造像记	5631120	北齐	鲁二四 757. 雕 231
1240 道□造像记	5631125	北齐	文物丛刊 5,136. 巩县 6
1241 董渊等造像记	5640000	北齐	拓 7144. 陶 12,4 – 5
1242 河清造像碑	5640000	北齐	拓 7143. 山右 2,18
1243 梁显业造像记	5640000	北周	雕 368
1244 法湛造像记	5640200		文物丛刊 5,139
1245 牛永福等造像记	5640208	北齐	拓 7130. 雕 232
1246 王氏道俗百余人等造像记	5640208	北齐	琼 21132. 雕 231
1247 王文超造像碑	5640214	北周	李书 349 – 350
1248 明空等造像记	5640318	北齐	拓 7133. 琼 21132. 鲁二四 761. 雕 232
1249 杨昙景造像记	5640319	北周	拓 8110. 琼 23144

1250 董玉造像记	5640325	北齐	雕 332
1251 张延钦等造像记	5640328	北齐	拓 7137. 鲁二四 763
1252 尹景穆等造像记 *	5640400	北齐	鲁二四 911
1253 某造像记	5640403	北齐	文物 8405，27
1254 比丘凝玄造像记	5640404	北齐	北大藏拓 19481b
1255 孔昭弟造像记	5640408	北齐	图典 510. 文物 8405，28
1256 比丘法□造像记	5640409	北齐	石佛研究 171
1257 道政四十人等造像记	5640413	北齐	拓 7138 – 139
1258 在孙寺造像记	5640420	北齐	雕 332 – 333. 萃 33
1259 郭贤造像记	5640508	北周	拓 8112. 雕 365
1260 姚道珍造像记	5640606	北周	雕 379
1261 同帝氏造像记	5640609	北周	雕 365 – 366. 萃 36
1262 刘珍东等二百人造像刊经碑	5640708	北齐	拓 7141. 李书 88 – 89
1263 张永贵造像记	5640808	北周	拓 8113
1264 圣母寺四面造像记	5640908	北周	拓 8114 – 116. 萃 36. 琼 23145. 雕 366. 鲁二五 949
1265 韩山刚造像记	5641008	北齐	拓 7142
1266 侯海朋夫妻造像记	5641129	北齐	雕 333
1267 王瓮生造像记	5641215	北周	拓 8117 – 118. 雕 367. 萃 36
1268 郑□培造像记	5641229	北齐	松 239
1269 朱高陵造像记	5650000	北齐	龙录 317
1270 某造像记 *	5650000	北齐	文物 9605，65
1271 僧道□造像记	5650127	北齐	松 240
1272 张湛造像记	5650130	北齐	寿光县志 13. 石刻 3. 27. 555
1273 朱昙思等合邑造像记	5650304	北齐	拓 7150. 雕 334. 萃 33

1274 王邑师道□等造像记	5650308	北齐	拓 7151 – 152. 陶 12,11 – 12. 雕 334 – 335
1275 道待造像记	5650327	北齐	拓 7154
1276 王惠颙廿人等造像记	5650327	北齐	拓 7153. 陶 12,9
1277 比丘静藏造像记	5650408	北齐	石佛研究 170
1278 僧和造像记	5650408	北周	拓 8119
1279 玄极寺碑（慧据法师造像）	5650408	北齐	鲁一六 1023 – 1036
1280 杨荣珍造像记	5650424	北齐	鲁二四 767
1281 前尚书严□顺兄弟造像记	5650515	北齐	拓 7155. 琼 22134. 陶 12,18
1282 秦国丞为亡父母等造像记	5650608	北周	雕 368
1283 赵族造像记	5650617	北周	拓 8120. 雕 368
1284 成天顺造像记	5650619	北齐	考古 9707,29
1285 法义优婆姨等造像记	5650715	北齐	拓 7157 – 158. 雕 335
1286 柴季阑等四十余人造像记	5650800	北齐	拓 7160 – 161
1287 李遵伯造像记	5650813	北齐	拓 7159
1288 李明显造像记	5650824	北周	拓 8121. 鲁二五 963. 雕 368
1289 郭显邕造经记	5650906	北齐	拓 7163
1290 王永建造像记	5650907	北周	图典 511
1291 姜纂造像记	5650908	北齐	拓 7164. 萃 34. 雕 360
1292 樊畔仁造像记	5651006	北周	拓 8122
1293 思隐造像记	5651018	北齐	拓 7167
1294 某造像记	5651030	北齐	文物丛刊 5,136. 巩县 7
1295 □永进造像记	5651128	北齐	中国金铜佛 103

1296 □□造像记	5651128	北齐	尊古斋 45－46
1297 王硕达等造像记	5651200	北周	鲁二五 965
1298 郭氏造像记	5651206	北周	陕西金石志 6
1299 道珍造像记	5651218	北齐	松 243
1300 董桃树造像记	5660000	北齐	拓 7180
1301 基连公慕容乐等造像记	5660000	北齐	雕 325
1302 刘显国合家造像记	5660000	北周	雕 369
1303 合村长幼造像记	5660208	北周	拓 8124. 鲁二五 969
1304 卫法王造像记	5660208	北周	考古 9112,1096
1305 僧族造像碑	5660208	北周	拓 8124－126
1306 道敬造像记	5660209	北齐	文物丛刊 5,139. 巩县 7
1307 比丘僧护造像记	5660218	北齐	文物丛刊 5,135. 巩县 7
1308 比丘惠庆造像记	5660312	北齐	文物丛刊 5,135. 巩县 7
1309 刘敬默造像记	5660323	北齐	拓 7173. 陶 12,13－14. 雕 336
1310 秋进和造像记	5660407	北齐	拓 7174. 文物丛刊 5,135. 巩县 7－8
1311 天统残造像记	5660408	北齐	拓 7175
1312 比丘智□等造像记	5660408	北周	图典 512
1313 董法相造像记	5660408	北周	拓 8127. 雕 368
1314 刘僧信造像记	5660410	北齐	拓 7176. 鲁二四 769. 雕 336
1315 高市庆等造像记	5660420	北齐	石佛研究 172
1316 张秋等六人造像记	5660420	北齐	陶 12,14. 雕 336
1317 马崇晕造像记	5660529	北齐	中国金铜佛 104
1318 法眼为息造像记	5660603	北齐	北大藏拓 19597
1319 路阿□造像记	5660611	北齐	陶 12,14. 雕 336
1320 南子胤造像记	5660715	北齐	拓 7177－178. 鲁二四 773

1321 邯建兄弟三人造像记	5660715	北齐	中国金铜佛 105
1322 李恭造像记	5660715	北周	闻喜县志 21 下. 石刻 3. 31. 427
1323 比丘僧遵造像记	5660715	北齐	寿光县志 13. 石刻 3. 27. 555
1324 刘绍安等造像记	5660716	北齐	中原文物 8602,57
1325 明藏造像记	5660719	北齐	考古与文物 8404,20
1326 昨和拔祖等一百廿八人造像记	5660723	北周	琼 23145 – 146. 关中文字 1,15
1327 权彦景辉等造像碑	5660725	北周	李书 350
1328 刘元景夫妻造像记	5660801	北齐	石佛研究 171 – 172
1329 王子胜造像记	5660830	北齐	尊古斋 49
1330 王永业造像记	5660915	北齐	图典 511 – 512
1331 吕定烦造像记	5660915	北周	陇右金石录补 12 – 13
1332 张阑豪为皇甫子禽造像记	5661015	北周	雕 368 – 369
1333 比丘法晕造像记	5661020	北齐	拓 7179. 琼 20125
1334 张兴十七人等造像记（宋金保）	5661120	北周	拓 8128 – 132. 鲁二五 975
1335 冯翊郡八十二人造像记	5661125	北周	文博 9202,73
1336 褚道澄造像记	5670000	北齐	拓 7191
1337 李男香造像记	5670000	北周	萃 37. 雕 369
1338 纪僧咨造像记	5670112	北齐	拓 7181. 琼 22134. 鲁二四 775. 益都金石记 1,15. 雕 337
1339 马众庶造像碑	5670123	北周	李书 308 – 309

1340 石济周造像记	5670200	北齐	文物 8009,58
1341 吕思颜造像碑	5670208	北周	拓 3016. 李书 309
1342 李清□造像记	5670314	北周	中国金铜佛 76
1343 韩永义等合邑造像记	5670315	北齐	拓 7182. 萃 34. 雕 337－338
1344 故人妻何宗时王 造像记	5670320	北齐	文物 8307,47
1345 贺兰光姬造像记	5670323	北齐	中国金铜佛 106
1346 全菏造像记	5670400	北周	陕西金石志 6,24
1347 □法和造像记	5670400	北周	雕 369
1348 宋买造像记	5670408	北齐	拓 7183. 鲁二四 781. 陶 12,14
1349 宗祥造像记	5670408	北周	北图善拓 560－12
1350 李磨侯造像记	5670410	北齐	拓 7184. 金石续编 2
1351 卅余人造像记	5670410	北齐	山东金石志, 石刻 2. 12.9201
1352 乌木□造像记	5670505	北周	关中文字 1,17
1353 朱道威造丈八大像记	5670515	北齐	萃 34. 琼 22135. 雕 339
1354 李兴祖造像记	5670523	北齐	石佛研究 171
1355 李得玉造像记	5670527	北齐	鲁二四 785
1356 张静儒造像记	5670527	北齐	拓 7185. 鲁一六 1037. 陶 12,16. 雕 339－340
1357 袭曹造像记	5670600	北周	拓 8133. 文物参考 资料 5501,126
1358 王幽远造像记	5670606	北齐	雕 340
1359 皇甫显宗造像记	5670610	北齐	文物春秋 9003,23
1360 王世基造像记	5670619	北齐	文物春秋 9003,24

1361 比丘法明等造像记	5670621	北周	北大藏拓 19601b
1362 二百五十人造像记	5670627	北周	文博 9202,74
1363 道宁等造像记	5670715	北齐	拓 7187
1364 □德造像记	5670715	北齐	拓 7188
1365 比丘法定等七十人造像碑	5670823	北周	李书 309－310
1366 郭也□造像记	5670915	北齐	文物 8405,57
1367 殷恭安等造像记	5670916	北齐	拓 7189
1368 库汗安洛造像记	5670919	北周	琼 23146. 陶 14,2. 鲁二五 979. 雕 369
1369 姚景等造像记	5671008	北齐	拓 7190. 雕 336－337
1370 郅道洛夫妻造双观音像记	5671019	北齐	文物春秋 9003,23
1371 僧绪造像记	5671116	北周	关中文字 1,16
1372 张伏惠造像记	5680000	北齐	文物 6310,15
1373 权天景等造像记 *	5680000	北周	松 241
1374 商义兴造像记	5680006	北齐	鲁二四 793. 雕 340
1375 郑晕业造像记	5680103	北齐	拓 7192
1376 王景清信女杜氏造像记	5680126	北齐	文物 8009,67
1377 皇甫愿宋造像记	5680208	北齐	文物春秋 9003,24
1378 邑义百六十人等造像记 *	5680215	北周	关中文字 1,18
1379 谢思祖夫妻造像记	5680223	北齐	文物 8704,34
1380 魏显明造像记	5680225	北齐	文物丛刊 5,136－137
1381 比丘尼静妃造像记	5680301	北齐	中国历史博物馆馆刊 6,84
1382 杜世敬等造像记	5680304	北周	拓 8137. 雕 379
1383 李洪贵等造像记	5680315	北齐	中国の石仏と石経 74
1384 李福玉造像记	5680326	北齐	拓 7193

1385 □丑造像记	5680328	北齐	雕 359
1386 某造像记	5680400	北周	文物 8703，55
1387 某造像记	5680405		文物 8307，41
1388 薛回显造像记	5680408	北周	拓 8138. 雕 370. 鲁二五 981
1389 张祥造像记	5680408	北周	雕 370. 萃 37
1390 杨奴造像记	5680410	北齐	北图裱本 2121
1391 杜□□五十余人 造像记	5680501	北齐	宝丰县志 14. 石刻 3. 30. 131 – 132
1392 元和造像记	5680705	北周	雕 370
1393 范谋为亡夫造像记	5680715	北齐	雕 359
1394 逢略造像记	5680904	北齐	鲁二四 789
1395 法义廿余人等造像记	5680911	北齐	拓 7194
1396 合邑十五人造像记	5680915	北齐	拓 7195
1397 王丰妻叔孙造像记	5681005	北齐	拓 7196. 雕 340
1398 赵君造像记	5681100	北齐	拓 7198
1399 慧果造像记	5681108	北齐	拓 7197
1400 郭铁造像记	5681200	北齐	鲁二四 791. 雕 340 – 341. 陶 12，17
1401 僧渊造像记	5681214	北周	琼 23146 – 147
1402 刘遵伯造像记	5681229	北齐	石佛研究 170
1403 某造像记	5690118	北齐	雕 359
1404 严苌造像记	5690123	北周	陶 14，2 – 3. 雕 370
1405 黄德造像记	5690205	北齐	琼 22135
1406 张欢造像记	5690312	北齐	中国金铜佛 57
1407 道俗邑人造像记	5690408	北齐	拓 7199. 雕 341
1408 潘景晖等造像记	5690408	北齐	拓 7200. 鲁二四 795
1409 孙氏造像记	5690415	北齐	拓 7201. 鲁二四 799. 雕 341

1410 曹景略造像记	5690423	北齐	拓 7202. 雕 341 – 342
1411 张仲连造像记	5690501	北齐	北图画像 1062
1412 夏侯纯陀造像记	5690615	北周	拓 8140 – 141. 鲁二五 983. 陕西金石志 6
1413 贾乾德妻杨等造像记	5690705	北齐	考古 8003,245
1414 刘陆造像记	5690715	北齐	中原文物 8602,57
1415 王士真造像记	5690723	北周	雕 370
1416 颜那米造像记	5690801	北周	雕 370 – 371. 萃 37
1417 弟子张造像记	5690909	北齐	琼 22135
1418 邑义六十人等造像记	5690914	北齐	雕 342
1419 郭市和造像记	5691020	北齐	鲁二四 803. 陶 12,17. 雕 342
1420 张唋鬼合邑造像记	5691201	北齐	文物 6310,15
1421 李恩和造像记	5691227	北齐	文物春秋 9403,57
1422 某造像记	5700000	北齐	图典 514
1423 郭始孙造像记 *	5700000	北周	鲁二五 995
1424 薛匡生造像记	5700000	北齐	拓 8018. 琼 22137
1425 郭显建造像记	5700000	北周	松 242
1426 徐喜□造像记	5700005	北周	中国金铜佛 141
1427 某造像记	5700024	北齐	中国金铜佛 107
1428 普屯康造像记	5700103	北周	鲁二五 985
1429 贾同村邑人造像记	5700115	北齐	考古 8003,242
1430 董洪达造像记	5700126	北齐	拓 8002. 琼 22135. 雕 343 – 344
1431 贾致和等十六人 造像记	5700211	北齐	拓 8003
1432 比丘尼净治造像记	5700212	北齐	文物 9112,40

1433 □女赵造像记	5700218	北齐	琼 22137
1434 贾兰业兄弟造像记	5700220	北齐	考古 8003,244
1435 马天祥造像记	5700228	北齐	拓 8082. 萃 35. 琼 22141. 李书 92
1436 李芳造像记	5700300	北周	陶 14,3. 雕 378
1437 清信女造像记	5700310	北周	陶 14,3. 雕 372
1438 鲁思荣造像记	5700324	北齐	考古 9707,29
1439 刘敬爱造像记	5700411	北周	拓 8143. 琼 23147
1440 曹伯洛造像记	5700507	北齐	雕 344
1441 景敬贵兄弟造像碑	5700508	北周	李书 244
1442 尝景粲造像记	5700515	北周	鲁二五 993
1443 吕景康造像记	5700515	北齐	图典 513 – 514
1444 诸邑子造像记	5700516	北周	图典 517
1445 毛明胜造像记	5700525	北周	考古 6503,135
1446 李景祭造像记	5700600	北周	宜阳县志 16. 石刻 3. 29. 60
1447 董弥陀造像记 *	5700615	北齐	琼 22137
1448 僧详造像记	5700615	北齐	松 239
1449 宇文康造像记	5700617	北周	拓 8144. 萃 37. 雕 372. 存逸考
1450 司马治中造像记	5700718	北周	拓 8145. 雕 372
1451 僧昙瑞造像记	5700800	北齐	雕 359. 图典 514
1452 □猛造像记	5700923	北齐	文物 9102,11
1453 严回达造像记	5701026	北周	雕 372. 不全. 平津馆 3
1454 舜禅师造像记	5701100	北齐	拓 8015
1455 孙天有造像记	5701109	北齐	文物 8405,28
1456 杨映香等造像记	5701114	北齐	拓 8012 – 13. 鲁二四 811

1457 尼静深造像记	5701115	北齐	拓 8014. 琼 22137. 鲁二四 819. 雕 344
1458 王明月造像记	5701210	北周	琼 23147
1459 苏慈造像记	5701212	北齐	文物 8307,42
1460 任娲造像记	5710000	北齐	文史哲 9402,1 注 20
1461 残造像记	5710328	北齐	雕 359
1462 比丘尼惠玉造像记	5710405	北齐	鲁二四 825
1463 马祠伯夫妻造像记	5710408	北齐	鲁二四 821
1464 赵富洛等廿八人造像记	5710415	北周	拓 8147. 陶 14,4. 雕 372
1465 郭清造像记	5710515	北齐	鲁二四 823
1466 辛洪略造像记	5710520	北周	拓 8148. 雕 374
1467 费氏造像记	5710521	北周	雕 373. 萃 37
1468 慕容士造像记	5710608	北齐	拓 8024. 雕 345
1469 陈岁造像记	5710610	北周	拓 8149. 雕 377 – 378. 琼 23147
1470 扶□荣造像记	5710614	北周	闻喜县志 20. 石刻 3. 31. 428
1471 郅秋山造像记	5710616	北齐	文物春秋 9003,24
1472 开化寺邑义三百人造像记	5710700	北齐	拓 8025
1473 李磐兄弟造像记	5710701	北齐	鲁二四 827. 寿光县志 13, 石刻 3. 27. 560
1474 雷明香为亡夫造像记	5710715	北周	拓 8151. 马 95. 考古与文物 9602,17
1475 邑师道略等造像记	5710915	北齐	雕 345 – 346. 萃 34
1476 道□等造像记	5710915	北齐	拓 8027. 鲁二四 833. 陶 13,5

1477 张敬造像记	5711008	北齐	石佛研究 170
1478 白景造像记	5711026	北周	拓 8150. 陶 14,10
1479 胡后造像记	5711113	北齐	拓 8028. 雕 346
1480 石永兴造像记	5711127	北齐	拓 8031. 琼 22135
1481 某造像记	5720000	北齐	文物 5906,75
1482 佛时寺造像碑	5720000	北齐	文物 6503,33
1483 尔僧香造像记	5720000	北周	雕 375
1484 晕禅师等五十人造像记	5720023	北齐	拓 8043－45. 雕 348. 鲁二四 847
1485 罗伏也敦造像记	5720227	北齐	中国の石仏と石経 75
1486 兴圣寺造像碑	5720318	北齐	琼 22137－138. 鲁二四 835. 雕 347. 费县志, 石刻 3.26.176. 李书 92
1487 武容造像记	5720400	北周	鲁二五 1001. 雕 375. 陶 5
1488 觉仲义八十人等造像记	5720408	北周	关中文字 1,18. 存逸考 1
1489 张祖造像记	5720408	北周	鲁二五 999
1490 昙乐造像记	5720415	北周	拓 8152. 雕 375
1491 逢苟造像记	5720510	北齐	鲁二四 845. 雕 347. 昌乐续县志 17. 石刻 3.27.579
1492 王福芝造像记	5720515	北齐	拓 8032
1493 傅丑姊妹二人造像记	5720524	北齐	拓 8033. 雕 347 无文
1494 鼓山唐邕写经	5720528	北齐	拓 8034. 琼 22138－139
1495 邵道生造像记	5720620	北周	拓 8153. 琼 230147. 陶 14,6
1496 王为亡夫造像记	5720715	北周	雕 375

1497 孙业造像记	5720715	北齐	雕 347
1498 赵台为女造像记	5720722	北齐	雕 347
1499 平等寺造像碑	5720815	北齐	拓 8035. 萃 34. 鲁一六 1095
1500 张子绍造像记	5720820	北齐	龙录 317
1501 惠祭等造像记	5720830	北周	雕 375
1502 比丘昙山合邑等 造像记	5720912	北齐	拓 8036. 琼 20125. 雕 310
1503 道民李元海等造像记	5720915	北周	拓 8154 – 156. 道家金石略 39 – 40
1504 禅窟寺造像记	5721018	北齐	益都县图志 26. 石刻 3. 27. 425
1505 郭元□造像记	5721023	北周	松 242
1506 曹台眷属等造像记	5721101	北齐	拓 8038. 雕 347
1507 王马台眷属等造像记	5721101	北齐	拓 8037. 雕 348
1508 德福造像记	5721104	北齐	拓 8040
1509 成□为子造像记	5721200	北齐	文物 5906, 75
1510 义主百余人造塔记	5721216	北齐	拓 8041. 萃 34. 雕 348. 琼 22139
1511 赵桃科妻刘造像记	5721218	北齐	拓 8042. 琼 20125. 萃 34. 雕 348
1512 王合□造像记 *	5730000	北齐	石佛研究 169
1513 郗景哲等造像记	5730000	北齐	鲁二四 867
1514 张贵庆造像记 *	5730000	北齐	鲁二四 905
1515 王女、王明妻尚妙女 等造像记	5730117	北齐	北大藏拓 19522
1516 杜子亮合邑十五人 造像记	5730208	北齐	宝丰县志 14. 石刻 3. 30. 132 – 1

1517 陆景□造像记	5730212	北齐	文物 8704,19
1518 李旿泙造像记	5730326	北齐	考古 9707,30
1519 杨子恭妻造像记	5730415	北周	陕西金石志 6
1520 郭思为亡子造像记	5730415	北周	雕 375
1521 王令猥等造像记	5730501	北周	文物 8802,71
1522 尼法元等造像记	5730517	北齐	常山贞石志 3
1523 李逊愿造像记	5730523	北齐	尊古斋 51
1524 刘贵等造像记	5730619	北齐	考古 9707,30
1525 临淮王象碑	5730627	北齐	拓 8050. 萃 35. 琼 22139. 雕 349
1526 郭乱颐造像记	5730710	北周	考古与文物 8405,33 – 34
1527 眉县浮图造像记	5730715	北周	陕西金石志补遗上
1528 赵田姜造像记	5730723	北齐	石佛研究 170
1529 孟元宝造像记	5730723	北齐	鲁二四 859
1530 贾市阑造像记	5730802	北齐	陶 13,8. 雕 352
1531 弓□显造像记	5730820	北齐	文物 9102,11
1532 法抽造像记	5730915	北齐	益都金石记 1
1533 宰洪景造像碑	5730923	北齐	李书 93
1534 逢迁造像记	5731108	北齐	拓 8051. 鲁二四 863
1535 韩子渊造像记	5731123	北周	文物季刊 8901,92
1536 贾思业造像记	5731130	北齐	鲁二四 865. 雕 352
1537 张天智造像记	5740000	北齐	文物 9312,36 – 37
1538 武平造像记	5740000	北齐	琼 22140
1539 陈今刚造像记 *	5740000	北齐	雕 356
1540 成氏为亡父造像记	5740100	北周	雕 375
1541 宫江期造像记	5740113	北齐	北图善拓 560 – 11. 雕 359

1542 王昆造像记	5740200	北周	北图善拓 560 – 15
1543 □崇俊等造像记	5740208	北周	拓 8162
1544 弓寄姜造像记	5740209	北齐	文物 9102,3
1545 丁思远造像记	5740220	北齐	新郑县志 29. 石刻 3. 28. 217
1546 任延智造像记	5740226	北周	拓 8163
1547 宇文建崇石浮图铭（建崇寺）	5740228	北周	拓 8164 – 165. 鲁一六 1155. 雕 376. 李书 351
1548 杨珍洛等造像记	5740300	北齐	鲁二四 869. 山右 2,22. 李书 245
1549 董嵩云赵苟儿造像记	5740316	北齐	雕 352
1550 杨广娟造像记	5740400	北周	考古与文物 8405,34
1551 淳于元皓造像记	5740408	北齐	拓 8056. 雕 352
1552 杨僧保夫妻造像记	5740408	北齐	石佛研究 172
1553 张思伯造像记	5740412	北齐	拓 8057. 鲁一六 1105. 陶 13,9. 雕 352 – 353
1554 梁太和造像记	5740529	北齐	图典 515 – 516
1555 邸明玉造像记	5740623	北齐	拓 8058. 图典 515
1556 王伯奴等造像记	5740708	北齐	文物 8009,58 – 59
1557 智度等造像记	5740722	北齐	拓 8059
1558 赵宝红造卢舍那像碑	5740919	北齐	李书 97
1559 等慈寺残造像记	5741000	北齐	拓 8061. 琼 22140. 萃 35. 鲁一六 1111
1560 陆景妻张元妃造像记	5741000	北齐	文物 8704,14
1561 惠表等造像记	5741025	北齐	鲁二四 873
1562 高次为父母造像记	5741123	北齐	文物 8704,34
1563 王贵礼造像记	5741223	北齐	文物 9102,10

1564 建德造像记 *	5750000	北周	琼 23147
1565 姜纯陀造观音像碑	5750223	北齐	李书 245
1566 巩舍合邑廿二人造像记	5750300	北齐	拓 8066. 琼 20125
1567 惠远造像记	5750301	北齐	拓 8065
1568 郑季茂六十一人等造像记	5750317	北齐	山右 2,22
1569 郭振清造像记	5750423	北齐	松 240
1570 陈兴造像记	5750510	北齐	文物 9102,3
1571 延市生造像记	5750515	北齐	陶 13,13. 雕 354. 寿光县志 13. 石刻 3. 27. 560
1572 圆照圆光造像记	5750526	北齐	拓 8067. 鲁二四 875. 雕 354
1573 韦兴祖造像碑	5750600	北齐	雕 314
1574 某造像记	5750600	北齐	松 240. 图典 516
1575 道兴造像记并治疾方	5750601	北齐	拓 8070. 萃 35. 琼 20125 – 126
1576 高修陀造像记	5750604	北齐	石佛研究 171
1577 某造像记	5750606	北齐	图典 516
1578 武平乙未造像记	5750614	北齐	陶 13,13
1579 郭季遵造像记	5750621	北齐	拓 8071
1580 毕文造像记	5750813	北齐	拓 8073
1581 游达摩等造像记	5751011	北齐	拓 8074. 琼 20126
1582 江良保造像记	5751100	北齐	松 241
1583 成世猷合家造像记	5751223	北齐	雕 354. 李书 371
1584 王长造像记	5760100	北齐	文物 9605,63 – 64
1585 郭延受造像记	5760109	北齐	松 241
1586 合邑五十人造像记	5760115	北齐	拓 8076. 李书 371 – 372

1587 宋始兴一百人造像记	5760123	北齐	拓 8080. 琼 22140 - 141
1588 孟阿妃为亡夫造像记	5760223	北齐	拓 8077. 萃 35. 雕 361
1589 野奴造观音像记	5760227	北齐	尊古斋 53
1590 张延昌造像碑	5760304	北齐	李书 97
1591 杨安都等五十人造像记	5760415	北齐	拓 8078. 鲁二四 901 无文 . 李书 166
1592 王景良造像记	5760803	北齐	陶 13 ,14
1593 慧圆道密等造像记	5760900	北齐	拓 8079. 雕 355 - 356
1594 韩叔子造像记	5761023	北齐	北大藏拓 19573
1595 吴王仁造像记	5761208	北齐	雕 359
1596 张思文造像记	5770115	北齐	拓 8083. 琼 22141. 鲁二四 907. 增修诸城县志，石刻 3. 28. 76
1597 杨坚造像记	5780009	北周	考古与文物 8306 ,102 - 103
1598 赵春和为亡父等造像记	5790302	北周	北图善拓 560 - 14. 雕 378
1599 王氏女五娘造像记	5800615	北周	琼 23147
1600 岗山比丘惠晖等题名	5800700	北周	琼 23147

索 引

后　记

　　二十多年前，为法国年鉴学派倡导的心态史所吸引，贸然踏进了佛教研究，试图借助中古造像记观察百姓的信仰与心态。1996 年完成了博士论文，两年后得到东方历史基金会的赞助出版，2015 年又由社会科学文献出版社推出了学术文库版。博士论文完成后，自己的兴趣也由民众佛教信仰转到北朝乡村。几经转换，研究的时代逐渐前移，现在几乎是以秦汉为专业，石刻之外，简牍变为不离左右的老友，领域亦与佛教渐行渐远。这段"佛缘"似乎要彻底了断。

　　去年 8 月初，在日本长野县户隐参加东京大学东洋史专攻的合宿，再次见到了佐藤智水先生，分外高兴。当年研究北朝造像记，佐藤先生 40 年前发表的宏文启发良多，资料收集上亦受惠于先生，松原三郎先生的大作便是佐藤先生馈赠的。上次见面是在 1999 年 11 月 1 日的北京，快 20 年前的事了。日月如飞，往事如昨。这些年来佐藤先生一直在中古佛教史的道路上精进不已，11 月先生又赐下近年完成的多篇论文，浸透着执着与专注的力量。那时陪同佐藤先生一起来中国考察的大知圣子小姐也早已博士毕业，开始了自己的工作生涯。

　　去年年底，社会科学文献出版社宋荣欣主任来信，告知 2015 年的文库版已售罄，计划再出新版，最后具体由李期耀兄负责。这次新版，对标题与文字略做润色与调整，内容上增加了对 1998 年以后相关研究的扼要介绍，其余只是些技术性的改动。从文字调整到全书的设计，期耀兄付出颇多心血，在此谨致谢忱！

相较于自己的原地踏步，近年来国内外学者在北朝造像研究上成果层出不穷，特别是仓本尚德的《北朝佛教造像铭研究》资料收集宏富、分析细致，倾心这一领域的学者不能错过。这本小书，作为昔日研究经历的一点记忆，为现在与未来学者提供一个丈量学术发展的参照而已。是为记。

侯旭东

2018 年溽夏于京北安宁庄

图书在版编目（CIP）数据

佛陀相佑：造像记所见北朝民众信仰 / 侯旭东著
. -- 北京：社会科学文献出版社，2018.11（2025.3 重印）
ISBN 978 - 7 - 5201 - 3421 - 7

Ⅰ.①佛… Ⅱ.①侯… Ⅲ.①佛像 - 造像 - 研究 - 中
国 - 北朝时代 ②佛教史 - 研究 - 中国 - 北朝时代 Ⅳ.
①K879.34 ②B949.2

中国版本图书馆 CIP 数据核字（2018）第 209894 号

佛陀相佑：造像记所见北朝民众信仰

著　　者 / 侯旭东

出 版 人 / 冀祥德
责任编辑 / 李期耀
文稿编辑 / 汪延平
责任印制 / 岳　阳

出　　版 / 社会科学文献出版社·历史学分社（010）59367256
　　　　　　地址：北京市北三环中路甲 29 号院华龙大厦　邮编：100029
　　　　　　网址：www. ssap. com. cn
发　　行 / 社会科学文献出版社（010）59367028
印　　装 / 三河市东方印刷有限公司

规　　格 / 开　本：787mm×1092mm　1/16
　　　　　　印　张：26.25　插　页：0.75　字　数：423 千字
版　　次 / 2018 年 11 月第 1 版　2025 年 3 月第 7 次印刷
书　　号 / ISBN 978 - 7 - 5201 - 3421 - 7
定　　价 / 98.00 元

读者服务电话：4008918866